Österreichisches Studienzentrum
für Frieden und Konfliktlösung (Hg.)
Projektleitung: Thomas Roithner

Von kalten Energiestrategien zu heißen Rohstoffkriegen?

DIALOG

Beiträge zur Friedensforschung

Band 54

LIT

Österreichisches Studienzentrum
für Frieden und Konfliktlösung (Hg.)
Projektleitung: Thomas Roithner

Von kalten Energiestrategien zu heißen Rohstoffkriegen?

Schachspiel der Weltmächte zwischen Präventivkrieg und zukunftsfähiger Rohstoffpolitik im Zeitalter des globalen Treibhauses

LIT

Umschlagbild: Matthäus Zinner, Wien

Lektorat/Register/Satz: draft fachlektorat frieden, Wilhelm Nolte, Hamburg

Bibliografische Information der Deutschen Nationalbibliothek
Die Deutsche Nationalbibliothek verzeichnet diese Publikation in der Deutschen Nationalbibliografie; detaillierte bibliografische Daten sind im Internet über http://dnb.d-nb.de abrufbar.

ISBN 978-3-7000-0763-0 (Österreich)
ISBN 978-3-8258-0931-7 (Deutschland)

Krotenthallergasse 10/8
A-1080 Wien
Tel. +43 (0) 1 / 409 56 61
Fax +43 (0) 1 / 409 56 97
e-Mail: wien@lit-verlag.at
http://www.lit-verlag.at

LIT VERLAG Dr. W. Hopf
Berlin 2008
Auslieferung/Verlagskontakt:
Fresnostr. 2
48159 Münster
Tel. +49 (0)251–62 03 20
Fax +49 (0)251–23 19 72
e-Mail: lit@lit-verlag.de
http://www.lit-verlag.de

Auslieferung:
Österreich/Schweiz: Medienlogistik Pichler-ÖBZ GmbH & Co KG
IZ-NÖ, Süd, Straße 1, Objekt 34, A-2355 Wiener Neudorf
Tel. +43 (0) 2236/63 535 - 290, Fax +43 (0) 2236/63 535 - 243, e-Mail: mlo@medien-logistik.at
Deutschland: LIT Verlag Fresnostr. 2, D-48159 Münster
Tel. +49 (0) 2 51/620 32 - 22, Fax +49 (0) 2 51/922 60 99, e-Mail: vertrieb@lit-verlag.de

Inhalt

Von kalten Energiestrategien zu heißen Rohstoffkriegen?

Thomas Roithner

Das Säbelrasseln zwischen den USA und der EU auf der einen und dem Iran auf der anderen Seite, der noch andauernde völkerrechtswidrige Irak-Krieg oder die jüngste Debatte um die UNO-Berichte zum Klimawandel haben ursächlich eines gemeinsam: das Geläut um das Ende des fossilen Energiezeitalters.

Die Debatte um Energie und Ressourcen hat in den letzten Jahren die internationale Politik in zentralen Punkten bestimmt. Die USA unter George W. Bush setzen auf konfrontative „hard power", und die EU versucht, mit „soft power" zum gleichen Ziel zu kommen: langfristige Kontrakte und Koalitionen zur Sicherung der fossilen Energiereserven viele Jahre über den „Peak Oil" hinaus. Die Russische Föderation, Saudi Arabien oder Venezuela als Energielieferanten und China als künftige energiedürstende Weltwirtschaftsmacht Nummer 1 werden gemäß ihrer Rolle wahlweise auf die Liste der „Schurkenstaaten" oder jener der „strategischen Partner" gehoben.

Während sich lateinamerikanische Staats- und Regierungschefs und die US-Administration in regelmäßigen Abständen Unfreundlichkeiten ausrichten, bastelt die EU an den „battle groups", die nach dem Willen wesentlicher Kerneuropanationen vorwiegend in Afrika eingesetzt werden sollen. Steht Afrika vor einer neuen Kolonialisierung?[1] Führen „heiße Ressourcenkriege" zu einer neuen Politik der Zusammenarbeit in Lateinamerika?[2] Kann Russland sein Gewicht im Kaukasus und in Zentralasien für neue Allianzen und Bündnisse nutzen?

---

1 Vgl. hierzu: Nützliche Terror-Idioten. Sprint im Wettlauf um Afrikas Öl- und Gasvorräte. Terror bietet daher eine willkommene Rechtfertigung für den Bau von Militärbasen, Wien, Die Furche, 19.7.2007, S. 5 oder Fluch der Rohstoffe. Afrika als der neue „Vorgarten" Chinas – Neue Realitäten erfordern neue Strategien im Kampf gegen Armut, Quelle: http://derstandard.at/?url=/?id=2959473.

2 „Biotreibstoff ein effizienter Schlag gegen Venezuela". Der Lateinamerika-Experte Peter Stania im derStandard.at-Interview über das „linke Konglomerat" und die Ressourcenfrage, Quelle: http://derstandard.at/?url=/?id=2959473, Juli 2007.

Der Wettlauf um die Ressourcen hat nicht nur EU-Energiestrategien oder vorgebliche „Abrüstungskriege“ zur Folge, sondern hat auch die Atomindustrie Morgenluft wittern lassen. Zentrales Argument ist der Klimawandel, an dessen Folgen bereits heute mehr Menschen sterben als durch den Terrorismus.

Während zentrale Teile der politischen EU-Eliten der Meinung sind, dass es ohne Kernkraft „dunkel“ wird,[3] setzen zahlreiche staatliche und nichtstaatliche Initiativen auf die Weiterentwicklung und die effizientere Nutzung alternativer Energieträger. Diese auf Kyotoprotokoll-Verträglichkeit setzenden, zukunftsweisenden Konzepte haben weiteste Teile der Bevölkerung als Partner und die Energiewirtschaft zum Gegner. Nicht zuletzt die von vielen erhoffte Dezentralität der Politik mit erneuerbaren Ressourcen hat in letzter Konsequenz einen Bruch mit der klassischen Wirtschaftspolitik zur Folge.

Wie auf regionaler Ebene alternative Energieprojekte wachsen, so entstehen auch an den „Graswurzeln“ neue Initiativen und zivilgesellschaftliche Netzwerke, die wesentliche Impulse für einen technischen, ökonomischen und gesellschaftlichen Wandel leisten. Den Pfad von einer gewaltförmigen zu einer friedensfähigen Energie- und Gesellschaftspolitik in Politik und Wirtschaft mehrheitsfähig zu machen, liegt an uns allen.

Der vorliegende Band dokumentiert die Beiträge der titelgleichen 24. Internationalen Sommerakademie auf Burg Schlaining vom 8. – 13. Juli 2007. Das Thema der Akademie beschäftigt das Friedensforschungszentrum Burg Schlaining bereits seit langem. Energiesicherheit und Ressourcenkonflikte ins Zentrum einer gut besuchten Akademie – rund 350 Menschen fanden während der Veranstaltung ihren Weg nach Schlaining – zu machen, war für uns aus zweierlei Gründen von enormer Bedeutung: erstens, weil wir mitverfolgen können, dass Energie und Rohstoffe zahlreiche Konflikte zumindest mitverursacht haben und dies auch in Zukunft verstärkt tun werden, und zweitens, weil wir die Möglichkeiten, über die wir im Kleinen alle verfügen, auch breiter diskutieren und das vorhandene Know-how vernetzen möchten.

Wir können feststellen, dass Konflikte um Ressourcen auch im Kleid der Sicherung der Menschenrechte, des „war on terror“, der Militärpräsenz in Sinne der Sicherung einer „good governance“ oder künftig vielleicht im Gewand der „responsibility to protect“ daherkommen.

---

3 Vgl. Europäische Kommission, Vertretung in Deutschland, EU-Nachrichten, Nr. 33, 22.9. 2005, S. 6; Jungwirth, Michael, Die EU entdeckt die Atomkraft als Antwort auf den Klimawandel, in: Oberösterreichische Nachrichten, 11.1.2007; Kleinert, Detlef, Ohne die Kernkraft wird's dunkel, in: Die Presse, 24.2.2007, S. 41.

Das im Frühjahr 2001 von der National Energy Policy Group in den USA vorgelegte Konzept über die Energiesicherung der nächsten 25 Jahre – auch als „Cheney-Report" bekannt – steht mit der Nationalen Sicherheitsdoktrin (NSS) der USA in einem engen Zusammenhang. Der Anteil des importierten Öls werde demnach im Jahr 2020 von 52 % auf 66 % ansteigen. Gewarnt wird in dem Papier vor der Energieabhängigkeit einer Weltregion. Eine Diversifizierung wird daher vorgeschlagen.[4] Für die USA ging es bereits Bill Clinton u.a. um die lebenswichtigen Interessen, wozu auch „die Sicherung uneingeschränkten Zugangs zu Schlüsselmärkten, Energievorräten und strategischen Ressourcen"[5] gehört. Doch schon 1980 formulierte US-Präsident Jimmy Carter: „Jeder Versuch einer auswärtigen Macht, die Kontrolle über den Persischen Golf zu erlangen, wird als Angriff auf die vitalen Interessen der USA betrachtet und [...] mit allen erforderlichen Mitteln, einschließlich militärischer, zurückgeschlagen werden."[6] Dreieinhalb Jahre nachdem George W. Bush den Irak-Krieg als „Mission Accomplished" bezeichnet hatte, führt Jeffrey D. Sachs – Wirtschaftswissenschafter der Columbia University – aus: „Seit Winston Churchill zu Beginn des 20. Jahrhunderts die Umrüstung der britischen Marine von Kohle auf Öl einleitete, haben sich die westlichen Mächte unaufhörlich in die Angelegenheiten nahöstlicher Länder eingemischt, damit das Öl weiterfließt. Doch das Spiel ist so gut wie vorbei, denn die alten Methoden versagen offensichtlich."[7]

Nationale Armeen der EU-Staaten haben den Zugang zu Rohstoffen längst zur militärischen Aufgabe erklärt. Beispielsweise schreiben die Verteidigungspolitischen Richtlinien der Bundeswehr 1992 fest: Es geht um die „Aufrechterhaltung des freien Welthandels und des ungehinderten Zugangs zu Märkten und Rohstoffen in aller Welt im Rahmen einer gerechten Weltwirtschaftsordnung."[8] Das 2006 in Deutschland erschienene Weißbuch befürchtet „Störungen der Rohstoff- und Warenströme, beispielsweise durch zunehmende Piraterie"[9] und festigt den zu Beginn der 1990er Jahre

---

4 Vgl. hierzu http://www.whitehouse.gov/infocus/energy/, Zugriff am 12.9.2007.

5 Bill Clinton vor den UN am 27.9.1993, zit. nach Chomsky Noam (2001), War against People. Menschenrecht und Schurkenstaaten, Hamburg, S. 12.

6 Zitiert nach Nassauer, Otfried, Der Ruf nach Energiesicherheit. Herausforderungen für eine neue Sicherheitspolitik, Quelle: http://www.bits.de/public/ndrinfo/100307.htm (NDR-Info vom 10.3.2007), Zugriff am 12.9.2007.

7 Sachs, Jeffrey D., Alternative zur Zukunft Bushs, in: Der Standard, 7./8.10.2006, S. 31.

8 Bundesminister der Verteidigung: Verteidigungspolitische Richtlinien der deutschen Bundeswehr, Bonn 26.11.1992, Kapitel II, Punkt 8, (8).

9 Bundesministerium der Verteidigung: Weißbuch 2006 zur Sicherheitspolitik Deutschlands und zur Zukunft der Bundeswehr, Berlin 2006, Quelle: http://www.bmvg .de/portal /a/bmvg/sicherheitspolitik/grundlagen/weissbuch2006, S. 22, Zugriff am 12.9.2007.

offiziell erstmals skizzierten Gedanken. Deutschland bleibt diesbezüglich innerhalb der EU-Staaten kein Einzelfall.

In der Öffentlichkeit der EU-Staaten hat man durch die 2006 ausgelöste Debatte um die Energiesicherheit den Versuch gemacht, Rohstoffinterventionismus unterschiedlichster Intensität – und hier sei nicht nur an militärische Aspekte gedacht – in Diskussion zu bringen, um ihn als offizielle Doktrin der EU festzuschreiben. Flankiert von Teilen der nationalen politischen und militärischen Eliten hat die Europäische Sicherheitsstrategie (ESS) „Ein sicheres Europa in einer besseren Welt“[10] den ersten offiziellen Schritt der EU in diese Richtung bereits unternommen. Die Energieabhängigkeit der EU ist für Solana in der ESS ein „Anlass zur Besorgnis“. Der Hohe Vertreter für die Außen- und Sicherheitspolitik der EU ruft zum „gemeinsamen Handeln“ auf und legt dar: „Schließlich müssen wir unser Engagement im Nahen Osten ausbauen. Dieser wird auf Jahre die Hauptquelle für Europas Energie bleiben.“[11] Der Europäische Rat hat auf die Energiekrise mit Russland und der Perspektive künftiger Herausforderungen mit einer Energiestrategie reagiert.[12] Mit diesem Hintergrund ist es nicht verwunderlich, wenn der deutsche Energiestaatssekretär Joachim Wuermeling im September 2006 meint: „Im globalen Kampf um Energiequellen muss die EU härtere Bandagen anlegen.“[13]

Die „Long Term Vision 2025“ der EU-Rüstungsagentur geht von einer steigenden Abhängigkeit Europas von Energie aus. Bis 2030 wird der Energiebedarf um 30 % ansteigen, der Ölkonsum um 40 % und der Gaskonsum um 90 %. Im Betrachtungszeitraum der Rüstungsagentur (bis 2025) wird die externe Abhängigkeit von Öl auf 90 % und die von Gas auf 80 % ansteigen. Nachdem China und Indien nach Ressourcenquellen in Asien, Afrika und im Nahen Osten suchen, werden die Sicherheitsinteressen Europas nicht nur auf die Nachbarschaft der EU beschränkt bleiben.[14]

---

10 Vgl. Europäische Union: Ein sicheres Europa in einer besseren Welt, Europäische Sicherheitsstrategie, Brüssel, 12.12.2003, Quelle: http://ue.eu.int/uedocs/cmsUpload/031208 ESSIIDE.pdf, Zugriff am 12.9.2007.

11 Solana, Javier, Gemeinsam handeln, in: Financial Times Deutschland, 9.3.2006.

12 Vgl. Europäischer Rat (2005), Schlussfolgerungen des Vorsitzes, Tagung vom 23./24. März 2006 in Brüssel, http://www.consilium.europa.eu/ueDocs/cms_Data/docs/press Data /de/ec/89030.pdf, Zugriff am 12.9.2007.

13 Bundesministerium für Wirtschaft und Technologie, Pressemitteilung vom 22.9.2006, Energiestaatssekretär Dr. Joachim Wuermeling, Quelle: http://www.bmwi.de/BMWi /Navigation/Presse/pressemitteilungen,did=158972.html, Zugriff am 12.9.2007.

14 Vgl. European Defence Agency (2006), An initial long-term Vision for European Defence Capability and Capacity Needs, October 3rd 2006, Source: http://www.eda.europa .eu/ltv /061003%20-%20EDA%20-%20Long%20Term%20Vision%20Report.pdf, point 11, Zugriff am 31.1.2007.

Die Energiefrage wird bei einer Beibehaltung des auf fossile Energieträger setzenden Systems zu einem zentralen Betätigungsfeld für die Rüstungsindustrie und für die in der EU entsprechend verankerten Institutionen werden.

Im Jahr 2004 hat der EU-Rat das „European Defence Paper“ (EDP) in Auftrag gegeben.[15] Man geht von der „Transformation Europäischer Streitkräfte von der Landesverteidigung in Richtung Intervention und Expeditionskriegszügen“[16] aus. Es kann für die Zukunft, folgt man dem EDP, nicht angenommen werden, „dass es nicht größere militärische Herausforderungen im Mittleren Osten gibt, die von der gleichen oder sogar einer größeren Dimension als der des Golfkrieges von 1990–1991 sind.“

Ein militärisches künftiges Szenario – bei dem die Sicherung von Öl im Zentrum der Betrachtung steht – könnte nach dem „European Defence Paper„ wie folgt aussehen: „In einem Staat X am Indischen Ozean haben antiwestliche Elemente die Macht erlangt und benützen das Öl als Waffe, vertreiben westliche Bürger und greifen westliche Interessen an. Darüber hinaus haben sie mit der Invasion des Nachbarlandes Y begonnen, dessen Regime pro-westlich orientiert ist und eine zentrale Rolle beim freien Fluss von Öl in den Westen spielt. [...] Die EU interveniert gemeinsam mit den USA und mit einer starken Streitmacht, um das Land Y zu unterstützten und ihre eigenen Interessen zu schützen. [...] Das militärische Ziel der Operation ist es, das besetzte Territorium zu befreien und Kontrolle über einige der Öl-Infrastrukturen, Pipelines und Häfen des Landes X zu bekommen. [...] Der EU-Beitrag besteht aus 10 Brigaden (60 000 Soldaten). Diese Landstreitmacht wird von 360 Kampfflugzeugen und zwei maritimen Einheiten, die aus 4 Flugzeugträgern, 16 amphibischen Schiffen, 12 U-Booten, 40 Schlachtschiffen, 2 Kommandoschiffen, 8 Unterstützungsschiffen und 20 Patrouillenschiffen bestehen, unterstützt.“[17] Die EU brauche für derartige Aufgaben eine entsprechende „militärische Eskalationsdominanz“.[18] Der damalige deutsche Verteidigungsminister Peter Struck erklärte im Jahr 2003 anlässlich einer Pressekonferenz: „Die Sicherheit der Bundesrepublik

---

15 Institute for Security Studies (ISS), European Defence – A Proposal for a White Paper. May 2004, Source: http://www.iss-eu.org/chaillot/wp2004.pdf, Zugriff am 12.9.2007. Deutsche Fassung zitiert nach Gerald Oberansmayr, Auf dem Weg zur Supermacht. Die Militarisierung der Europäischen Union, in: Arbeitsstelle Frieden und Abrüstung (Hrsg.) / Ulrike Gramann, Ralf Siemens, Michael Behrendt (Red.), Am Hindukusch und anderswo. Die Bundeswehr – Von der Wiederbewaffnung in den Krieg. Köln 2005, S. 159-172, hier: S. 169.

16 Institute for Security Studies, a.a.O., S. 55.

17 Institute for Security Studies, a.a.O., S. 83 f.

18 Institute for Security Studies, a.a.O., S. 105.

wird auch am Hindukusch verteidigt".[19] Das erklärt heute Vieles der deutschen Politik im Mittleren Osten und Zentralasien.

Genau deshalb stellen wir im Rahmen dieses Buches nicht nur Fragen zur Klima- und Energiepolitik der USA, sondern stellen etwas provokant und überspitzt die Frage in den Raum, ob eine nachhaltige Energiepolitik der EU nicht etwa die „battle groups" – eine Speerspitze der EU-Militarisierung – arbeitslos macht.

Wir möchten mit dem Thema unserer Akademie und damit auch dieses Buches bewusst kritische Fragen an die vorherrschende Wirtschafts- und Außenpolitik richten. Zivilgesellschaftliche Initiativen, Gruppierungen, Netzwerke und Medien spielen dabei eine besondere Rolle, um den Weg zu einer „Energiewende" (Hermann Scheer) einzuleiten.

Im Zuge unseres Weges „von einer gewaltförmigen zu einer friedensfähigen Klimapolitik" (Knut Krusewitz in diesem Band) gilt unser Dank dem Bundesministerium für Wissenschaft und Forschung für die freundliche Unterstützung der Sommerakademie.

Wien – Stadtschlaining, 15. September 2007

Thomas Roithner
Inhaltlicher und organisatorischer Koordinator

19 Peter Struck in einer Presseerklärung am 21.2.2003, in: ZDF Online, http://www.zdf.de/ZDFde/inhalt/26/0,1872,2237018,00.html.

Zur Eröffnung der 24. Internationalen Sommerakademie 2007

Gerald Mader

In den Monaten nach der jeweiligen Sommerakademie denken wir und ganz besonders Thomas Roithner darüber nach, welches Generalthema die nächste Sommerakademie haben soll, und wir freuen uns, wenn wir ein Thema ausgewählt haben, das nicht nur für uns, sondern im nächsten Jahr auch für die Politik und die Öffentlichkeit relevant ist. Das war diesmal der Fall, denn vor einem Jahr standen der Klimawandel und Klimaschutz und die Energieproblematik, so bedrohlich sie seit langem sind, noch nicht auf der Agenda der G8 und der EU-Ratspräsidentschaft. Die Sommerakademie versucht, den Zusammenhang aufzuzeigen, der zwischen Politik, Ökonomie und Ökologie sowie Krieg und Gewalt besteht.

Ich freue mich, dass wir Referenten zur heutigen Eröffnung gewinnen konnten, die – jede/r auf seine Weise – über eine besondere Kompetenz verfügen, etwa Wolfgang Sachs aus globaler ökologischer Sicht und Hans Lukits aus regionaler Zukunftsplanung. Wir werden sehen, wie weit die Zielsetzungen der Wissenschaft und die Ideen der Umsetzung übereinstimmen.

In der Vergangenheit hatte ich meistens zum Generalthema gesprochen. Ich möchte heute davon abgehen, um dem Wunsch zu entsprechen, über den letzten Stand unseres Projektes einer Privatuniversität zu berichten und um zum EU-Vertrag Stellung zu nehmen. Beide Themen haben eine gemeinsame Grundlage, die europäische Friedenspolitik heißt.

- Eine europäische Friedenspolitik, die Gegenstand der Lehre und Forschung unserer Friedensuniversität sein soll und
- eine europäische Friedenspolitik, an der sich die EU orientieren soll, wenn sie sich am Weltgeschehen beteiligen will. Die EU kann und soll eine größere politische Rolle in der Welt anstreben, aber nicht durch militärische Mittel, sondern als Vorreiter für eine friedlichere, gerechtere und ökologisch nachhaltigere Politik.

Ich beginne mit dem Projekt „Privatuniversität“.

Zur Geschichte der EPU und zum Stand des Projektes einer Privatuniversität

Wir haben im Jahre 1988 das Europäische Universitätszentrum für Friedensstudien (EPU) gegründet und führen seit 1992 aufgrund einer Verordnung des Wissenschaftsministeriums ein Master Studium „Peace and Conflict Studies" durch, das zu einem Erfolgsmodell wurde. Zu unserem Universitätslehrgang, der inzwischen drei Trimester umfasst, melden sich ca. 200 bis 300 Studierende aus der ganzen Welt an, zu dem wir aber nur 44 Studierende aufnehmen können, da das Haus International nicht mehr Platz bietet. Das Programm wird weitestgehend von den studierenden Selbstzahlern finanziert, da es nur vier Stipendien der ADA für Entwicklungsländer gibt.

Die Verordnung des Wissenschaftsministeriums, auf dem unser Lehrgang beruht, tritt jedoch mit dem 31. Dezember 2010 außer Kraft, so dass wir vor der Wahl standen, entweder unser erfolgreiches Friedens- und Konfliktstudium einzustellen oder das EPU in eine Privatuniversität umzuwandeln, wozu eine außerordentliche Generalversammlung am 1. Juni 2007 die Weichen gestellt hat. Wir gründen daher die Privatuniversität nicht aus Jux und Jubel, sondern aus zwingenden Gründen.

Träger dieser Privatuniversität ist der neue Verein „EPU – Privatuniversität", hinter dem vier Kooperationspartner stehen: das Österreichische Studienzentrum für Frieden und Konfliktlösung (ÖSFK), das ungarische Universitätsinstitut von Köszeg (ISES), die Österreichische UNESCO-Kommission in Wien und das Land Burgenland. Die EPU – Privatuniversität wird nach der Genehmigung durch den Akkreditierungsrat drei Studiengänge anbieten:

- das bisherige Master Programm des EPU-Lehrgangs,
- den Universitätslehrgang International Relations and European Studies des ISES im Campus Köszeg und
- ein Doktoratsstudium, das in Schlaining stattfindet.

Wir verfolgen hierbei zwei große Ziele:

- die Errichtung der ersten grenzüberschreitenden Universität im EU-Raum;
- die Bereitstellung eines Doktoratsstudiums für Friedenswissenschaft, das von keiner staatlichen Universität angeboten wird.

Grundsätzliche Überlegungen zur wissenschaftlichen Konzeption der geplanten Privatuniversität

Leitbild der Privatuniversität ist die wissenschaftliche Lehre und Forschung im Bereich Frieden und Europa, die zu einer zivilen und staatlichen europäischen Friedenspolitik beitragen will. Wir wollen Friedenspolitik analysieren, weiterentwickeln und in die Realpolitik einbringen. Friedenswissenschaft geht von einem breiten Friedensbegriff aus, und sie ist interdisziplinär, praxisorientiert und lösungsorientiert. Wir gehen von der vorwissenschaftlichen Annahme aus, dass die Abschaffung des Krieges und die Eindämmung der Gewalt möglich sind, während wir uns dem positiven Frieden nur nähern können.

Schlaining steht heute für Friedenswissenschaft und Friedenspolitik. Diesen Ruf wollen wir uns auch in der Zukunft erhalten.

Nun zur EU-Verfassung bzw. zum EU-Vertrag.

Zum EU-Vertrag

Beim Gipfeltreffen der Staatsführer in Brüssel standen sich Anhänger und Gegner des Verfassungsentwurfes gegenüber. Die einen wollten die Substanz des Verfassungsentwurfes möglichst erhalten und die anderen diese abschwächen, zumindest aber ihre nationalen Sonderwünsche unterbringen, was wenigstens Polen und Großbritannien gelungen ist. Da es einen gemeinsamen Beschluss für eine Regierungskonferenz gab, konnte dieser aus der Sicht der Staatsführer und der EU-Kommission in der Öffentlichkeit großenteils als Erfolg gefeiert werden. Positiv kann die Aufnahme des Klimawandels in den Vertrag vermerkt werden. Es soll trotz aller Kritik auch nicht ignoriert werden, dass die Europäische Gemeinschaft ein Erfolgsmodell ist. Denn Europa war durch Jahrhunderte ein blutgetränkter Boden, und heute ist die Abwesenheit von Krieg in der EU eine Selbstverständlichkeit.

Aber nun zur Kritik: Die Anhänger und die Gegner des Verfassungsentwurfes befassten sich weder mit den alternativen Vorschlägen der sozialen und politischen Bewegungen, noch mit der friedenspolitischen Kritik der Wissenschaft. Es ging nur um Pro und Kontra zum Verfassungsentwurf. Der Schwerpunkt dieser Kritik richtete sich gegen das Demokratiedefizit der EU, die Ausschaltung des Europäischen Gerichtshofs im Bereich der Außen- und Sicherheitspolitik, gegen den Aufbau aggressiver militärischer Strukturen, die über die Verteidigung hinausgehen (Aufrüstungspflicht der Mitgliedstaaten und Rüstungsagentur) sowie gegen das neoliberale Wirtschaftsmodell der EU, in dem die Gesetze des unverfälschten

Wettbewerbs (gegen den sich sogar Sarkozy ausgesprochen hatte) herrschen, an dessen Folgen immer mehr Menschen leiden. Überträgt man die brutalen und aggressiven Methoden des Neoliberalismus auf die Sicherheitspolitik, muss es zu Gewaltanwendungen und Kriegen kommen, wozu der exzessive Ressourcenverbrauch zugunsten einer Minderheit seinen globalen Beitrag an Motivation leistet. Neoliberalismus und Gewaltordnung sind Geschwister im Geiste.

Zur Kritik am herrschenden Politikverständnis

Ich möchte diese Kritik nicht näher ausführen, sondern kritisch auf das herrschende Politikverständnis eingehen, weil es dem Machtdenken Priorität vor den großen Weltproblemen einräumt, weil dadurch die Macht zum Endzweck politischen Handelns wird und weil darin von jenem Geist wenig zu spüren ist, in dem sich Frankreich und Deutschland für das Friedensprojekt der EU entschieden hatten. Leider nimmt dieses alte machtpolitische Denken in den Nationalstaaten in letzter Zeit nicht ab, sondern erfährt in manchen Regierungen, nicht in der Bevölkerung, geradezu eine nationalistische Renaissance. Der herrschenden Politik liegt ein Politikverständnis zugrunde, das den großen Problemen und Herausforderungen des 21. Jahrhunderts nicht gerecht wird. Ich meine damit insbesondere das Verhältnis Politik und Macht, Politik und Krieg (Gewalt) und das Verhältnis Politik und Moral. Auf diese drei Bezugspunkte zu Politik – Macht, Krieg und Moral – möchte im Folgenden eingehen.

Politik und Macht

Die Frage, was Politik ist, hat Philosophen und Staatsdenker immer wieder bewegt. Es gibt viele Definitionen über das Wesen und die Aufgaben der Politik, die immer auch mit Macht und Überleben zu tun haben. Aber es blieb Carl Schmitt, Hitlers Kronjurist, vorbehalten, Politik als ein Freund-Feind-Verhältnis zu definieren. Aufgabe der Politik ist primär die Festlegung des Feindes, der gleichzeitig die Ursache aller Übel ist. Diesen Geist der Freund-Feind-Dichotomisierung hat die Bush-Administration übernommen. Zu ähnlichen Ergebnissen kommt Samuel Huntington mit seinem Clash of Civilizations, der einen Kampf der Kulturen prophezeit, in dem sich eigene und fremde Kulturen, Sieger und Verlierer gegenüberstehen. Seit einiger Zeit wird Carl Schmitt auch von Philosophen wieder gerne zitiert. Sein Politikbegriff, aus dem sich seine Staatstheorie ergibt, welche die Gewaltordnung der Rechtsordnung gegenüberstellt, wird ernstlich erörtert. Aber auch die praktische Politik in Europa lässt sich davon anstecken, wie die amerikanisierten Wahlkämpfe in Europa zeigen. Nicht nur andere Kulturen werden zum Feind auserkoren, sondern auch der innenpolitische Gegner, manchmal sogar auf Dauer. Es ist Zeit, diesen Geist, der sich hinter dem Schmitt'schen Politikbegriff verbirgt, zu bekämpfen, wenn wir nicht alle in neuen Feindbildern versinken und in einer neuen Steinzeitpolitik landen wollen.

Selbstverständlich hat Politik mit Macht zu tun, aber die Macht muss legitim, begrenzt und kontrollierbar sein. Nur dann ist politische Macht akzeptabel. Das heißt für Europa: Ein Europa der Zukunft darf kein Europa der aggressiven Machtpolitik sein. Es darf kein Europa des Egoismus und der nationalen Interessen, sondern es soll ein Europa des Interessensausgleiches innerhalb Europas und zwischen Nord und Süd sein. Vor allem darf es kein Europa sein, das anderen Völkern und Nationen seine Werte mit Gewalt aufzwingt, sondern es soll ein Europa der Empathie sein, das zu seinen Werten (Freiheit, Menschenrechte, Demokratie, Toleranz) steht, aber Verständnis für die Kultur der anderen zeigt. Utopisch? Vielleicht, aber eine Vision, wie Politik sie braucht.

Politik und Krieg

Es sind drei ideelle Prämissen, die das Kriegsgeschehen in Europa während des letzten Jahrtausends bestimmten:

- die Idee des gerechten Krieges im Mittelalter, die zu Kreuzzügen, Religionskämpfen und zum 30-jährigen Krieg führte, womit eine Stigmatisierung des Gegners verbunden war.
- die Idee des Westfälischen Friedens, der Staaten das Recht zum Krieg einräumte, der über die so genannten Staatenkriege in die Katastrophe des Ersten und Zweiten Weltkrieges mündete.
- die Idee der UNO, welche der Politik die Androhung und Anwendung von militärischer Gewalt untersagte (Gewaltverbot). Als Ausnahmen gelten: Verteidigung und ein Beschluss des Sicherheitsrates.

Im Gegensatz zum Völkerbund hatte die UNO mehr Erfolg, da es tatsächlich zu einem starken Rückgang an zwischenstaatlichen Kriegen – zu deren Bekämpfung die UNO gegründet wurde – gekommen ist. Der Krieg ist jedoch ein Chamäleon, so nahmen die innerstaatlichen Kriege, die neuen Kriege, die Privatisierung der Sicherheit zu. Besondere Erwähnung verdienen hierbei nach Ende des Kalten Krieges die Interventionskriege (vor allem der USA) und die so genannten humanitären Interventionen (Kosovo), die der traditionelle Machtpolitik neuen Chance boten, mit militärischen Mitteln wirtschaftliche und Machtinteressen zu verfolgen.

Immer wieder wird zur Rechtfertigung von nationaler Machtpolitik behauptet, dass es eine vollkommen gewaltlose und konfliktfreie Gesellschaft in absehbarer Zeit nicht geben werde. Diese Argumentation geht ins Leere, da dies doch niemand behauptet hat. Die Anhänger einer Friedenspolitik behaupten daher auch nicht, dass die EU-Staaten auf die militärische Komponente zur Gänze verzichten sollen. Sie treten nur dafür ein, dass die militärischen Ressourcen und Potentiale auf den defensiven Schutz des eigenen Territoriums und auf allfällige Friedensmissionen der UNO auszurichten bzw. zu begrenzen sind. Im Gegensatz zur herrschenden Sicherheitspolitik gehen sie aber nicht davon aus, dass mit wachsender Macht, mit wachsender Stärke mehr Sicherheit verbunden ist.

Von Seiten der Kritiker der bestehenden Machtpolitik wird mit Recht die Auffassung vertreten, dass es mit einer Politik, die sich an die Rechtsordnung der UNO-Charta hält, möglich sei, Kriege abzuschaffen, Gewalt einzudämmen und eine neue Kultur der zivilen Konfliktbearbeitung zu entwickeln. Wir wollen weder das Militär noch den Kapitalismus abschaffen, sondern beide nur zähmen. Mit Recht sieht Ernst-Otto Czempiel die Hauptaufgabe von Politik und der gesellschaftlichen Kräfte darin, Krieg und Gewalt radikal zu begrenzen. Die Akteure der heutigen Machtpolitik, die auf kriegerische Gewalt nicht verzichten wollen, versuchen diese Entwicklung dadurch zu konterkarieren, dass sie den Begriff der Verteidigung bis zum Recht auf Kriegsführung ausdehnen und bei ihren militärischen Interventionen humanitäre Zielsetzungen vorgeben. Ihre Annahme, dass man mit Krieg und Gewalt Frieden stiften und Demokratie begründen könne, ist jedoch eine fundamentale Täuschung, die nicht nur der Irak-Krieg, sondern auch die Geschichte immer wieder belegt hat. Hierbei soll nicht ignoriert werden, dass es Ausnahmefälle geben kann, in welchen die Universalität der Menschenrechte mit dem generellen Gewaltverbot der UNO kollidieren kann. Dies erfordert jedoch nicht den vorhergehenden Aufbau einer immer größeren Kriegsmaschinerie und eines weltweiten Wettrüstens. Im Normalfall geht es den Großmächten, die militärisch intervenieren, nicht um die Menschenrechte, sondern um nationale Interessen.

Aufgabe einer zukunftsorientierten EU-Politik sollte es daher sein, das herrschende Politikverständnis, das noch immer auf unbegrenzte Machtpolitik, auf Hard Power und Wettrüsten setzt, durch eine Friedenspolitik zu ersetzen, die sich an defensive Verteidigung, Soft Power und an einer zivilen Konfliktbearbeitung orientiert, die aber keine Exklusivität von Spezialisten sein darf. Dazu sind Strukturen zu schaffen, die es der Gesellschaft ermöglichen, mit den Konflikten rational umzugehen. Die Machtbesessenheit vieler politischer Eliten sollte einer weisen Selbstbeschränkung weichen, die zu Unrecht als Machtvergessenheit tituliert wird. Die EU kann Vorbild für einen Abbau von Macht und Rüstung nur dann sein, wenn sie selbst mit gutem Beispiel vorangeht. Wo liegt das Risiko für die EU? Die sicherheitspolitischen Bedrohungsszenarien sind vielfach Schimäre, die man vergessen kann, wenn man von der atomaren Bedrohung absieht, die durch atomares Wettrüsten nicht geringer wird. Die größte sicherheitspolitische Bedrohung geht von der Rüstungsindustrie aus, die Staaten und Terroristen in gleicher Weise mit Waffen beliefert. Das hat bekanntlich schon Präsident Eisenhower erkannt.

Politik und Moral

Entmoralisierung stand am Anfang der Moderne, wofür Niccolò Machiavelli in seinem Buch „Il Principe" Zeugnis ablegt, wenn er seinem Fürsten rät, Grausamkeit statt Milde zu üben und sein Wort eher zu brechen, als zu halten. In diese Entwicklung ist auch Thomas Hobbes mit seinem absoluten Staat einzureihen, in dessen Geist Diktaturen herrschen und Kriege zur Sicherung und Erweiterung von Macht geführt werden. In der Moderne, in der Aufklärung gab es aber auch immer die gegenläufige Bewegung, wofür insbesondere Francis Bacon und Immanuel Kant stehen, der die Bindung der Macht an das Recht forderte. Die postmoderne Philosophie hat die Moral eher verspottet. Anzeichen einer gegenläufigen Entwicklung sind im Zeitalter des totalen Wettbewerbs nicht zu übersehen. Moral hat dadurch nicht mehr einen konservativen Beigeschmack, sondern Ethik wird immer mehr zu einem wichtigen Argument gegen die herrschende Machttheorie und die Ausbeutung durch den Neoliberalismus.

Wenn wir heute von einem notwendigen Umdenken und Wertewandel in der Politik sprechen, hat das mit dem herrschenden Politikverständnis zu tun, das die großen weltpolitischen Veränderungen und Herausforderungen ausblendet. Einen Wertewandel, er kann schleichend und radikal sein, wird es immer geben, denn die politische Moral hat eine Zeitdimension. Dies gilt besonders für eine Übergangsgesellschaft, die wir zweifellos sind. Aber es gibt einen Kern von Moralvorstellungen, der sich überall findet (Goldene Regeln, kategorischer Imperativ, Weltethos). Es sind die konkreten Inhalte der Moral, die Werte, die sich ändern, wofür die Aufklärung das beste Beispiel ist. Sie war die große Zäsur, welche die feudale Gesellschaft abgelöst hat, in der die Menschen verschiedene Werte pflegten. Die Aufklärung hat den Menschen, das autonome Individuum in den Mittelpunkt gestellt. Aber die bürgerliche Gesellschaft hat damit auch eine Moral der Starken begründet, die zur Kolonialisierung und letztlich zu den beiden Weltkriegen geführt hat. Im Zeitalter der Globalisierung spiegelt sich diese Moral der Stärkeren im Neoliberalismus, im amerikanischen Imperialismus, in den Interventionskriegen und im Wettrüsten, im neoliberalen Kapitalismus, im exzessiven Ressourcenverbrauch durch 20 % der Weltbevölkerung und in der wachsenden Kluft zwischen Arm und Reich wider. Dieses Moralkonzept ist im 21. Jahrhundert obsolet geworden, ist überholt, ist auf Dauer nicht zu halten. Den nachdenklichen politischen Eliten des Westens ist dies bewusst, doch stemmt sich ihr Egoismus, der tragische Folgen haben könnte, gegen die Entwicklung einer politischen Moral, die berücksichtigt, dass die Welt nicht nur aus Starken, sondern auch aus vielen Schwachen besteht.

Statt ein Politikverständnis zu entwickeln, das diesem Wandel Rechnung trägt und die Bevölkerung darauf einstellt, hilft man sich im Westen mit einer Doppelmoral. Diese Doppelmoral hat Bertrand Russel so angeprangert: „Die moderne Menschheit hat zwei Arten von Moral: Eine, die sie predigt, aber nicht anwendet, und eine andere, die sie anwendet, aber nicht predigt."

Geschichte und Wissenschaft haben uns gezeigt, dass Politik ohne Moral zu einem Totalitarismus führt, dessen Unmenschlichkeiten uns der Nationalsozialismus in schrecklicher Weise vor Augen geführt hat. Aber auch die Moralisierung der Politik wäre falsch, denn Politik und Moral sind nicht identisch. Aber es gibt moralische Grundsätze, welche die Politik nicht überschreiten darf. Für die Gegensätze, die sich daraus ergeben können, liefert die Beurteilung des amerikanischen Präsidenten John F. Kennedy ein gutes Beispiel. Kennedy war für meine Generation das Bild eines moralischen und charismatischen Politikers, dessen Politik der Erhaltung des Friedens gedient hat. Seit Öffnung der amerikanischen Archive wissen wir, dass er nach dem Debakel der Schweinebucht-Invasion dem amerikanischen Geheimdienst den Auftrag erteilt hat, Fidel Castro mit allen Mitteln einschließlich seiner Ermordung aus dem Weg zu räumen. Daraus hat sich eine moralische Diskussion über das Geschichtsbild Kennedys entwickelt. Kann Mord, können Verbrechen Mittel der Politik sein? Oder hat die Moral einen absoluten Anspruch an die Politik? Eine Frage, die auch heute aktuell ist.

Was sind die Konsequenzen aus solchen Erfahrungen? Schon Kant hat darauf hingewiesen, dass der kategorische Imperativ den konkreten Inhalt von Moral nicht ersetzt, der sich in den Werten der Politik und der Gesellschaft widerspiegelt. Das Umdenken in der Politik erfordert daher heute ein Politikverständnis, das auf globalen Werten, auf einer globalen Welt basiert, in der nicht nur persönliche Sicherheit, sondern auch ein menschenwürdiges Leben der Schwachen und Armen gesichert ist. Aufgabe der EU sollte es sein, sich für ein solches Umdenken zu engagieren und die Machiavelli'sche Doppelmoral durch eine Moral zu ersetzen, die den Zusammenhalt der Gesellschaft zum Ziel hat.

Es waren dies nur wenige verdichtete Gedanken zum Thema Politik und Moral. Aber sie sollten aufzeigen, dass auch die Moralvorstellungen den neuen Herausforderungen des 21. Jahrhunderts anzupassen sind. Wir sollten hierbei eines nicht übersehen: Wir verdanken unseren Wohlstand einer globalen Ungerechtigkeit, der unseren eigenen Prinzipien von Freiheit und Gleichheit widerspricht. Ein exzessiver Egoismus darf nicht Grundlage einer politischen Moral des 21. Jahrhunderts werden.

Abschließende Bemerkungen

Selbstverständlich weiß ich, dass die alte Machtpolitik in der EU noch die besseren Karten hat und die Optimisten, die an einen friedlichen Wandel glauben, nicht in der Mehrzahl sind. Aber die Sowjetunion hat uns gezeigt, wie schnell sich alle Macht in Nichts auflösen kann. Selbstverständlich weiß ich auch, dass das hier geforderte neue Politikverständnis einen Qualitätssprung des Politischen erfordert, nach dem sich viele sehnen, der aber im Widerspruch zu den Träumen von vielen politischen Eliten der EU steht, die sich eine militärisch starke EU wünschen, die sich in Konkurrenz zu USA und China an der Vorherrschaft in der Welt beteiligt. Ich halte diesen Traum nicht nur für falsch, sondern auch für unrealistischer als den Traum von der EU als Laboratorium einer Weltpolitik, die sich von der alten Machtpolitik und dem Neoliberalismus verabschiedet, auch wenn einzelne sicherheitspolitische Entwicklungen in der EU dagegen sprechen.

Aus dem Widerstand gegen das Feudalsystem ist eine neue politische Moral (Aufklärung) entstanden. Es wird auch aus dem Widerstand gegen das geopolitische Machtdenken und den Neoliberalismus eine neue politische Moral entstehen. Denn wir sind nicht am Ende der Geschichte angelangt, wie Francis Fukuyama geglaubt hat, sondern alle Zeichen sprechen dafür, dass wir in einer Wendezeit leben, deren Konturen durch Ökonomie, Ökologie und Gerechtigkeitsfaktoren bestimmt werden. Wir stehen daher einmal mehr vor dem Widerstreit zwischen Idealismus (Norm) und Realismus (Macht), den wir aus der Geschichte der internationalen Beziehungen nur zu gut kennen. Ich bin überzeugt, dass sich viele junge idealistische Menschen finden werden, die versuchen werden, ihre idealistischen Vorstellungen z.B. in der Klimapolitik in die Realpolitik zu integrieren und so zu einem neuen und besseren Politikverständnis beizutragen.

> „Das Traurige an der Politik ist nicht, was sie nicht erreicht, sondern was sie nicht versucht. Im Versuch aber liegt der echte Idealismus" (Ludwig Marcuse).

Wenn unsere Sommerakademien hierzu – zum Versuch – einen Impuls geben, dann haben sie ihren Zweck erfüllt.

„EINE ÄNDERUNG DES BEWUSSTSEINS VERÄNDERT UNBEWUSST AUCH DAS SEIN“[1]

HANS LUKITS[2]

Die heurige Sommerakademie beschäftigt sich schwerpunktmäßig mit dem Thema, welches Konfliktpotential im globalen Kampf um die Rohstoffressourcen und vor allem die Energieressourcen vor dem Hintergrund der Klimaveränderungen besteht. Es ist für mich persönlich eine hohe Auszeichnung, vor diesem kompetenten Auditorium sprechen zu dürfen, und vermutlich hat Herr Dr. Gerald Mader mich eingeladen, hier ein Eröffnungsstatement abzugeben, weil mein Unternehmen, die Burgenländische Elektrizitätswirtschafts Aktiengesellschaft (BEWAG), zu den Vorreitern bei erneuerbarer Energie in Österreich gehört.

Ich darf zunächst einen kurzen Überblick über die globale Situation von Energieverbrauch und Reserven bei den einzelnen Energieträgern geben, anschließend ein Postulat für eine zukünftige Energiestrategie formulieren und schließlich darstellen, welche regionalen Strategien einen Beitrag zu diesem Postulat liefern können.

Weltweiter Energieverbrauch

Der weltweite Energieverbrauch in Mio. Tonnen Rohöläquivalent ist seit 1980 von 6 650 Mio. t Rohöläquivalent auf 10 224 im Jahr 2004, d.h. um 54 % gestiegen. Diese Steigerung entspricht einem jährlichen Zuwachs von 1,9 %, wobei sich der Anstieg in den letzten Jahren deutlich erhöht hat. Von 2003 auf 2004 um 4,3 % bzw. von 2004 auf 2005 auf 3,1 %.

Signifikant ist, dass der Verbrauch in der asiatisch-pazifischen Region im Zeitraum 1995 bis 2004 um 38,4 % gestiegen ist – allein in China nahm der Verbrauch in dieser Zeit um 51,3 % zu. Der Anteil des asiatisch-pazifischen Raumes am weltweiten Energieverbrauch hat sich von 27 % auf über 31 % erhöht, die Anteile des Nahen Ostens, Afrikas sowie Mittel- und Süd-

---

1 Gerhard Uhlenbruck,*1929, dt. Aphoristiker, Immunbiologe und Hochschullehrer.

2 Rede anlässlich der Eröffnung der Internationalen Sommerakademie des Österreichischen Studienzentrums für Frieden und Konfliktlösung auf Burg Schlaining, 8. Juli 2007.

amerikas sind ebenfalls gestiegen, der Anteil Nordamerikas, Europas und Eurasiens ist dagegen um 7,7 bzw. 8,2 % gesunken.

Auffallend ist nach wie vor das Nord-Süd-Gefälle im Primärenergieverbrauch: Die USA verbrauchen 27,2 %, Europa und Eurasien 29 % und der asiatisch-pazifische Raum 31,3 % der Primärenergie (dabei dominant China, Indien und Japan mit insgesamt 22,3 %). Der Primärenergieverbrauch von Mittel- und Südamerika mit 4,7 %, Afrika mit 3,1 % und Naher Osten mit 4,7 % ist dem gegenüber vergleichsweise gering.

Ungleichgewicht beim Pro-Kopf-Verbrauch

Ein völliges Ungleichgewicht besteht beim Pro-Kopf-Verbrauch. In Nordamerika, Norwegen und Saudi Arabien beträgt dieser mehr als 6,0 t pa Erdöläquivalent, in Europa zwischen 3,0 und 4,5 t, in Russland zwischen 4,5 und 6,0 t, und in Südamerika, China, Afrika und Asien weniger als 1,5 t.

Anteile der Energieträger am Weltenergieverbrauch

Dominant in der Weltenergieversorgung ist nach wie vor Öl mit einem Anteil von ca. 3.800 Mio. (36,4 %), der Anteil von Kohle ist ca. 2.800 Mio. t (27,8 %), gefolgt von Erdgas mit 2.400 Mio. t (23,5 %), Wasserkraft 634 Mio. t (6,3 %) und gleichauf Kernergie mit 624 Mio. t (6,0 %).

Begrenzte weltweite Reserven

Die weltweiten Reserven werden heute bei den einzelnen Primärenergieträgern bei Kohle auf 200 Jahre geschätzt, bei Erdöl auf 43 Jahre, Erdgas auf 64 Jahre und Natururan auf 40 Jahre.

Wir brauchen einen Paradigmenwechsel

Unabhängig davon, ob die tatsächlichen Reserven, also einschließlich der noch nicht entdeckten bzw. durch die Verbesserung der Fördertechnologien um den Faktor zwei oder auch mehr steigerbar sind, dürfen wir die Augen nicht davor verschließen, dass wir es mit endlichen Ressourcen zu tun haben. Und ebenso unabhängig davon, ob die globale Erwärmung tatsächlich in ursächlichem Zusammenhang mit den CO^2-Emissionen und damit der Verbrennung von fossilen Brennstoffen steht oder ob dafür kosmische Erscheinungen wie die erhöhte Sonnenaktivität – eine These, die durchaus namhafte Wissenschaftler vertreten – oder eine Überlagerung beider Effekte verantwortlich sind, haben wir als Menschheit einen dringenden Handlungsbedarf. Wir haben diesen Handlungsbedarf vor allem aus der Verantwortung für die uns nachfolgenden Generationen. Wir dürfen nicht Ressourcen, die für ihre Entstehung Jahr Millionen gebraucht haben, in zehn bis 15 Generationen verbrauchen.

Das Gebot der Stunde ist: Wir müssen unseren auf Verbrauch angewiesenen Lebensstil ändern.

Die Zukunft der Menschheit liegt in den Händen der Menschheit. Und es ist m.E. möglich, diesen Paradigmenwechsel in einer Generation zu schaffen. Wir müssen die verbrauchende Wirtschaft in eine Kreislaufwirtschaft transformieren und mit den Zyklen der Natur leben.

Senkung des Pro-Kopf-Verbrauches in den Industrieländern des Nordens

Wir müssen vom verschwenderischen Umgang mit Energie wegkommen. Der Prof-Kopf-Verbrauch muss in den nächsten 20 Jahren vor allem in den Industrieländern des Nordens wesentlich reduziert werden, eine Halbierung des Pro-Kopf-Verbrauchs ist m.E. vor allem durch Energieeinsparung im Bereich Wärmeversorgung, Klimatisierung, Verkehr sowie der industriellen Produktion anzustreben und auch möglich. Sowohl durch bessere Wärmedämmung, Erhöhung der Effizienz der energieverbrauchenden Anlagen, Entwicklung energiesparender Produktionsverfahren im Bereich der energieintensiven Industrien (z.B. Papierindustrie, Stahlindustrie usw.). Die kostenlose Zuteilung von Emissionszertifikaten ist vielleicht nicht der zielführendste Ansatz zur Entwicklung neuer, energieschonender Produktionsverfahren.

Erhöhung des Anteils erneuerbarer Energieträger auf 20 Prozent

Der Anteil erneuerbarer Energieträger auf 20 % (entspricht dem Ziel der EU 25) bis 2020 kann durch Anreizsysteme – etwa befristete Feed-In-Tarife – erreicht werden. Diese Energieträger brauchen eine Anschubfinanzierung, da die externen Kosten der Nutzung fossiler Energieträger letztlich vom Energiekonsumenten bzw. Steuerzahler zu tragen sind. In 10 bis 15 Jahren wird das Energiepreisniveau ohnehin eine Größenordnung erreicht haben, die über den Produktionskosten der erneuerbaren Energiegewinnung liegen.

Die Energiepolitik des Landes Burgenland

Als Beispiel, was regionale Strategien zu leisten vermögen, möchte ich die Energiepolitik des Landes Burgenland darstellen, die bis 2013 das Ziel verfolgt, dass der gesamte Verbrauch an elektrischem Strom aus erneuerbaren Energien gedeckt wird.

Durch das Ökostromgesetz 2002 mit Wirksamwerden am 1.1.2003 wurden für die erneuerbaren Energieträger Rahmenbedingungen geschaffen, die einen Investitionsboom bei Windenergie und Biomasse auslösten.

In unserem Bundesland hat es bis 2003 auf Grund der topografischen Struktur des Landes faktisch keine nennenswerte Stromproduktion gegeben. Wir verfügen weder über große Flüsse, um Laufkraftwerke zu errichten und betreiben, noch hohe Berge zum Betrieb von Speicherkraftwerken, und wir haben auch keine Ballungsgebiete oder eine große, wärmeverbrauchende Industrie, wo sich eine thermische Stromproduktion in großem Stil rechnen würde.

Heute werden bereits rund 50 % des Strombedarfs aus Windkraft gedeckt. An manchen Tagen erzeugen wir mehr Strom aus Windenergie, als wir im Land benötigen.

Der Anteil der Biomasseanlagen an der Stromerzeugung beträgt derzeit etwa 10 % und wird in den nächsten Jahren auf 15 % steigen.

Durch ein Repowering der Windkraftwerke innerhalb der nächsten fünf Jahre ist die Erreichung des Ziels, den gesamten Strombedarf aus erneuerbaren Energien zu decken, durchaus realistisch.

Ein Drittel der neuen Einfamilienhäuser wird heute mit einer Wärmepumpentechnologie ausgestattet, die die Erdwärme nutzt. Das Land Burgenland unterstützt mit dem Instrument der Wohnbauförderung auch die Errichtung von Null-Energie-Häusern bzw. von Häusern, die sogar einen Energieüberschuss erzielen.

Europa sollte m.E. weltweit eine Vorreiterrolle übernehmen und ausreichend finanzielle Ressourcen für die Umstellung von Wirtschaft und privatem Konsum auf eine energiearme Produktions- und Lebensweise zur Verfügung stellen. Die steigenden Energiepreise infolge des Auseinanderklaffens von Nachfrage und Produktion vor allem bei den fossilen Brennstoffen werden Europa in nicht all zu ferner Zukunft im globalen Wettbewerb einen wesentlichen Wettbewerbsvorteil verschaffen. Die europäische Politik und Wirtschaft sollte diese Herausforderung positiv annehmen.

Ich bedanke mich für Ihre Aufmerksamkeit und wünsche der internationalen Sommerakademie zu diesem für die Menschheit so wichtigen Thema der Energiestrategien viele anregende Vorträge und Diskussionen.

Eisenstadt, 1.7.2007

Teil I:

Von der Energiesicherheit zum Ressourcenkrieg?

Öl ins Feuer – Ressourcenkonflikte als Treibstoff für globalen Unfrieden

Wolfgang Sachs

Zivilisationen, so unanfechtbar in ihrer Macht und so beeindruckend in ihrem Glanz sie zu Zeiten auch erscheinen mögen, sind nicht selten Ausnahmefälle; sie beruhen auf Sonderbedingungen, die weder überall gelten noch auf ewig halten. So war die römische Zivilisation angewiesen auf Nahrungsimporte aus den Peripherien des Mittelmeers, oder die mittelchinesische Zivilisation auf die Regulierung von Wasservorkommen und Wasserverbrauch im Deltagebiet des Yangtses. Nicht anders verhält es sich mit der euro-atlantischen Zivilisation des 19. und 20. Jahrhunderts. Um ihre Vorherrschaft gegenüber der übrigen Welt zu erklären, haben Historiker einen Kranz unterschiedlicher Faktoren ausgemacht; aber gerade die neueste Forschung rückt besonders die Rolle des Ressourcen-Zugangs ins Licht. Während nämlich der Entwicklungsstand Chinas bis 1750 in etwa mit jenem Englands vergleichbar war, schaffte England in den darauf folgenden hundert Jahren den entscheidenden Durchbruch. Es konnte sich aus der Fessel begrenzter Ressourcen befreien, namentlich aus der beschränkten Verfügbarkeit von Boden (Pomeranz 2000). Knappes Land konnte nicht Holz und Wolle für die junge Industrie und zugleich Nahrung für die Arbeiter hervorbringen; erst als Kohle das Holz und Agrarimporte aus Nordamerika das fehlende Land ersetzten, konnte der Aufschwung beginnen. Mit anderen Worten, der Aufstieg der euro-atlantischen Industriekultur verdankt sich zu einem guten Teil dem Zugriff auf zwei wichtige Ressourcen-Bestände: die fossilen Rohstoffe aus der Erdkruste und die biotischen Rohstoffe aus den (Ex-)Kolonien. Ohne die Mobilisierung von Ressourcen aus den Tiefen der geologischen Zeit und den Weiten des geografischen Raums hätte sich die Industriezivilisation in ihrer heutigen Gestalt nicht herausgebildet.

Jenes Feuerwerk an Ressourcen, das Europa abgebrannt hat, um groß zu werden, ist nicht wiederholbar, schon gleich gar nicht an vielen Orten der Welt und mit ungleich größeren Bevölkerungen. Denn die beiden Bestände, welche die Sonderrolle Europas ermöglichten, stehen nicht mehr ohne Weiteres zur Verfügung: Die fossilen Rohstoffe destabilisieren das Klima und gehen zur Neige, und für die biotischen Rohstoffe stehen keine

Kolonien mehr in Übersee bereit. Rohstoffe müssen zu mehr oder weniger teuren Preisen eingekauft oder Teile des eigenen Landes de facto in Kolonien verwandelt werden – wie sich in Brasilien oder Indien beobachten lässt. Wer heute den historischen Entwicklungsgang der Industriezivilisation – ungeachtet aller Produktivitäts-Fortschritte in seinem Gefolge – einfach nachahmen möchte, macht die Rechnung ohne den Wirt: Ressourcen sind heutzutage weder leicht zugänglich noch billig zu haben. So sitzen die Strategen der nachholenden Entwicklung, soweit sie heute noch die Kommandohöhen von Wirtschaft und Politik bevölkern, einer tragischen Verwechslung auf: Sie glauben, im 21. Jahrhundert noch mit den Utopien des 19. Jahrhunderts Erfolg haben zu können.

Ökonomische Expansion versus ökologische Begrenzung

So lassen die Ressourcen- und Umweltkonflikte des 21. Jahrhunderts eine spezifische Signatur erkennen: Sie sind geprägt vom Gegensatz zwischen unbegrenzter Nachfrage nach Naturgütern einerseits und endlichem globalen Umweltraum andererseits. Gewiss, seit undenklichen Zeiten spielen sich Ressourcenkonflikte – etwa der Streit zwischen Anrainern eines Wasserlaufs im Mittelalter oder das Gerangel europäischer Nationen um die Bodenschätze Afrikas zu Bismarcks Zeiten – im Dreieck von Begehr, Knappheit und Rivalität ab. Doch mit der Universalisierung von Entwicklungserwartungen auf der einen Seite und der global sichtbaren Begrenztheit der Biosphäre auf der anderen nehmen Ressourcenkonflikte einen neuartigen Charakter an: Sie verweisen auf den Grundkonflikt zwischen ökonomischer Expansion und ökologischer Begrenzung.

Dieser Konflikt äußert sich beileibe nicht nur in Naturkrisen, sondern auch in Sozialkrisen. Denn zwischen Begehr und Knappheit tritt auch heutzutage die Rivalität. Bekanntlich nutzen weder alle Nationen noch alle Menschen den globalen Umweltraum zu gleichen Teilen. Noch immer stimmt die Daumenregel, dass 25 % der Weltbevölkerung 75 % der Weltressourcen verbrauchen. Es sind vor allem die Industrieländer, die das Erbe der Natur in exzessiver Weise antasten; sie machen sich die Umwelt weit über ihre nationalen Grenzen hinaus zunutze. Ihr ökologischer Fußabdruck ist größer – in einigen Fällen sogar sehr viel größer – als ihr eigenes Territorium, mit all den Ressourcen und Senken, die jenseits der eigenen Grenzen in Beschlag genommen werden. Und je mehr wichtige Naturressourcen zur Neige gehen, umso dringender wird die Frage ihrer Verteilung. Wem gehören die Ölvorräte, die Flüsse, die Wälder, die Atmosphäre? Wer hat welches Recht auf die lebensdienlichen Leistungen der Biosphäre? Wie viel darf ein jeder für sein Wohlergehen nehmen, ohne den Anderen ihr

Recht zu beschneiden? Das sind die Fragen, welche hinter vielen Ressourcen- und Umweltkonflikten stehen.

Und in allen solchen Konflikten lauert die Gefahr, dass überkommene Ungerechtigkeiten potenziert werden. Denn Rivalitäten unter Bedingungen der Endlichkeit sind besonders dazu angetan, in weiterer sozialer Polarisierung zu enden. Es greifen sich die Mächtigen, was an Naturressourcen übrig ist, und die Machtlosen haben das Nachsehen. An der Zapfsäule wird für den Pendler das Benzin teurer, Wasserquellen versiegen in Trockengebieten, die Preise für Getreideimporte schnellen in die Höhe, Fischer kehren mit leeren Netzen zurück. Es treten oft soziale Konflikte auf, lange bevor noch eine Ressource ökologisch am Ende ist. Je mehr die Grenzen der Tragfähigkeit von Ökosystemen erreicht werden, umso eher geraten die Schwächeren unter Druck: Ökologische Grenzen, lange bevor sie endgültig überschritten sind, werfen ihre sozio-ökonomischen Schatten voraus. Bevor noch der Umweltfrieden im ökologischen Sinne ernsthaft gestört ist, schwindet häufig schon der soziale Friede dahin.

Dabei verbindet sich der Streit um Ressourcen häufig mit Konflikten politischer oder ethnischer Natur. Ohne einen Blick aufs Öl lässt sich weder der Krisenschauplatz im Nahen Osten verstehen noch der Bürgerkrieg im Sudan. Und ohne die Verschlechterung und Verknappung von Böden in Betracht zu ziehen, erschließt sich weder die Lage von Flüchtlingen in Pakistan noch der Völkermord in Ruanda. Sei es auf internationaler oder subnationaler Ebene, in jedem Fall tragen, wenn legitime Formen der Konfliktregelung fehlen, Ressourcenkonflikte zur sozialen Destabilisierung bei. Es ist daher absehbar, dass bei weiterer Zuspitzung der Ressourcensituation vielerorts Konfliktpotentiale heranwachsen, welche insgesamt gesehen die Welt entzündlicher machen.

Subsistenzkonflikte

Seit Pizarros Zeiten wurde die „Neue Welt“ auf wertvolle Rohstoffe hin abgesucht. Doch heute hat sich die *frontier* in der Suche und Ausbeute von Rohstoffquellen bis an die entlegensten Zonen der Kontinente und Meere vorgeschoben, weil leichter zugängliche Vorkommen mittlerweile erschlossen oder erschöpft sind. Öl wird tief im Urwald und tief im Meer gefördert, Holz aus dem fernen Patagonien und Sibirien geholt, und schwimmende Fischfabriken durchkämmen die Meere vom Polarkreis bis zur Antarktis. Begehrt sind vor allem Energieträger, insbesondere Öl und Gas, gefolgt von Metallen wie Gold, Zinn, Silber, Kobalt, und biotische Rohstoffe wie Holz und Fische. Mit der Öffnung der Grenzen für transnationale Unternehmen im Zuge der Globalisierung hat sich der Drang, die Frontlinie der Ausbeutung vorzuverlegen, vertieft und beschleunigt. Besonders da, wo die Rohstoffausbeutung in bisher unerschlossene Gebiete vorrückt, sind es die Territorien indigener Gesellschaften, welche ins Netz weltweiter Ressourcenflüsse eingegliedert werden.

So auch im Amazonasgebiet Ekuadors (Haller/et al. 2000). Seit 1964 das Konsortium Texaco-Gulf die ersten Bohrstellen eröffnet hat, ist im so genannten Orient das Ölzeitalter angebrochen. In ein Gebiet, das insgesamt etwa ein Drittel des Landes umfasst, sind über die letzten 30 Jahre Zug um Zug Ölgesellschaften vorgerückt, haben Bohrungen niedergebracht und eine weit verzweigte Infrastruktur zur Ölförderung aufgebaut. Dem ekuadorianischen Staat bringt das Öl gutes Geld, und was noch wichtiger ist: Dollars. Nicht nur leidet Ekuador an chronischer Budgetknappheit, das Land ist – wie viele lateinamerikanische Staaten – seit langem im Ausland verschuldet. Mit der Ölförderung schien sich ein Ausweg zu bieten: Staatseinnahmen standen in Aussicht und Exporte versprachen Devisen. Zumeist geht das geförderte Öl in die USA. Die an multinationale Konzerne (AGIP, Mobil, Amoco, Elf Aquitaine, Petrobras, Texaco u.a.) vergebenen Konzessionen betreffen Gebiete von rund 1.2 Mio. ha Regenwald (von insgesamt 13 Mio.) und liegen oft in indigenen Territorien.

Die im Orient lebenden Völker sind vorwiegend Subsistenzgesellschaften, sie besitzen unterschiedliche Sprachen und Kulturtraditionen. Es handelt sich dabei vor allem um die Quichua, Huaorani und Shuar, wobei alle indigenen Gruppen zusammen etwa 125 000 Personen zählen, in einem Gebiet geringer Bevölkerungsdichte. Das Zusammenspiel von Wald und Wasser macht die Region zu einer der artenreichsten in der Welt; die indigenen Gruppen sind auf die Naturräume der Wälder, der überfluteten Gebiete und der Flussufer angewiesen.

Doch Ölförderung verlangt Sprengungen, Pumpanlagen, Pipelines, Raffinerien und darüber hinaus Schneisen, Straßen, Landepisten, schweres Gerät und Arbeitercamps. Daher ging es überall zuerst um die Abholzung des Wälder, und tatsächlich ist insgesamt die Waldfläche auf 30 % der Fläche in den 70er Jahren geschrumpft, wie auch nur noch 8 % von ehemals der gesamten Fläche den indigenen Gemeinschaften gehören. Ferner werden Ölreste und Gas abgefackelt wie auch Schneisen und Explosionslöcher geschlagen, ohne die heiligen Orte der Indios zu schonen. Besonders dramatisch aber waren und sind die Folgen der Wasserverschmutzung: Giftige Abfälle und Abwasser verunreinigen Bäche und Flüsse, die den Einwohnern als Trinkwasser, Kochwasser und zum Waschen dienen. Über zahlreiche Lecks in den Leitungsrohren sickerte Öl in Boden und Wasser; in den letzten zwanzig Jahren, so heißt es, flossen aus über dreißig Brüchen im Pipeline-System mehr als eine halbe Million Barrel Öl in Ekuadors Flussläufe. Da mit Abholzung und Vergiftung auch Pflanzen, Fische und Wildtiere verschwanden, erodierte die Existenzbasis der indigenen Gruppen.

Mangelernährung, sozialer Niedergang und letztendlich Vertreibung sind die Folge.

Das Beispiel Ekuador zeigt ein wiederkehrendes Muster. Auf der einen Seite steigt die Weltnachfrage nach Naturressourcen aller Art, auf der anderen Seite aber warten diese Ressourcen nicht einfach in einem Niemandsland darauf, abgeholt zu werden. Vielmehr liegen sie oft im Lebensraum ortsansässiger Bewohner und machen deren Lebensgrundlagen aus. Unregulierte Ressourcenausbeute kann deren Landschaften degradieren, dezimieren und sogar desakralisieren, besonders in den Peripherien des Südens. Die Nutzung der Ökosysteme als *commons* steht dabei gegen ihre Nutzung als *assets* zur Gewinnbildung (Sachs 2003). Das Bedürfnis lokaler Gemeinschaften nach Gesundheit und Überleben steht gegen das Bedürfnis ferner Konsumenten nach Treibstoff und Heizöl. Subsistenzbedürfnisse konkurrieren gegen Luxusbedürfnisse. Deshalb rufen nicht nur die Ölförderung, sondern etwa auch Entwaldung oder industrieller Fischfang oftmals lokalen Widerstand hervor, wenn mit dem Ressourcenabbau die Lebensbasis der Einwohner bedroht wird. Die Armen werden – zugespitzt gesagt – ihrer Ressourcen beraubt, damit die Reichen über ihre Verhältnisse leben können.

Regimekonflikte

Bis vor gar nicht langer Zeit war die Entdeckung von Ölfeldern ein Grund zum Jubel. Auch die herkömmliche Theorie der Entwicklung sah in solchen Funden ein Unterpfand für den Aufstieg eines Landes zu Wohlstand und Demokratie. Doch Augenschein und Empirie haben dieses Bild nachdrücklich zurechtgerückt. Es zeigte sich in vergleichenden Untersuchungen, dass ressourcenreiche Länder in Wirklichkeit langsamer wachsen als andere und ein geringeres Pro-Kopf-Einkommen aufweisen. Zudem sind zwölf von den 25 besonders ressourcenabhängigen Ländern auf der Welt und sechs von den 25 ölabhängigsten Ländern in der Gruppe der am höchsten verschuldeten Länder zu finden. Je mehr Länder vom Export an Bodenschätzen abhängen, desto schlechter sind sie überdies auf dem Human Development-Index platziert. Was Kindersterblichkeit, Lebenserwartung und Kindererziehung angeht, bleiben sie beträchtlich hinter dem Durchschnitt ressourcenärmerer Länder zurück. Vor dem Hintergrund dieser Erfahrungen hat gegenwärtig die These vom „Ressourcenfluch" jene vom Ressourcensegen abgelöst (zusammenfassend: Renner 2002; Le Billion 2005).

In Ländern wie dem Iran, in Russland, in der arabischen Welt und in Teilen Afrikas trägt man schwer am Fluch des Öls. Zum Beispiel Nigeria: „Er verfluchte die Erde, die Öl spuckte, das schwarze Gold. Er verfluchte die Götter, weil sie die Quellen nicht austrockneten", schrieb der nigerianische Schriftsteller Ken Saro-Wiwa in seinem Roman Night Ride. 1995 wurde der Schriftsteller hingerichtet, weil er öffentlich gegen die Verheerungen des Shell-Konzerns im Ogoni-Land unter der Komplizenschaft der nigerianischen Politik mobilisiert hatte. Während die Öleinkünfte seit Jahren ihren undurchsichtigen Weg weitgehend in die Taschen der herrschenden Gruppen gefunden haben, sind Ölinstallationen im Niger-Delta immer wieder zum Erpressungsgut für Gewaltgruppen geworden. Ein zerfallender Staat, in dem marodierende Banden Pipelines anzapfen und eine korrupte Kaste Auslandskonten füllt: Nigeria kann als der Modellfall eines Landes angesehen werden, das zum Opfer des Öls wurde. Andere ölreiche Länder wie Angola, Kamerun oder Sudan sind ähnlich intransparent und repressiv, wie auch etablierte Ölstaaten – Saudi Arabien, Kuwait, Irak, Brunei, Russland – alles andere als eine Zierde für die Demokratie darstellen.

Ein solches Ergebnis ist kein Zufall. Staaten, deren Einkommen hauptsächlich aus den Abgaben für Ressourcenförderung rühren und nicht aus Steuern der Bürger, tendieren zu einer Kultur der Korruption. Nur Ländern mit einer gefestigten, öffentlich kontrollierten Staatsordnung scheinen diesem Schicksal zu entgehen; so tragen weder Mexiko noch Norwegen Züge eines Rentenstaates. Man spricht von Rentenstaaten, wo die Machthaber es sich leisten können, sich gegenüber dem Volk nicht mehr verpflichtet zu fühlen, weil ihre Einnahmen unverdient und zunächst auch unbegrenzt sind. Wenn die Macht einmal erobert ist, stehen genügend Mittel zur Verfügung, um eine Günstlingswirtschaft zu etablieren, welche Gefolgsleute belohnt und Opponenten bestraft. Damit kann der Staat dem Volk gegenüber auf seine Rechenschaftspflicht verzichten und wird unzugänglich für politische Beteiligung. Herrschende Eliten sind dann häufig von einer Rentenmentalität charakterisiert, die auf rasche Ausgabe und Konsum aus ist, ohne sich zuerst um den Aufbau produktiver Kapazitäten im Lande gekümmert zu haben. Solche Regierungen bauen oft auf Gewalt, um sich an der Macht zu halten, eine Gewalt, die mitunter Gegengewalt hervorruft, in jedem Fall aber einen chronischen Unfrieden darstellt.

Solcherart Konflikte scheinen unendlich weit von den Zapfsäulen, Heiztanks und Air-Conditioner in den reicheren Teilen der Welt entfernt zu sein. Und doch: Öl – ebenso wie Diamanten, Coltan, Kupfer oder Edelholz – landet im Allgemeinen bei den wohlhabenden Verbrauchern in Nord- wie in Südländern, auch wenn die Produktionsketten mitunter schwierig nachvollziehen sind. Es ist letztendlich die starke Nachfrage der Wohlhabenden, welche die Ressourcenausbeute so lukrativ macht, dass sich darauf kleptokratische Regime aufbauen lassen. Und es ist das Interesse an verlässlichen Nachschublinien, was selbst Regierungen und Firmen demokratischer Länder zur Komplizenschaft mit autoritären Regimen verleitet – Saudi-Arabien und zunehmend auch Russland sind Beispiele. Je mehr außerdem der Wert der Ressource Öl steigt, desto stärker, so steht zu vermuten, ist auch der Anreiz für kriminelle Handelsaktivitäten; es ist vielleicht nicht zu weit hergeholt, auch darin eine Ähnlichkeit zwischen Drogen- und Ölabhängigkeit festzustellen.

Verteilungskonflikte

Erdöl ist gegenwärtig die wichtigste globale Ressource. Es ist wichtiger, als Gold es je war. Ohne Öl würde das industriewirtschaftliche System zusammenbrechen: Industrie und Arbeitsplätze basieren in weiten Teilen auf der Nutzung oder Verarbeitung von Rohöl; Verkehr und Mobilität – zu Wasser, zu Lande und in der Luft – sind hauptsächlich auf raffinierte Ölprodukte angewiesen; und ebenso sind es Plastik, Medikamente, Dünger, Baustoffe, Farben, Textilien und vieles mehr. Seit Mitte des vergangenen Jahrhunderts wuchs die Abhängigkeit vom Öl immer mehr; es avancierte zu einer politisch, ökonomisch, ja sogar kulturell unersetzlichen Ressource. Öl prägt wie kein anderer Stoff die Lebensstile in aller Welt (Wuppertal Institut 2005).

Der sichere Zugang zum Öl ist seit langem ein zentraler Faktor geopolitischer Strategien. Staaten richten ihre internationale Wirtschafts-, Außen- und Militärpolitik darauf aus, politischen Einfluss auf wichtige Ressourcen in anderen Ländern und Kontinenten zu gewinnen. So ist erkennbar, dass es den USA und ihren Verbündeten mit ihrem Eingreifen nicht nur um die Befreiung des Staates Kuwait, den Sturz der Diktatur im Irak oder der Auflösung des Terrornetzwerks Al Kaida ging und geht, sondern immer auch um die Öl-Reserven im Mittleren Osten. Denn so wichtig Öl den Industriestaaten auch geworden ist, so wenig davon hatten und haben sie oftmals auf ihren eigenen Territorien verfügbar. Darum hat der Zugang zu Ölquellen in anderen Regionen für sie eine hohe Priorität – eine so hohe, dass ihre Anstrengungen zur Kontrolle von Ölquellen in den vergangenen Jahrzehnten mehrere Male zu massiven Konflikten und Kriegen führten. Im Streit um die Ölressourcen der Welt wird seit hundert Jahren der Verteilungskonflikt zwischen Nationen um Macht und Wirtschaftschancen ausgetragen.

Neuerdings steigt die geopolitische Bedeutung von Öl zusehends, weil seine Endlichkeit bereits absehbar ist. Bis vor wenigen Jahrzehnten konnten sich die Öl-Explorateure noch über stark wachsende Reserven freuen und verlautbaren, die Menge neu gefundener Ölfelder übersteige die jährliche Fördermenge. Dieses Verhältnis hat sich seit Beginn der 1980er Jahre umgekehrt. Die jährliche Förderung ist inzwischen bedeutend größer als die Menge der Neufunde. Für jedes neu entdeckte Barrel Rohöl werden etwa vier Barrel entnommen. Bezogen auf alle Ölfelder weltweit, gibt es einen Punkt der maximalen Förderung, den so genannten Depletion Mid Point, nach dem die Produktionsrate unweigerlich absinkt. Viel spricht dafür, dass der Punkt der maximalen Ölfördermenge im Zeitraum zwischen 2008 und 2015 erreicht werden wird (Campell 2004; Hennicke/Müller 2005).

Vor diesem Hintergrund gewinnen die geopolitischen Strategien zur Sicherung des Nachschubs und eines stabilen Ölpreises an Bedeutung. Nachdem der Punkt der maximalen Ölfördermenge erreicht ist, werden die Ölpreise schnell ansteigen und möglicherweise einen Teufelskreis in Gang setzen, wie bereits bei den Ölkrisen der 1970er Jahre – nur dass diesmal kein Ende der Verknappung in Sicht ist. Wenn die Produktionsmenge nicht mehr mit dem Anstieg der Nachfrage Schritt halten kann, gehen alle Länder, und zumal die vom Ölimport abhängigen, einer Wirtschaftskrise entgegen.

Diese Krise kündigt sich zu einer Zeit an, in der weltweit der Öldurst stetig wächst. Alle Prognosen sagen einen dramatisch ansteigenden Ölverbrauch voraus. Über die alteingesessenen Industrieländer hinaus schwillt seit einiger Zeit die Nachfrage nach Öl besonders in den neuen Verbraucherländern an, allen voran in China, Indien und Brasilien. Ihr Bedarf an Erdöl – bisher unverzichtbar als Rohstoff und als Antriebsmittel – steigt rapide an, und sie treten auf dem Weltmarkt als neue Nachfrager auf. Besonders die Schwellenländer Asiens, wo insgesamt nur relativ geringe Gas- und Ölvorkommen liegen, sind dabei, in die Konkurrenz ums Öl einzusteigen. China hat gegenwärtig bereits die Position des weltweit zweitgrößten Importeurs an Öl erreicht, und selbst Länder wie Malaysia, Vietnam oder Indonesien, die heute noch Exporteure sind, werden sich binnen eines Jahrzehnts zu Netto-Importeuren wandeln. Weil gleichzeitig die Industrieländer weit davon entfernt sind, ihren Verbrauch an Öl nennenswert zurückzuschrauben, ihn stattdessen sogar in vielen Fällen anwachsen lassen, wird die Lage eng. Die aufsteigenden Länder klopfen auf ihre Ansprüche, die Altnutzer wollen nicht lassen, und gleichzeitig schwinden die Vorkommen: ein Bilderbuchszenario für die Rivalitätskämpfe der nächsten Jahrzehnte.

Wo der Kuchen kleiner wird, der Hunger aber größer und die Anzahl der Gäste zunimmt, da öffnet sich ein dauerhaftes Konfliktfeld (N. Supersberger in Hennicke/Müller). In den Kriegen am Golf, in Afghanistan, aber auch durch die Spannungen im kaspischen Raum oder im Tschetschenien-Krieg wirft der große Streit der Zukunft schon seine Schatten voraus. Den höchsten Preis werden die armen Länder bezahlen. Die Staatsverschuldung dieser Länder wird wachsen, wie es bereits während der Ölkrise 1973 zu beobachten war, und für große Teile der Bevölkerung wird fossile Energie kaum noch erschwinglich sein. Damit wird das Wirtschaftswachstum blockiert – schon heute fehlt in zahlreichen Staaten Afrikas das Benzin, bleiben Nutzfahrzeuge einfach stehen. Wer beim Anstieg der Energiekosten mithalten kann, wird die ärmeren Konkurrenten ausstechen. Wahrlich schlechte Aussichten für die Armen: Es ist wahrscheinlich, dass die weniger kaufkräftigen Länder durch die Preisentwicklung bei Öl weiter in die wirtschaftliche Apartheid gestoßen werden. Die Ungleichheit in der Welt wird sich vergrößern, statt sich zu verkleinern.

So werden weit vor den ökologischen Grenzen die sozialen Grenzen der Nutzung fossiler Energieträger sichtbar. Die Endlichkeit von Öl wird zum Destabilisierungsfaktor, lange bevor das letzte Barrel aus der Erde gepumpt ist. Die „Grenzen des Wachstums“ kehren als geo-politische Konflikte wieder. Vor diesem Hintergrund ist es kaum übertrieben, zu sagen, dass die konventionelle, auf fossile Energieträger gestützte Wirtschaftsentwicklung zu einem Großrisiko für die Sicherheit in der Welt geworden ist. Damit dreht sich eine lang gehegte Selbstverständlichkeit aus der zweiten Hälfte des letzten Jahrhunderts um: Entwicklung fördert nicht den Frieden, sondern führt – solange sie auf Öl, Gas oder Kohle basiert – in die Friedlosigkeit.

Verlagerungskonflikte

Die armen Länder geraten nicht nur unter Druck, weil sie bei der Konkurrenz um fossile Ressourcen nicht mehr mithalten können, sondern auch weil sie von den Schadenswirkungen der Verbrennung von Öl besonders in Mitleidenschaft gezogen werden. Aller Wahrscheinlichkeit nach werden die bitteren Auswirkungen des Klimawandels vorrangig jene Länder und Menschen treffen, die am wenigsten zu ihm beitragen. Denn anders, als der Film „The Day After Tomorrow“ glauben macht, werden die Veränderungen nicht schlagartig und katastrophal eintreten, sondern unsichtbar und heimtückisch beginnen. Und sie werden nicht so sehr Nordamerika und Europa, vielmehr Länder der südlichen Hemisphäre in Mitleidenschaft ziehen. Die großen Deltagebiete in China, Vietnam, Nigeria und besonders in Bangladesch, kleine Inselstaaten in der Südsee, trockene und halbtrockene Gebiete quer über den Globus – sie alle sind zweimal die Verlierer: einmal, weil sie weniger Ressourcen haben, die sie in Wohlstand umwandeln können; und zum Zweiten, weil vor allem sie die Folgekosten des Klimawandels, wie Dürre, Stürme, Wassermangel, das Ansteigen des Meeresspiegels und den Rückgang der Ernten zu tragen haben. Immerhin leben etwa 200 Millionen Menschen in Küstengebieten, die weniger als einen Meter über dem Meeresspiegel liegen. Weit davon entfernt, lediglich ein Naturschutzthema zu sein, wird Klimawandel mit ziemlicher Sicherheit zur unsichtbaren Hand hinter landwirtschaftlichem Niedergang, sozialer Erosion und Vertreibung.

Koloniale Zerstörung kommt dieses Mal ohne imperiale Macht und ohne Besatzungsarmee. Stattdessen rückt sie an durch die Luft, unsichtbar und heimtückisch, tele-transportiert über die Chemie der Atmosphäre. Wenn sich die Erdatmosphäre erwärmt, wird die Natur instabil. Unversehens wird man sich weder auf Regen, Grundwasserspiegel, Temperatur, Wind oder Jahreszeiten verlassen können, alles Faktoren, welche seit undenklichen Zeiten für die Gastlichkeit der Lebensräume von Pflanzen, Tieren und auch von Menschen gesorgt haben. Mit Klimastörungen werden manche Lebensräume weniger bewohnbar, im Extremfall sogar untauglich für bestimmte Tier- und Pflanzenarten oder sogar für Menschen. Es liegt auf der Hand, dass ein Anstieg des Meeresspiegels einige der am dichtesten besiedelten Länder unbewohnbarer machen wird. Weniger offen liegt zutage, dass Veränderungen in Luftfeuchtigkeit und Temperatur ziemlich sicher Veränderungen in der Vegetation, der Artenvielfalt, der Bodenfruchtbarkeit und der Wasservorkommen auslösen werden. Zudem ist zu erwarten, dass die Umwelt ungesunder wird; Ernten werden eher von Ungeziefer und Unkraut befallen, während die Menschen sich mehr mit Malaria, Denguefieber oder Infektionskrankheiten anstecken (IPCC 2001). Forschungen besagen, dass bei einem globalen Temperaturanstieg um 2 Grad, also bei ungebremsten Emissionen, im Jahre 2050 etwa 25 Millionen Menschen zusätzlich von Überflutung der Küsten, zwischen 180 und 250 Millionen von Malaria und zwischen 200 und 300 Millionen von Wasserknappheit bedroht sind (Parry/et al. 2001).

Die Schadenswirkungen des Klimawandels erreichen nicht alle, sie treffen einige mehr als andere. Übereinstimmend erwarten einschlägige Untersuchungen (Hare 2003), dass die Länder des Südens – und in ihnen besonders jene kaufkraftschwachen Gruppen auf dem Lande, die direkt von der Natur abhängig sind –, die destabilisierenden Folgen der Erderwärmung wesentlich schroffer zu spüren bekommen werden als Industrieländer und Stadtbevölkerungen. Deshalb wirkt Klimawandel als Armutsverstärker; schließlich sind rund 70 % der Armen in der Welt auf dem Land zuhause. Während also die transnationale Verbraucherklasse den Klimawandel verschuldet, werden größere Teile der mehrheitlichen „Rest"-Welt die Zeche bezahlen.

Dafür wiederum ein Beispiel. Schon heute sind die in den arktischen Regionen Kanadas lebenden Inuit (Eskimo) aufgrund gestiegener Temperaturen in ihrer wirtschaftlichen Sicherheit und in ihrer Kultur gefährdet. Jäger verschwinden auf der Jagd, da die herkömmlichen Routen über das Eis nicht mehr tragfähig sind; Vorräte verderben, weil der Permafrost-Boden aufbricht; Iglus verlieren ihre isolierende Eigenschaft, wenn der Schnee taut und dann wieder gefriert. Und schließlich führt das Abtauen der Ufer zu einem Abfluss von Süßwasser mitsamt Fischpopulationen in die Arktische See.

Am größten sind die Gefahren für jene, die am verwundbarsten sind. Es sind die Reisbauern im Mekong-Delta und die Fischer entlang der Küste des Senegal, die Viehhüter im Hochland von Äthiopien oder die Slumbewohner an den Abhängen von La Paz, deren Existenz durch Klimawandel bedroht wird. Die wirtschaftliche Grundlage zahlloser Dörfer und Städte wird von Veränderungen in der landwirtschaftlichen Produktion und Produktivität betroffen sein. Landflucht könnte zunehmen. Elendsviertel werden Schlammlawinen und Zerstörung ausgesetzt sein. Und Krankheiten werden diejenigen heimsuchen, die am wenigsten Abwehrkräfte besitzen: die Armen. Die Risiken, die von der globalen Erwärmung ausgehen, sind keinesfalls gleich verteilt auf die Weltbevölkerung; sie entfallen unverhältnismäßig stark auf die sozial Schwachen und Machtlosen, die bereits in Elendsvierteln, in Randgebieten oder am Existenzminimum leben. Es ist vor allen anderen die physische Integrität der Armen und die Integrität ihrer Lebensräume, die durch exzessive Brennstoffverbrennung auf Seiten der Wohlhabenden untergraben wird.

Umweltpolitik ist Friedenspolitik

Ressourcenkonflikte sind Treibstoff für kleine und große Zusammenstöße; sie setzen Dörfer und ganze Länder in Flammen. Wie sehr die jüngere Geschichte des Nahen Ostens, der Krisenregion schlechthin, mit Erdöl durchtränkt ist, davon war hier die Rede. Wie oft religiöse und ethnische Konflikte von Land- oder Wasserknappheit angetrieben werden, erschließt sich schnell für den genauen Betrachter. Und wie stark bevölkerungsreiche Länder wie China und bald auch Indien nach Öl und Kupfer, nach Soja und Holz jenseits ihrer Grenzen drängen, davon berichten die aktuellen Wirtschaftsnachrichten. Kurz gesagt: Ressourcenhunger macht die Welt friedlos. Ohne einen schonenden Umgang mit Naturgütern wird sich keine globale Sicherheitsordnung errichten lassen. Im Namen größerer Sicherheit vor Destabilisierung und Gewalt ist ein Rückbau der Ansprüche an die Biosphäre auf der Tagesordnung. Strategien zur Steigerung der Ressourcenproduktivität sind daher überall auch Friedenspolitik.

Allerdings wäre es verfehlt, Ressourcenkonflikte nur als Sicherheitsfrage zu thematisieren. Letztendlich geht es um Recht oder Unrecht, Macht und Ohnmacht, also: um Gerechtigkeit im transnationalen Raum. Dass es gegenwärtig im Trend liegt, Umwelt- und Sicherheitsfragen zusammenzubringen, ist gefährlich. Denn wer nur von Sicherheit spricht, denkt gewöhnlich an die eigene und nicht an jene der anderen. Deshalb kommt es darauf an, die Konfliktlagen auf dem Globus nicht nur als Sicherheitsproblem, sondern auch als Ergebnis von Ungerechtigkeit zu begreifen. Nicht umsonst gehört der Spruch „Friede ist das Werk der Gerechtigkeit“ von alters her zur Überlieferung politischer Weisheit.

Denn das Wohlstandsmodell der euro-atlantischen Zone ist strukturell nicht gerechtigkeitsfähig. Es lässt sich nicht auf die Welt übertragen – oder nur um den Preis, den Globus ungastlich zu machen. So ist nicht erkennbar, wie etwa der automobile Verkehr, der klimatisierte Bungalow oder ein auf einem hohen Fleischanteil gegründetes Nahrungssystem allen Weltbewohnern zugänglich werden kann. Wohlstand für wenige wird allzu leicht das ungewollte Ergebnis real-industrieller Entwicklung sein, eben weil die Demokratisierung ressourcen-intensiven Wohlstands an wirtschaftlich oder ökologisch unüberwindliche Knappheitsgrenzen stößt.

In diesem Dilemma zeichnet sich langsam aber deutlich eine Verzweigung für den Gang der Entwicklung ab. Entweder bleibt wirtschaftliches Wohlergehen für eine Minderheit auf der Erde reserviert, weil das herrschende Wohlstandsmodell nicht mehr hergibt. Oder ressourcen-leichte Wohlstandsstile gewinnen Raum und halten die Chance auf eine Welt auskömmlichen Wohlergehens für alle offen. Gerechtigkeitsfähig werden jedenfalls nur Wohlstandsmodelle sein können, welche der Biosphäre nicht zu viel abverlangen. Ohne Ökologie ist im 21. Jahrhundert weder Sicherheit noch Gerechtigkeit zu haben.

Literatur

Campbell, C. J. (2004), The Coming Oil Crisis, Brentwood, UK, Multi-Science Publishing Company; Petroconsultants SA.

Haller, Tobias / et al. (2000), Fossile Ressourcen, Erdölkonzerne und indigene Völker. Giessen.

Hare, William (2003), Assessment of Knowledge on Impacts of Climate Change – Contribution to the Specification of Art. 2 of the UNFCCC. Externe Expertise für das WBGU-Sondergutachten „Welt im Wandel: Über Kyoto hinausdenken. Klimaschutzstrategien für das 21. Jahrhundert“. Berlin.

IPCC (Intergovernmental Panel on Climate Change) (Hrsg.) (2001b), Climate Change 2001: Impacts, Adaptation and Vulnerability. Contribution of Working Group II to the Third Assessment Report of the IPCC. Cambridge.

Hennicke, Peter / Müller, Michael (2005), Weltmacht Energie. Stuttgart.

Klare, Michael T. (2001), Resource Wars. The New Landscape of Global Conflict. New York: Holt.

Le Billon, Philippe (Hrsg.) (2005), The Geopolitical Economy of ‚Resource Wars'. Milton Park: Frank Cass.

Parry Martin / et al. (2001), Millions at Risk. Defining Critical Climate Change Threats and Targets. In: Global Environmental Change, 11 (2001), 3, S. 181-183.

Pomeranz, Kenneth (2000), The Great Divergence: China, Europe, and the Making of the Modern World. Princeton: Princeton University Press

Renner, Michael (2002), The Anatomy of Resource Wars. Worldwatch Paper 162. Washington: Worldwatch Institute.

Sachs, Wolfgang (2003), Ökologie und Menschenrechte. Wuppertal Paper Nr. 131. Wuppertal.

Supersberger, N. (2005), in Hennicke, P. / M. Müller, P., Weltmacht Energie, Herausforderung für Demokratie und Wohlstand, Stuttgart 2005.

Wuppertal Institut (2005), Fair Future. Begrenzte Ressourcen und globale Gerechtigkeit. München.

Sicherheitsdiskurse beiderseits des Atlantik – in Zeiten von Peak Oil und Klimawandel

Elmar Altvater

Einleitung

Die fossilen Energieträger sind für die kapitalistische Produktionsweise nach heutigem Stand des Wissens schwer zu ersetzen. Denn die hohe Dichte und der hohe Energieoutput im Vergleich zum Energieinput (energy return on energy input – EROEI) erlauben die enorme Beschleunigung aller Prozesse in Produktion und Transport, in der Zirkulation von Waren und Kapital und beim Austausch von Informationen. So ist der hohe und menschheitsgeschichtlich einmalige Produktivitätsanstieg möglich geworden, der seinerseits hohe Profit- und Akkumulationsraten erlaubt und mithin das hohe Wachstum der Wirtschaften seit Beginn des fossilen Zeitalters getragen hat (dazu ausführlicher Altvater 2005). Das Klammern an den fossilen Energieträgern ist darüber hinaus mit den Schwierigkeiten eines Wechsels zu anderen, solaren Energieträgern begründet. Denn nur eine Energiequelle – fossile durch solare Energie – auszutauschen ist zu wenig. Das Energiesystem der kapitalistischen Produktionsweise von der Energiequelle bis zur Emissionssenke insgesamt ist zu verändern. Das geht nicht ohne soziale Transformationen der Produktionsweise, die auf heftigen Widerstand stoßen und daher nicht leicht durchsetzbar sind.

Die Vorzüge der fossilen Energieträger und die Schwierigkeiten, sie durch solare Energien auszutauschen, erklären zu einem guten Teil den Konservativismus des Energiesystems und seiner Repräsentanten, das Festhalten an den fossilen Energieträgern, insbesondere an Öl und Gas, und die Bemühungen, die Versorgung mit den fossilen Stoffen abzusichern. Alle wichtigen Verbraucherländer haben zu diesem Zweck Strategien zur sicheren Versorgung mit fossilen Energien entwickelt, die USA ebenso wie die EU, China oder Brasilien. Die Bedeutung von Strategien der Energiesicherheit wird in dem Maße größer, wie die Reserven fossiler Brennstoffe kleiner werden, weil Angebot und Nachfrage mehr und mehr divergieren. Nach dem Höhepunkt der Ölförderung, nach „Peak Oil" (dazu unten mehr), spitzt sich also die Konkurrenz um die Nutzung der Reserven zu. Es mag sich dabei um die geoökonomische Konkurrenz handeln, die durch den

Preismechanismus geregelt wird. Diejenigen Länder, die den steigenden Ölpreis nicht mehr bezahlen können, müssen auf den Brennstoff verzichten. Die Konkurrenz wird aber mehr und mehr auch in geopolitische Auseinandersetzungen transformiert, bis zum Krieg um Öl, wie im Falle des Irak, der von den USA und den „Willigen", wie selbst der Ex-Notenbankchef Alan Greenspan kundgetan hat, des Öls wegen überfallen wurde.

Es gibt also für die Friedensforschung ebenso wie für die Friedensbewegung handfeste Gründe, sich mit „Sicherheitsdiskursen beiderseits des Atlantik" auseinanderzusetzen. Dies soll im Folgenden geschehen, indem den Etappen der Energiekette von der Exploration bis zu den CO_2-Emissionen in die Atmosphäre gefolgt wird.

1. Hegemonie durch Regulierung der fossilen Energiekette

Für viele Öl verbrauchende Länder ergeben sich Probleme, wenn sie nicht über Dollardevisen verfügen, um Ölimporte bezahlen zu können, insbesondere wenn diese, wie nach den „Ölpreisschocks" in den 1970er Jahren und in den letzten Jahren beträchtlich teurer werden. Sie müssen sich dann verschulden, und zwar in US $, weil dieser die Ölwährung ist. Davon profitieren in erster Linie US-amerikanische Banken, die das Recycling besorgen. So haben es die USA seit den 1970er Jahren geschafft, Strategien der Energiesicherheit mit einer Stärkung ihrer durch die Niederlage im Vietnamkrieg und den Dollarverfall in den 1970er Jahren unterminierten globalen Hegemonie zu kombinieren. Susan Strange hat in den 1980er Jahren mit Blick auf die Weltfinanzen darauf hingewiesen, dass sich die USA in einen *„predatory hegemon"* (Susan Strange), eine räuberische Hegemonialmacht verwandelt haben:

> „In the short term, the United States could, it is true, continue to enjoy certain privileged immunities through the use of its considerable bargaining power as military protector (or interventionist) and as trading partner. But in doing so it would risk a dangerous alienation of large areas of the world economy." (Strange 1986, S. 169).

Die Kritik von Susan Strange bezog sich vor allem auf die Rolle, die die USA nach dem Zusammenbruch des Bretton Woods-Systems in der Weltordnung spielten. Der US $ hatte nach der Aufgabe der Goldbindung (1971) und dem Übergang zu flexiblen Kursen (1973) seine Rolle als unhinterfragte Weltwährung verloren. Die Folge war bis Ende der 1970er Jahre eine schleichende Abwertung des US $ gegenüber konkurrierenden Währungen wie der DM und dem japanischen Yen und mithin eine Erosion der ökonomischen Grundlagen der Hegemonialmacht USA. In dieser Situation boten die Ölpreiskrisen von 1973 und 1979 die Chance, die Hegemonie des US $ neu zu begründen, und zwar als einzige Ölwährung. Die USA mussten nur die größten Ölexporteure wie Saudi-Arabien dazu bringen, auch weiterhin Öl gegen US $ zu verkaufen und die „Petrodollars" als Kredite an Öl importierende Länder unter Vermittlung des US-amerikanischen Bankensystems zu „recyceln" (vgl. Spiro 1999). So ist es mit Hilfe der Währungspolitik gelungen, die Energiekette auch nach Ende des Bretton Woods-Systems und nach der Ölkrise zu beherrschen. Das ist bis heute trotz vieler Krisen und der Versuche einer Reihe von Ländern, den US $ als Ölwährung zu ersetzen, immer wieder gelungen (ähnlich argumentieren auch Ritz/Wiesmann 2007). So lange der US-Dollar Ölwährung ist und „so long as OPEC surplus states sold oil for dollars and then held dollars in financial assets (rather than spending them on goods and services), the United States could in effect print dollars to buy oil" (Spiro 1999, S. 144). Diese komfortable Situation für die USA mag auch für einige Öl exportierende Länder von Vorteil sein. Sie werden nicht allein über die Ölmärkte in die Weltwirtschaft integriert, sondern auch über die Finanzmärkte, auf denen einige Ölländer inzwischen eine wichtige Rolle spielen. Auch können sie mit Hilfe der Petrodollars, so lange sie sich wohl verhalten, Militärgüter kaufen und so ihre politische Macht nach innen und außen steigern.

Das Petrodollar-Recycling stärkt also die USA als Hegemonialmacht und verbessert so die Sicherheit der Energieversorgung. Doch haben sich Marktmacht und politisches sowie militärisches Potential der Öl produzierenden und Öl verbrauchenden Länder seit den 1970er Jahren nicht symmetrisch entwickelt. In der Vergangenheit verfügten die industrialisierten Länder über die größere ökonomische Macht, die höhere Wettbewerbsfähigkeit, fortgeschrittenere Technik und über wirkungsvollere politische Druckmittel als die Rohstoffländer. Die USA konnten sich obendrein die „Seignorage-Gewinne" aus der Verwendung des US-Dollars als Ölwährung aneignen. Auch verschlechterten sich in der zweiten Hälfte des 20. Jahrhunderts die „terms of trade" der Rohstoffländer,[1] während sich die der Industrieländer tendenziell verbesserten. Dies scheint sich zu ändern. Denn nun kommt das Problem ins Spiel, das als „Peak Oil„ diskutiert wird: Nach dem Höhepunkt der Ölverfügbarkeit, also nachdem die neu gefundenen Reserven geringer ausfallen als die geförderten Mengen, steht zwar noch etwa die Hälfte des überhaupt vorhandenen Öls zur Verfügung. Doch die Angebotsmenge kann nicht mehr entsprechend der zunehmenden Nachfrage zu fallenden oder gleich bleibenden Kosten gesteigert werden. Denn wenn die Öllager leergepumpt werden, fällt der Druck, verändert sich die Viskosität, so dass der Förderaufwand steigt – bis zu dem Punkt, an dem mehr Energie für die Förderung aufgewendet werden muss, als heraus-

1 Dies hat Raúl Prebisch (1968) als „säkulare Tendenz" von als Entwicklungshemmnis identifiziert, dem nur mit einer Strategie des Staatsinterventionismus und der Importe substituierenden Industrialisierung begegnet werden kann.

kommt: Der „energy return on energy input" (EROEI) fällt und wird irgendwann negativ. Das vermerkt auch die deutsche Bundesanstalt für Geowissenschaften und Rohstoffe:

> „Bis Ende 2005 wurden weltweit seit Beginn der industriellen Erdölförderung insgesamt ca. 143 Gt (Gigatonnen – d.Verf.) Erdöl gewonnen, die Hälfte davon innerhalb der letzten 23 Jahre. Damit sind bereits über 47 % der bisher nachgewiesenen Reserven an konventionellem Erdöl gefördert …" (BGR 2005, S. 15).

Es bleiben also noch knapp 50 %. In dieser Lage wird es schwer, so genannte „swing producer" zu finden, die – wie Saudi Arabien in den vergangenen Jahrzehnten – die Förderung aus unendlich scheinenden Reserven im Fall von Lieferschwierigkeiten eines Versorgers schnell steigern können.

Wenn die Nachfrage bei rückläufigem Angebot infolge der kapitalistischen Dynamik zunimmt, sind Preissteigerungen des „wet oil" die unvermeidbare Folge. Die schönen Zeiten, als die Terms of Trade sich zu Gunsten der Energieverbraucherländer und zu Lasten der Ölexporteure entwickelten, sind dann vorüber. Die Ölexporteure können die letzten Fässer Öl teurer verkaufen als die ersten (freilich sind die Förderkosten in aller Regel höher).

Allerdings gibt es keine Garantie dafür, dass sich die ölabhängigen, ökonomisch und militärisch starken Produktionsökonomien mit einer Verteilung der nach Peak Oil zurückgehenden Ölreserven gemäß dem Marktmechanismus abfinden. Die USA, aber in immer stärkerem Maße auch die EU, sind in wichtigen Ölregionen präsent. China erweitert seinen Einfluss in Afrika und Zentralasien. Indien wird, wenn seine rasante Wirtschaftsentwicklung fortgesetzt wird, ebenfalls diesem geopolitischen Rennen folgen. Der Kampf um das Öl hat bereits begonnen (so auch Ritz/ Wiesmann 2007). Alle großen Verbraucherstaaten rüsten ihr Militär auf, um es zu weltweiten Einsätzen zu befähigen. Die Sicherheitsstrategien wurden bereits oder werden dieser Lage angepasst. Anstatt Mittel und Anstrengungen für den sowieso unvermeidlichen Übergang zu solaren Energien zu bündeln, werden diese zur Fortsetzung des fossilen Energieregimes verwendet, bis zum bitteren Ende. An den Grenzen der Verfügbarkeit kommt es zu Konflikten. Dies unterstreicht Herrmann Scheer, um für ein Umsteuern in Richtung erneuerbarer Energien zu werben:

> „Ressourcenkrisen spitzen sich wegen der nahenden Erschöpfung von Erdöl, Erdgas und einigen strategischen Rohstoffe zu … Die Fragen des Zugangs können dramatische Konflikte provozieren. Sie bergen die Gefahr wirklicher Weltkriege" (Scheer 1999, S. 16).

Auch wenn es nicht zu kriegerischen Auseinandersetzungen kommt, bedürfen Mengen, Preise und Währung, in der die Preise ausgedrückt werden (unter der Voraussetzung einer globalen Währungskonkurrenz), der politischen Regulation. Das ist ein Erfordernis, das für alle Grenzen gilt, für natürliche Ressourcengrenzen ebenso wie für politische Grenzen.

Der Marktmechanismus funktioniert an den Grenzen der Steigerung des Angebots allenfalls als Marktillusion. Wenn das physische Öl, das „wet oil", knapp wird und die Knappheitsgrenzen politisch umkämpft sind, entsteht ein neuer Markt für „paper oil", also ein Markt für Kontrakte, die auf Öllieferungen in der Zukunft (oil futures) lauten. Dort verdienen die Finanzakteure auch, wenn die Preise des wet oil, über die die Verbraucher klagen, steigen. Nur der Markt für „paper oil" ist ein „freier" Markt, der für „wet oil" nicht (vgl. zur Unterscheidung: Mineralölwirtschaftsverband 2004). Öl hat also wie jede Ware den von Marx so eindringlich analysierten Doppelcharakter als Gebrauchswert (wet oil) und als Tauschwert (paper oil). Letzterer verselbständigt sich zu auf Terminbörsen handelbaren Terminkontrakten. Dieser Doppelcharakter ist offenbar nicht leicht verständlich. In Studien über den „globalen Ölmarkt" wird er nur selten berücksichtigt (vgl. als Beispiel Harks 2007).

Anders als im solaren Energieregime der vorindustriellen Epoche, das die geographische Distanzierung der ökonomischen Nutzung von der physischen Energiequelle nur begrenzt zuließ, werden von den Akteuren des fossilen Energieregimes globale logistische Ketten entwickelt, die die Distanz zwischen Energielager und Verbrauchsort mit Tankern und Pipelines, auf Straßen und Eisenbahnen überwinden oder Netze der Verteilung von Sekundärenergie (vor allem Elektrizitätsnetze) nutzen und mit Telefonie und Internet eine globale Kommunikationsstruktur geschaffen haben. Daraus ergibt sich mindestens zweierlei. *Erstens* begünstigt die Globalisierung der Energiekette die Vorstellung, als ob die Verfügbarkeit der fossilen Reserven für bestimmte Verbraucher unbegrenzt sei, als ob immer wieder neue Quellen angezapft werden könnten, wenn alte erschöpft sind, und als ob es gleichgültig sei, aus welcher Energiequelle die eingespeiste (fossile, nukleare oder erneuerbare) Energie stammt. So entsteht der Anschein, als ob es sich bei der Verfügbarkeit von fossiler Energie weniger um ein geologisches und daher natürliches als um ein ökonomisches, politisches und militärisches oder auch nur logistisches Problem handele.

Zweitens werden die globalisierten Transport- und Kommunikationsnetze auch von den Gegnern der fossilen Machtstruktur, vor allem des westlichen Systems genutzt, von tatsächlichen oder so genannten „Terroristen". Anders als in der Kolonialzeit bis zum Zweiten Weltkrieg ist es heute möglich, einen Krieg um Öl in die Verbraucherländer zu tragen, und sei es mit Selbstmordattentaten. Die Politik der Energiesicherheit in den industriellen Ländern wird daher ergänzt durch eine Politik öffentlicher Sicherheit. Alle westlichen Ölverbraucherländer haben sich auf der einen Seite an den Ressourcenkriegen in Afghanistan, im Irak und inzwischen auch in Afrika mehr oder weniger direkt beteiligt. Und sie alle verschärfen die Sicherheitsmaßnahmen für den Schutz des „Homeland" gegen den „Terror", der von destabilisierten Weltregionen und schwachen Staaten ausgehen und sogar die industriellen Kernländer erreichen könnte. Hier zeigt es sich, dass die Hegemonie durch das Recycling der Petrodollars nur unvollkommen reproduziert werden kann. Macht und Konsens als die Elemente eines hegemonialen Systems der Energieversorgung erfordern Regulation der gesamten Energiekette.

2. Am Anfang der Energiekette: Sicherheit der Ölversorgung

Die Sicherung des Zugangs zu Energiequellen war während des gesamten Ölzeitalters ein Element staatlicher Politik. Als das rumänische Öl nicht mehr sprudelte, sollten kaukasische Quellen angezapft werden. Jedenfalls war dies die Vorstellung Hitlers im Zweiten Weltkrieg, der beim Vorstoß in Richtung Kaukasus von der Roten Armee vor Stalingrad gestoppt wurde. Wäre dies nicht geschehen, wäre der Zweite Weltkrieg möglicherweise anders ausgegangen. Wenn die Ölreserven der USA zur Neige gehen und die Rate der Extraktion größer ist als die Rate der neu erschlossenen Ölfelder – und dies ist im Falle der USA bereits seit Anfang der 1970er Jahre so –, dann ist es im Prinzip möglich, die Reserven des Mittleren und Nahen Osten, Mexikos, Venezuelas, und immer mehr auch Afrikas anzuzapfen.

In der Europäischen Union ist Politik der Energiesicherheit heute Ausdruck einer Paradoxie: Die EU beansprucht mit der „Lissabon-Strategie", die wettbewerbsfähigste Region im globalen Raum zu werden. Sie kann dieses Ziel aber nur erreichen, indem auf die Ressourcen von Regionen außerhalb der Europäischen Union zurückgegriffen wird, und dies in wachsendem Maße. Die EU bzw. ihre Mitgliedsländer sind traditionell Ölimportländer, von Norwegen und Großbritannien wegen des Nordseeöls abgesehen. In der European Security Strategy vom 12. Dezember 2003 wird speziell auf die „energy dependence" eingegangen:

> „Europe is the world's largest importer of oil and gas. Imports account for about 50 % of energy consumption today. This will rise to 70 % in 2030…" (Appendix A in Bailes 2005, S. 30).

Erdöl ist für die Energiesicherheit zentral. Bis 2030 müssen etwa 90 % des EU-Ölverbrauchs von Importen gedeckt werden. Ähnlich ist die Lage bei der Versorgung mit Erdgas. Bis 2030 werden 60 % aller Gasimporte voraussichtlich aus Russland kommen und die Abhängigkeitsrate auf 80 %

steigen. Auch Kohle wird bis 2030 zu zwei Dritteln des Bedarfs der EU importiert werden müssen. Auch die USA verwandelten sich bereits im Verlauf der 1970er Jahre aus einem Land mit fossiler Selbstversorgung in ein Öl importierendes Land. Gemäß Cheney-Bericht wird sich in den USA der Importanteil am Verbrauch von Öl bis 2015 auf 70 % erhöhen.

Die Abhängigkeit von Energieimporten macht verletzlich. Das ist der Grund dafür, dass die EU den Gegensatz von „economic giant and political pygmy" (Bailes 2005, S. 2) zu überwinden versucht. Die EU ist – jedenfalls in ihrem „Kerngebiet" – eine kompetitive *Produktionsökonomie*. In Produktionsökonomien herrscht die Logik des Standortwettbewerbs. Wettbewerbsfähigkeit kann quasi künstlich durch unternehmerisches und politisches Handeln erzeugt werden: durch Förderung der materiellen Infrastruktur, der Bildung und Wissenschaft, administrativer Kompetenz, eines „guten" Managements („good corporate governance") etc. in einer modernen „Wissensgesellschaft". Darauf zielt im Kern die im Jahre 2000 beschlossene Lissabon-Strategie der EU, die einem „EU-Imperialismus„ Vorschub leistet, weil die Produktionsökonomie auf sichere Energieversorgung angewiesen ist. Das hat auch der Europäische Rat begriffen, der am 8. und 9. März 2007 den Zusammenhang von Lissabonner Wettbewerbsstrategie und „Klimaschutz und Energiepolitik" auf die Tagesordnung gesetzt hat. Die Sicherheit der Energieversorgung ist ein Politikfeld, das in der EU nur unvollständig „vergemeinschaftet" ist. Erst im „Grünbuch" vom 6. März 2006 hat die Kommission Vorschläge für einen gemeinsamen Gas- und Strommarkt und für die Koordinierung der nationalen Politiken zu einer europäischen „Energie-Außenpolitik„ unterbreitet

Wettbewerbsfähigkeit und Wohlstand einer industriellen Produktionsökonomie wie der EU hängen von vielen Bedingungen ab (daher der Begriff „systemische" oder „strukturelle" Wettbewerbsfähigkeit; vgl. zusammenfassend Messner 1995), nicht zuletzt von der kontinuierlichen Versorgung mit fossiler Energie. Denn fossile Energieträger erlauben nicht nur ökonomische Entscheidungen unabhängig von Ort und Zeit, sondern vor allem auch eine enorme Beschleunigung aller Prozesse der Produktion und des Transports. Die Beschleunigung durch Einsatz fossiler Energien und industrieller Energiewandlungssysteme aber ist gleichbedeutend mit dem Anstieg der Produktivität, um den es bei der *lokalen oder regionalen Konkurrenzfähigkeit* in der *globalen Konkurrenz* geht.

Doch die fossilen Energiequellen sind endlich. Vorahnungen von der Endlichkeit und von der möglichen Unsicherheit der Energieversorgung kamen in den Ölpreiskrisen von 1973 und 1981 auf. Sie wurden bestätigt bei den Stromausfällen in Kalifornien, in Italien, in Skandinavien oder in Deutschland, von den häufigen Blackouts in Entwicklungsländern ganz abgesehen. Die Unsicherheit der Energieversorgung wurde noch durch die

Kriege unterstrichen, die vor allem die USA, unterstützt von den „Willigen", gegen den Irak 1991, Jugoslawien 1999, Afghanistan seit 2001, gegen den Phantomgegner des „internationalen Terrorismus" und vor allem gegen den Irak und seine Bevölkerung seit 2003 entfesselt haben. Alle diese Kriege wurden und werden, nicht nur, aber auch, des Zugriffs auf energetische Ressourcen wegen ausgelöst und geführt.

Zu Beginn des 21. Jahrhunderts weiß man, dass die statische Reichweite der Reserven von konventionellem Öl begrenzt ist. Die Bundesanstalt für Geowissenschaften und Ressourcen rechnet damit, dass Öl bei einem „moderaten" Anstieg der Nachfrage noch für etwa zehn bis 15 Jahre reichlich verfügbar sei, dass danach aber mit einer „Deckungslücke" gerechnet werden müsse (BGR 2005, S. 18). Wenn man Reserven nicht-konventionellen Öls wie Teersande, Ölschiefer, Tiefsee-Öl zu den gesicherten Reserven hinzuzählt, verlängert sich das Ölzeitalter um einige Jahre.[2] Die Unsicherheitsmargen sind jedoch sehr hoch. Der EROEI ist sehr niedrig, vielleicht sogar negativ. Die Klimafolgen der Nutzung nicht-konventionellen Öls sind noch verheerender als die der Verbrennung konventionellen Öls. Die Umweltkosten der Förderung und Nutzung des nicht-konventionellen Öls sind wesentlich höher als die von konventionellem Öl und Gas. Der Höhepunkt des Ölzeitalters („Peak Oil") wird in absehbarer Zeit, möglicherweise in wenigen Jahren erreicht werden – wenn er nicht schon überschritten ist (Deffeyes 2006), Denn die geförderten Ölreserven werden anders als in den Jahrzehnten zuvor nicht mehr durch neue Funde kompensiert, so dass die Reserven unweigerlich rückläufig sind.

Die Auseinandersetzungen heute werden um die letzten Tropfen des begehrten Lebenssaftes der modernen Gesellschaften geführt. Nach dem Peak jedenfalls neigt sich die Angebotskurve von Öl nach unten, auch wenn es noch viel Öl gibt, während gleichzeitig die Nachfragekurve steigt. Denn neu industrialisierte Länder wie China, Indien oder Brasilien drängen als Verbraucherländer mit Macht in den Markt. Die Internationale Energieagentur (IEA) rechnet mit einem Verbrauchsanstieg von Öl bis 2015 um über ein Viertel. Davon entfallen 70 % auf die Entwicklungsländer, und hiervon 30 % allein auf China (IEA 2006, S. 2). Das energieintensive westliche Konsummuster ist so attraktiv wie immer, die Herstellung von Wettbewerbsfähigkeit in der globalen Konkurrenz verlangt Steigerungen der Produktivität, die nur mit Hilfe fossiler Energieträger zu erreichen sind, und obendrein üben die globalen Finanzmärkte mit den hohen Renditen,

2 In besonders absurder Weise rechnet Lomborg (2002) Grenzen der Energiereserven klein, so dass der Verbrauch fossiler Energieträger „im Prinzip auf mehrere Millionen Jahre" (Lomborg 2002, S. 191) ausgedehnt werden könne. Die Erde wird als eine Art Füllhorn wahrgenommen, dessen Wohltaten sich niemals erschöpfen.

die auf ihnen verlangt werden, einen erheblichen Druck auf die reale Wirtschaft aus, die Überschüsse zur Bedienung der Ansprüche der Finanzinvestoren zu steigern.

Die Gasvorräte dürften noch etwa 65 Jahre reichen, Uran zwischen 40 und 100 Jahren, je nachdem, wie viele Kernkraftwerke auf Erden errichtet werden (Angaben nach BGR 2006, S. 15 ff.), Kohle etwa 170 Jahre. Doch letztere Angabe dürfte viel zu hoch geschätzt sein. Die Energy Watch Group geht davon aus, dass die Kohleförderung in wenig mehr als einem Jahrzehnt ihren Höhepunkt (*Peak Coal*) erreichen wird, dass es also schon von der Verfügbarkeit her unrealistisch ist, den Ersatz des zur Neige gehenden Öls von der Kohle zu erwarten. Obendrein erhöht sich mit dem nicht elastisch reagierenden Angebot von Kohle (85 % der weltweiten Kohleexporte stammen aus nur sechs Ländern) die Volatilität der Preise (Energy Watch Group 2007). Die Internationale Energieagentur (IEA) ist optimistischer, auch im Hinblick auf die Verfügbarkeit von Öl. Sie schreibt im World Energy Outlook 2006, dass es im Prinzip genug Öl gibt, um eine wachsende Nachfrage nach fossilen Brennstoffen (von gegenwärtig weltweit 82.4 Millionen Fässern (mit je 159 Litern) pro Tag auf 99 Millionen Fässern pro Tag im Jahr 2015 und 116 Millionen Fässern pro Tag bis 2030) zu befriedigen (Financial Times vom 27. Oktober 2004). Der absolut größte Zuwachs bei der Verbrennung fossiler Energieträger wird bei der Verstromung der Kohle stattfinden. Um diesen Anstieg zu bewältigen, müssen weltweit bis 2030 20 Billionen US $ investiert werden, allein China muss 3,7 Billionen US $ für Investitionen in die Ölexploration und -extraktion und in neue Raffinerien und Transportsysteme aufbringen (IEA 2006, S. 4ff). Doch diese Rechnung macht nur dann Sinn, wenn sich die „Energie Watch Group“ irrt und die IEA mit ihrer Angabe Recht hat, dass die Kohle noch 170 Jahre in ausreichender Menge verfügbar sein wird.

Der Anteil fossiler Brennstoffe (Kohle, Öl, Erdgas, auch Kernenergie) an der Energieversorgung in den Industrieländern ist fast konstant; er lag in der ersten Ölpreiskrise von 1973 bei etwa 87 Prozent und im Jahre 2001 bei 86,4 Prozent. Der Anteil erneuerbarer Energien stagniert umgekehrt während der letzten drei Jahrzehnte auf einem niedrigen Niveau von weniger als 10 Prozent (IEA 2003). Das könnte sich aber angesichts des Klimaschocks in naher Zukunft ändern, und die EU hat beschlossen, den Anteil erneuerbarer Energie am Energieverbrauch bis 2020 auf 20 % anzuheben.

Die Politik der Länder großen Verbrauchs fossiler Brennstoffe ist darauf gerichtet, die Versorgung der eigenen Verbraucher zu bezahlbaren Preisen zu sichern, also trotz neoliberalen Lobs freier Märkte auf die Energiemärkte politisch Einfluss auszuüben. Die sichere Energieversorgung ist in Zeiten der Globalisierung in sicherheitsstrategische Konzepte der G7 bzw. G8 aufgenommen worden. Die NATO gab sich im April 1999 (beschlossen in New York anlässlich des 50. Jahrestages der NATO-Gründung während der Bombardierung Jugoslawiens) eine neue Strategie basierend auf einem „erweiterten Sicherheitsbegriff". Dieser umfasst auch die Sicherheit der Energieversorgung. Die USA-Regierung präsentierte unmittelbar nach dem 11.9.2001 eine neue National Security Strategy (NSS). In dieser ist die Rechtfertigung des „preemptive war", eines Kriegs ohne Kriegserklärung und Regeln, enthalten.

Die Tendenz, die Energieversorgung unilateral auch ohne Rücksichtnahme auf die Interessen anderer Staaten zu sichern, ist nicht erst seit dem erklärten Unilateralismus von Bush jun. und vor allem nach dem September 2001 so. Im Januar 1980 erließ Präsident Carter in seiner damaligen Rede zur „Lage der Nation" die „Carter-Doktrin„, die besagte, dass jeder Versuch einer dritten Macht, Kontrolle über die Region des Persischen Golfes zu erringen, als Angriff auf die USA interpretiert und entsprechend beantwortet werde. Diese Doktrin hatte die Errichtung von Militärstützpunkten in der Region und die Bildung des „Centcom" für die Region des Mittleren und Nahen Ostens, später unter Einbeziehung von Zentralasien zur Folge. Die Kriege zwischen Iran und Irak in den 1980er Jahren, gegen den Irak 1991 und später die Dauerbombardements bis zum zweiten Irakkrieg 2003 wurden nicht zuletzt durch Centcom koordiniert (Foster 2006, S. 24 ff.; Klare 2004).

Auch das Papier des EU-Beauftragen Javier Solana für die Gemeinsame Außen- und Sicherheitspolitik (GASP) zur Europäischen Sicherheitsdoktrin vom 18. Juni 2003 („Solana Papier") geht von „neuen Bedrohungen in einem neuen Sicherheitsumfeld" aus, dabei sei die Energieabhängigkeit Europas eine Achillesferse. Dies alles sei ein „Grund zur Besorgnis". Auch wenn in dem Papier einer „Stärkung der Weltordnung", also einem multilateralen Prinzip das Wort geredet wird, heißt es auch, dass der „Sicherheitsgürtel um Europa" (gemeint ist die EU) „ausgedehnt" werden müsse. Dies ist ein Plädoyer für unilaterale Anmaßung von Souveränität über souveräne Staaten, denen unterstellt wird, sie könnten diese ohne Hilfestellung der EU nicht ausüben.[3]

Die Sicherung der Logistik schließt die Fähigkeit zur militärischen Intervention an allen Orten der globalen Energiekette ein. Die USA sind schon seit langem zur Intervention überall in der Welt in der Lage. Aber auch die Europäer erhöhen inzwischen ihre militärische Schlagkraft be-

3 Die Entscheidung des Bundesverfassungsgerichts in Deutschland (vom 3. Juli 2007), dass Bundeswehreinsätze „out of area" in Afghanistan verfassungskonform seien, hat ebenfalls verdeutlicht, dass eine unilaterale territoriale Ausdehnung der Souveränität des einen Staates oder des einen Bündnissystems (NATO) auf das Territorium eines „schwachen Staates", der, wie im Urteil des BVerfG unterstellt wird, zum Rückzugsgebiet für Terroristen werden könnte, die Sicherheit des „homeland" erhöhen kann.

trächtlich. Dies kommt in den Regelungen im Verfassungsvertrag von 2004 zum Ausdruck (Art. I-41 in Verbindung mit Art III-311), in der Errichtung einer europäischen Rüstungsagentur, der Aufstellung von schnellen Eingreiftruppen, die überall in der Welt intervenieren können, der Aufrüstung der U-Boot-Flotte in Großbritannien (vgl. Florian Kötter in: Freitag 13.8. 2003), der Umrüstung der französischen „Force de Frappe“ (vgl. Wolfgang Kötter in: Freitag 23.7.2004) oder der Beschaffung „hocheffizienter“ Kriegsschiffe mit großer Reichweite und langer Einsatzzeit für 2,6 Mrd. Euro in Deutschland (Junge Welt, 13.6.2007). Die EU bzw. einzelne EU-Länder beteiligen sich an militärischen Aktionen zur Sicherung von Energieressourcen und der Logistik ihrer Verbringung zu den Verbrauchszentren. Zur Inganghaltung des Produktions- und Reproduktionsprozesses werden die notwendigen fossilen Energien also importiert (vgl. dazu Cheney-Report 2001; McManus 2003) und die Import-Routen auch militärisch gesichert.

In Europa wird diese Möglichkeit, sich der Energiequellen außerhalb des eigenen Territoriums zu bedienen, aufgrund der geographischen Lage anders ausgeschöpft als in den USA. Die Reserven von Öl sind entweder – wie im Falle des rumänischen Öls – schon seit Jahrzehnten erschöpft oder der Höhepunkt der Förderung ist – wie im Falle des Nordseeöls – bereits überschritten. Was im Cheney-Bericht explizit ausgeführt wurde, bestimmt auch die Energiepolitik der EU: Rekurs auf die Regeln und Wohltaten des freien Handels, wo es möglich ist und wo diese den Zugang zu Energiereserven öffnen; diplomatische Vereinbarungen über den Zugang zu Energiequellen und schließlich politischer und militärischer Druck, wenn die anderen Mittel versagen. Daher verfolgt die EU sowohl eine Strategie des Freihandels und der Marktöffnung im Rahmen der WTO, mehr und mehr aber auch durch bilaterale Vereinbarungen mit Rohstoffländern, als auch eine politische Strategie der Energiesicherheit mit militärischer Flankierung, entweder als „European Security Strategy“ (ESS) vom Dezember 2003 oder/und im Bündnis mit den USA und ihrer „National Security Strategy“ (NSS) vom November 2001. Die Kriegsbeteiligung europäischer Länder an dem Überfall auf den Irak kann nur so gedeutet werden.

Der Kongressabgeordnete Dennis J. Kucinich hat vor dem Repräsentantenhaus der USA am 23. Mai 2007 mit Blick auf das von der US-Besatzungsmacht dem Irak auferlegte Gesetz über die Kohlenwasserstoffe ausgeführt:

> „This war is about oil. We must not be party to the Administration's blatant attempt to set the stage for multinational oil companies to take over Iraq's oil resources... The legislation gives the Iraq National Oil Company temporary control of the oil pipelines and export terminals,

> but then directs the Federal Oil and Gas Council to turn these assets over to any entity with no further instructions ..."[4]

So hat die US-Militärmacht dafür gesorgt, dass private Ölfirmen „den irakischen Ölmarkt kontrollieren können" (ebd.). Der Chef der „Coalition Provisional Authority" (CPA), also der Verwaltung des Irak durch die US-Besatzer, Paul Bremer, erklärte bereits im Mai 2003 den Irak als „open for business" (zitiert nach Schneckener 2007, S. 20). Diese „Öffnung" dient auch der Energiesicherheit. Hier zeigt sich, wie in anderen Fällen, dass die Sicherheit der Energieversorgung der Industrien und Haushalte in den Ölverbrauchsländern höchste Unsicherheit für viele Menschen in manchen Ölförderländern bedeutet.

Bei der Sicherung der Erdgasversorgung hingegen gibt es wichtige Unterschiede zwischen der EU und den USA (vgl. Ritz/Wiesmann 2007). Erdgas ist nicht so leicht auf den globalen Transportrouten von den „Tankstellen" zu den Verbrauchern zu bringen wie Öl. Kein Problem ist der Transport durch Gaspipelines zwischen territorial nahen Gebieten, zwischen Russland, Zentralasien und Westeuropa, oder zwischen Algerien und Südeuropa und dem Iran und Europa. Die Gaspipelines existieren bereits oder sie können gebaut werden. Anders ist dies für die USA. Es gibt keine Gasfelder, die mit Pipelines angezapft werden könnten. Daher müsste das Gas erst verflüssigt und dann bei einer Temperatur von -168°C zu den Verbrauchern transportiert werden. Das ist teuer (etwa 20 % des Gaspreises), und die logistischen Systeme sind verwundbar. Deshalb ist die Sicherung der Transportwege durch europäisches Militär am Horn von Afrika Bestandteil von Strategien der Energiesicherheit.

3. Elemente der europäischen Strategie der Energiesicherheit

Die Energieversorgung ist ein „Thema, das die Entwicklung der Europäischen Union insgesamt sehr beeinflussen und auch prägen wird", teilte Bundeskanzlerin Merkel vor der „Deutschen Gesellschaft für Auswärtige Politik" mit (Merkel 2006, S. 14). Denn die bereits angesprochene Dimension der Grenzen der Verfügbarkeit und daher der geopolitischen Konflikte um die Energiesicherheit rückt in den Vordergrund, zumal die konkurrierenden Mächte, darunter in erster Linie China oder Indien, auch als konkurrierende Nachfrager der knapper werdenden fossilen Energieressourcen aus den gleichen Quellen in der globalen Arena erscheinen.

Im März 2006 hat die EU-Kommission ein „Grünbuch" zur „europäischen Strategie für nachhaltige, wettbewerbsfähige und sichere Energie"

---

4 Siehe http://www.afterdowningstreet.org/node/22838, Zugriff am 11.6.2007.

vorgelegt.[5] Diese zielt (1) auf eine Diversifizierung des Angebots, um die Abhängigkeit von einem Anbieter zu verringern, (2) auf eine Erhöhung der Energieeffizienz und (3) auf verstärktes Energiesparen. Die Sicherheit der Energieversorgung kann (4) mit einer Veränderung des „Energiemix“ erreicht werden. Weniger strittig als die Frage der Kernenergie ist die Förderung erneuerbarer Energien, auch wenn die ökologischen Bedenken gegen die Produktion von Biomasse insbesondere im globalen Süden größer werden.

(1) Die *Diversifizierung* kann sich auf die Ölstaaten und -regionen, aber auch auf die Transitregionen beziehen, die wie die Schwarzmeerregion selbst über keine Ölvorräte verfügen, aber als „wichtiger Knotenpunkt für Öl- und Gastransfer“ (Thumann in: Bergedorfer Gesprächskreis 2007, S. 34) fungieren. „Diversifikation ist *der* Trend am Energiemarkt. Europa will seine Abhängigkeit von Russland reduzieren, und China sucht nach Lieferanten jenseits des Nahen Ostens…“ (Gabashvili in: Bergedorfer Gesprächskreis 2007, S. 34). Wenn die fossilen Energieträger zur Neige gehen, wird der Zugang zum Öl und Gas, auch die Erschließung der „unkonventionellen“ Ölreserven, also von Ölsand und Teer in Kanada oder Venezuela, und der polaren Reserven, die sehr schwierig zu fördern sind, entscheidend. Jetzt wird Energiesicherheit zu einem Politikum, und daher werden entsprechende Strategien ausgearbeitet, im Cheney-Report von 2001 für die USA oder in einer „Energie-Außenpolitik“ (Müller 2006), die die EU bzw. die einzelnen Mitgliedsstaaten entwickeln – abgesehen von den offiziellen sicherheitspolitischen Doktrinen, auf die schon verwiesen wurde.

Da die Vorräte fossiler Brennstoffe ebenso ungleich auf dem Planeten Erde verteilt sind wie die Orte hohen Verbrauchs, wird die technische und politische Sicherheit von Pipelines und Tankerrouten zum Politikum. Denn die Infrastruktur ist verletzlich, durch natürliche Katastrophen, politisch motivierte Unterbrechungen, kriegerische Akte, terroristische Attacken. Mehr und mehr Öl kommt in der Zukunft aus immer weniger Ländern, in erster Linie aus den nahöstlichen OPEC-Ländern, aus Russland und Nordafrika. Außerdem führen die Transportrouten an wichtigen Brennpunkten vorbei, an denen die Möglichkeiten einer Versorgungsunterbrechung groß sind. Deshalb wird die Versorgung mit Öl in der Tendenz sowohl teurer als auch unsicherer. Die Befähigung zu aufwendigen militärischen Einsätze wird von den Strategen der Energiesicherheit daher für notwendig gehalten. Diese verteuern aber die Versorgung, und zwar nicht nur für die G8-Industrieländer, sondern auch für die ärmeren Ölverbraucher. Der Energie-

5 SEK 2006 317, in: http://ec.europa.eu/energy/green-paper-energy/doc/2006_03_08_gp_document_de.pdf.

import wird infolge der Preissteigerungen für die Ärmeren der Welt bereits heute unbezahlbar.

Durch Pipelines und Tankerrouten werden einst abgelegene Regionen in das Weltsystem integriert. Die Trassierung löst in vielen Fällen Konflikte aus. Kein Zufall war es wohl, dass zeitgleich mit dem Gipfel von St. Petersburg im Juni 2006 die Pipeline von Baku über Tbilissi zum türkischen Mittelmeerhafen Ceyhan (BTC) eröffnet wurde. Diese Pipeline soll das kaukasische und kaspische Öl auf die Weltmärkte durch „befreundetes Territorium" bringen, ohne russisches oder armenisches Territorium zu kreuzen. In einem Artikel der Financial Times Deutschland werden unter dem Titel „USA kontern Moskaus Energiestrategie" Aussagen von US-Diplomaten zitiert: „Unsere Politik ist, Russland künftig bei Energieexportrouten zu umgehen, vor allem in Zentralasien ... Wir werden darauf hinarbeiten, dass ein so großer Teil der weltweiten Energievorkommen wie möglich an Russland vorbeifließt" (Financial Times Deutschland, 31.1.2007). Mit der Eröffnung der BTC-Pipeline und dem Beschluss, sie an das kasachische Pipeline-System anzuschließen, ist „der Traum einiger politischer Kräfte v.a. in den USA, zentralasiatisches Öl an Russland vorbei nach Westen zu bringen, ... wahr geworden" (Rahr in: Bergedorfer Gesprächskreis 2007, S. 35). Auch das „Nabucco-Projekt" einer Pipeline aus Zentralasien via Aserbeidschan, aus dem Iran und möglicherweise aus dem Irak über Anatolien nach Süd- und Westeuropa verändert die Geographie der Energieströme, da damit die Tankerrouten durch den Persischen Golf und das Rote Meer zumindest entlastet und die Querung Syriens durch eine Pipeline vom Irak und Iran ans Mittelmeer vermieden werden kann. Die Möglichkeit einer Blockade der Straße von Hormuz, durch die an die 50 Prozent des mittelöstlichen Öls transportiert wird, ist wegen der alternativen Transportinfrastruktur weniger bedrohlich für die Ölverbraucher. Auch Russland wäre umgangen. Doch die USA opponieren gegen das Projekt, weil dieses dem Iran möglicherweise den Zugang zu europäischen Öl- und vor allem Gasmärkten bieten könnte. Davon hätten die USA schon aus geographischen Gegebenheiten nichts. Also können sie die Blockade des Iran aufrecht erhalten und damit zugleich der konkurrierenden EU schaden. Russland setzt den Pipeline-Projekten in der Region die kürzere und daher weniger kostspielige Anbindung Süd- und Westeuropas an das russische Gas- und Ölnetz mit der „South Stream"-Pipeline von Noworossisk an der Nordküste des Schwarzen Meeres nach Bulgarien entgegen.[6] Besonders starke Proteste hat die Ostseepipeline von Wyborg nach Greifswald (ca. 1200 km), die 2010 in Betrieb gehen soll, ausgelöst, da die baltischen Staaten und Polen

6 Siehe „Die Angst vor weiteren Rochaden" in: Süddeutsche Zeitung, 28.6.2007, S. 2, auch „Die neue Energie-Weltordnung", in: Frankfurter Rundschau, 27.6.2007, S. 16 f.

nicht angeschlossen sind und von den skandinavischen Ländern negative Umweltfolgen für die Ostsee und die Küstenregionen befürchtet werden.

Zentralasien gerät als Gas- und Ölexporteur immer mehr ins Visier der EU. Im Jahre 2005 wurde von der EU ein Sonderbeauftragter für Zentralasien benannt. Wegen der geostrategischen Interessen des Nachbarn Russland, aber auch des Iran, Chinas und Indiens, und wegen des inzwischen beträchtlichen Einflusses der USA sind hier geostrategische Konflikte zwischen den zentralasiatischen Staaten, den USA, der EU, Russland, China, Indien, Iran und Pakistan vorgezeichnet, deren Dynamik schwer einzuschätzen ist. Die Strategie der Diversifizierung der Energieversorgung ist also geopolitisch voraussetzungsvoll und äußerst konfliktreich, da verschiedene Interessen von Verbraucherländern und Produzentenländern aufeinander und gegeneinander stoßen. Die moderne Geo-Politik schließt ganz wie die alte Geo-Politik den Krieg als Mittel der Machtsicherung ein. Die Macht hat viele Aspekte, darunter auch den der stetigen Energieversorgung. Was wäre die Kriegsmaschine ohne Öl? Ein rostender Haufen Metall, zu nichts nutze, vor allem nicht zur Reproduktion von Macht und Hegemonie eines Imperiums, sei es das der USA oder das der EU.

(2) Darüber dass die *Energieeffizienz* gesteigert werden soll, herrscht Übereinstimmung. Das ist die leichteste Lösung, weil die Verbraucher fossiler Energie auf dem gleichen Technologie- und Energiepfad mit weniger Last weitergehen können. Die Kosten des Energieverbrauchs sinken, und zwar für Verbraucher ebenso wie für Unternehmen. Die Steigerung der Energieeffizienz ist daher gut für die Wettbewerbsfähigkeit auf globalen Märkten. Das ist möglicherweise ein Grund, warum sich der US-amerikanische Präsident auf dem Gipfel der G8 in Heiligendamm auf ein Projekt der Reduzierung von Treibhausgasemissionen überhaupt eingelassen hat: Es geht ihm um neue Technologien und um Zusammenarbeit auf Märkten, wo Chancen für US-amerikanische Unternehmen der „High Eco-Tech-Branche„ Kaliforniens, eines ökologischen „Silicon-Valley“ erwartet werden. Auch verlangen Effizienzsteigerungen nach zum Teil hohen Investitionen in die „gesamte Energiekette“, wie es in der Abschlusserklärung des G8-Gipfels von St. Petersburg heißt, und Investitionen steigern die Profite. Die Steigerung der Energieeffizienz ist daher ein „Win-Win“-Spiel – nur ist der Beitrag zur Senkung des Energieverbrauchs schon wegen der „Rebound-Effekte“ fragwürdig: Wenn alles beim Alten bleibt und der Preis der Energie wegen der Kosteneffizienz sinkt, wird davon eben mehr verbraucht und nicht weniger.

Das könnte der Grund dafür sein, dass die so genannte Energieproduktivität trotz Effizienzsteigerungen in der EU nur gering gestiegen ist. Im Jahre 1995 wurden 1.000 US $ des BIP noch mit 0,18 Tonnen Rohöleinheiten (tRÖE) produziert, im Jahre 2003 waren es 0,16. Damit ist die EU besser als die USA, die 0,22 t RÖE pro 1000 US $ des BIP aufwenden. Für das Jahr 2030 wird das Ziel von 0,13 tRÖE angepeilt (OECD-Durschnitt 0,10), das möglicherweise angesichts der Dringlichkeit des Klimaschutzes zu hoch liegt. Versuche, Emissionen (etwa bei Kraftfahrzeugen) zu begrenzen (Energiesparen) oder den Enegiemix zu Gunsten von erneuerbaren Energien zu ändern, stoßen auf massiven Widerstand (z.B. der Automobilindustrie in Deutschland mit Unterstützung der Bundesregierung), weil es sich nicht um „Win-Win-Konstellationen" handelt. Solange man sich entfernt von den Grenzen der Belastbarkeit der Natur befindet, müssen die gesellschaftlichen Diskurse diese nicht zur Kenntnis nehmen und etwa bei den Abgaswerten für Automobile berücksichtigen. Wenn die Grenzen der Belastbarkeit der Natur aber evident werden, müssen sie in politische Grenzen, in Leitlinien und Leitplanken, in Regeln und Verbote übersetzt werden (dafür plädiert der WBGU 2007). Dabei spielen nicht nur umweltpolitische Argumente eine Rolle, sondern auch Industrieinteressen. So ist es zu erklären, dass das Strategiepapier der Kommission vom Januar 2007 nur eine Reduktion der CO_2-Emissionen von 20 % bis 2020 anpeilt und nicht die 30 %, die als klimapolitisches Minimum angesehen werden, um das Ziel, den Ausstoß bis 2050 um bis zu 80 % (verglichen mit 1990) zu senken, überhaupt erreichen zu können. Auf dem „Energiegipfel" in Deutschland Anfang Juli sind eine Reduktion von 40 % der Treibhausgasemissionen bis 2020 und die Steigerung des Anteils erneuerbarer Primärenergie auf 20 % beschlossen worden. Es ist abzuwarten, ob diese Zielmarken erreicht werden, wenn die Bundesregierung zugleich neun neue Kohlekraftwerke bis 2012 genehmigen will und danach weitere etwa 20 Kohlekraftwerke in der Planung sind.

(3) Schwieriger ist das *Energiesparen*, sofern es nicht nur durch Effizienzsteigerung, sondern durch Änderungen der Produktions- und Konsummuster zustande kommt. Weniger Autofahrten und weniger Flugreisen, mehr Transporte auf der Schiene und weniger auf der Straße, eine Verkürzung der langen Warenketten und daher die Verringerung der Transportwege, die Verhinderung von kurzen Lebenszyklen der Produkte – all das verlangt Änderungen des Verhaltens, die auf Widerstand stoßen und daher nur langsam vorankommen, zumal die Industrie dagegen wirkt. Ihr geht es um Abschöpfung der Kaufkraft durch Angebote, die klimapolitisch kontraproduktiv sind. Der spritfressende Geländewagen ist keine Erfindung des Konsumenten, sondern eine Ware, für die mit Hilfe entsprechender Werbung eine Klientel von Käufern erzeugt wird, die für die Rentabilität der Investitionen in die Geländewagen sorgen. Die Strategien von Unternehmen können sich nicht ändern, so lange sie in der globalen Konkurrenz dazu gezwungen sind, alle Transporte und Produktionsprozesse zu beschleunigen und vom einmal gewählten Pfad nur nicht abzuweichen. Die Umweltzerstörung ist also in den „Logiken des Handelns" eingeschrieben.

(4) Der *Energiemix* der EU der 27 setzt sich 2004 aus 18,2 % Stein- und Braunkohle, 36,8 % Erdöl, 24 % Erdgas, 14,4 % Atom und 6,4 % erneuerbaren Energien (darunter 4,2 % Biomasse, 1,5 % Wasserkraft und 0,3 % Windenergie) zusammen (Eurostat-Daten, vgl. Rosenkranz 2007, S. 21). Die fossilen und atomaren Energien bestimmen also zu mehr als neun Zehnteln den Energiemix. Dies hat nicht nur zur Folge, dass der politische Einfluss der fossilen und nuklearen Lobby überwältigend hoch ist und zumindest in der Vergangenheit die Einführung erneuerbarer Energien behindert hat, sofern diese eine Entwertung von infrastrukturellen Anlagen zur Folge gehabt hätten. Ebenso wichtig ist, dass die Preise der erneuerbaren Energieträger von der Preisentwicklung fossiler Energieträger, an deren Stelle sie treten sollen, bestimmt werden (vgl. OECD-FAO 2007, S. 27 ff.). Dies gilt für alle Energiepflanzen, für den Mais in den USA, Zucker in Brasilien, Ölsaaten in ganz Lateinamerika, Raps in der EU. Die steigenden Preise für die Biomasse zur Ethanolproduktion sowie die Umwidmung der Flächen von der Nahrungsmittelerzeugung zum Anbau von Energiepflanzen hat ein „Preisniveau der Feldfrüchte zur Folge, das im Durchschnitt über den bisherigen Annahmen liegt“ (FAO-OECD 2007, S. 28). Wenn der Erdölpreis steigt, dann auch der Preis des aus Agrarprodukten, z.B. aus Mais gewonnenen Agro-Treibstoffs. Da Mais aber auch Nahrungsmittel ist, kommt es zu Konflikten zwischen Energiesicherheit und Nahrungssicherheit, „Food versus Fuel“ (FAO-OECD 2007, S. 10). Die Entscheidung darüber, ob knappe Anbauflächen für Energiepflanzen oder für Nahrungsmittel genutzt werden, löst bereits heute heftige Konflikte aus.[7] Dies wird in Zukunft ein Nord-Süd-Konfliktfeld werden, da ein Großteil der Biomassenproduktion aus Palmöl, Mais, Soja, Zuckerrohr im Süden des Globus lokalisiert sein wird, um die Kraftfahrzeugflotte des Nordens zu alimentieren (vgl. Boron 2007; Castro 2007). Dabei ist die Nutzung der Biomasse zur Produktion von Ethanol „die energetisch verlustreichste Möglichkeit, Biomasse im wirtschaftlichen Energiekreislauf zu verwenden: Nur etwa 20 Prozent der Energie landet letztlich in den Fahrzeugtanks“ (Dröge 2007, S. 5). Doch diese Kalkulation des „energy return on energy input“ (EROEI) ist für die kapitalistische Produktion von Ethanol unwichtig, weil nicht energetische Rationalität Entscheidungskriterium ist, sondern die ökonomische Rentabilität bzw. Profitabilität.

Die Regierungen der Industriestaaten trauen den erneuerbaren Energien (Wind, Wasser, Wellen, Photovoltaik, Thermie) nicht zu, die Energieprob-

7 Der Export von mexikanischem Mais im Rahmen der nordamerikanischen Freihandelszone für die Produktion von Treibstoff für US-Autos hatte Anfang 2007 eine Preissteigerung der Tortilla, einem Grundnahrungsmittel der einfachen Leute Mexikos, auf 15 Pesos per Kilo (etwa 1 Euro) zur Folge. Es kam zu Straßendemonstrationen und Auseinandersetzungen mit der Polizei (Spiegel-online, 1.2.2007), Nahrungssicherheit gegen Energiesicherheit.

leme der Zukunft zu bewältigen. Im Dokument „Global Energy Security" von St. Petersburg vom 16. Juli 2006 ist zu lesen, dass auch im Jahre 2030 80 % der Energieversorgung fossilen und nuklearen Ursprungs sein werden – und das bei einer Nachfrage, die mindestens 50 % über dem heutigen Verbrauch liegt. Mit anderen Worten: Die G8 lehnen implizit, verborgen hinter den wohlfeilen Sonntagsreden zum Megathema Klimawandel, den Umbau des Energiesystems ab. Es bleibt in der überschaubaren Zukunft im Wesentlichen fossil, ergänzt um nukleare Energie und mit Marginalien der erneuerbaren Energien versehen. Also werden auch die erneuerbaren Energieträger in Zukunft von der Preisentwicklung der fossilen Energieträger beeinflusst sein, und die weist – wie etwa im FAO-OECD-Bericht nachzulesen ist – nach oben. In dem Bericht wird bis 2012 ein Preisniveau des Barrels Öl von 55 US $ unterstellt (FAO-OECD 2007, S. 15).

Auch die Kernkraft behält ihren Platz im Energiemix der Industrieländer, auch der EU. Frankreich setzt bei der Elektrizitätsversorgung zu fast 100 % darauf und hält diese Option für ökologisch nachhaltig, weil Treibhausgase nicht emittiert werden. Das ist mehr als fragwürdig (vgl. Scheer 2005). Deshalb (und aus anderen Gründen wie der ungeklärten Endlagerung) hat sich Deutschland für den Ausstieg aus der Kernenergie entschieden. Dieser Beschluss wird von mächtigen Lobby-Interessen der Energieversorgungsunternehmen in Frage gestellt. Auch die IEA schreibt: „Kernenergie hat wieder Zukunft – vorausgesetzt, die Bedenken der Öffentlichkeit können zerstreut werden." (IEA 2006, S. 7).

Die Bedenken haben ihre Gründe. Die Atomkraft war nach den Havarien von Tschernobyl und Three Miles-Island zwei Jahrzehnte lang kein Thema. Erst der G8-Gipfel von St. Petersburg hat im Juli 2006 einen Beschluss zu Gunsten der verstärkten Nutzung von Atomenergie gefasst, und die EU-Kommission hat im Winter 2006/2007 im Gefolge der Konflikte um die Gas-Pipeline durch Weißrussland die Atomkraft als Energieoption der EU erneut ins Spiel gebracht. Dieser Linie ist auch der G8-Gipfel von Heiligendamm treu geblieben. Die sehr starke Atomlobby übt auf die politische Klasse Druck aus, den vierten Sachstandsbericht des IPCC zum Klimawandel zum Anlass zu nehmen, die angeblich CO_2-arme Atomenergie verstärkt zu nutzen. Diese sei „safe" und „secure" und sie habe keine klimaschädlichen Emissionen zur Folge. Beide Annahmen werden von vielen Energieexperten bezweifelt, und diese Zweifel werden nach den glimpflich ausgegangenen Havarien von Forsham in Schweden im Jahre 2006 und von Krümmel und Brunsbüttel in Deutschland 2007 bestätigt. Denn allein um den globalen Bedarf an Elektroenergie atomar zu befriedigen, müssten hunderte, wenn nicht tausende Atommeiler mit je 1200 MW Leistung gebaut werden – eine Zahl, die die Absurdität des energiepolitischen Wiedereinstiegs in die Atomkraft verdeutlicht. Es kann nicht gesagt werden, wo der anfallende Atommüll sicher über tausende von Jahren gelagert werden kann. Obendrein ist auch das Uran, ähnlich wie die Kohlenwasserstoffe, ein begrenzter Rohstoff, der in wenigen Jahrzehnten nicht mehr oder nur noch zu hohen Kosten zur Verfügung steht, gerade wenn die nuklearen Kapazitäten ausgeweitet werden.

Die nukleare Energie bietet daher nur eine Zukunftsperspektive, wenn die Brütertechnik entwickelt wird – und diese steht in den Sternen. Dazu schreibt Herrmann Scheer: „… dass jahrzehntelang versucht wurde (und immer noch wird), Atomfusionsreaktoren zu entwickeln, statt die Fusionsenergie der Sonne in einem Sicherheitsabstand von 150 Millionen Kilometer von der Erde direkt zu nutzen, wird bei künftigen Rückbetrachtungen nur noch Kopfschütteln hervorrufen" (Scheer 2007, S. 24). Wie von Robert Jungk in seinem Klassiker über den „Atomstaat" (1977) befürchtet, werden auch von der EU Maßnahmen gegen die Verbreitung von Nukleartechnik, zur Sicherung der Deponien des Atommülls und gegen terroristische Attacken auf Atomkraftwerke eingeplant, die in einer demokratischen Gesellschaft zu inakzeptablen Einschränkungen von Bürgerrechten führen.

Konsens herrscht in den Sicherheitsstrategien von USA, EU und NATO darüber, dass die Weiterverbreitung von Technologien der Aufarbeitung und Anreicherung des Uran (Proliferation) verhindert werden müsse, um „Schurkenstaaten" und „schwachen Staaten" den Zugang zur Technologie, mit der die Bombe gebaut werden kann, zu verunmöglichen. Allerdings wird diese Absicht umso schwieriger zu realisieren, je mehr auf die Atomkraft als Energiealternative in aller Welt gesetzt wird. Die Internationale Atomenergie Organisation (IEAO) solle gestärkt werden, heißt es im Dokument des Gipfels von Heiligendamm. Doch bekommt die energiepolitische Sackgasse so nur Leitplanken, sie öffnet sich aber nicht.

Die Festlegung auf fossile und nukleare Energie auf der Inputseite der Energiekette hat zur Folge, dass auf der Outputseite die CO_2-Emissionen trotz Effizienzsteigerung und Einsparung (und trotz der „Sequestrierung" eines Teils der Emissionen, doch das ist Zukunftsmusik) der Ausstoß von CO_2 nicht so stark reduziert wird, wie vom IPCC zur Vermeidung der Klimakatastrophe verlangt wird. Erneuerbare Energien fristen innerhalb des grundsätzlich fossilen Energieregimes eine Nischenexistenz, und die erlaubt es nicht, dass die in den erneuerbaren Energien enthaltenen Möglichkeiten der ökologischen, ökonomischen und sozialen Umgestaltung entfaltet werden. Die Schlussfolgerung ist einfach: Der Anteil der erneuerbaren Energieträger von gegenwärtig etwa 6,4 Prozent muss massiv angehoben und die Anteile der fossilen und atomaren Energien müssen ebenso massiv gesenkt werden. Diese Strategie erfordert mehr als nur Effizienzsteigerung und Energiesparen, nämlich einen Umbau der fossilen Industriegesellschaft, die Veränderung aller Etappen der Energiekette. In der Energie- und

Klimapolitik ist also ein „holistischer Ansatz" notwendig, der auf das Ganze und nicht nur vereinzelte Aspekte zielt.

4. Am Ende der Energiekette: Klimawandel und Klimakonflikte

Die CO_2-Partikel wirken in der Atmosphäre wie ein Filter von Strahlen-Frequenzen im Infrarot-Bereich. Sie hindern die Wärmeabstrahlung ins All. Folglich wird die Erdatmosphäre aufgeheizt. Einen „natürlichen" Treibhauseffekt hat es in der gesamten Erdgeschichte gegeben, ohne diesen läge die Erdmitteltemperatur weit unter dem Gefrierpunkt und entwickeltes Leben wäre kaum möglich. Auch haben sich Warmzeiten und Eiszeiten bedingt durch den Kohlenstoffzyklus abgelöst (Rahmstorf/Schellnhuber 2007). Doch verliefen diese Zyklen nicht in wenigen Jahrhunderten oder gar Jahrzehnten, sondern sehr viel langfristiger über tausende und zehntausende von Jahren. Die Steigerung der Konzentration von CO_2 in der Atmosphäre von unter 200 ppm (parts per million) vor dem Industriezeitalter auf derzeit etwa 380 ppm heute hat bereits zu einem Anstieg der Jahresmitteltemperatur in den letzten 100 Jahren um 0,74° Celsius geführt. Die Tendenz setzt sich auch in den nächsten Jahrzehnten fort. Dann dürfte die Jahresmitteltemperatur mehr als 2° Celsius höher liegen als heute. Dies ist ein so dramatischer Anstieg, dass von einer „Klimakatastrophe„ die Rede ist, zumal nicht ausgeschlossen werden kann, dass bis zum Ende des Jahrhunderts die Erdmitteltemperatur um bis zu 6,4°C höher liegt als heute (vgl. dazu Rahmstorf/Schellnhuber 2007; Stern-Review 2006; IPCC 2007). Der Klimakollaps könnte also eher als die Grenzen der Verfügbarkeit der fossilen Reserven das Ende des fossilen Energieregimes einläuten. Dies freilich will die Internationale Energieagentur nicht wahrhaben. In dem oben wiedergegebenen Szenario der fossilen Energieversorgung erhöht sich der Kohlendioxidausstoß zwischen 2004 und 2030 um jährlich 1,7 % und wird daher 2030 ein Niveau von 40 Gigatonnen erreichen (IEA 2006, S. 5). Das ist völlig inkompatibel mit den Reduktionsszenarien des UN-Klimarats oder des Stern-Reports. Die IEA verbreitet nur den Trost, dass ihre Szenarien „nicht in Stein gemeißelt" seien, also an geänderte Entwicklungstrends angepasst werden können (IEA 2006, S. 6).

Die OECD gibt an, dass in der EU-25 im Jahr 1995 3.705 Millionen Tonnen CO_2 emittiert wurden, im Jahr 2000 3.714 Mio. Tonnen und 2003 3.884 Mio. Tonnen (OECD 2006). Die EU folgt einem Trend, der für alle Industrieländer und auch weltweit unter Einbeziehung der Entwicklungsländer gilt. In den G7-Ländern ist von 1990 (dem Basisjahr gemäß Kyoto-Protokoll) und 2003 der CO_2-Ausstoß von 8.566 Mio. Tonnen auf 9.720 Mio. Tonnen, also um 13,5 % gestiegen, obwohl die Industrieländer eine Reduktionsverpflichtung von mindestens 5 % unter das Niveau von 1990

(Artikel 3 des Kyoto-Protokolls) eingegangen sind (die USA haben allerdings das Kyoto-Protokoll nicht unterzeichnet; dennoch handelt es sich um bindendes internationales Recht). Am globalen Klimawandel war die EU (der 25) im Jahre 2003 mit 14,8 % der weltweiten CO_2-Emissionen beteiligt (pro Kopf-Emissionen 8,46 Tonnen CO_2 im Jahr 2003), die USA mit etwa 25 % (pro-Kopf 19,73 Tonnen CO2).

Die bislang ungebrochene Zunahme der CO_2-Konzentration in der Erdatmosphäre ist verantwortlich für den Anstieg der Erdmitteltemperatur. Dessen Folgen sind gravierend. Hochgebirgsgletscher, z.B. in den Alpen oder in den Anden und im Himalaja, schmelzen. Den Überschwemmungen in Zeiten der Schmelze folgen Dürren, wenn die Gletscher nicht mehr genügend Wasser speichern. Klimabedingte Ernteausfälle unterminieren die Ernährungssicherheit, lösen sogar Hungerkatastrophen aus. Eine höhere Zahl von Todesfällen infolge von Hitzestress (wie 2003, als in Europa etwa 35 000 Menschen während der sommerlichen Hitzewelle umgekommen sind) wird zu beklagen sein. Der Meeresspiegel wird steigen und zur Überflutung von küstennahen Landstrichen führen, auch von tief liegenden Küstenstädten wie London, Hamburg oder Amsterdam, von Dacca oder Belém do Pará ganz zu schweigen. Der Artenverlust infolge des Klimawandels wird auf 15 % bis zu 40 % der Arten geschätzt. Ungewöhnliche Wetterereignisse wie zerstörerische Hurrikane in Amerika und Taifune in Asien werden häufiger vorkommen. Die Veränderung von regionalen Wetterverhältnissen, etwa der Monsunregen in Süd- und Ostasien, wird zu Ernteausfällen beitragen (vgl. den Überblick bei Rahmstorf/Schellnhuber 2007).

Ein besonders schwer wiegendes Problem ist die ungleiche Betroffenheit von Regionen und Gesellschaften. Der Wissenschaftliche Beirat Globale Umweltprobleme der Bundesregierung (WBGU 2007) nennt sechs zentrale Gefährdungen internationaler Stabilität infolge des Klimawandels: Erstens seien fragile und schwache Staaten, deren Zahl steigt, immer weniger in der Lage, angemessen auf die Herausforderungen zu reagieren, zweitens sei mit Risiken für die Weltwirtschaft zu rechnen. Drittens dürften sich Verteilungskonflikte zwischen Verursachern und Betroffenen des Klimawandels zuspitzen, viertens verlieren die Industrieländer als Hauptverursacher an Legitimität, fünftens komme es zu zunehmender Migration und schließlich könne sechstens davon ausgegangen werden, dass die klassische Sicherheitspolitik der Nationalstaaten überfordert sei.

Wie kann politisch auf den Klimawandel und dessen Folgen (vgl. auch Scheffran 2004) reagiert werden? In der internationalen Debatte haben sich zwei grundsätzliche Positionen herausgeschält. Die eine verlangt einen vorsorglichen Klimaschutz, also eine schnelle und beträchtliche Reduzierung des Ausstoßes von Treibhausgasen und eine gezielte Einflussnahme auf die genannten (und andere) Gefährdungen. Dies ist, wie gezeigt wurde, nur möglich, wenn das Energiesystem insgesamt in Richtung erneuerbarer Energieträger umgebaut wird. Die andere Position erkennt zwar die Probleme des Klimawandels an und leugnet sie inzwischen nicht mehr, setzt aber nicht in erster Linie auf vorsorgliche Vermeidung, sondern auf nachträgliche Anpassung. Die schützenden Deiche der von Überflutung bedrohten Landstriche sollen höher gebaut werden, Häfen oder ganze Hafenstädte müssten gegebenenfalls verlagert werden. So argumentiert die Kommission der EU in einem internen Papier.[8] Das Pentagon hat Studien darüber angestellt, wie Ökoflüchtlinge vor den Folgen des Klimawandels an der Überschreitung der US-Grenzen gehindert werden können (Randall/Schwarz 2003). Auch die EU hält Migranten fern, auch wenn bislang nicht nach den Anlässen der Migration unterschieden wird. Aber viele der Flüchtlinge aus Afrika verlassen ihre Heimat, weil sie unbewohnbar wird und weil ihnen die Nahrung fehlt. Die Fluchtursachen werden auch in Zukunft bleiben und den Druck wahrscheinlich verstärken, wie das Umweltprogramm der UNO in einer im Juni 2007 veröffentlichten Studie warnt (http://www.unep.org).

Doch inzwischen hat sich der Diskurs über den Klimawandel und über die angemessene Klimapolitik verändert. Besondere Aufmerksamkeit hat die Studie von Nicholas Stern (Stern 2006) wohl deshalb erregt, weil in ihr der Klimawandel und dessen Folgen in monetäre Größen transformiert worden sind. So scheint es möglich, Folgekosten, Vermeidungskosten und Anpassungskosten des Klimawandels rational in monetären Größen zu vergleichen. Die Einbußen der Einkommen in der Welt werden in der Größenordnung von 20 % des Sozialprodukts erwartet. Die Kosten der CO_2-Reduktion hingegen würden nur etwa 1 % bis 2 % des Sozialprodukts ausmachen. Klimapolitik mit dem Ziel der Reduktion des CO_2-Ausstoßes lohnt sich also in Euro und US-Dollar. Die Natur, ihre Degradation und deren Auswirkungen auf Sozial- und Wirtschaftssysteme können in einer Währung kalkuliert werden, in Weltgeld. Auch der Weltklimarat IPCC argumentiert im 4. Sachstandsbericht ökonomisch und kommt zu ähnlichen Werten wie der Stern-Review: Die Reduktion der zulässigen CO_2-Emissionen würde den Preis für die Tonne CO_2 bis 2030 auf 30 bis 120 US Dollar anheben, das würde zwischen 2 und 4 Prozent des globalen Sozialprodukts ausmachen. Die Kosten des Klimawandels freilich liegen wesentlich darüber. Dennoch, so beklagt der Sachstandsbericht, beschleunigt sich der Ausstoß von Treibhausgasen. Die ergriffenen Maßnahmen im Rahmen des Kyoto-Protokolls haben sich also bislang als unwirksam erwiesen.

---

8 Siehe Alexander Hagelüken: „Europa wird nicht verschont. Die Brüsseler Kommission mahnt die Mitgliedsstaaten, sich auf die Erderwärmung einzustellen", in: Süddeutsche Zeitung, 31.5.2007, S. 6.

Es gibt einen prinzipiellen Einwand gegen die Stichhaltigkeit der Kostenkalkulation. Die Klimafolgekosten in Billionenhöhe – Stern gibt als absoluten Wert 5,48 Billionen US Dollar an – sind, wie es der heterodoxe Ökonom K. William Kapp zu Beginn der 1950er Jahre analysierte, „gesellschaftliche Kosten der Privatwirtschaft" (Kapp 1950). Die Schäden, die wir als soziale Kosten, die die Weltgemeinschaft zu tragen hat, kalkulieren, sind für die verursachenden privaten Unternehmen eine Kostenentlastung, die der Steigerung der Profite zugute kommt. Doch dies funktioniert nur so lange, wie die externalisierte Naturzerstörung keine sozialen Auseinandersetzungen auslöst, die die Internalisierung der „sozialen Kosten" erzwingen. Dann bewirken die Umweltschäden auch für die privaten Unternehmen Kostensteigerungen. Profite werden gemindert. Dies ist nach James O'Connor (1988) die zweite Widerspruchsebene („second contradiction") im modernen Kapitalismus: Die Unterstellung derjenigen, die Folge- und Vermeidungskosten des Klimakollaps kalkulieren, dass diese Kalkulation rational von den Regierenden abgewogen werden könne und – weil es rational ist – eine Reduktion der Treibhausgasemissionen zur Folge habe, ist nicht realistisch. Nur der Druck sozialer Bewegungen kann den Klimakollaps aufhalten.

Schlussfolgerung: Energiesicherheit mit erneuerbaren Energieträgern

Franz Alt hat Recht: „Die große politische Entscheidung des 21. Jahrhunderts wird heißen: Krieg um Öl oder Frieden durch Sonne!" (Alt 2002, S. 18). Ein Ausweg aus den Sicherheitsdilemmata endlicher Rohstoffe ist nur zu finden, wenn sich die globale Ökonomie und die nationalen Gesellschaften in den Energiestrom des „schnellen Brüters" Sonne begeben und diesen für Produktion und Leben nutzen. Da die Sonne, wenn auch mit unterschiedlicher Intensität, überall auf Erden scheint, hat alle Welt Zugang zur Energiequelle, ohne dass erdumspannende logistische Systeme wie in der fossilen Ära Energieträger von den wenigen „Tankstellen" zu den vielen Verbrauchsorten leiten müssten. Wind-, Wellen und Wasserkraftwerke sind auch dort möglich, wo die Sonne wenig scheint. Biomasse kann fast überall erzeugt werden. Photovoltaische und thermische Anlagen sind gut für sonnige Regionen geeignet. Sonnenenergie gibt es en masse, man muss sie nur nutzen.

Warum geschieht dies heute nicht? Es ist fraglich, ob solare Energien einfach die fossilen Energieträger ersetzen können, wenn ansonsten die Produktionsweise unverändert bleibt. Denn wenn man Sonnenenergie in die fossile Energiekette einspeist, wird man neue Konflikte auslösen. Die

Großproduktion von photovoltaischer, thermischer oder Wellenenergie weist durchaus (energie-)imperialistische Züge auf: Thermische Aufwindkraftwerke in der Sahara, um den Strom mit interkontinentalen Leitungsnetzen in die Verbrauchszentren der EU zu transportieren (vgl. dazu Berger 2007), werfen die Frage auf, wer mit welchen Interessen über die Netze verfügt und diese sichert. Pläne zur Nutzung von Wellenenergie im Indischen Ozean zur Erzeugung von Elektrizität, die im wasserreichen Kongobecken genutzt wird, um Wasserstoff als Energiespeicher zu erzeugen, der dann in die Verbrauchszentren in Nordamerika, Ostasien und Westeuropa transportiert wird, sind geeignet, die Energiesicherheit der Verbrauchszentren über das fossile Zeitalter hinaus ins solare Zeitalter auszudehnen. Dies gelingt freilich nur, wenn globale logistische Netze in bislang nicht praktiziertem Ausmaß etabliert werden, die erneut die Frage der Sicherheit und Gerechtigkeit aufwerfen.

Auch die Erzeugung von Agrodiesel aus Biomasse ist problematisch. Erstens ist sie nicht frei von CO_2-Emissionen, – die vor allem durch den monokulturellen, agroindustriellen Anbau verursacht werden. Zweitens kann der Anbau von Energiepflanzen in Konkurrenz zu Pflanzen für die Nahrungsversorgung der Menschen geraten (Holt-Giménez 2007; Boron 2007; FAO-OECD 2007). Nachhaltig wäre also der Versuch einer Lösung des Energieproblems durch Ausweitung der Biomasse-Produktion und durch Erzeugung von Agrosprit nicht, und konfliktfrei ebenfalls nicht. Darauf hat auch Fidel Castro in einem längeren Artikel (in der „Digital Granma Internacional", La Habana, 10. Mai 2007) hingewiesen, in dem er sich auf den Beitrag von Atilio A. Borón über den Biotreibstoff als „Zukunft einer Illusion" bezieht.

Die Formel von Franz Alt – Frieden durch Nutzung der Sonnenenergie – ist also zu einfach. Nicht nur die Energiequellen müssen ausgetauscht werden, sondern die gesamte Energiekette, die Produktionsweise, die Konsummuster, die Lebensweise. Dies geht nicht von heute auf morgen. Doch gibt es letztlich keine Alternative. Der Übergang zu erneuerbaren Energieträgern ist notwendig. Der nächste Schritt ist in Richtung einer solidarischen Ökonomie (vgl. dazu Altvater/ Sekler 2006), in der Energieautonomie (Scheer 2005) das Prinzip ist. Nur wenn dieser holistische Ansatz verwirklicht wird, wenn also nicht nur die Energiequelle ausgetauscht, sondern die Produktionsweise den Erfordernissen solaren und solidarischen Wirtschaftens angepasst wird, kann das solare Energieregime so friedlich sein, wie es diejenigen, die für seine Realisierung kämpfen, erhoffen.

Literatur

Alt, Franz (2002), Krieg um Öl oder Frieden durch die Sonne, München.

Altvater, Elmar (2005), Das Ende des Kapitalismus wie wir ihn kennen, Münster.

Altvater, Elmar / Sekler, Nicola (2006), Solidarische Ökonomie, Hamburg.

Bailes, Alyson J.K. (2005), The European Security Strategy. An Evolutionary History, SIPRI Policy Paper No. 10, Stockholm, February 2005.

Bergedorfer Gesprächskreis (2007), Das Schwarze Meer zwischen der EU und Russland. Sicherheit, Energie, Demokratie, 134. Bergedorfer Protokoll, Bergedorf.

Berger, Hartwig (2007), Sonnenkraft aus der Sahara?, in: Kommune 3, 2007.

BGR (2005), Bundesanstalt für Geowissenschaften und Rohstoffe, Reserven, Ressourcen und Verfügbarkeit von Energierohstoffen 2005, in: http://www.bgr.bund.de/cln_011/nn_322848/DE/Themen/Energie/Down loads/Energiestudie__Kurzf__2005,templateld=raw,property= publica tionFile.pdf/Energiestudie_Kurzf_2005.pdf: Zugriff 15.2.2007).

Boron, Atilio A. (2007), Biocombustibles: el porvenir de una ilusión, PLED, Programa Latinoaméricano de Educación a Distancia en Ciencias Sociales, Centro Cultural de la Cooperación, Buenos Aires.

Castro, Fidel (2007), Se intensifica el debate. Reflexiones del Presidente Fidel Castro, in: Digital Granma Internacional, La Habana, 10 de mayo de 2007.

Deffeyes, Kenneth S. (2006), Beyond Oil. The view from Hubbert's Peak, Hill & Wang, New York.

Cheney-Report (2001): National Energy Policy – Reliable, Affordable, and Environmentally Sound Energy for America's Future, Report of the National Energie Policy Development Group, Source: http://www .whitehouse.gov/energy/National-Energy-Policy.pdf.

Dröge, Susanne (2007), Die EU-Klimastrategie, in: SWP-Aktuell 12, Februar 2007.

Energy Watch Group (2007), Coal: Resources and future production, background paper, final version 28-03-2007 (updated version: 10th of July 2007) Ottobrunn: Ludwig-Bolkow-Foundation

FAO-OECD (2007), Agricultural Outlook 2007 – 2016, Paris, in: http: //www .oecd.org/dataoecd/6/10/38893266.pdf.

Foster, John Bellamy (1996), A nova geopolítica do Império, in: Outubro. Rs Socialistas, No. 14, 2006, S. 11-38, in: www.revistaoutubro.com.br.

Harks, Enno (2007), Der globale Ölmarkt. Herausforderungen und Handlungsoptionen für Deutschland, SWP-Studie, S 11, Mai 2007, Berlin.

Harremoës, Poul / Gee, David; MacGarvin, Malcolm (2002), Late lessons from early warnings: the precautionary principle 1896-2000, in: Environmental Issue Report No 22.

Holt-Giménez, Eric (2007), Sprit vom Acker. Fünf Mythen vom Übergang zu Biokraftstoffen, in: Le Monde Diplomatique, 8. Juni 2007, S. 12-13.

Jungk, Robert (1977), Der Atomstaat. Vom Fortschritt in die Unmenschlichkeit, München.

Kapp, K. William (1950), The Social Costs of Private Enterprise", Cambridge, Mass.

Klare, Michael (2004), Blood and Oil. The Dangers and Consequences of America's Growing Dependency on Imported Petroleum, New York (Metropolitan Books).

Knies, Gerhard (2006), Global energy and climate security through solar power from deserts, in: http://www.trcers.net, Zugriff: 21.4.2007.

Lomborg, Bjorn (2002): Apocalypse No! Wie sich die menschlichen Lebensgrundlagen wirklich entwickeln, Zu Klampen, Springe.

McManus, Matthew T. (2003), National Energy Policy: Role of West Africa and Latin America, Testimony before the Senate Foreign Relations Committee Subcommittee on International Economic Policy, Export and Trade Promotion, Washington D.C., October 21, 2003, in: http: //www.state.gov/e/eeb/rls/rm/2003/30303.htm.

Merkel, Angela (2006), Die Rolle der Europäischen Union auf der internationalen Bühne, Europapolitische Grundsatzrede von Bundeskanzlerin Frau Dr. Angela Merkel vor der deutschen Gesellschaft für auswärtige Politik, 8. November 2006, in: DGAP-Bericht Nr. 3/2006, Berlin.

Messner, Dirk (1995), Die Netzwerkgesellschaft. Wirtschaftliche Entwicklung und internationale Wettbewerbsfähigkeit als Probleme gesellschaftlicher Steuerung, Köln.

Mineralölwirtschaftsverband (2004), Preisbildung am Rohölmarkt, Dezember 2004, in: www.mwv.de/download/preisbildung.pdf, Zugriff 15.12.2006.

Müller, Albrecht (2006), Unsere Eliten – eine Gefahr für die Demokratie, in: Blätter für deutsche und internationale Politik, Nr. 4/2006, S. 436-448, Berlin.

Newell, Peter (2000), Climate for Change. Non-State Actors and the Global Politics of the Greenhouse, (Cambridge University Press) Cambridge.

OECD-FAO (2007), Agricultural Outlook 2007-2016, Paris (OECD); in: http://www.oecd.org/dataoecd/6/10/38893266.pdf, Zugriff 6.7.2007.

O'Connor, James (1988), Capitalism, Nature, Socialism. A Theoretical Introduction, in: Capitalism Nature Socialism, Journal of Socialist Ecology, No 1, all, 1988, S. 11-45.

Prebisch, Raúl (1968), Für eine bessere Zukunft der Entwicklungsländer. Ausgewählte ökonomische Studien, Berlin.

Rahmstorf, Stefan / Schellnhuber, Hans Joachim (2006), Der Klimawandel. Diagnose, Prognose, Therapie, .München.

Ritz, Hauke / Wiesmann, Otto (2007), Peakoil: Der globale Krieg ums Öl, in: Blätter für deutsche und internationale Politik, Juli 2007, S. 837-844.

Rosenkranz, Gerd (2007), Zum Erfolg verdammt, in: Internationale Politik, 62. Jahr Nr. 2, Februar 2007, S. 16-26.

Scheer, Herrmann (1999), Solare Weltwirtschaft. Strategien für die ökologische Moderne, München.

Scheer, Herrmann (2005), Energieautonomie, München.

Scheer, Herrmann (2007), Energie – neu denken, in: Sitzungsberichte der Leibniz-Sozietät, Band 90, Jg. 2007, S. 23-32.

Scheffran, Jürgen (2004), Energiekonflikte und Klimakatastrophe: Die neue Bedrohung?, in: PROKLA – Zeitschrift für kritische Sozialwissenschaft, Heft 135, Jg. 2004, Nr. 2., S. 173-197.

Schneckener, Ulrich (2007), Internationales Statebuilding. Dilemmata, Strategien und Anforderungen an die deutsche Politik, SWP-Studie, S 10, Mai 2007 Berlin.

Spiro, David E. (1999), The hidden hand of American hegemony, (Cornell University Press) Ithaca and London.

Schwarz, Peter / Randall, Doug (2003), An Abrupt Climate Change Scenario and Its Implications for United States Security, Pentagon. in: www .ems.org/climate/pentagon_climatechange.pdf, Zugriff 31.7.2003.

Stern, Nicholas (2006), Stern-Review. The Economics of Climate Change, in: http://www.hm-treasury.gov.uk/independent_reviews/stern_review_ economics_climate_change/sternreview_index.cfm.

Strange, Susan (1986), Casino Capitalism, (Basil Blackwell) Oxford.

WBGU (2007), Wissenschaftlicher Beirat der Bundesregierung Globale Umweltveränderungen, Sicherheitsrisiko Klimawandel, Zusammenfassung für Entscheidungsträger, Berlin.

Von der Energiesicherheit zum Ressourcenkrieg: Die Ressourcenpolitik Chinas, Russlands und Indiens[1]

Andreas Zumach

Wolfgang Sachs hat mit seinem im Wesentlichen deskriptiven und analytischen Beitrag den großen thematischen Rahmen für diese Sommerakademie abgesteckt. Seine Hauptthese ist: Die Euro-Atlantische Zivilisation ist ein Spezialfall der Geschichte, der zu Ende geht, und der kein Vorbild ist, sein kann und sein darf für den „Rest der Welt". Sachs hat dann vier Konflikttypen genannt (Subsistenz-, Regime-, Verteilungs- und Verlagerungskonflikte) und hat lediglich im letzten Punkt unter der Überschrift „Ökologie und ihre kosmopolitische Berufung" den Zusammenhang zwischen Frieden, Entwicklung und Umwelt benannt und daraus eine Leitlinie für künftiges Handeln abgeleitet, nämlich „weniger nehmen – nicht mehr geben".

Ich verstehe es als meine Aufgabe und als die Aufgabe jener, die hier in den nächsten Tagen noch auftreten werden, diesen von Wolfgang Sachs vorgegebenen Rahmen zu füllen, ihn zu konkretisieren, diesen Rahmen aber auch in Frage zu stellen, und wo notwendig, vielleicht auch zu sprengen und darüber hinauszugehen –, gerade auch in der Frage der Handlungsnotwendigkeiten und -möglichkeiten.

Hinter den Titel dieser Sommerakademie „Von kalten Energiestrategien zu heißen Rohstoffkriegen?" haben die VeranstalterInnen ein Fragezeichen gesetzt. Für mich ist diese Frage bereits beantwortet. Wenn wir als BewohnerInnen dieser einen Erde so weiter machen beim Energieverbrauch wie

---

1 Dieser Beitrag ist ein Transkript des Vortrages, den Andreas Zumach am 9. Juli 2007 im Rahmen der Schlaininger Sommerakademie gehalten hat.

Vorbemerkung: Bei der Sommerakademie im letzten Jahr habe ich bei meinem Vortrag sowie in meinen Workshops von Personen immer als Experten und Expertinnen oder als Journalisten und Journalistinnen gesprochen. Daraufhin sind einige männliche Teilnehmer zu mir gekommen mit der Frage, ob das denn wirklich notwendig sei. Das sei doch viel zu umständlich und zeitraubend. Wir wüssten doch inzwischen alle, dass auch Frauen dabei wären. Ich werde es in diesem Jahr zeitökonomischer und weniger kompliziert machen und – so wie die Berliner „taz" (tageszeitung), für die ich als UNO-Korrespondent arbeite – immer nur die weibliche Form benutzen, und zwar die weibliche Form mit dem großen I. Dann können sich alle Männer mit gemeint fühlen.

bisher, dann wird es zwangsläufig zu diesen heißen Rohstoffkriegen kommen, und zwar in globalem Maßstab.

Für mich lautet die entscheidende Frage daher: Was müssen wir tun, um diese Kriege zu verhindern? Und was müssen wir tun, um die bereits laufenden Formen der Ausbeutung und der Nutzung von Energierohstoffen – die, wie Wolfgang Sachs gestern deutlich gemacht hat, im Wesentlichen zu Lasten der Menschen im Süden und in den Ursprungsländern von Energieressourcen und anderen Rohstoffen gehen sowie auf Kosten der Umwelt – und die dadurch verursachten, oftmals bereits bewaffneten Auseinandersetzungen zu deeskalieren und zu beenden?

Ich gliedere meinen Vortrag in drei Teile:

- einige kritische Anfragen an den Vortrag von Wolfgang Sachs, zumal er heute noch hier ist und gestern Abend keine Gelegenheit zur Diskussion war – vielleicht können wir diese heute nachholen;
- einige Zahlen und Daten zur Energiesituation – global und in einigen Weltregionen;
- zu den Akteuren China, Indien und Russland sowie zu Japan.

Kritische Anfragen an den Vortrag von Wolfgang Sachs

Wolfgang Sachs hat gestern Abend in für mich sehr eindrücklicher Weise deutlich gemacht, dass der Erfolg des euro-atlantischen Zivilisationsmodells im Wesentlichen auf zwei Faktoren gründet:

a) auf der geographischen Ausdehnung in andere Länder und Weltregionen – Sachs hat das am Beispiel der britischen Kolonialpolitik verdeutlicht.

b) auf der Ausweitung in die Tiefe, also etwa die Kohleförderung. Und, so Sachs‘ These, das euro-atlantische Zivilisationsmodell geht deshalb seinem Ende zu und kann kein Vorbild für andere Weltregionen sein, weil diese beiden Formen der Ausweitungen in die Tiefe und die geographische Weiten heute nicht mehr möglich sind.

Da kommt meine erste Anfrage: Lässt sich nicht das, was die USA seit 2003 im Irak treiben, dem Land mit den zweitgrößten Erdölreserven der Erde (nach Saudi-Arabien und vor Iran), als eine Form der Kolonialisierung beschreiben? Die USA haben gemeinsam mit Großbritannien im Frühjahr 2003 einen völkerrechtswidrigen Angriffskrieg gegen Irak geführt. Seitdem wird Irak von den angloamerikanischen Truppen besetzt – ebenfalls völkerrechtswidrig, auch wenn es inzwischen vier oder fünf Resolutionen des UNO-Sicherheitsrates gibt, durch die diese Besatzung eine scheinbare Legitimität erhalten hat. Die USA haben in Bagdad ein Ölgesetz durchgesetzt, das US-amerikanischen und anderen ausländischen Ölfirmen durch so genannte Production Sharing Agreements (PSA – Produktionsteilungsabkommen) auf mindestens 40Jahre die De-facto-Kontrolle über und die Ausbeutungsrechte an rund zwei Dritteln der irakischen Ölfelder sichert. Für die irakische Volkswirtschaft bedeuten diese PSA laut einer britischen Untersuchung Mindereinnahmen von mindestens 125 Milliarden US-Dollar. Und den US-amerikanischen und anderen ausländischen Ölkonzernen, die an den PSA beteiligt sind, winken Gewinne weit über dem im Ölgeschäft üblichen Niveau.

Schließlich haben die USA in einem Geheimabkommen mit der ersten von Washington nach dem Irakkrieg eingesetzten Marionettenregierung in Bagdad vereinbart, dass die US-Streitkräfte auch nach einem Abzug der Besatzungstruppen 16 Militärstützpunkte im Irak betreiben und nutzen können. Diese Militärstützpunkte liegen sämtlich in der Nähe der wichtigsten Ölfelder des Landes, von Pipelines sowie von strategisch wichtigen Verkehrsverbindungen.

Das alles ist meines Erachtens eine Form der Kolonialisierung, selbst wenn Irak nicht formal Teil des US-amerikanischen Weltreiches wird, so wie Indien, Pakistan und andere heute unabhängige Staaten einst Teil des weltweiten britischen Kolonialreiches waren.

Und was die Ausweitung in die Tiefe betrifft: Wenn wir heute von Öl reden, das aus der Erde gefördert wird, meinen wir Leichtöl aus Feldern in Tiefen, die mit heute verfügbaren technischen Instrumenten erschlossen werden können. Das umfasst eine Spanne von wenigen bis 100 Metern unter der Erdoberfläche (wie zu Beispiel im Irak, wo die Erdoberfläche zudem zumeist lockerer Wüstensand ist; hier kostete die Förderung von einem Fass Öl im Jahr 2003 bis zum Beginn des Irakkrieges rund 7 US-Dollar) und mehreren hundert Metern (zum Beispiel die sibirischen Ölfelder Russlands, die zudem teilweise unter harten Gesteinsschichten liegen; hier kostete die Förderung von einem Fass Öl im Jahr 2003 rund 16 US-Dollar).

Doch es gibt WissenschaftlerInnen, Firmen und PolitikerInnen, die allen Ernstes fordern, wir sollten bei der Suche nach weiteren Ölreserven in Tiefen bis 1 000 Meter und darüber hinaus vordringen. Im Juni veröffentlichte eine Schweizer Zeitung einen Artikel, in dem behauptet wurde, in Kanada lägen die mit Abstand größten Ölreserven der Welt – weit mehr, als die Vorräte in Saudi-Arabien, Irak und Iran – aber eben in Tiefen unterhalb von 1 000 Metern. Einmal angenommen, diese Behauptung träfe zu: Die Erschließung und Förderung dieser Ölvorräte würde nach Einschätzung von ExpertInnen höchstwahrscheinlich mehr Energie erfordern, als an Energie gewonnen würde – ganz abgesehen von den völlig unkalkulierbaren Umweltproblemen, die durch Ölbohrungen in Tiefen von unter 1 000 Metern verursacht würden.

Meine zweite Anfrage an den Vortrag von Wolfgang Sachs betrifft seinen Satz, das anglo-amerikanische Zivilmodell sei kein Vorbild für den „Rest der Welt“ und könne und dürfe auch kein Vorbild sein. Ich unterschreibe diesen Satz. Aber wir müssen ehrlicherweise einräumen, dass dieser Satz zunächst nur ein Postulat ist. Damit allein ist noch überhaupt nicht gewährleistet, dass die 1,35 Milliarden ChinesInnen und die 975 Millionen InderInnen nicht auch in den kommenden Jahrzehnten diesem Vorbild nacheifern. Zumal dann, wenn wir durch die Art und Weise, wie wir unsere westlichen Konsumprodukte – zum Beispiel Autos – in China und Indien vermarkten und verkaufen und dabei die Symbole und Werte der westlichen Konsum-und Überflussgesellschaft in den Köpfen und Herzen von immer mehr InderInnen und ChinesInnen verankern.

Einige Zahlen und Daten zur Situation und Entwicklung beim Öl – global und in einigen wichtigen Ländern und Weltregionen

- Seit 1859 wird auf der Erde Öl – Leichtöl – gefördert.
- Dieses Öl ist über einen Zeitraum von rund 220 Millionen Jahren entstanden – durch eine Vielzahl geologischer, chemischer und biologischer Prozesse.
- Im Jahr 1859 gab es rund 2.200 Milliarden Fass Öl (1 Fass= 159 Liter). Anfang dieses Jahrtausends war davon rund die Hälfte gefördert und verbraucht. Das heißt: Es gibt etwa noch 1.100 Fass Öl.
- Nach übereinstimmender Expertenmeinung ist nicht mehr damit zu rechnen, dass noch irgendwo auf der Erde neue, bislang nicht bekannte Vorkommen in der Kategorie Leichtöl entdeckt werden.
- Die heute bekannten größten Vorkommen liegen in Saudi-Arabien mit rund 225 Milliarden Fass, gefolgt vom Irak (ca. 112 Mrd.), Iran (ca. 90 Mrd.) sowie den vier kleinen Ölemiraten am Persischen Golf mit zusammen ebenfalls rund 90 Mrd. Fass. Diese Zahlen stammen von der Internationalen Energieagentur (IEA). Die IEA-Statistiken wiederum beruhen nicht auf Untersuchungen und Recherchen unabhängiger ExpertInnen oder JournalistInnen, sondern auf den Angaben der Regierungen der Ölländer sowie von Ölkonzernen. Deshalb ist gegenüber diesen Zahlen eine gewisse Vorsicht geboten. Denn die Regierungen insbesondere der in der OPEC organisierten Ölstaaten haben ein Interesse, ihre noch vorhandenen Ölreserven zu hoch anzugeben. Wenn nämlich die OPEC alle halbe Jahre die Förderquoten für ihre Mitgliedsländer für die nächsten sechs Monate festlegt, ist die Höhe der noch vorhandenen Vorräte eines Landes das wichtigste Kriterium. Es fiel bereits in den 90er Jahren auf, dass Saudi-Arabiens Angaben an

die OPEC und die IEA über die noch vorhandenen Ölreserven des Landes immer gleich blieben, obwohl jedes Jahr mehrere Milliarden Fass Öl gefördert, zugleich aber keine neuen Ölvorkommen in Saudi-Arabien entdeckt wurden. Der Energieminister von Bahrein erklärte seinen Ministerkollegen auf einer Kabinettssitzung Anfang 2006, dass das Land seine Vorräte gegenüber der OPEC und der IEA bereits seit Jahren um über 20 Prozent zu hoch angegeben habe. Ein ähnliches – öffentliches – Eingeständnis machte im Jahre 2005 der Shell-Konzern. Bei den Ölkonzernen ist der Umfang ihrer so genannten strategischen Reserven ein wesentliches Kriterium für die Höhe des Aktienkurses und damit für den Wert des Unternehmens. Die Höhe des Aktienkurses ist wiederum ein wichtiges Kriterium für die Gehälter, Zulagen, Sondervergütungen etc. der höchsten Manager eines Konzerns. Aus diesen Gründen ist nicht auszuschließen, dass der Umfang der weltweit noch vorhandenen Ölvorräte zu Beginn dieses Jahrtausends nicht bei 1.100 Milliarden Fass lag, sondern bereits deutlich unter dieser Marke.

- Es gibt detaillierte Prognosen über den Zuwachs des Energieverbrauchs bis Mitte des 21. Jahrhunderts – unter der Annahme, dass wir in unserem Verbrauchsverhalten so weiter machen, wie in der zweiten Hälfte des 20.Jahrhunderts. Nach diesen Prognosen soll der weltweite Energieverbrauch bis zum Jahre 2015 um 30 Prozent ansteigen (verglichen mit dem Jahr 2000), bis 2025 um rund 50 Prozent und bis zum Jahr 2050 um rund 100 Prozent. Das wäre eine Verdoppelung des Verbrauchs innerhalb von 50 Jahren. Und der Anteil des fossilen Energieträgers Öl am gesamten Energieverbrauch von derzeit 36 Prozent soll bis Mitte des Jahrhunderts konstant bleiben. Nach diesen Prognosen wird Asien – also im Wesentlichen China und Indien- verantwortlich sein für mehr als die Hälfte dieses weltweiten Verbrauchszuwachses, An zweiter Stelle liegen die USA, vor EU/Russland, gefolgt von Japan.

Die IEA hat bislang alle Hinweise auf drohende Engpässe bei der Ölversorgung als unbegründet weggewischt Die Agentur gründete ihren Optimismus im Wesentlichen auf die Annahme, die beiden Staaten Saudi-Arabien und Irak könnten ihre Produktion bis zum Jahre 2030 (gegenüber dem Jahr 2000) auf jeweils 15 bis 20 Millionen Fass pro Tag verdoppeln. Diese Annahme halten unabhängige ExpertInnen für völlig unrealistisch.

Aktueller Nachtrag: In einem wenige Tage nach Ende der Sommerakademie veröffentlichten Bericht hat die IEA ihre bisherigen optimistischen Annahmen deutlich korrigiert. Die IEA geht nun davon aus, dass die OPEC-Staaten bereits ab 2012 den weltweiten Bedarf an Öl nicht mehr decken können. Auch andere Staaten könnten die Versorgungslücke nicht schließen. Zudem prognostiziert die IEA eine Verknappung des Gasangebots.

Die weltweite Nachfrage nach Öl wird laut dem neuen IEA-Bericht von täglich 86,1 Millionen Fass im Jahre 2006 auf 95, 8 Mio. Fass im Jahre 2012 steigen.

China, Indien, Japan, Russland

China

Ich zitiere zunächst aus meinem im Oktober 2005 erschienenen Buch „Die kommenden Kriege – Ressourcen, Menschenrechte, Machtgewinn-Präventivkrieg als Dauerzustand?“

> „China deckt heute noch fast 60 Prozent seines Energiebedarfs durch einheimische Kohle ab, ist jedoch daran, seine relative Abhängigkeit von Kohle vor allem aus Umweltgründen zu reduzieren. Kohle wird in erster Linie. für Verstromung eingesetzt. Als Alternativen werden Erdgas, Atom- und Wasserkraft sowie erneuerbare Energien gefördert, wobei diese den Anteil von Kohle nur leicht mindern, Kohle aber keinesfalls ersetzen werden.“ (Ende des Buchzitats).

Inzwischen ist China der größte Erbauer von Windkraftanlagen.

Nachdem China erst 1993 zum Netto-Ölimporteur wurde, überholte es 2003 Japan bereits als weltweit zweitgrößter Importeur.

Das Land mit dem weltweit größten Ölverbrauch – in absoluten Zahlen – sind seit dem Zweiten Weltkrieg die USA. Rund ein Viertel oder 25 Prozent des weltweiten Ölverbrauchs entfallen auf die USA. 2006 waren dies bei global 86,1 Millionen Fass rund 21,5 Millionen. Mit etwa der Hälfte dieser Menge, 10,5 Mio. Fass, lag China im letzten Jahr beim absoluten Verbrauch bereits an zweiter Stelle hinter den USA. Im Jahre 2001 verbrauchte China pro Tag fünf Mio. Fass Öl. Das heißt, innerhalb von nur fünf Jahren hat China seinen absoluten Verbrauch verdoppelt. Da könnte einem in der Tat Angst und Bange werden.

Genau das ist die problematische Wirkung vieler medialer Darstellungen der weltweiten Energiesituation in den letzten Monaten. Das deutsche Nachrichtenmagazin „Der Spiegel“ etwa hat im Frühjahr dieses Jahres eine Titelgeschichte veröffentlicht mit der Schlagzeile oben auf dem Cover: „Bedrohung aus Fernost.“ Die Bilder und Symbole unter dieser Schlagzeile machten deutlich, dass mit der fernöstlichen Bedrohung China und Indien gemeint sind. Und die Schlagzeile unten auf dem Titelblatt lautete „Wirtschaftskrieg um den Wohlstand“. In dem Artikel wurden eine chinesischindische Bedrohung in grellen Farben gemalt und der Eindruck erweckt, Ursache für die weltweiten Energie- und Umweltprobleme sei vor allem, dass China und Indien an „unsere“ Ölquellen drängen und dass die ChinesInnen und InderInnen nun auch alle ein Auto fahren wollen. Und deswegen ist es sehr wichtig, dass wir bei allen Diskussionen über Energieverbrauch immer über den Pro-Kopf-Verbrauch einer Bevölkerung sprechen statt über die absolute Verbrauchsmenge eines Landes.

Wenn man das Kriterium des Pro-Kopf-Verbrauchs zu Grunde legt, sieht das Bild ganz anders aus. Dann liegt China mit seinen 1,35 Milliarden EinwohnerInnen im weltweiten Vergleich nicht auf Platz zwei hinter den USA mit ihren 300 Millionen EinwohnerInnen, sondern auf einem guten Mittelplatz unter den 192 UNO-Staaten. Der durchschnittliche Energieverbrauch einer US-Bürgerin war im letzten Jahr über neun mal so groß wie der Verbrauch einer Chinesin.

Wolfgang Sachs hat gestern Abend bereits auf das Modell des „ökologischen Fußabdrucks“ hingewiesen, das ursprünglich vom WWF entwickelt wurde. In die Berechnung des ökologischen Fußabdrucks, den jede BewohnerIn dieser Erde hinterlässt, fließen sämtliche Formen von Energie ein, die ein Mensch verbraucht (für Beleuchtung, Wärme, Mobilität und Transport, in Form von Nahrungsmitteln usw.) sowie sein Verbrauch an Wasser und anderen natürlichen Ressourcen. Der ökologische Fußabdruck ist der beste, weil fairste Maßstab für die internationale Diskussion und für Vergleiche des Energieverbrauchs.

Wegen seines deutlich steigenden Bedarfs an Öl richtet China seit zwei, drei Jahren sein Interesse verstärkt auf die Ölstaaten in Afrika. Mit der sudanesischen Regierung hat China umfangreiche Abkommen geschlossen über die Erschließung und Förderung sudanesischen Öls und den Bau von Pipelines. Und ohne Frage ist die Haltung zu Darfur, die China im UNO-Sicherheitsrat einnimmt, wesentlich von dem Interesse am sudanesischen Öl bestimmt. Doch das gilt eben – wie von den meisten Medien suggeriert – nicht nur für China. Auch die USA, die die im Wesentlichen von der sudanesischen Regierung und den von ihr unterstützten Reitermilizen zu verantwortenden Menschenrechtsverletzungen in Darfur am schärfsten kritisieren und zeitweise sogar den Vorwurf des Völkermordes erhoben haben, haben ein großes Interesse am Öl Sudans und anderer afrikanischer Staaten.

China und Iran: China hat erhebliches Interesse an iranischem Öl. Peking hat mit Teheran einen Vorvertrag geschlossen im Wert von 100 Milliarden US-Dollar über den Bau einer Pipeline zur Erschließung der Ölfelder im Nordosten Irans. Auch Indien soll durch diese Pipeline, die über indisches Territorium nach China geführt werden soll, mit iranischem Öl versorgt werden. Sollte dieses Pipeline-Projekt zustande kommen, würde es die strategische Ausrichtung Irans Richtung China, Indien, Russland verstärken. Washington möchte den Bau dieser Pipeline verhindern. Im Jahr 2005 verlangte die Bush-Administration von der indischen Regierung, die Beteiligung an dem Pipelineprojekt mit Iran aufzugeben sowie Teheran bei den Debatten über das iranische Atomprogramm im Gouverneursrat der Internationalen Atomenergieagentur (IAEA) nicht länger zu unterstützen. Andernfalls – so die erpresserische Drohung der Bush-Administration – werde das geplante Nuklearabkommen mit Indien nicht zustande kommen. Die indische Regierung ließ sich nach langen internen Debatten schließlich zum Teil auf diese Erpressung ein und gab die Unterstützung Irans in der IAEA auf. Erst dadurch wurde die von den USA und von der EU angestrebte Verurteilung Teherans durch den IAEA-Gouverneursrat im September 2005 möglich. Diese Verurteilung wiederum war die Grundlage für die erste Resolution des UNO-Sicherheitsrates zum iranischen Atomprogramm und für die inzwischen vom Rat verhängten Sanktionen gegen Teheran. Ob Indien auch gegen den Willen der USA an seiner Beteiligung an dem Pipelineprojekt mit Iran festhalten wird, ist derzeit noch unklar.

Bis etwa zum Jahr 2020 wird China voraussichtlich wirtschaftlich mit den USA gleichziehen und dann eine Weltwirtschaftsmacht sein. Ob China auch eine militärische Weltmacht werden muss, wird in den sicherheitspolitischen und militärischen Eliten in Peking derzeit noch kontrovers diskutiert. Eine Fraktion warnt vor einer solchen Entwicklung vor allem mit Blick auf die ungeheure Verschwendung von Ressourcen, die eine solche Militarisierung bedeuten würde. Doch eine andere Fraktion hält die Aufrüstung zur militärischen Weltmacht für unerlässlich, damit China in der Lage ist, seine Interessen an fossilen Rohstoffen in Zentralasien, im Mittleren Osten und in Afrika in der Konkurrenz vor allem mit den USA aber auch mit anderen Akteuren durchzusetzen.

Indien

Indien ist hinter den USA, China und Russland sowie vor der EU und Japan bereits heute der viertgrößte Energiekonsument – in absoluten Zahlen. Der indische Energiekonsum hat sich zwischen 1970 und 2005 verdreifacht, und die IEA geht davon aus, dass er sich in den kommenden 30 Jahren noch einmal verdoppeln wird.

Indiens Energieversorgung wird dabei – wie diejenige Chinas – stark vom einheimischen Energieträger Kohle geprägt, wo Indien mit den weltweit drittgrößten Reserven und als drittgrößtes Förderland über gute Voraussetzungen verfügt. Eine große Herausforderung für Indien (ebenso wie für China) wird die Einführung möglichst umweltfreundlicher Technologie

(*Clean Coal Technology*) sein. Da diese Technologie relativ teuer ist, dürften sich zunächst Investitionen in elementarere Technologien – wie Kohlewaschen – aufdrängen, um die Verbrennungseffizienz zu verbessern und die Schadstoffemissionen zu verringern. Neben dem weiterhin hohen Kohlekonsum wird vor allem der enorme Mehrbedarf an Erdöl und Erdgas die indische Energiepolitik prägen. Die Erdölimporte Indiens dürften sich bis 2030 verdreifachen und die heute bei knapp unter 70 Prozent liegende Importabhängigkeit auf knapp über 90 % erhöhen. Auch auf dem Erdgassektor wird Indiens Importabhängigkeit stark zunehmen. Da sich mögliche Pipeline-Verbindungen (von Turkmenistan oder dem Iran) aus den genannten politischen sowie aus geografischen Gründen zumindest vorerst nicht realisieren lassen, scheint Indien momentan auf *Flüssiggasimporte* zu setzen (sowie Erdgas aus Bangladesch und Myanmar), was jedoch mit großen Investitionskosten verbunden ist. Indien versucht zudem, seine Energieversorgungssicherheit durch Diversifizierung zu verbessern, indem die Atomkraftwerkskapazitäten weiter ausgebaut und die erneuerbaren Energien noch stärker gefördert werden. Alle diese Anstrengungen werden aber nichts daran ändern, dass Indien aufgrund seines stark wachsenden Energiebedarfs in den kommenden Jahrzehnten in eine gegenüber heute ungleich größere Importabhängigkeit – vorab gegenüber dem Mittleren Osten – geraten wird.

Japan

Ich will noch einige Bemerkungen zu Japan machen. Das Land kommt zwar im Titel meines Vortrages nicht vor. Es ist aber ein wichtiger Akteur in der globalen Energiepolitik, der lediglich etwas diskreter und daher unauffälliger als andere agiert. Immerhin ist Japan die zweitgrößte Wirtschaftsmacht der Erde und der sechstgrößte Energiekonsument.

Allerdings ist Japan bezüglich Energieversorgung ein Sonderfall unter den Großkonsumenten. Praktisch ohne eigene Energiereserven ist der wirtschaftliche Gigant im Energiesektor zu 80 Prozent von Importen abhängig. Der weitaus größte Teil der japanischen Erdölimporte stammt aus dem Persischen Golf, der Großteil der Erdgasimporte aus Südostasien (über die Hälfte aus Indonesien und Malaysia), und der momentan wichtigste Kohlelieferant ist Australien (60 %). Japan hat angesichts seiner extremen Importabhängigkeit stets große und erfolgreiche Investitionen bezüglich Energieeffizienz getätigt. Um die Energieversorgungssicherheit zu steigern, wird der weitere Ausbau der Atomenergie um 30 % bis 2010 angestrebt – was den Anteil von Atomenergie am Strom-Mix von heute 30 % um einige Punkte steigern wird. Eines der Hauptziele der japanischen Energiepolitik ist die Verminderung der Abhängigkeit vom Mittleren Osten. Nachdem das japanische Wirtschaftsministerium lange Jahre mit zweifelhaftem Erfolg ein schwerfälliges Konsortium japanischer Erdölfirmen subventionierte, scheint den Bemühungen zur Diversifizierung der Erdölbezüge in jüngster Zeit durch effizientere Geschäftstätigkeit mehr Erfolg beschieden zu sein. Japanische Erdölfirmen verfügen überall auf der Welt über Konzessionen. Der Anteil des Erdgases am Gesamtverbrauch soll erhöht werden, wobei auch hier die Bezüge weiter diversifiziert werden sollen (Gaslieferungen aus Australien seit 2005 Jahr; Flüssiggasprojekt von der russischen Insel Sachalin ab 2007).

Von großer Bedeutung dürfte mittelfristig das auf guten Wegen befindliche Projekt einer durch japanische Kredite finanzierten Pipeline von ostsibirischen Öl- und Gasfeldern zum russischen Pazifikhafen Nakhodka sein, das ab 2010 u.a. Japan mit ostsibirischem Erdöl und Erdgas versorgen könnte. Japan dürfte gegenüber der chinesischen Alternative wohl auch deshalb den Vorzug erhalten haben, weil Russland via Nakhodka den gesamten asiatischen und letztlich den Weltmarkt bedienen kann, während Tokio ansonsten an chinesische Abnahmebedingungen gebunden gewesen wäre.

Russland

Damit komme ich abschließend zu Russland. Auch Russland ist ein Sonderfall – allerdings in einem anderen Sinne als Japan. Denn Russland ist zum Einen der drittgrößte Energiekonsument der Erde (in absoluten Zahlen). Zugleich aber verfügt Russland über die weltweit größten Gasreserven (vor Iran) und die siebtgrößten Ölvorräte. Zugleich ist Russland derzeit der weltweit größte Gasproduzent und der zweitgrößte Ölproduzent. Unter den sechs Ländern mit dem größten Energieverbrauch tritt Russland als einziges auf dem Weltenergiemarkt ausschließlich als Anbieter auf. Die Weltmarktpreise für Öl und Gas sind seit Anfang 2005 erheblich gestiegen (bei Öl von unter 40 US-Dollar pro Fass auf knapp 70 US-Dollar). Diese Preisentwicklung hat Russland in den letzten Jahren Mehreinnahmen in dreistelliger Milliardenhöhe (US-Dollar) beschert und Moskau die Tilgung aller noch ausstehenden Schulden Russlands ermöglicht sowie die Anlage von ausländischen Devisenvorräten in ebenfalls dreistelliger Milliardenhöhe. Die deutlich steigende Nachfrage nach Öl und Gas hat die Marktmacht Russlands als Anbieter erheblich gestärkt. Und diese gestärkte Marktmacht ist die wesentliche Grundlage für den geopolitischen Wiederaufstieg Russlands, von dem Wolfgang Sachs gestern Abend gesprochen hat.

Literatur

Zumach Andreas (2005), Die kommenden Kriege. Ressourcen, Menschenrechte, Machtgewinn – Präventivkrieg als Dauerzustand?, Köln.

Warum es keine Alternative zum Rückzug aus Afghanistan gibt

Peter Strutynski

Nahezu 50 000 ausländische Soldaten aus 37 Ländern stehen heute in Afghanistan. Damit nimmt das Land am Hindukusch hinter dem Irak unter den besetzten Ländern dieser Erde nach dem Irak den zweiten Rang ein. Wenn man nur die von den Vereinten Nationen autorisierten Interventionstruppen berücksichtigt, dann ist Afghanistan sogar einsamer Spitzenreiter. Was hat Afghanistan also besonderes zu bieten, dass es so begehrt ist?

In Afghanistan ist nichts zu holen

Eigentlich nicht viel. Die Rohstoffvorkommen sind längst nicht so ergiebig wie in den nördlich angrenzenden zentralasiatischen Ländern: Zwar ist in den einschlägigen Länderstudien auch von Erdöl- und Erdgasvorkommen die Rede, die wirtschaftlich zu fördernden Mengen fallen aber nicht ins Gewicht, sodass sie kaum Begehrlichkeiten von außen wecken.[1] Afghanistan zählt seit Jahren zu den allerärmsten Ländern der Welt. Das Pro-Kopf-Einkommen liegt bei 200 bis 300 US-Dollar pro Jahr (Kaufkraftparitäten PPP),[2] die Analphabetenrate ist außergewöhnlich hoch, unter den Frauen

1 Das CIA Factbook zählt eine ganze Reihe von Bodenschätzen auf: Erdgas, Erdöl, Kohle, Kupfer, Chromeisen, Talk, Bariumsulfat, Schwefel, Blei, Zink, Eisenerz, Salz, Edelsteine, Halbedelsteine. Dies wird von anderen Quellen bestätigt. Die Lagerstätten für Erdöl sind für eine wirtschaftliche Ausbeutung zu gering. Neue Erdgasfelder in Shibergan im Norden Afghanistans könnten interessanter sein (Angaben von Wolfgang-Peter Zinge vom Südasien-Institut der Universität Heidelberg, http://www.sai.uni-heidelberg.de/abt/intwep/zingel/afgha-wi.htm), halten aber keinen Vergleich mit den Vorkommen in Turkmenistan oder Usbekistan aus. Dass in Afghanistan auch „reichlich Uran" vorhanden sei, was durchaus von internationalem Interesse sein würde, habe ich nur in einer Quelle gefunden: http://www.afghanistan-schulen.de/afghanistan/afghanistan.html

2 2004. Errechnet nach Fischer Weltalmanach 2007, S. 44; Laut CIA, The World Factbook, beträgt das Pro-Kopf-Einkommen 800 US-Dollar PPP; möglicherweise ist die durch Drogenanbau und -verarbeitung erzielte Wertschöpfung mit eingerechnet. Die Drogenökonomie spielt in dem Land eine zunehmende Rolle. Siehe: Adolf, Matthias, Opiumökonomie Afghanistan. In: Blätter für deutsche und internationale Politik, 1/2006, S. 75-81.

des Landes beträgt sie rund 90 Prozent. Auch die Mütter- und Kindersterblichkeit ist weltweit am höchsten, und es fehlt fast überall im Land an Zugang zu sauberem Wasser, zu Gesundheitsdiensten, zu Bildung und zu Elektrizität. Die durchschnittliche Lebenserwartung der Menschen beträgt lediglich 47 Jahre. Im Süden Afghanistans herrscht seit 2001 eine endemische Hungersnot. Hinzu kommen rund fünf Millionen Kriegsflüchtlinge, die vor allem nach Pakistan und Iran geflohen waren, zum Teil wieder zurückgeschickt wurden und in Afghanistan als Binnenflüchtlinge auf der Suche nach einer sicheren Bleibe sind.

Hinzu kommen alarmierende Berichte über die zunehmende Zerstörung der Umwelt und der Biosphäre.[3] In den letzten 20 Jahren sind 70 Prozent der Wälder verschwunden, wodurch die Häufigkeit von Naturkatastrophen wie Überflutungen und Erdrutschen steigt. Insbesondere während der Herrschaft der Taliban wurden Bäume massenhaft abgeholzt und exportiert. Neben diesem ökonomischen Interesse gab es auch noch militärische: Militäreinheiten holzten Bäume ab, um gegnerischen Truppen weder ein Versteck noch die Möglichkeit für einen Hinterhalt zu lassen. Einem vor kurzem vorgelegten Report (Sustainable Land Management 2007) des afghanischen Ministeriums für Landwirtschaft und Nahrung[4] zufolge nimmt die Fruchtbarkeit des Bodens ab, während die Versalzung des Bodens zunimmt, die Grundwasserpegel sind dramatisch gesunken, die Erosion des Bodens durch Wasser und Wind nimmt zu, und Wüsten breiten sich vor allem im Süden und im Südwesten aus. Das Entwicklungsprogramm der Vereinten Nationen UNEP hatte bereits 2003 einen Bericht über die verheerenden Auswirkungen vorlegt, welche die fast 30-jährigen bewaffneten Auseinandersetzungen und Kriege auf die mit der Umwelt zusammenhängenden Lebensumstände der Menschen hatten (Post-Conflict Environment Assessment).[5] In Städten verfügten teilweise nur 12 Prozent der Bewohner über eine gesicherte Versorgung mit sauberem Wasser. Bei Trinkwasserproben wurden unter anderem Kolibakterien gefunden, die Cholera auslösen können. Abfälle aller Art verseuchten das Grundwasser, die Verbrennung von Plastikabfall vergiftete die Luft. Müllhalden waren häufig dicht an Städten oder Brunnen gelegen. In den östlichen Provinzen hatten die lokalen Gemeinschaften die Kontrolle über ihre Ressourcen an Kriegsherren (Warlords), „Holzbarone“ und ausländische Händler abgegeben, die den illegalen und äußerst lukrativen Handel mit Nutzholz kontrollieren.

3 Vgl. hierzu Lena Jöst: Umweltschäden – Eine Nebenwirkung des Krieges in Afghanistan, in: http://www.uni-kassel.de/fb5/frieden/regionen/Afghanistan/umwelt.html.

4 Afghanistan: Environmental crisis looms as conflict goes on (2007), in: http://www.irinnews.org/Report.aspx?ReportId=73481.

5 UNEP report chronicles environmental damage of the Afghanistan conflict (2003), http://www.unep.org/Documents.Multilingual/Default.asp?ArticleID=3201&DocumentID=277.

Einsätze der Operation Enduring Freedom und der ISAF vertreiben immer wieder Menschen, wie im August 2007 die US-Militäroperation bei Tora Bora, durch die mindestens 400 Familien vertrieben wurden. Zwar geben die US-Streitkräfte im Vorfeld größerer Luftangriffe Warnungen an die Bevölkerung heraus, sie kommen offenbar aber nicht immer oder nicht bei allen Menschen an. Im Falle der letzten Bombardierungen von Tora Bora gaben Flüchtlinge an, nie etwas gehört zu haben. So hatten sie keine Chance, ihr Hab und Gut zu retten. Sie konnten noch von Glück sagen, wenn sie ihre Kinder in Sicherheit bringen konnten.[6]

Ökonomische und geostrategische Interessen

Koloniale Eroberungen in der Geschichte hatten neben der christlichen Missionierung und „Zivilisierung" der als „Barbaren" wahrgenommenen Naturvölker immer auch bzw. vor allem einen ökonomischen Sinn. Den Kolonialmächten ging es um die Ausbeutung der natürlichen Ressourcen einschließlich der billigen Arbeitskräfte, die bis ins 19. Jahrhundert hinein als Sklaven gehandelt worden waren. Im Wettlauf um attraktive Kolonien mit entsprechenden Schätzen (vom Gold in Lateinamerika bis zu den Diamanten in Afrika) spielten geostrategische Überlegungen der Kolonialmächte ebenfalls eine Rolle. Die Entdeckung des Erdöls als Schmiermittel des industriellen Kapitalismus fiel in eine Zeit, in der die koloniale Epoche sich bereits ihrem Ende zuneigte und sich schließlich im ersten imperialistischen Weltkrieg entlud. Fortan waren vor allem die unabhängigen ölreichen Staaten des Nahen und Mittleren Ostens auf die alte Weise nicht mehr zu beherrschen. „Eroberungskriege" um des Öls oder anderer Bodenschätze willen fanden weder im Zeitalter der west-östlichen Bipolarität, noch finden sie heute statt. Das Ziel, sich bzw. den zu begünstigenden Transnationalen Ölkonzernen entsprechende Vorteile bei der Förderung bzw. Verarbeitung und dem Transport der knappen fossilen Energien zu verschaffen, wird in der Regel mit politischen Mitteln (willfährige Regierungen wie Saudi-Arabien, die Vereinigten Arabischen Emirate im Nahen Osten oder die ehemaligen zentralasiatischen Sowjetrepubliken im Kaspischen Raum) erreicht. In anderen Fällen müssen „gute Gründe" gefunden werden, um militärische Zwangsmaßnahmen gegen unbotmäßige Regierungen zu rechtfertigen. Im Fall des Irak waren es die – nicht vorhandenen – Massenvernichtungswaffen, im Fall des – noch nicht vollzogenen – Angriffs auf den Iran sind es dessen Ausbau eines eigenen Atomprogramms sowie die ver-

6 Afghanistan: Hundreds of families displaced by fighting in Nangarhar Province (2007), in: http://www.irinnews.org/Report.aspx?ReportId=73861.

meintliche physische Bedrohung, die das Regime in Teheran für die Existenz Israels darstellt.

Kein Land wird schließlich wegen seiner „geostrategischen" Bedeutung militärisch angegriffen. Auch hier müssen meist andere – ideologische, moralische oder politische – Begründungen für Interventionen herhalten. Bemerkenswert ist indessen, dass geostrategische und ressourcenfokussierte Interessen zwar nie als Interventionsgrund im jeweils konkreten Fall genannt werden, dass aber beide Aspekte in den Sicherheitsstrategien der Großmächte eine Rolle spielen und dort auch ungeschminkt artikuliert werden. Dies ist der Fall nicht nur in der Nationalen Sicherheitsstrategie des US-Präsidenten[7], sondern auch in der Europäischen Sicherheitsstrategie[8] sowie in den Verteidigungspolitischen Richtlinien der deutschen Bundesregierung.[9] Die dabei immer wieder auftauchenden Topoi sind der Schutz wirtschaftlich bedeutender Transportwege, der freie Zugang zu Ressourcen, die Aufrechterhaltung des freien Welthandels, die Herstellung politisch stabiler Verhältnisse im Umkreis der Europäischen Union, die Bekämpfung des internationalen Terrorismus in aller Welt sowie die Verhinderung der Proliferation von Massenvernichtungsmitteln. Regimewandel, Demokratieexport und die Ausbreitung von Freiheit und Menschenrechten sind weitere Ziele, die formuliert werden, in der US-Strategie unverhohlen als Aufgabe der Außen- und Militärpolitik, in der ESS und den VPR eher als abstrakt politischer Anspruch.

Die Besetzung oder Kontrolle eines Landes wie Afghanistan, das immerhin fast doppelt so groß ist wie Deutschland, ansonsten aber nichts zu bieten hat, kostet also mehr, als es abwerfen könnte. Wirtschaftliche Interessen dürften also bei der Invasion der USA und der NATO im Oktober 2007 kaum eine Rolle gespielt haben. Mittelbar aber durchaus. Afghanistan ist für den NATO- und EU-Westen als mögliches Transitland von Interesse. Die im Kaspischen Raum, nördlich von Afghanistan gelegenen Republiken Kasachstan, Aserbeidschan, Turkmenistan und Usbekistan verfügen über gigantische Erdöl- und Erdgasvorräte. Die gegenwärtig geförderte Menge soll in den nächsten 13 Jahren verdoppelt werden. Stuart Eizenstat, Staatssekretär in der Clinton-Administration, wies schon vor zehn Jahren im US-Kongress darauf hin, dass „das Kaspische Meer potentiell eine der

---

7 So deutlich in der NSS vom September 2003, die im März 2006 erneuert wurde. Siehe: NSS 2003, in: http://www.uni-kassel.de/fb5/frieden/regionen/USA/doktrin-lang.html; NSS 2006: http://www.uni-kassel.de/fb5/frieden/regionen/USA/nss2006.pdf.

8 Ein sicheres Europa in einer besseren Welt. Europäische Sicherheitsstrategie-ESS, 12. Dezember 2003, in: http://www.uni-kassel.de/fb5/frieden/themen/Europa/strategie.html.

9 Verteidigungspolitische Richtlinien für den Geschäftsbereich des Bundesministers der Verteidigung, Berlin, 21. Mai 2003; http://www.uni-kassel.de/fb5/frieden/themen/Bundeswehr/vpr2003.html.

wichtigsten neuen energieproduzierenden Regionen der Welt“ sein werde.[10] Und die Bemühungen US-amerikanischer Ölgesellschaften (z.B. UNOCAL), mit der afghanischen Regierung wegen einer Pipeline ins Geschäft zu kommen, die das bisherige Transportmonopol Russlands brechen, d.h. nach Süden über Afghanistan und Pakistan an den Indischen Ozean führen sollte, gehen in die Zeit der Taliban-Herrschaft Ende der 90er Jahre des 20. Jahrhunderts zurück. Verwirklichen ließ sie sich erst nach deren militärisch erzwungenem Sturz. Im Dezember 2002 wurde ein entsprechender Vertrag über den Bau der Afghanistan-Pipeline von den Staatschefs Turkmenistans, Afghanistans und Pakistans unterzeichnet. Wenn bis heute das Projekt noch nicht realisiert werden konnte, dann liegt das daran, dass die Pipeline-Trasse Gebiete durchqueren soll, die immer noch bzw. wieder von den Taliban kontrolliert werden.[11]

Hinzu kommen rein strategische Interessen. Die zentrale Bedeutung Afghanistans veranlasste den US-amerikanischen Vordenker Zbigniew K. Brzezinski schon in den 1990er Jahren zu der Feststellung, das Zentrum der „eurasischen Landmasse“ sei wie ein „Schachbrett, auf dem sich auch in Zukunft die globale Vorherrschaft abspielen“ werde.[12] In der Tat kann das Land am Hindukusch als eine Art terrestrischer Flugzeugträger benutzt werden – mit den strategischen Zielen Pakistan/Indien im Süden, Russland im Norden und China im Osten in unmittelbarer Reichweite.

Für die Bundesrepublik, die historisch immer gute Beziehungen zu Afghanistan unterhalten hat, spielt noch ein anderer Gesichtspunkt eine Rolle: die Bündnissolidarität innerhalb der NATO. Nach den Anschlägen vom 11. September 2001 war es für die deutsche Bundesregierung klar, sich nicht nur rhetorisch, sondern auch praktisch an die Seite der USA in deren „Krieg gegen den Terror“ zu stellen. Im Wettlauf um die Neuvermessung der Welt dürfen die wichtigsten globalen Akteure der westlichen Führungsmacht nicht von der Seite weichen. Nachdem der damalige Bundeskanzler Gerhard Schröder dem US-Präsidenten seine „uneingeschränkte Solidarität“ in die Hand versprach, gab es kein Zurück mehr. Das geflügelte Wort des früheren Verteidigungsministers und heutigen SPD-Fraktionsvorsitzenden Peter Struck, wonach Deutschland auch am Hindukusch verteidigt werde, hat das dauerhafte Engagement in Afghanistan erst recht unterstrichen. Erst vor diesem Hintergrund ist verständlich, warum die Debatte in der deutschen Öffentlichkeit um die Fortsetzung des Bundeswehreinsatzes in Afghanistans so hohe Wellen schlägt.

---

10 Zitat nach Baraki, Matin, Kampffeld Naher und Mittlerer Osten, Heilbronn 2004, S. 52 f.

11 Nirumand, Bahman, Der unerklärte Weltkrieg. Akteure und Interessen in Nah- und Mittelost, Berlin 2007, S. 31.

12 Brzezinski, Zbigniew K., Die einzige Weltmacht, Weinheim 1997, S. 277 und S. 16.

Der deutsche Militäreinsatz in Afghanistan

Im Herbst 2007 soll im Bundestag zum wiederholten Mal der Einsatz der Bundeswehr in Afghanistan verlängert werden. Die bisherigen Abstimmungen waren ohne besondere Diskussionen und ohne nennenswerten Widerstand über die Bühne gegangen. Eine neue Situation trat erst ein, als im Frühjahr 2007 die Bundesregierung den Afghanistan-Einsatz um die Entsendung von sechs Tornado-Aufklärungsflugzeugen meinte aufstocken zu müssen, angeblich um den Verbündeten NATO-Kräften bei der Identifizierung von feindlichen Taliban-Stellungen behilflich zu sein. Da dieser zusätzliche Einsatz – wohl aus Rücksicht auf die deutliche Ablehnung in der Öffentlichkeit – zunächst nur für ein halbes Jahr bewilligt wurde, steht nun ebenfalls im Herbst auch die Verlängerung dieses Einsatzes an.

Wir haben es also mit drei Einsätzen zu tun, die wir zunächst auch unterschieden müssen:

Operation Enduring Freedom

Es ist das älteste Mandat, das der Bundestag erteilt hat. Dies geschah in einer denkwürdigen Abstimmung am 16. November 2001, als Bundeskanzler Gerhard Schröder ohne Not und unter Missbrauch der Verfassung[13] den Militäreinsatz am Hindukusch mit der Vertrauensfrage verband. Dies hatte zum Einen zur Folge hatte, dass er die acht „Dissidenten" aus den Reihen des grünen Koalitionspartners in die Knie zwang: Die acht entschieden sich zu einer gespaltenen Stimmabgabe: Vier stimmten für Schröder (also für den Militäreinsatz) und retteten damit den Bestand der Koalition, vier durften ihre Meinung behalten und gegen den Einsatz stimmen. Zum Anderen führte die Taktik des Basta-Kanzlers zu der absurden Situation, dass die Hälfte der Parlamentarier gezwungen wurde, gegen ihr eigenes Gewissen zu stimmen, denn die damalige Opposition aus CDU/CSU und FDP, die für den Einsatz war, stimmte fast geschlossen dagegen, konnte sie doch nur so zum Ausdruck bringen, dass der Kanzler nicht ihr Vertrauen genoss. Wenn dereinst bei einer Bilanzierung der Parlamentsentscheidungen über Auslandseinsätze diese Abstimmung als die knappste und umstrittenste Entscheidung dargestellt werden sollte, so gilt es, diesen Hintergrund zu beachten: Eigentlich waren 98 Prozent der Bundestagsabgeordneten (die Linke bzw. damals die PDS war gerade einmal mit zwei Abgeordneten im Bundestag vertreten) für den Militäreinsatz. Das Mandat selbst hatte zum

13 Siehe Strutynski, Peter, Der Bundestag hat entschieden: Vertrauen für den Kanzler, Ermächtigung für den Bundeswehreinsatz, in: http://www.uni-kassel.de/fb5/frieden/themen/Aussenpolitik/vertrauensfrage.html.

Ziel, „Führungs- und Ausbildungseinrichtungen von Terroristen auszuschalten, Terroristen zu bekämpfen, gefangen zu nehmen und vor Gericht zu stellen sowie Dritte dauerhaft von der Unterstützung terroristischer Aktivitäten abzuhalten".[14]

Die Bundeswehrmission bestand im Wesentlichen aus drei Elementen: ABC-Abwehrkräfte, (ca. 800 Soldaten; sie standen später, während des Irakkriegs 2003, in Kuwait bereit), Seestreitkräfte einschließlich Seeluftstreitkräfte (ca. 1.800 Soldaten) sowie rund 100 Soldaten des berüchtigten Kommandos Spezialkräfte (KSK). Als Einsatzgebiete wurden genannt: „das Gebiet gemäß Art. 6 des Nordatlantikvertrags, die arabische Halbinsel, Mittel- und Zentralasien und Nord-Ost-Afrika sowie die angrenzenden Seegebiete. Deutsche Kräfte werden sich an etwaigen Einsätzen gegen den internationalen Terrorismus in anderen Staaten als Afghanistan nur mit Zustimmung der jeweiligen Regierung beteiligen." In der Praxis tut die deutsche Marine ihren Dienst vornehmlich vor den Küsten Ostafrikas (Marine) und in Afghanistan selbst (KSK). Nach Aussage der Bundesregierung seien aber seit 2005 keine KSK-Einsatzkommandos mehr nach Afghanistan abgeordnet worden.

ISAF

Der Einsatz der Bundeswehr im Rahmen von ISAF (International Security Assistance Force) geht auf die Resolution 1386 (2001) vom 20. Dezember 2001 zurück. Dieser Resolution waren vorausgegangen: einmal der militärische Sieg der Interventions-Militärallianz über das Taliban-Regime in Afghanistan, zum anderen erfolgreiche Verhandlungen in Petersberg/Bonn zur Gründung einer afghanischen Übergangsregierung (als dessen Chef Hamid Karzai vorgesehen war). Ziel des UN-Mandats war es, die afghanische Übergangsregierung beim Erhalt der „Sicherheit in Kabul" und den benachbarten Regionen zu unterstützen, um die Implementierung der in Petersberg/Bonn getroffenen Vereinbarungen abzusichern. Kern dieser Vereinbarung war die Einleitung eines Demokratisierungsprozesses, an dessen Ende eine neue Verfassung für Afghanistan, demokratische Institutionen sowie Rechtsstaatlichkeit stehen sollten. Deutschland beteiligte sich zunächst mit bis zu 1 200 Soldaten an der internationalen Truppe (diese Zahl ist in den folgenden Jahren auf bis zu 3 000 erhöht worden). Entsprechend der regionalen Begrenzung auf die Hauptstadtregion sollten die deutschen Truppen bei der „Aufrechterhaltung der Sicherheit in Kabul und Umgebung" behilflich sein. Diese regionale Begrenzung für ISAF fiel im

---

14 Antrag der Bundesregierung, 7. Nov. 2001, in: http://www.uni-kassel.de/fb5/frieden/themen/Aussenpolitik/krieg.html.

Jahr 2003 weg; jetzt ging es im Prinzip um die Stabilisierung des eingesetzten Regimes in ganz Afghanistan. Das deutsche Kontingent allerdings blieb auf Kabul sowie die für relativ sicher gehaltene Nordregion beschränkt. Die Bundeswehr beteiligt sich seit 2003 an einem Regionalen Wiederaufbauteam (PRT-Provincial Reconstruction Team) in Kundus, seit 2004 an einem PRT in Feisabad. 2006 übernahm Deutschland das Kommando für den gesamten Bereich Nordafghanistan mit dem operativen Zentrum in Mazar-i-Scharif.

Eine folgenreiche Entwicklung nahm das internationale militärische Engagement 2006, als auch Südafghanistan unter ISAF-Mandat gestellt wurde. Seit Oktober 2006 ist ISAF mit rund 35 000 ausländischen Soldaten in ganz Afghanistan aktiv, während die Operation Enduring Freedom nur noch 10 000 bis 11 000 Kämpfer umfasst. Gleichzeitig gab Deutschland dem Druck der NATO nach und akzeptierte mit dem ISAF-Verlängerungsbeschluss des Bundestags im September 2006, dass die Bundeswehr auf Anforderung der NATO „vorübergehend" auch zu Einsätzen in Südafghanistan herangezogen werden könne („bei Bedarf" und „zeitlich und im Umfang begrenzt"). Hinzu kommt die zunehmende Verschmelzung der Aufgaben von ISAF und OEF – beide unter NATO-Kommando –, wozu der Sicherheitsrat mit seiner Resolution 1707 (2006) das Plazet gegeben hatte. Darin wurde die „verstärkte Koordinierung zwischen der ISAF und der Koalition der Operation ‚Dauerhafte Freiheit'" ausdrücklich begrüßt. Insofern argumentieren der SPD-Außenpolitiker Hans-Ulrich Klose und sein Koalitionskollege von der CSU Karl-Theodor zu Guttenberg vollkommen logisch, wenn sie in einer gemeinsamen Erklärung die Zusammenlegung der beiden Mandate vorschlagen.[15]

Tornado

Der Tornado-Einsatz-Beschluss vom 9. März 2007 ist ebenfalls ISAF zugeordnet. Auch dieser Einsatz ist „von der NATO angefordert" worden, wie die Bundesregierung in ihrem Antrag an den Bundestag schreibt. Sechs bis acht Aufklärungsflugzeuge vom Typ TORNADO RECCE sollen bei der Luftaufklärung und Luftüberwachung „im gesamten ISAF-Verantwortungsbereich eingesetzt werden". Es ist klar, dass die Tornados unmittelbar am Krieg beteiligt sind, indem sie die erforderlichen Daten für die Zielauswahl der Kampfflugzeuge und Bomber liefern. Dies wird in Afghanistan selbstverständlich auch so gesehen, weswegen sich die Ablehnungsfront in der Bevölkerung zunehmend auch gegen deutsche Truppen wendet.

15 Frankfurter Rundschau, 29.6.2007.

Das Attentat auf die Bundeswehr vom 19. Mai, bei dem drei Soldaten starben, war ein erster Schuss vor den Bug einer Strategie, die sich vollmundig einbildete, mit einer Mischung aus robustem militärischen Eingreifen und ziviler Hilfe die „hearts and minds" der Bevölkerung zu gewinnen.

Die öffentliche Debatte in Deutschland

Die Debatte um den Tornado-Einsatz hat erstmals größere Risse in den etablierten Parteien deutlich gemacht, die sich diesmal sogar in der Bundestagsabstimmung niederschlugen. Noch nie hat es so viele Gegenstimmen zu einem Auslandseinsatz gegeben wie diesmal (die Abstimmung am 16. November 2001 zählt hier nicht, siehe oben). 157 Abgeordnete stimmten gegen die Regierungsvorlage, 11 enthielten sich. Zusammen macht das – bei 573 abgegebenen Stimmen – 29 Prozent Ablehnung. Hinzu kommt, dass noch nie so viele Nein-Stimmen aus einer Regierungspartei (SPD) zu einem Antrag der eigenen Regierung abgegeben wurden: 69 Abgeordnete! Und die Fraktion von Bündnis 90/Die Grünen präsentierte sich nach langer Zeit wieder gespalten; fast die Hälfte der Abgeordneten stimmte gegen einen Auslandseinsatz.[16] Und immerhin hat sich daraufhin wieder eine innerparteiliche Friedensinitiative gebildet, die den bisherigen Kurs der Fraktion in Sachen Auslandseinsätze verändern möchte.

Für den Herbst war eine ähnlich lebhafte Debatte erwartet worden. In der SPD-Fraktion rumort es sichtlich. Selbst der frühere Staatssekretär im Verteidigungsministerium und einer der stellvertretenden Fraktionsvorsitzenden Walter Kolbow ließ Ende Juni verlauten, der Bundeswehreinsatz müsse „überprüft" werden, weil die Akzeptanz dafür in der Bevölkerung schwinde. Als Grund nannte Kolbow, bislang immer ein strammer Befürworter von Militäreinsätzen, die steigende Zahl von Zivilpersonen, die im Zuge des Kriegs der Alliierten „zu Schaden gekommen, getötet oder verletzt" worden seien.[17] In Erwägung gezogen wurde in der Fraktion auch – z.B. von Verteidigungsexperten Rainer Arnold –, den KSK-Einsatz aus dem Enduring-Freedom-Mandat herauszunehmen. Dies könne umso leichter geschehen, als seit zwei Jahren ohnehin keine KSK-Kämpfer mehr nach Afghanistan geschickt worden seien, verkündete Arnold im Rheinischen Merkur. Und bei den Grünen hat sich eine „Kompromissposition" herausgeschält, die zum ISAF-Einsatz grundsätzlich Ja sagt, der Operation Enduring Freedom aber die Gefolgschaft verweigert,[18] getreu der Lebenslüge,

16 Die Debatte und das Ergebnis der namentlichen Abstimmung ist hier dokumentiert: http://www.uni-kassel.de/fb5/frieden/regionen/Afghanistan/tornado6.html.

17 Frankfurter Rundschau, 29.6.2007.

18 Schon bei Verlängerung des OEF-Mandats 2006 stimmte die Grünen-Fraktion dagegen.

wonach ISAF den zivilen Aufbau, Enduring Freedom dagegen den reinen Antiterror-Krieg verkörpere. Dass beide Mandate untrennbar miteinander verbunden sind, zeigt neben dem gemeinsamen NATO-Kommando auch der Tornado-Einsatz. Die Abgeordneten, die im März mit guten Argumenten und zum Teil leidenschaftlich die Tornados als kriegsverschärfend abgelehnt haben, werden im Herbst, wenn sie ISAF zustimmen wollen, in eine heikle Lage geraten. Der Tornado-Einsatz wird dann Bestandteil des ISAF-Mandats sein und zusammen mit ihm zur Verlängerung anstehen. Werden dann die Argumente von gestern keine Gültigkeit mehr haben?

Die Grünen haben auf einem von der Basis erzwungenen Sonderparteitag in Göttingen eine neue Linie gefunden. Gegen die Empfehlung des Parteivorstands verabschiedete die Mehrheit der Delegierten eine Antrag, wonach die Grünen-Fraktion im Bundestag die von der Regierungskoalition vorgenommene Zusammenlegung der Mandate für den ISAF- und den Tornado-Einsatz „unmissverständlich" ablehnen sollte.[19] Wenn es zum parlamentarischen „Schwur" kommt (die Abstimmung im Bundestag war für den 12. Oktober 2007 vorgesehen), wird eine größere Anzahl grüner Abgeordneter gleichwohl nicht gegen ISAF stimmen, sondern sich äußerstenfalls der Stimme enthalten.

Die meisten Abgeordneten von Regierungsfraktionen, Grünen und FDP begründen den Verbleib, teilweise sogar die Aufstockung der ISAF-Truppen mit der Notwendigkeit des Schutzes der zivilen Helfer für den Wiederaufbau des Landes einschließlich der Implementierung demokratischer Strukturen. Sie vergessen dabei, dass wir schon über gewisse Erfahrungen mit dem Demokratie- und Menschenrechtsexport à la Afghanistan verfügen, die man nicht außer Acht lassen darf. Afghanistan ist heute von demokratischen Verhältnissen ähnlich weit entfernt wie vor knapp sechs Jahren. In den meisten Regionen regieren Warlords und Drogenbarone. Die Autorität der afghanischen Regierung reicht kaum über die Grenzen der Hauptstadt Kabul hinaus. Dass gerade in den letzten Monaten Gewalt, Terror und Drogenhandel in Afghanistan so stark zugenommen haben, zeigt die Erfolglosigkeit des ISAF-Einsatzes. Dass die Taliban oder mit ihnen konkurrierende Terrororganisationen wieder ihr Haupt erheben,[20] macht das Scheitern der Operation Enduring Freedom offensichtlich. Die afghanische Parlamentsabgeordnete Malalai Joja hat im Frühjahr 2007 auf einer Vor-

---

19 Militärische Eskalation ist keine Lösung – Mit politischen Mitteln und zivilem Aufbau den Frieden in Afghanistan gewinnen! Beschluss der Außerordentlichen Bundesdelegiertenkonferenz am 15. September 2007 in Göttingen, in: http://www.uni-kassel.de/fb5/frieden/bewegung/afgh/gruene-beschluss.html.

20 Siehe hierzu Gerner, Martin, „Failed State" Afghanistan und das Versagen des Westens. In: Blätter für deutsche und internationale Politik, 12/2006, S. 1213-1221.

tragsreise in den USA eine vernichtende Zustandsbeschreibung der innenpolitischen Verhältnisse in Afghanistan abgegeben. Danach sei die Regierung Karzai eine „Killerbande", die überwiegend aus Kriegsherren und „Verbrechern" der Nordallianz sowie aus Drogenbaronen bestehe.[21]

Zivile Hilfsorganisationen wie „Caritas International", das „Rote Kreuz", „medico international", „Welthungerhilfe" oder die „Kinderhilfe Afghanistan" fordern für ihre Arbeit strikte Neutralität und Militärferne. Nur dort, wo kein ausländisches Militär sichtbar ist, könne auch zivile Aufbauarbeit gedeihen.[22] Die von der Bundesregierung so hoch gelobte zivil-militärische Kooperation (NATO-Jargon: CIMIC – Civil-Military Cooperation) macht aus den zivilen Helfern in den Augen des afghanischen „Widerstands" Kombattanten und damit Gegner. Immer häufiger geraten sie ins Visier krimineller Banden, terroristischer Gruppierungen oder eines nicht exakt zu definierenden „bewaffneten Widerstands" in Afghanistan. Entführungen und Geiselnahmen sind in einem solchen Umfeld zu einer lukrativen Einnahmequelle für kriminelle Banden geworden. So manche Hilfsorganisation hat bereits das Handtuch geworfen (z.B. schon vor geraumer Zeit „Ärzte ohne Grenzen"), andere Organisationen haben ihren Abzug für die nächsten Wochen und Monate angekündigt. Damit schwindet ein wesentliches Argument der Befürworter des Militäreinsatzes: Die Hilfe, die es militärisch zu sichern gälte, zieht sich zurück. Das Militär „sichert" am Ende nur noch sich selbst. Von den deutschen Truppen, die ihr Hauptquartier in Masar-i-Scharif haben, wird mittlerweile berichtet, dass sie ihre Stellung gar nicht mehr verlassen.[23]

Auch die Menschenrechtssituation hat sich nicht entscheidend verbessert. Wiederholte Berichte von amnesty international und Human Rights Watch zeigen, dass die Sicherheit der Menschen vor kriminellen oder terroristischen Angriffen genauso wenig gestärkt wurde wie die Rechte der Frauen und Mädchen. Die Situation hat sich nach Ansicht der afghanischen Frauenministerin Massouda Jallal (Sept. 2006) in weiten Teilen des Landes sogar noch verschlechtert. So gibt es etwa eine alarmierende Zahl von Selbsttötungen afghanischer Frauen. Eine Studie der Regierungsbehörde Afghanistan Independent Human Rights Commission weist eine deutliche

---

21 Malalai Dschoja (Joja), Die afghanische Regierung ist die korrupteste und unpopulärste der Welt, in: http://www.uni-kassel.de/fb5/frieden/regionen/Afghanistan/dschoja.html.

22 Siehe z.B. die Presseerklärungen von Caritas international und Deutschem Roten Kreuz vom 13. Juni 2007; http://www.uni-kassel.de/fb5/frieden/regionen/Afghanistan/caritas2.html, oder zuletzt die Regionalgruppenleiterin Zentralasien bei der „Welthungerhilfe", Renate Becker, in einem Interview mit der „jungen Welt" vom 15. September 2007.

23 So der SPD-Verteidigungsexperte Rainer Arnold in einem Interview für „tagesschau.de" am 28.8.2007.

Zunahme von berichteten Fällen auf: Danach gab es in der Provinz Farah im Jahr 2005 15 Fälle von Selbstverbrennungen von Frauen. Diese Zahl ist allein in den ersten sechs Monaten des Jahres 2006 auf 36 hochgeschossen. In der Provinz Kandahar wurden vor zwei Jahren 74 Fälle verzeichnet, dagegen 77 Fälle in den ersten sechs Monaten des vergangenen Jahres. „Die wirklichen Zahlen sind noch viel höher", notiert hierzu Malalai Joja. Nach einer Studie von UNIFEM betrachten 65 Prozent der 50 000 Witwen in Kabul den Suizid als einzige Möglichkeit, ihrem Elend zu entkommen. UNIFEM schätzt, dass mindestens eine von drei afghanischen Frauen geschlagen, zu Sex gezwungen oder auf andere Weise misshandelt wurde. – Andauernde Enthüllungen über die Misshandlung von Gefangenen durch US-Truppen tragen ebenfalls nicht dazu bei, in der afghanischen Gesellschaft den Respekt vor der universellen Gültigkeit der Menschenrechte zu erhöhen.

In den letzten Monaten häufen sich darüber hinaus die Vorfälle, bei denen Zivilpersonen, darunter unschuldige Frauen und Kinder, im Bombenhagel der alliierten Kampfflugzeuge ums Leben kommen. Ob die deutschen Tornado-Aufklärer wirklich dazu beitragen, militärische von zivilen Zielen zu unterscheiden, können wir hier nicht beantworten. Die Bevölkerung in Afghanistan ist über die Kriegführung jedenfalls so aufgebracht, dass selbst der engste Verbündete der USA, Präsident Hamid Karsai, inzwischen öffentlich die NATO-Truppen kritisiert. „Wir können zivile Opfer und die Art, wie sie ausgelöst werden, nicht mehr hinnehmen", sagte Karsai am 2. Mai nach Gesprächen mit den Verantwortlichen der NATO und der US-geführten Koalition sowie Vertretern der US-Botschaft, der Vereinten Nationen und der Europäischen Union in Kabul. Es werde „ärgerlich" für sein Land. Die Last für Afghanistan sei zu groß, „und wir sind sehr unzufrieden." Nur einen Tag, nachdem im Deutschen Bundestag in erster Lesung über die Verlängerung des ISAF-Mandats beraten wurde und die Regierungsparteien die Schutzfunktion von ISAF für den humanitären Wiederaufbau des Landes priesen, wurde über die Nachrichtenticker wieder über einen dieser zahlreichen „Kollateralschäden" berichtet: Bei einem Luftangriff der NATO in Afghanistan sind erneut Zivilisten getötet worden. Die NATO-geführte Besatzungstruppe ISAF gab den Zwischenfall im Bezirk Gereschk in der Provinz Helmand am 21. September in Kabul bekannt. Der Gouverneur des Bezirks erklärte, zwei Tage zuvor seien sechs Menschen ums Leben gekommen. Die meisten Opfer seien Frauen und Kinder, sagte Abdul Manaf. Ein NATO-Sprecher erklärte, bei Kämpfen mit Aufständischen am 19. September sei Luftunterstützung angefordert worden. Die

ISAF hätte „nicht gewusst", dass sich in der Nähe des eigentlichen Zieles Zivilisten aufhielten.[24]

Sieht man sich schließlich die eingesetzten Mittel ein, so wird klar, warum der versprochene zivile Wiederaufbau des Landes nicht gelingen kann. Seit 2002 wurden in Afghanistan 85 Mrd. Dollar für Militärmaßnahmen, dagegen nur 7,5 Mrd. Dollar für den zivilen Wiederaufbau eingesetzt. Und auch diese Mittel konzentrierten sich fast ausschließlich auf die Hauptstadt Kabul und vernachlässigten vor allem die Paschtunengebiete. Der Gesamtbetrag für die militärische „Verteidigung" Deutschlands am Hindukusch hat längst die Zwei-Milliarden-Grenze überschritten. Damit gibt Deutschland für einen zweifelhaften Militäreinsatz ein Vielfaches von dem aus, was in dringend notwendige zivile Hilfsprojekte geflossen ist oder noch fließen wird. Die „Kinderhilfe Afghanistan" rechnet in einer Presseerklärung vor: „Mit weniger als der Hälfte der derzeitigen jährlichen Kosten für den ISAF-und OEF-Einsatz wäre der Bau ausreichender und qualifizierter regulärer Schulen und deren Unterhalt für 10 Jahre möglich. Allein die Kosten des Tornado-Einsatzes für 2007 würden den Bau von ca. 1 000 Schulen ermöglichen."[25]

Die Opiumproduktion steigt mit jedem Jahr Krieg weiter an: Seit 2001 hat sie sich verzehnfacht. Wie das UN-Büro für Drogen- und Verbrechensbekämpfung (UNODC) am 27. August in seinem Jahresbericht[26] mitteilte, hat sich die Anbaufläche für Schlafmohn in der ersten Hälfte des Jahres 2007 von 165 000 Hektar (2006) auf 193 000 Hektar erhöht, die Opiumernte stieg von 6 100 Tonnen auf 8 100 Tonnen. Afghanistan ist heute der weltgrößte Rauschgiftlieferant und produziert etwa genauso viel wie die drei Coca-Länder Kolumbien, Peru und Bolivien zusammengenommen.

Selbst Mittel, die in den Aufbau der afghanischen Sicherheitskräfte fließen, sind nicht immer „gut" angelegt. Was z.B. die Polizistenausbildung betrifft, so ist erst vor kurzem eine Studie der unabhängigen britischen NGO Afghanistan Research and Evaluation Unit–AREU erschienen, wonach der EU und der – hauptverantwortlichen – Bundesregierung ein denkbar schlechtes Zeugnis ausgestellt wird.[27] Der Titel der Studie – „Cops or Robbers?" deutet schon auf das zumindest widersprüchliche Ergebnis des

24 Nach einer AFP-Meldung vom 21.9.2007.

25 Kinderhilfe Afghanistan, Pressemitteilung zu Tornado-Einsatz der Bundeswehr in Afghanistan, 8.2.2007, in: http://www.uni-kassel.de/fb5/frieden/regionen/Afghanistan/tornado-eroes.html.

26 United Nations Office on Drugs and Crime, Afghanistan Opium Survey 2007. Executive Summary, August 2007; http://www.unodc.org/pdf/research/AFG07_ExSum_web.pdf.

27 Wilder, Andrew, Cops or Robbers? The Struggle to Reform the Afghan National Police, July 2007 (AREU, Issues Paper Series), in: http://www.areu.org.af/.

bisherigen Aufbaus ziviler Sicherheitskräfte hin. Kritisiert werden insbesondere die fehlenden Konzepte der Besatzungsmächte und der EU (einschließlich der Bundesregierung, die sich der Ausbildung der afghanischen Polizei besonders verschrieben hat) sowie die Durchsetzung der einheimischen Polizei mit Parteigängern diverser Warlords der ehemaligen „Nordallianz" sowie mit (Drogen-)Kriminellen und Opportunisten. So steht zu befürchten, dass die gigantischen Beträge, die von internationalen Geldgebern zur Reform der Polizei in Afghanistan aufgewendet wurden und werden, im Korruptionsdschungel Kabuls versickern. Der deutsche General Klaus Reinhardt erzählte im Sommer 2007 einer Hamburger Tageszeitung, dass rund 60 Prozent der von Deutschland bzw. der EU ausgebildeten afghanischen Soldaten „desertieren". Genauer gesagt: Sie laufen zur anderen Seite über. Reinhardt: „Wenn ein Polizist vom Staat monatlich 50 Euro bekommt, aber von den Taliban 500, dann haut der ab."[28]

Resümee

Eine Fortsetzung des Krieges – mit noch so verbesserter Ausrüstung und vergrößerter Heeresstärke – wird kein anderes Ergebnis haben als der Krieg der Sowjetarmee in den 80er Jahren: Sie musste – trotz überlegenem Einsatz von modernen Waffen und Luftaufklärung! – sich schließlich geschlagen aus Afghanistan zurückziehen und den Taliban das Feld überlassen. Auf sowjetischer Seite starben 14 000 Soldaten, etwa 100 000 wurden zu Krüppeln.

In Afghanistan wird heute gestorben und nicht erst, wenn die „Schutztruppen" abgezogen sind. Der Anschlag auf die Bundeswehrangehörigen am 19. Mai 2007 hat deutlich gemacht, dass auch Deutschland zunehmend die Quittung für seine tiefe Verstrickung in den völkerrechtswidrigen Krieg erhält. Vor dieser Situation die Augen zu verschließen und weiterzumachen wie bisher, ist verantwortungslos und zeugt von einer gefährlichen Ignoranz der politischen Klasse und der ihr nahe stehenden Berater. Die unerträgliche humanitäre und die ausweglose militärische Situation lassen nur eine Folgerung zu: Es gibt keine andere Lösung, als dass sich Deutschland so schnell wie möglich aus dem militärischen Teil des Afghanistan-Engagements vollständig zurückzieht. Ein solcher Schritt hätte vermutlich große Wirkung in anderen NATO-Staaten, deren Regierungen ähnliche Akzeptanzprobleme in der Bevölkerung haben (z.B. Italien, Niederlande). Deutschland wäre gut beraten, in den Gebieten, wo dies möglich ist, humanitäre, wirtschaftliche und soziale Projekte einschließlich eines anreizbezo-

28 Hamburger Abendblatt, 22.5.2007.

genen Ersatzes von Schlafmohnanbau zu fördern. Eine Aufstockung der Mittel wäre bei gleichzeitigem Herunterfahren des Militäreinsatzes kein Problem.

Die kritische Friedenswissenschaft, die zu einem vernichtenden Urteil über den bisherigen deutschen Afghanistan-Einsatz kommt,[29] und die Friedensbewegung[30] können bei ihrer Ablehnung des Bundeswehreinsatzes auf die Rückendeckung der Mehrheit der Bevölkerung zählen. Gleichzeitig wird sie mit hartem Widerstand der Regierung und mit so manchen Winkelzügen der Fraktionstaktiker zu rechnen haben, die möglicherweise Enduring Freedom opfern, um das um den Tornado-Einsatz erweiterte ISAF-Mandat umso glanzvoller durch das Parlament zu bringen. Die große Koalition selbst hat sich indessen festgelegt und besteht auf der Verlängerung aller drei Mandate.[31] Eine Nichtverlängerung auch nur eines Teils des Interventionspakets würde nämlich den Kriegstanker NATO auf Schlingerkurs bringen. Eine Trübung des deutsch-amerikanischen Verhältnisses wird die politische Klasse in Berlin nicht riskieren – ganz abgesehen von der Tatsache, dass mit der Aufgabe des Afghanistan-Einsatzes die deutsche Außenpolitik insgesamt in Frage gestellt würde: Das Diktum, Deutschland werde auch am Hindukusch verteidigt, verlöre plötzlich seine Gültigkeit. Die Transformation der Bundeswehr zu einer weltweit einsetzbaren Interventionsarmee geriete in Erklärungsnot.

---

29 Mutz, Reinhard, Frieden durch Intervention? Eine kritisch-kursorische Bilanz. In: Friedensgutachten 2007, S. 51-62, hier S. 58 f; Glassner, Reiner / Schetter, Conrad, Der deutsche Beitrag zum Wiederaufbau Afghanistans seit 2001: Bundeswehreinsatz und ziviles Engagement, in: ebd., S. 62-74; Pohly, Michael, Eine taugliche Antwort auf gescheiterte Entwicklungen? Provincial Reconstruction Teams – Eine kritische Bestandsaufnahme aus konflikttheoretischer Sicht. In: Österreichisches Studienzentrum für Frieden und Konfliktlösung (Hrsg.), Europa und die Dynamik der globalen Kriege. Friedensbericht 2006, Münster 2006, S. 170-189.

30 Siehe z.B. Strutynski, Peter, Drei zwei eins – keins. Friedens-Demo in Berlin: Veto gegen die drei Afghanistan-Mandate. In: Freitag 27, 14.9.2007.

31 Das Afghanistan-Konzept der Bundesregierung, 5. September 2007, in: http://www.geopowers.com/Machte/Deutschland/facts_ger/Afghanistan-Konzept_2006.pdf.

Teil II:

Auf dem Weg zu einer neuen Klima- und Ressourcenpolitik?

Lösen „Peak oil“ und die Atomenergie das Klimaproblem?

Helga Kromp-Kolb, Wolfgang Kromp

Einleitung

Der Klimawandel hat in den letzten Jahren zunehmend Beachtung gefunden und gilt heute international wohl als eines der vordringlichsten Probleme der Gegenwart. In zunehmendem Maße wird klar, in welchem fast unvorstellbaren Ausmaß Emissionsreduktionsmaßnahmen notwendig sind und wie kurz die Zeit für dieses korrigierende Eingreifen ist, will man ganz extreme Situationen vermeiden. Aus diesen Vorgaben lassen sich Kriterien für erfolgversprechende Lösungsvorschläge ableiten. Dies wird im ersten Annäherungsversuch beschrieben.

Gerade das Ausmaß der notwendigen Emissionsreduktionen macht aber auch deutlich, dass – so wichtig der Klimawandel auch ist – er nicht der eigentliche Kern des Problems ist, vor dem die Welt heute steht. Dem Versuch, dies aufzuzeigen, gilt der zweite Annäherungsversuch.

Erster Annäherungsversuch: Klimawandel – Ursachen und Handlungsoptionen

Der beobachtete Klimawandel und seine Ursachen

Die Temperatur ist im letzten Jahrhundert im globalen Mittel um etwa 0,7°C gestiegen (IPCC 2007a), wobei dieser Anstieg der rascheste der letzten 1 000 Jahre ist und die erreichten Temperaturen die höchsten in diesem Zeitraum sind (IPCC 2001). Die im Alpenraum bisher gemessenen Änderungen zeigen, dass die Auswirkungen hier stärker ausgeprägt sind als im globalen oder europäischen Maßstab. In Österreich war z.B. der Temperaturanstieg im 20. Jahrhundert mit +1.1°C (Sommerhalbjahr +1.2°C, Winterhalbjahr +1.0°C) höher als im globalen oder hemisphärischen Mittel (ÖGM 2001). Der Klimawandel ist nicht auf den Temperaturanstieg beschränkt: Zahlreiche andere, darunter nicht weniger wichtige Klimagrößen verändern sich ebenfalls. So ergeben sich z.B. sowohl global als auch regional wesentliche Änderungen von Menge, Häufigkeit, Intensität und Art des Niederschlages. Der Anteil der Starkniederschläge ist über den Kontinenten verbreitet angewachsen. Demgegenüber ist es im Mittelmeerraum, in der Sahel-Zone, im südlichen Afrika und Asien trockener geworden. Längere und intensivere Dürreperioden werden vor allem in den Tropen und Subtropen seit 1970 beobachtet (IPCC 2007a).

Mit wenigen Ausnahmen gehen Gletscher und Vereisung zurück. In der Arktis ist die von Meereis bedeckte Fläche um 2,7 % pro Dekade zurückgegangen, im Sommer sogar um 7,4 % (IPCC 2007a). Die lange vergebens gesuchte „Nordwestpassage" wird nun zur Realität.

Aus Eisbohrkernuntersuchungen ist bekannt, dass sich die Kohlendioxidkonzentration in den letzten 600 000 Jahren zwischen 180 und 280 ppm (parts per million) bewegte. In den letzten 10 000 Jahren waren sie relativ konstant bei 260 – 280 ppm, bis etwa zu Beginn der Industriellen Revolution ein abrupter, exponentieller Anstieg einsetzte (IPCC 2007). Derzeit liegt die Konzentration in der Atmosphäre bei 380 ppm, Tendenz stark steigend.

Die steigende Konzentration an CO_2 und anderen Treibhausgasen (Methan, Lachgas, FCKWs, Ozon), d.h. an Gasen, welche die kurzwellige Strahlung der Sonne weitgehend ungehindert durchlassen, die langwellige Ausstrahlung der Erde aber absorbieren (Treibhauseffekt), bewirkt, dass dem Klimasystem zunehmend mehr Energie zur Verfügung steht. Der bisherige Quasi-Gleichgewichtszustand zwischen eingestrahlter und abgestrahlter Energie ist gestört.

Klimaszenarien der Zukunft und Auswirkungen

Mit Globalen Klima-Modellen (GCM) kann die zukünftige Klimaentwicklung errechnet werden, wenn man Annahmen hinsichtlich der globalen Bevölkerungs-, Wirtschafts- und Technologieentwicklung, usw. trifft, welche die künftigen Treibhaugasemissionen und in weiterer Folge deren Konzentration in der Atmosphäre bestimmen.

Obwohl die Modelle noch einige Schwächen haben – etwa Unsicherheiten, die aus mangelndem Prozessverständnis, fehlenden Daten oder Grenzen der räumlichen Auflösung herrühren, oder auf die unvollständige Berücksichtigung von Rückkoppelungsprozessen, etwa mit Aerosolen oder der Vegetation – ist doch das Vertrauen in die Modelle aufgrund der erfolgreichen Simulation des bisherigen Klimaverlaufes groß. Der Tendenz nach ist zu erwarten, dass die bisher unzureichend berücksichtigten Prozesse eher zu einer Beschleunigung des Klimawandels beitragen, sodass die Modellergebnisse als eher vorsichtige Abschätzungen der künftigen Entwicklung zu betrachten sind.

Nach den Ergebnissen der Modellberechnungen würde die weitere Freisetzung von Treibhausgasen im derzeitigen oder noch höheren Ausmaß im Laufe des 21. Jahrhunderts zu Temperaturerhöhungen und anderen Klimaänderungen führen, die wahrscheinlich jene des 20. Jahrhunderts noch übersteigen. Für ein Szenarium mit geringen Emissionen muss mit einem Temperaturanstieg zwischen 1,1°C und 2,9°C, am wahrscheinlichsten 1,8°C gerechnet werden, und für eines mit hohen Emissionen liegt der Wert zwischen 2.4°C und 6.4°C, am wahrscheinlichsten bei 4,0°C. Die Erwärmung wird besonders groß über Land, und da insbesondere in hohen nördlichen Breiten sein (IPCC 2007a).

Niederschläge nehmen in höheren Breiten sehr wahrscheinlich zu, Abnahmen sind vor allem in den Subtropen wahrscheinlich. Es ist sehr wahrscheinlich, dass die Häufigkeit von Temperaturextrema, Hitzewellen und Starkniederschlägen weiter zunimmt.

Bisher ist der Meeresspiegel infolge der globalen Erwärmung um „geringfügige" 15 mm angestiegen (IPCC 2007a) und zum Ende des Jahrhunderts wurde bislang ein Anstieg – vor allem bedingt durch die Wärmeausdehnung des Wassers – um bis zu 88 cm erwartet (IPCC 2001a). Das Schmelzen von Inlandeis geht jedoch wesentlich rascher vor sich, als bisher erwartet: Insbesondere das Grönlandeis und die Westantarktis verzeichneten Verluste von ~250 km^3 Eis pro Jahr. Die Schmelzrate ist doppelt so hoch wie noch vor wenigen Jahren. Beide Eismassen sind groß genug, um langfristig etwa 7 m Anstieg des Meeresspiegels zu bewirken. Manche Forscher halten sogar noch in diesem Jahrhundert einen Anstieg um einige Meter für möglich (Overpeck/et al. 2006).

Auf den regionalen und lokalen Maßstab heruntergerechnet, ergeben die globalen Temperaturänderungen in Österreich innerhalb der nächsten 50 Jahre eine Temperaturzunahme zwischen 1,8°C und 4°C und eine weitere Verdoppelung bis Verdreifachung der Hitzetage in Höhenlagen bis 1 500 m (Formayer/et al. 2005).

Der Rückzug der Gletscher wird sich fortsetzen und bis zum Ende des Jahrhunderts könnten die Alpen gletscherfrei sein. Niederschlag, insbesondere, wenn ihm kleinräumige meteorologische Prozesse zugrunde liegen, ist mit Klimamodellen weniger verlässlich erfassbar. Allgemein lassen sie jedoch im alpinen Raum eine deutliche Zunahme von mehrtägigen Starkniederschlägen im Winter erwarten, während im Sommer die Wahrscheinlichkeit für Einzeltage mit hohen Niederschlagsmengen zunimmt, d.h. im Wesentlichen die Gewittertätigkeit, und dies, obwohl die Monatssummen des Niederschlages abnehmen. Großräumige Modelle ergeben einen Rückgang des Abflusses alpiner Flüsse um etwa 15 % bis in die 2070er Jahre.

Diese klimatischen und ökosystemaren Veränderungen haben eine Fülle von ökonomischen, sozialen und politischen Folgen. Insbesondere sei hervorgehoben, dass der Klimawandel arme Regionen, Länder und Menschen, insbesondere solche, die schon jetzt mit den klimatischen Verhältnissen kämpfen, härter trifft als reichere Regionen, Länder und Menschen. Er vergrößert daher die Schere zwischen arm und reich. Der Kampf um Ressourcen – Wasser, fruchtbares Land und Lebensraum – wächst. Wassermangel, Mangel an Nahrung und der Anstieg des Meeresspiegels können die derzeit schon stattfindende klimabedingte Migration zur Völkerwanderung anwachsen lassen. Verstärkte Abschottung der „Habenden" ist eine wahrscheinliche Folge, die daraus resultierende Hoffnungslosigkeit und Wut der Betroffenen ein geeigneter Nährboden für Terrorismus. Die Entwicklung birgt auch erhöhtes Potential für Krieg (Schwartz/Randall 2003).

Handlungsoptionen und Handlungsbedarf

Anpassung oder Minderung

Die Klimaänderungen der nächsten Jahrzehnte sind wegen der Trägheit des Systems bereits vorprogrammiert und innerhalb dieser Zeitspanne durch jetzt getroffene Minderungen von Treibhausgasemissionen nicht mehr beeinflussbar. Unser Verhalten jetzt entscheidet aber über die weitere Zukunft und das Gesamtausmaß des Klimawandels. Schellnhuber vom Klimafolgenforschungsinstitut in Potsdam hat es auf den Punkt gebracht: Es gehe darum „Unbeherrschbares zu vermeiden und Unvermeidbares zu beherrschen". Das bedeutet, dass einerseits Maßnahmen zur Anpassung an die klimabedingten Veränderungen (adaptation) getroffen werden müssen und andererseits Maßnahmen, die das Ausmaß und die Geschwindigkeit des Wandels mindern (mitigation). Wirtschaft und Gesellschaft, ebenso wie Ökosysteme, müssen sich an die nicht mehr vermeidbaren Veränderungen des Klimas anpassen. Das reicht von der zeitgerechten Planung und der Errichtung von Dämmen zum Schutz gegen den Anstieg des Meeresspiegels, etwa in den Niederlanden, über Veränderungen in den Ökosystemen, etwa der Baumartenzusammensetzung der Schutzwälder in alpinen Tälern, über Hochwasserschutz und Hitzevorwarnung, über geänderte Frucht- und Sortenwahl, Bearbeitungsmethoden und -zeiten in der Landwirtschaft bis hin zu Umstellungen in Produktpaletten und Leistungsangeboten von Firmen und Kommunen. Dabei ist jeweils die lokale Ausprägung des globalen Klimawandels ausschlaggebend. Da der Klimawandel ein dynamischer Prozess ist, genügt Anpassung an die jeweils gegenwärtige Situation nicht.

Für Maßnahmen zur Eindämmung des Klimawandels, d.h. um die ganz großen, unbeherrschbaren Klimakatastrophen zu vermeiden, sind die nächsten zehn bis 15 Jahre entscheidend: Wenn in dieser Zeit die Wende in den Treibhausgasemissionen nicht erreicht wird, besteht wenig Hoffnung, das Klima auf einem für unsere Gesellschaft verträglichen Niveau zu stabilisieren, d.h. den Temperaturanstieg auf 2°C zu beschränken. Wir müssen daher den Bedarf an emissionsintensiven Gütern und Dienstleistungen senken, die Energieeffizienz erheblich steigern, emissionsmindernde Maßnahmen im Nicht-Energiebereich, z.B. in der Landwirtschaft, setzen und auf erneuerbare Energiequellen umsteigen.

Nicholas Stern, ehemals Chefökonom der Weltbank, hat in seinem Bericht an die Britische Regierung (Stern 2006) errechnet, dass die Schäden durch den Klimawandel ohne Minderungsmaßnahmen (business as usual-Szenario) 5 – 20 % des Globalen BNP pro Jahr kosten werden. Die Kosten für Minderungsmaßnahmen zur Stabilisierung bei 2°C belaufen sich hingegen nur auf ca. 1 % des Globalen BNP pro Jahr – wenn rasch gehandelt wird. Diesen Aussagen liegt die Annahme zugrunde, dass der globale Temperaturanstieg +2°C nicht überschreiten soll. Dazu muss die Treibhausgaskonzentration bei 400-450 ppm CO_2-Äquivalenten stabilisiert werden. Das erfordert Emissionsreduktionen von 15 – 30 % bis 2020 in den Industriestaaten und von 60 – 80 % bis 2050 weltweit (WBGU 2003).

Es bedarf starker Eingriffe seitens der Politik, um diese Ziele erreichen zu können, denn der Markt allein wird dies nicht bewirken. Nach Stern stellt der Klimawandel eine einzigartige Herausforderung für die Wirtschaft dar: Er ist das Ergebnis des bisher größten und weitestreichenden Marktversagens.

Peak Oil

Im Lichte der Debatte um Peak Oil wird immer wieder die Frage gestellt, ob die absehbare Verknappung von Erdöl und Erdgas nicht ohnehin die erforderlichen Emissionsreduktionen mit sich bringen.

Als Peak Oil wird der Zeitpunkt bezeichnet, zu dem die maximale Förderleistung global erreicht wird. Peak Oil markiert also nicht die Erschöpfung der Ölreserven, sondern den Zeitpunkt, ab welchem die Verfügbarkeit aufgrund der rückläufigen täglichen Fördermenge bei gleichbleibender oder wachsender Nachfrage stetig schlechter wird und folglich der Preis ansteigt. Aus den Analysen ausgeförderter Ölfelder weiß man, dass das Fördermaximum nach Förderung von etwa der Hälfte des verfügbaren Öls erreicht wird.

Kompetenten Schätzungen international angesehener Geowissenschaftler zufolge wurde Peak Oil vor kurzem überschritten oder wird bis zum Ende dieses Jahrzehnts überschritten werden. Ökonomen argumentieren häufig, dass der Markt die Verfügbarkeit von Öl regeln werde: Bei Verknappung steigen die Ölpreise und machen die Ausbeutung weniger leicht zugänglicher Lager (z.B. unkonventionelle Reserven) lohnend, so dass wieder mehr Öl verfügbar würde. Dabei wird aber übersehen, dass der entscheidende Faktor die Förderrate, d.h. die Produktion pro Tag oder Jahr, nicht die Fördermenge ist, und dass die erzielbaren Förderraten der meisten unkonventionellen Reserven wesentlich niedriger liegen als die der bisher ausgebeuteten Ölquellen.

Auch die Verfügbarkeit von Erdgas hat sich in manchen Weltregionen bereits deutlich verringert. Erdgas ist leichter zu fördern als Erdöl und die Förderrate richtet sich stärker nach dem Markt als die von Erdöl. Die Förderrate folgt daher nicht dem gleichen glockenkurvenartigen Verlauf wie jene von Erdöl. Sie ist oft über viele Jahre konstant, doch erfolgt der Abfall am Ende oft wesentlich rascher als bei Erdöl. Wird in dem Ausmaß, in dem weltweit die zur Verteilung des Erdgases erforderliche Infrastruktur ausgebaut wird, Gas verbraucht, so könnte das Maximum der weltweiten Gasförderung um das Jahr 2020 oder schon früher erreicht werden (Campbell/et al. 2003).

Wird Peak Oil innerhalb des ersten Drittels dieses Jahrhunderts erreicht, so hat die Menschheit innerhalb etwa eines Jahrhunderts rund die Hälfte des weltweit in Jahrmillionen entstandenen Erdöls verbraucht. Das hat mehrere Implikationen:

Erdöl ist mit einem Anteil von rund 40 % am Weltenergieverbrauch nach wie vor der wichtigste Energieträger der Weltwirtschaft. Von allen Wirtschaftssektoren spielt es im Bereich der Mobilität die größte Rolle: 50 % bis 60 % des Öls werden im Verkehr verbraucht, und 90 % der Energie im Bereich des Verkehrs stammen aus Erdöl und Erdgas. Zugleich ist Erdöl einer der wichtigsten Rohstoffe der Welt, viele essentielle Dinge des täglichen Lebens werden daraus hergestellt: Chemikalien und Lösungsmittel, Plastik, Farben und Lacke, Verpackungen, Folien und Plastikhüllen, Kunstfasern, Körperpflege und Kosmetik, Medikamente, Düngemittel und Pestizide. Verfügbarkeit und Preis von Erdöl sind daher für die Volkswirtschaften der Welt von imminent wichtiger Bedeutung. Peak Oil und die resultierende Verteuerung der Energie und des Rohstoffes Öl müssen daher einen dramatischen Einfluss auf die globale wirtschaftliche Entwicklung haben. Pessimistische Stimmen (vgl. z.B. Savinar 2006) halten „Peak Oil" für den Wendepunkt in der Geschichte der industrialisierten Welt.

An den Treibhausgasemissionen bis 2004 ist Öl mit ungefähr 36 % beteiligt (Marland/et al. 2007). Das bedeutet, grob umgelegt, dass etwa

0,25°C des Temperaturanstieges um 0,7°C auf Erdöl zurückzuführen sind. Zählt man Erdgas dazu, so erhöht sich der Anteil auf 48 % und etwa 0,34°C Temperaturanstieg, Wird die Rate der Nutzung zu energetischen Zwecken aufrechterhalten, ist davon auszugehen, dass sich die bisher genutzten Mengen von Öl und Gas bis etwa 2030 verdoppeln – Mengen, die jedenfalls noch verfügbar sein müssten, wenn Peak Oil und Peak Gas bei etwa 50 % Ausbeutung der Lagerstätten auftreten, wenn sie auch wahrscheinlich nicht in dieser Zeit förderbar wären. Dies bedeutet, dass allein durch das noch vorhandene Öl und Gas der Treibhauseffekt der letzten 150 Jahre in weniger als 30 Jahren um etwa 50 % gesteigert würde. Infolge der nichtlinearen Rückkoppelungsmechanismen mit der Vegetation und dem Meer, muss davon ausgegangen werden, dass ein höherer Anteil des CO_2 als bisher in der Atmosphäre verbliebe, d.h. der globale Temperaturanstieg infolge der Verbrennung von Öl und Gas betrüge in nur 30 Jahren mehr als 0,35°C. Wie J. Hansen (NASA) anlässlich eines Vortrages bei den Alpbacher Technologie Gesprächen 2007 sagte, darf aus Klimaschutzgründen das verbleibende Öl und Gas nicht verbrannt werden.

Zusammenfassend ist festzustellen, dass es noch zu viel Öl und Gas gibt, um hinsichtlich des Beitrages zum Klimawandel beruhigt sein zu können, dass es aber umgekehrt zu wenig gibt, um sich für den zukünftigen Energiebedarf darauf verlassen zu können. Auch ist es zu kostbar, um es zu verbrennen. Im Sinne der Nachhaltigkeit gehört der verbleibende Teil eigentlich den kommenden Generationen. Insgesamt ist daher ein möglichst rascher Ausstieg anzustreben. Im Sinne des Klimaschutzes darf dieser aber keinesfalls zu einem Ausweichen auf Kohle führen.

Kernenergie

Zu den Technologiehoffnungen, die sich am hartnäckigsten halten, zählt die Kernenergie – wohl weil dahinter eine einflussreiche Industrie steht, weil die mögliche militärische Nutzung eine wichtige, wenn auch nur selten eingestandene Rolle spielt, und weil „high tech" einen magischen Zauber auszuüben scheint.

Die Debatte um die Kernenergie wurde in den letzten Jahren durch die Diskussion um den Klimawandel und Peak Oil neu belebt. Kernenergie wird als Lösung beider Probleme angepriesen. Aus der UN-Rahmenkonvention zur Klimaänderung (UNFCC) und aus der EU-Strategie für eine Nachhaltige Entwicklung geht hervor, dass politische und gesellschaftliche Antworten auf diese beiden gravierenden Probleme nachhaltig und umweltverträglich sein müssen. Es stellt sich daher die Frage, ob die erforderliche Energiebereitstellung und die Treibhausgasminderung von der Kernenergie leistbar sind und ob sie es in einer nachhaltigen und umweltverträglichen Weise sind.

Kernenergie liefert derzeit weltweit etwa 6 % der Primärenergie und 16 % der elektrischen Energie. Nur 31 von 191 Staaten betreiben kommerzielle Kernkraftwerke. Entwicklungsszenarien, die nicht von dem Beitrag ausgehen, der gebraucht würde, um die Energieversorgung sicherzustellen oder die Treibhausgasemissionen im notwendigen Maß zu reduzieren, sondern – von der Realität und bisherigen Erfahrungen ausgehend – die wahrscheinliche Entwicklung abschätzen, kommen zu dem Ergebnis, dass bis etwa 2020 der aus Kernenergie produzierte Strom zurückgehen, nicht steigen wird. Viele Kernkraftwerke erreichen in den kommenden Jahren das Ende ihrer Lebenszeit – sie müssen, auch bei so genannter Lebenszeitverlängerung, in absehbarer Zeit abgeschaltet werden.

Es gibt kaum Projekte, die abgeschalteten durch neue Kernkraftwerke zu ersetzen, und weltweit nur wenige Vorhaben, zusätzliche Kernkraftwerke zu bauen. Zur Erhaltung der derzeitigen Kapazität müssten bis 2030 etwa 260 1 000-MW-Anlagen, das sind etwa 18 KKWe pro Jahr, errichtet werden. Um die bis 2020 erforderliche Treibhausgasemissionsreduktion von 30 % zu erreichen, müssten weitere 435 KKW errichtet werden. Berücksichtigt man den erwarteten stark wachsenden Strombedarf in demselben Zeitraum und will man den Anteil von 16 % aufrechterhalten, dann erfordert allein dies den Bau weiterer 480 – 600 Kernkraftwerke. Die Planungs- und Errichtungszeit von Kernkraftwerken heutiger Technologie liegt bei fünf bis zehn Jahren. Das einzige derzeit im westlichen Europa in Bau befindliche Kernkraftwerk, das KKW bei Olkiluoto in Finnland, ist – dem Vernehmen nach – nach zwei Jahren Bauzeit bereits ein Jahr in Verzug.

Es ist in der Branche darüber hinaus allgemein anerkannt, dass aus Sicherheits- und Kostengründen für einen wesentlichen Ausbau der Kernenergie nur die nächste Generation von Reaktoren (Generation III+) in Frage kommt. Viele meinen sogar, dass nur die übernächste Generation (Generation IV) langfristig einen nennenswerten Beitrag leisten kann, da auch die Verfügbarkeit spaltbaren Urans an Grenzen stößt, und zwar innerhalb von Jahrzehnten. Aber die III+. und die IV. Generation sind technisch noch nicht ausgereift. Vor 2020 kann daher nicht mit derartigen Anlagen gerechnet werden, die Marktdurchdringung erfordert noch ein weiteres Jahrzehnt. Ausbaupotential und Ausbaugeschwindigkeit, Kapitalverfügbarkeit, und Mangel an geschultem Personal begrenzen die Möglichkeiten des Kernenergieausbaus selbst bei politischer Forcierung des Kernenergieeinsatzes. Die Kernenergie käme daher für die notwendige Treibhausgasemissionsreduktion innerhalb der nächsten 10 –15 Jahre zu spät (FAF 2007).

Die Vergangenheit lehrt, dass Energieeffizienzmaßnahmen effektiver und preisgünstiger sind als Kernenergie und zudem ein erheblich größeres Potential aufweisen, welches auch kurzfristig rascher erschließbar ist. Für den besonders rasch wachsenden Mobilitätssektor könnte ein namhafter Beitrag der Kernenergie nur über die Erzeugung von Wasserstoff geleistet werden. Dies ist jedoch allein aufgrund der Zahl der Kernkraftwerke, die erforderlich wären, um eine relevante Menge an Wasserstoff erzeugen zu können, nicht realistisch (FAF 2007).

Ebenso wie die Erdöl- und Erdgasvorkommen, sind auch die Uranvorkommen begrenzt (Zittel/Schindler 2006). Soll die Kernenergie längerfristig einen Beitrag zur Weltenergieversorgung leisten, so kommen im Wesentlichen nur Brutreaktoren, wie es z.B. die stillgelegten Anlagen Kalkar in Deutschland und Superphönix in Frankreich waren, oder schnelle Reaktoren der Generation IV in Frage, die das reichlich vorhandene, nicht spaltbare Uran 235 nutzen, statt des spaltbaren, an seine Grenzen stoßenden Urans 238. Das würde allerdings nach den derzeitigen Konzepten den Einstieg in die Plutoniumwirtschaft bedeuten, die mit schwer wiegenden Proliferationsproblemen einhergeht.

Trotz der Bemühungen, Sicherheitsdefizite von Kernkraftwerken zu eliminieren und trotz unbestrittener Fortschritte, die erzielt wurden, kann die Kernenergie weder als umweltverträglich noch als nachhaltig angesehen werden. Ein Überblick über die Verwundbarkeit der häufigsten Reaktortypen der vier Generationen zeigt, dass sie alle Schwachstellen haben, die zu schweren Unfällen mit Freisetzung großer Mengen von Radioaktivität in die Umwelt führen können. Probleme der nuklearen Sicherheit sind auch nicht auf Kernkraftwerke beschränkt. Die vielfachen Risiken umspannen den ganzen Brennstoffzyklus von der erstmaligen Urangewinnung bis zur Lagerung von radioaktivem Abfall als Langzeitbelastung über geologische Zeiträume.

Es besteht immer eine Spannung zwischen Sicherheits- und Kostenüberlegungen bei Kernkraftwerkskonzepten und Betrieb. Sicherheitsrichtlinien und Standards wurden zwar wiederholt angehoben, jedoch die Nachrüstung bereits in Betrieb befindlicher Anlagen hat häufig mit dieser Entwicklung nicht Schritt gehalten. Dies, zusammen mit den Unfällen von Three Mile Island und Tschernobyl, einer Serie von Ereignissen, Vorläufern, „near Misses", Fällen krasser Defizite in der Sicherheitskultur, etc. zeigt, dass gegenwärtig die Sicherheitsproblematik keinesfalls als gelöst zu betrachten ist. Diese Situation wird durch aktuelle Entwicklungen noch verschärft: Alterung von Material und Komponenten, Mangel an geschultem Personal, Verlust Technischer Support-Organisationen, zunehmender Verknappung nukleartauglicher Ersatzteile, verschärfter Wettbewerb und erhöhter Kostendruck im liberalisierten Strommarkt, usw.

Nicht zuletzt wegen der zunehmenden Weltbevölkerung, der Verknappung der Ressourcen und zunehmender Verteilungsungerechtigkeit ist davon auszugehen, dass kriegerische und terroristische Auseinandersetzungen zunehmen: Dies verbietet die Förderung von Technologien und Strukturen, welche die Verwundbarkeit erhöhen, und gebietet den möglichst raschen Abbau derselben und Transformation in dezentrale Technologien und Strukturen mit hoher Fehlertoleranz und geringem Gefährdungspotenzial.

> „Aus rechtlicher Sicht liegt der Kern der Anwendbarkeit des Nachhaltigkeitsprinzips in der Verteilung der Ressource Umwelt und der dabei entstehenden Lasten zwischen den gegenwärtigen und künftigen Generationen. In Analogie zum Verhältnismäßigkeitsgebot des Rechtes der Europäischen Gemeinschaft wäre der Energiebedarf der jetzigen Generation so gering wie möglich zu halten und mit möglichst geringem Aufwand an Ressourcen und Eingriffen in die Umwelt zu befriedigen. Nach den Grundsätzen der Kostenwahrheit und des Verursacherprinzips sind die Lasten der Energiegewinnung ausschließlich von jenen Generationen zu tragen, die sich ihrer bedienen. Dies schließt den Einsatz der Kernenergie in der Form der verfügbaren und heute absehbaren Konzepte aus.“ (M. Rotter in FAF 2007).

Kernenergieerzeugung erfordert sehr komplexe und gekoppelte Systeme mit anspruchsvollen Sicherheitskonzepten, wie etwa Diversität, Redundanz und Mehr-Barrieren-System (defense-in-depth). Solchen Systemen sind Katastrophen inhärent und daher unvermeidbar (Perrow 1999), wiewohl die Wahrscheinlichkeit ihres Eintretens durch geeignete Sicherheitsmaßnahmen reduziert werden kann. Die Sicherheitsmaßnahmen tragen aber auch selber zur Erhöhung der Verletzlichkeit bei (e.g. Sagan 2004); es geht also um ein schwieriges, nicht befriedigend lösbares Optimierungsproblem. Enorme Energien, auf kleinem Raum konzentriert, zusammen mit gefährlichen Substanzen in Mengen, die zur Kontamination großer Gebiete mit persistentem radioaktiven Material ausreichen, können grundsätzlich weder hinreichend sicher eingeschlossen werden, noch in ihrer Handhabung gegen den menschlichen Faktor sicher gemacht werden. Aufgrund zwingender physikalischer Gesetze können unfallauslösende Kausalketten durch physische Einschlüsse und technische Strukturen nie vollständig beseitigt werden, noch können die evolutionären biologischen Beschränkungen der menschlichen Natur durch administrative, rechtliche oder psychologische Sicherheitsmaßnahmen aufgehoben werden (W. Kromp in FAF 2007).

Zusammenfassend ist daher festzustellen, dass in der kurzen, für den Klimaschutz verfügbaren Zeit, die Kernenergie die erforderliche Treibhausgasminderung nicht leisten, noch mittelfristig die Energiebereitstellung sicherstellen kann, und dass sie längerfristig, wegen des Erreichens von Peak Uran, zwingend zur Plutoniumwirtschaft mit wachsenden Proliferationsproblemen führt. Sicherheitsprobleme, das ungelöste Abfallproblem und andere Umweltauswirkungen machen es unmöglich, die Kernenergie als nachhaltig und umweltverträglich gelten zu lassen.

Der Vollständigkeit halber sei noch darauf hingewiesen, dass die kommerzielle Nutzung der Fusion als Energiequelle noch nicht absehbar ist: Während man anfangs von 20 Jahren Entwicklungszeit sprach, spricht man jetzt schon von weiteren 50 Jahren. Bis 2050 müssen aber die Treibhausgasemissionen bereits weltweit um 60 bis 80 % gegenüber 1990 reduziert sein, soll das von Schellnhuber so trefflich formulierte Ziel, das Unbeherrschbare zu vermeiden und das Unvermeidbare zu beherrschen, noch erreicht werden. Kernfusion wird daher zum Klimaschutz kurz- und mittelfristig keinen Beitrag leisten können.

Zweiter Annäherungsversuch: Klimawandel – Problem oder Symptom?

Es stellt sich allerdings die Frage, ob es genügt, die Treibhausgasemissionen zu reduzieren und ob der Klimaschutz als Ziel ausreicht. Das globale Ökosystem Erde ist, zusammen mit der Energiezufuhr von der Sonne, die Basis der menschlichen Existenz. Rohstoffe und Nahrung, die dem gesellschaftlich-wirtschaftlichen System zugeführt werden, entstammen dem globalen Ökosystem, und alle Reststoffe und Abfälle werden wieder diesem System zugeführt (Meadows/et al. 2004). Probleme können sowohl durch Verknappung der Quellen entstehen als auch durch Überfrachtung der Senken. Die Überfrachtung der Senke „Atmosphäre“ mit dem bei der Verbrennung fossiler Brennstoffe entstehenden Abfallprodukt „Treibhausgase“ hat zum Problem des Klimawandels geführt. Wenn zu viel „Abfall“ produziert wird – wie steht es dann mit den zugeführten Ressourcen?

Leider sind die Treibhausgasemissionen nicht der einzige Bereich, in dem wir an Grenzen stoßen. In den letzten rund 50 Jahren wiesen die Weltbevölkerung, die städtische Bevölkerung, der Wasserverbrauch, die Zahl der Dämme, der Düngemitteleinsatz, der Papierverbrauch, die Zahl der Automobile, der Telefone und McDonald‘s-Restaurants nahezu exponentielles Wachstum auf; desgleichen die Extinktion von Spezies, der Verlust an Regenwäldern, die ausgefischten maritimen Ökosysteme sowie die Konzentration von Stickoxiden in der Atmosphäre. Die Liste ließe sich fortsetzen. Aber schon 1972 stellte der Bericht an den Club of Rome 1972 „Grenzen des Wachstums“ fest, dass es in einem begrenzten System kein unbegrenztes Wachstum geben kann, und dass unbegrenztes exponentielles Wachstum in einem begrenzten System zu Überschießen und anschließend zum Kollaps des Systems führt.

Das von William Rees und Mathis Wackernagel 1994 entwickelte Maß des Globalen Fußabdruckes[1] bietet, bei aller berechtigten Kritik an der Methodik, eine Möglichkeit, abzuschätzen, wie nahe das System am Überschießen ist. Verfolgt man die globale Entwicklung, so hat sich der Fußabdruck von etwa 0,8 Anfang der Siebziger Jahre auf aktuell nahezu 1,25 erhöht. Der Wert 1 wurde im Jahr 1987 erreicht. Das bedeutet, dass die Menschheit seit 1987 nicht mehr mit der Fläche des einen, zur Verfügung stehenden Planeten auskommt; sie lebt sozusagen nicht mehr von den Zinsen, sondern vom Kapital.

Nach Diamond stand das Aussterben von Zivilisationen häufig wesentlich mit Problemen der Überbeanspruchung der Natur in Zusammenhang (Diamond 2005). Verlust natürlicher Habitate, wildwachsender Nahrungsmittel, von Biodiversität und Böden oder Mangel an Süßwasser und anderen Rohstoffen sind einige Beispiele. Dazu kommen Probleme infolge invasiver Spezies, toxischer Chemikalien, sowie Bevölkerungswachstum und Auswirkungen der steigenden Bevölkerung. All diese Probleme sind der heutigen Zeit nicht unbekannt. Die überhöhten Treibhausgaskonzentrationen und deren Konsequenzen *kommen hinzu*, und sie verschärfen die meisten der zuvor genannten Probleme.

Soll unsere Zivilisation überleben, soll der früher oder später drohende Kollaps vermieden werden, so lohnt es sich, zu studieren, was frühere Zivilisationen machten, die ebenfalls mit bedrohlichen Problemen konfrontiert waren, aber überlebten. Nach Diamond waren dies vor allem zwei Ansätze: langfristige Planung und Bereitschaft, Werte zu hinterfragen. Der erste ermöglicht Lösungen, die erst nach vorübergehender Verschlechterung der Situation oder z.B. des Lebensstandards zu einer Verbesserung führen, weil der Lösungsweg nicht schon während der Verschlechterung bewertet wird. Von besonderer Bedeutung erscheint dies heute in der Wirtschaft, deren Orientierung auf Jahresbilanzen und Quartalserfolge Investitionen oder Umstrukturierungen, die erst längerfristig Vorteile bringen, kaum zulässt, und in der Politik. In Zusammenhang mit dem Klimawandel wäre Langfristigkeit in der Politik z.B. besonders wichtig, da sich Emissionsminderungsmaßnahmen erst mit einer Verzögerung von mindestens zehn Jahren, d.h. bestenfalls in der dritten Legislaturperiode am globalen Temperaturverlauf erkennen lassen.

---

1 Unter dem *Ökologischen Fußabdruck* wird die Fläche auf der Erde verstanden, die notwendig ist, um den Lebensstil und Lebensstandard eines Menschen (unter Fortführung heutiger Produktionsbedingungen) dauerhaft zu ermöglichen. Das schließt Flächen ein, die zur Produktion seiner Kleidung und Nahrung oder zur Bereitstellung von Energie, aber z.B. auch zum Abbau des von ihm erzeugten Mülls oder zum Binden des durch seine Aktivitäten freigesetzten Kohlendioxids benötigt werden, in: http://de.wikipedia.org/wiki/%C3 %96kologischer_Fu%C3%9Fabdruck, Zugriff am 20071005.

Der zweite Ansatz – das Hinterfragen von Werten – bedeutet letzten Endes, dass es eines grundlegenden Umdenkens bedarf. Denn wenn auch der Klimawandel derzeit das dringendste Problem zu sein scheint, geht es offensichtlich doch nicht nur um Klimaschutz. Die Nicht-Nachhaltigkeit des Lebenswandels der industrialisierten Welt stellt die dogmatische Forderung nach ständigem Wachstum in der Wirtschaft grundsätzlich in Frage. Jede Lösung, die vorspiegelt, dass grundsätzliches Umdenken vermeidbar wäre, verschärft das Problem durch den resultierenden Zeitverlust. Das geforderte Umdenken stellt eine Chance auf Neugestaltung des Lebens dar, die in größerer globaler Gerechtigkeit und erfüllterem individuellen Leben münden kann.

Literatur- und Quellenhinweise

Campbell, C. J., / Liesenborghs, F. / Schindler, J. / Zittel, W. (2003), Ölwechsel! Das Ende des Erdölzeitalters und die Weichenstellung für die Zukunft, München, 260 S.

Campbell, C. J., The Coming Oil Crisis, Brentwood, UK, Multi-Science Publishing Company; Petroconsultants SA 2004.

Diamond, Jared (2005), Collapse. How Societies Choose to Fall or Succeed. Penguin Books, ISBN 0 14 30.3655 6.

FAF (2007), Kernenergie, Klimaschutz und Nachhaltigkeit. Ein Argumentarium des Forum für Atomfragen. Bundesministerium für Land- und Forstwirtschaft, Umwelt und Wasserwirtschaft, Wien.

Formayer, H. /Haas, P. /Matulla, C. /Frank, A. /Seibert, P. (2005), Untersuchungen regionaler Klimaänderungsszenarien hinsichtlich Hitze- und Trockenperioden in Österreich. Endbericht von StartClim2004.B; in StartClim2004: Analysen von Hitze und Trockenheit und deren Auswirkungen in Österreich. Endbericht, Auftraggeber: BMLFUW, BMBWK, BMWA, Österreichische Hagelversicherung, Österreichische Nationalbank, Umweltbundesamt, Verbund AHP.

IPCC (2001), Climate Change 2001. Synthesis Report. Cambridge University Press 2001 and Intergovernmental Panel on Climate Change. Climate Change 2001. Third Assessment Report. WG I.

IPCC, (2007a), Fourth IPCC Assessment Report. Working Group I., in: www.ipcc.ch.

Kromp-Kolb, H. / Formayer, H. (2005), Schwarzbuch Klimawandel. Ecowin Verlag, Salzburg.

Meadows, Donella / Randers J. / Meadows, Dennis (2004), Limits to Growth. The 30-Year Update Chelsea Green Publishing Company.

Marland, G. / Boden, T. A. / Andres R. J. (2007), Global, Regional, and National CO_2 Emissions. In Trends: A Compendium of Data on Global Change. Carbon Dioxide Information Analysis Center, Oak Ridge National Laboratory, U.S. Department of Energy, Oak Ridge, Tenn., U.S.A.

MIT (2003), Massachusetts Institute of Technology (MIT), The Future of Nuclear Power (Cambridge, MA USA), July 2003, in: http://web.mit .edu/nuclearpower/pdf/nuclearpower-full.pdf.

ÖGM (2001), Österreichische Gesellschaft für Meteorologie – Klimaerklärung der Deutschen Meteorologischen Gesellschaft, der Österreichischen Gesellschaft für Meteorologie und der Schweizerischen Gesellschaft für Meteorologie.

ÖGM (2003), Klimaerklärung der Deutschen Meteorologischen Gesellschaft, der Österreichischen Gesellschaft für Meteorologie und der Schweizerischen Gesellschaft für Meteorologie.

Overpeck, J. T. / Otto-Bliesner, B. L. / Miller, G. H. / Muhs, D. R. / Alley, J. R. B. / Kiehl, T. (2006), Paleoclimatic Evidence for Future Ice-Sheet Instability and Rapid Sea-Level Rise Science 24 March 2006: Vol. 311. no. 5768, pp. 1751-1753. DOI: 10.1126/science.1120808.

Perrow, Ch. (1999), Normal Accidents. Living with High Risk Technologies. Princeton: University Press, 1999.

Sagan, S. (2004), Sagan Scott D., The Problem of Redundancy Problem: Why More Nuclear Security Forces May Produce Less Nuclear Security; Risk Analysis, Vol. 24, No 4, 2004.

Savinar, M. (2006), Life after the Oil crash or The Oil Age is Over: What to Expect as the World Runs Out of Cheap Oil, 2005-2050, in: http: //www.lifeaftertheoilcrash.net/.

Schindler, J. / Zittel, W. (2000), Fossile Energiereserven (nur Erdöl und Erdgas) und mögliche Versorgungsengpässe aus Europäischer Perspektive, (LB-Systemtechnik GmbH), Ottobrunn.

Schwartz, P. (2003), Environmental News Network, Thursday, September 11, 2003, in: http://www.enn.com/news/2003-09-11/s_8086.asp.

Schwartz, P. / Randall, R. (2003), An abrupt climate change scenario and its implications for United States national security. Imagining the unthinkable. Study for the US Pentagon, Washington.

Simmons, M.R. (2002), The World's Giant Oilfields, M. King Hubbert Center for Petroleum Supply Studies, Colorado School of Mines, January 2002.

Stern, (2006), Stern Review: The Economics of Climate Change. http: //www.hm-treasury.gov.uk/Independent_Reviews/stern_review_economics_climate_change/sternreview_index.c (Zugriff: 23.10.2006).

WBGU (2003), Über Kyoto hinaus denken. Klimastrategien für das 21. Jahrhundert. Sondergutachten. Wissenschaftlicher Beirat der Bundesregierung: Globale Umweltveränderungen. Berlin 2003.

Zittel, W. / Schindler, J. (2006), Uranium Resources and Nuclear Energy. Background Paper prepared by the Energy Watch Group. EWG-Series No 1/2006.

WASSER – DER STOFF, AUS DEM KONFLIKTE SIND?[1]

JÜRG STAUDENMANN, KARIN SCHEURER

„The next war in the Middle East will be fought over water, not politics" (1985), ist eine viel zitierte Aussage des damaligen ägyptischen Außenministers Boutros Boutros Ghali, die er im Zusammenhang mit der in den Achtzigerjahren vorherrschenden politischen Situation im Nahen Osten machte. Heute noch wird seine Aussage oft von Medien[2] und Politikern mit seiner späteren Amtstätigkeit als UNO-Generalsekräter und der generalisierten These in Zusammenhang gebracht, dass wir stetig knapper werdenden Wasser-Ressourcen, und damit unvermeidlich drohenden „Wasserkriegen" ins Auge blicken.

Eines ist klar: Wasser ist eine lebensnotwendige Grundlage und durch nichts ersetzbar, und die Konkurrenz um deren Nutzung nimmt in vielen Teilen der Erde stetig zu. Aber was ist dran an der Hypothese, dass das nutzbare Wasser für die (wachsende) Weltbevölkerung immer knapper wird, und dies unweigerlich auch zu verstärkten Konflikten oder gar kriegerischen Auseinandersetzungen führen wird? Dieser Beitrag möchte den folgenden beiden Fragen auf den Grund gehen:

- Wie „knapp" sind unsere Wasser-Ressourcen?
- Wie manifestieren sich „Wasser-Konflikte"?

Wie „knapp" sind unsere Wasser-Ressourcen?

Obwohl weniger als ein Prozent des gesamten Wassers auf Erden als (theoretisch) nutzbares Süßwasser vorliegt, ist das, statistisch gesehen, noch weit mehr, als die Menschheit nutzt – auch auf Jahrzehnte hinaus. Leider sind die Süßwasser-Ressourcen aber nicht gleichmäßig auf der Erde und auf die Menschheit verteilt. Während beispielsweise den Bewohnern Brasiliens oder Norwegens jährlich mehrere Millionen Kubikmeter Wasser pro Kopf

---

1 Vortrag anlässlich der Internationalen Sommerakademie, Burg Schlaining (Österreich), 10. Juli 2007.

2 Beispielsweise BBC Talking-Points (Juni 2003), in: http://news.bbc.co.uk/2/hi/talking_point/2951028.stm.

zur Verfügung stehen, müssen PalästinenserInnen in der Westbank gerade mal mit 320 Kubikmetern Süßwasser pro Jahr zurecht kommen.[3]

Außerdem ist Wasser eine dynamische Ressource: Im Gegensatz zu begrenzten Ressourcen wie Land oder Erdöl sind die nutzbaren Wasser-Ressourcen Teil des komplexen globalen Wasserkreislaufes mit Regen, Abfluss und Evaporation – und damit starken räumlichen und zeitlichen Variationen unterworfen. Dies heißt aber andererseits auch, dass Wasser im Prinzip – und innerhalb der lokalen Gegebenheiten – stetig „nachfließt", also eine erneuerbare Ressource darstellt. Dies ist ein zentraler Unterschied im Vergleich zu anderen tatsächlich „heiß umkämpften" Ressourcen, allen voran Erdöl, welches gerne als (falsche) Analogie zur Untermauerung der These von den drohenden Wasserkriegen herangezogen wird.[4]

Dennoch hört man den Ausdruck der „Globalen Wasserkrise" viel; aber wieso?

Die „Globale Wasserkrise"

Wir brauchen noch nicht einmal „Wasserkriege" heraufzubeschwören; schon heute sterben mehr Menschen an den direkten Folgen von wasserbedingten Krankheiten oder Hunger als durch Kriege und Waffen. Mehr als eine Million Menschen haben keinen Zugang zu sauberem Trinkwasser; und jeder dritte Mensch auf dieser Erde lebt ohne eine wenigstens grundlegende sanitäre Versorgung.

Das Ausmaß der eigentlichen Krise ist aber noch größer, denn Wasser durchdringt viele Bereiche des täglichen Lebens und der Menschlichen Entwicklung:[5] angefangen bei der Hygiene und Gesundheit, über Unterernährung aufgrund fehlender Wasserressourcen für die Landwirtschaft, bis hin zu den Millionen von Frauen und insbesondere jungen Mädchen, die ihre Zeit statt für eine Schulbildung für die tägliche Wasserbeschaffung aufwenden müssen. Weltweit gehen 443 Millionen Schultage durch wasserbedingte Krankheiten verloren; fast die Hälfte aller Menschen in sogenannten Entwicklungsländern leidet zu jedem beliebigen Zeitpunkt unter einem Gesundheitsproblem, das auf mangelnde Wasser- und Sanitärversorgung zurückzuführen ist.

---

3 UNDP, (2006), Bericht über die Menschliche Entwicklung: „Nicht nur eine Frage der Knappheit: Macht, Armut und die globale Wasserkrise".

4 Vergleiche hierzu zum Beispiel Selby J. (2005), Oil and Water: The Contrasting Anatomies of Resource Conflicts. Government and Opposition Ltd., S. 200-224.

5 Mit „Menschlicher Entwicklung" ist vor allem die Verwirklichung des menschlichen Potentials gemeint, also was Menschen „tun und werden können", und inwiefern sie selber die Entscheidungen über ihre persönliche Entwicklung treffen können.

Dies hat nicht nur soziale Konsequenzen; die Wasserkrise bremst auch das Wirtschaftswachstum: Afrikanische Länder südlich der Sahara büßen jährlich rund fünf Prozent ihres Bruttoinlandsproduktes aufgrund mangelndem oder falsch bewirtschaftetem Wasser ein – weitaus mehr, als der Region an Entwicklungshilfe zufließt. Die Weltbank schätzt die weltweiten Gesundheitskosten aufgrund mangelnder Wasser- und Sanitärversorgung auf 1,6 Milliarden US-Dollar pro Jahr.

Eine gewaltige Kluft besteht insbesondere zwischen reichen und armen Staaten, aber auch innerhalb der einzelnen Länder, basierend auf dem Vermögensstand, Geschlecht und anderer Merkmale von Diskriminierung. Dabei ist die grausame Ironie eine „doppelte Kluft": Wasser kostet diejenigen am meisten, die es sich am wenigsten leisten können. Die durchschnittlichen Wasserpreise, denen Slumbewohner in Großstädten der Entwicklungsländer für Wasser – von oftmals ungenügender Qualität – unterworfen sind, liegen, absolut gesehen, ein Mehrfaches über den Preisen für (qualitativ einwandfreies) Leitungswasser in London, New York oder Tokio.

Der neueste UNO-Bericht über die Menschliche Entwicklung[6] zeigt aber auf, dass viele dieser Auswüchse der globalen Wasserkrise, und insbesondere der Tod von täglich über 4 900 Kindern aufgrund von Durchfall-Erkrankungen oder anderen wasserbedingten Krankheiten, durch verbesserten Zugang zu sauberem Wasser und basis-sanitären Einrichtungen vermieden werden könnten. Der Bericht kommt zum Schluss, dass die Verfügbarkeit von Wasser in manchen Ländern zwar tatsächlich besorgniserregend ist, die „Knappheit" – der Kern der weltweiten Wasserkrise – jedoch ihre Ursache in den vorherrschenden Machtverhältnissen hat, gekoppelt mit Armut und Ungleichheit sowie mit mangelnder Effizienz; und nicht im tatsächlichen (Nicht-)Vorhandensein von Wasser per se!

Wer braucht wie viel? – Wasserknappheit als Frage der Politik

Nur ein geringer Anteil des täglichen Wasserbedarfs wird für den direkten menschlichen Konsum, für Haushalt, Pflege und andere alltägliche Zwecke benötigt. Industrie und Gewerbe brauchen Frischwasser in stark variierenden Mengen als Produktions- und Betriebsmittel.

Der Löwenanteil des weltweiten Wasserverbrauchs geht jedoch auf das Konto der Nahrungsmittelproduktion: Für die Produktion der täglichen Ration von rund 2 500 kcal pro Kopf setzt die Landwirtschaft durchschnittlich rund 3 500 Liter Wasser ein (wächst der Fleischanteil, steigt die benötigte Wassermenge schnell einmal auf über 10 000 Liter). Die Landwirtschaft

---

6 UNDP, (2006), Bericht über die Menschliche Entwicklung, Anm. 3, a.a.O.

beansprucht deshalb über 70 % der weltweit genutzten Wasservorkommen. Lokal kann dieser Anteil besonders in ariden Regionen, die auf landwirtschaftliche Bewässerung angewiesen sind, noch weit höher liegen.

Andererseits lässt sich der lokale Wasserverbrauch deshalb durch Lebensmittelimporte auch gezielt reduzieren: Durch die Einfuhr von einem Kilogramm Reis anstelle der heimischen Produktion derselben Menge lassen sich lokal beispielsweise bis zu 5 000 Litern Wasser einsparen. Durch Lebensmittelimporte eingespartes Wasser bezeichnet man auch als „virtuelles Wasser"; Wasser, das dadurch lokal aber sehr real für weit sensitivere Bereiche, allen voran die Grundversorgung der Bevölkerung mit Trink- und Brauchwasser, zur Verfügung steht.

Falls pro Jahr und Kopf der Bevölkerung weniger als 1 700 Kubikmeter nutzbares Süßwasser für Landwirtschaft, Haushalt, Industrie, Energie und Umwelt zur Verfügung stehen, spricht man von „Wasserstress".[7] Davon sind heute rund 700 Mio. Menschen in 43 Ländern der Erde betroffen; eine Zahl die bis 2025 jedoch auf drei Milliarden Menschen weltweit ansteigen könnte.[8] Hinzu kommen die Unsicherheiten und möglichen Schwankungen auf globaler, regionaler oder lokaler Ebene im Zusammenhang mit dem Klimawandel.

Wasserknappheit ist aber nur in wenigen Fällen auf realen Wasserstress, also einen klimatologisch-hydrologisch bedingten Wassermangel, zurückzuführen. Viel eher spielen Fragen des ineffizienten Umgangs mit vorhandenen Ressourcen, Verteilungs- und Zugangs-Aspekte, und schließlich der Lebensstil die entscheidende Rolle, ob und unter welchen Bedingungen Menschen gesicherten Zugang zu ausreichenden – und auch qualitativ genügenden – Wasserressourcen für die verschiedenen Verwendungszwecke haben.

Verschärft wird die Knappheit an verfügbarem Wasser insbesondere durch eine verfehlte Wasser-Ressourcenpolitik mit fraglichen Preis-, Besteuerungs- oder Subventionierungs-Mechanismen. Ausschlaggebend sind aber auch institutionelle Hindernisse und insbesondere die Frage, wer im Staat das Sagen über Wasser-Ressourcen und deren Nutzung und Zuteilung hat.

So steht die Landwirtschaft – und damit die Ernährungssituation von Bevölkerungen in bewässerungs-abhängigen Regionen – oft in unmittelbarer Konkurrenz mit Wasserverbrauchern, allen voran Groß-Industrie und Agglomerationen, die über mehr politische und ökonomische Macht verfügen – und somit über die Entscheidungsgewalt in der Frage der Wasserver-

---

7 Falkenmark Wasser-Stress-Index, in: Rijsberman F. R., (2006), Water scarcity: Fact or fiction? Agricultural Water Management 80, S. 5-22.

8 UNDP, 2006: Bericht über die Menschliche Entwicklung, a.a.O.

teilung und -verfügbarkeit. Aber auch innerhalb des landwirtschaftlichen Sektors haben Großgrundbesitzer und industrielle Betriebe in der Regel eine deutlich solidere Ausgangsposition in Bezug auf Zugang zu Wasserressourcen gegenüber Subsistenz- und Familienbetrieben.

Wasser fließt – auch über Staatsgrenzen hinweg

Über 50 % aller Süßwasservorkommen befinden sich in so genannten „grenzüberschreitenden Einzugsgebieten"; das sind insgesamt 263 Fluss-, See- und Grundwasser-Systeme, die sich auf dem politischen Territorium von mindestens zwei verschiedenen Staaten befinden. Rund 40 % der Weltbevölkerung (in insgesamt 145 Staaten) leben in grenzüberschreitenden Einzugsgebieten; 33 Länder dieser Welt sind für mehr als 95 % ihrer nutzbaren Wasservorkommen auf solche Gewässer angewiesen.

In der Frage nach der Nutzung der Wasserressourcen in grenzüberschreitenden Einzugsgebieten liegt es auf der Hand, dass die Parteien am Oberlauf sich in Bezug auf Zugang und Kontrolle eines Gewässers einen tendenziellen Vorteil gegenüber den Nachbarn weiter flussabwärts genießen. Fälle von *Wasser-Hegemonie* können in der Tat Zündstoff für grenzüberschreitende Konflikte in sich bergen. Aber muss dies zwangsläufig auch zur Eskalation oder gar zu „Wasserkriegen" führen?

Die eher malthusianische Betrachtungsweise, welche die wiederkehrenden Debatten um die „unmittelbar bevorstehenden Wasserkriege" befruchtet, geht aufgrund der ansteigenden Weltbevölkerung von einer sich verschärfenden internationalen Konkurrenz um die Ressource Wasser aus, die unvermeidlich im Kampf um dieses unersetzliche Lebenselixier enden muss. Diese Sichtweise von Ökonomen und Politikern, die sich an der Maxime der nationalen Integrität mit ökonomischer und ressourcenpolitischer Autarkie orientieren, fordert daher entsprechende flankierende Maßnahmen, um die Staatssicherheit zu gewährleisten.

Eine modernere Sichtweise anerkennt jedoch, dass Konflikte selten eine einzige Ursache haben und dass statt der Fokussierung auf „Staatssicherheit" in diesem Zusammenhang die „Menschliche Sicherheit" in den Vordergrund gerückt werden muss; also die Maxime, dass mit geeigneten Mitteln der Politik der gesamten Bevölkerung eines (gemeinsam genutzten) Einzugsgebietes Zugang zu Wasserressourcen gewährleistet werden muss – und kann.

Wasser-Hegemonie versus ressourcenpolitische Diplomatie am Beispiel des Niltals

Dass politisch unterschiedliche Rollen in einem gemeinsam genutzten Einzugsgebiet mit knappen Wasserressourcen nicht automatisch zu Konflikten zwischen Nachbarstaaten führen, sondern im Gegenteil die technische und politische Innovation befruchten, zeigt das Beispiel des Niltals auf eindrückliche Weise.

Ägyptens wichtigste Frischwasser-Quelle ist mit Abstand der Nil, welcher der ägyptischen Bevölkerung rund 97 % der nutzbaren Wasservorräte aus Quellen im Oberlauf des Flusses liefert. Schon das historische Ägypten hat die Notwendigkeit eines steten Nachschubs dieser überlebensnotwendigen Ressource erkannt und mit den berühmten Katarakten die saisonabhängigen und mehrjährigen Schwankungen auszugleichen versucht.

Auch heute noch bieten der Nasser-Stausee und weitere Speicherbecken, welche sich im Oberlauf und damit in angrenzenden Staaten befinden, die technische Grundlage für die Gewährleistung eines ausgeglichenen und garantierten alljährlichen Zuflusses. Doch den eigentlichen Kern bilden zielgerichtete politische Beziehungen und ein Regelwerk von zwischenstaatlichen Abkommen der ägyptischen Regierung mit ihren elf stromaufwärts gelegenen Anrainerstaaten, insbesondere mit dem Sudan, Uganda und Äthiopien, die ihrerseits einen markanten Wasserbedarf aufweisen. Im Rahmen der so genannten „Nile Basin Initiative“ hat Ägypten ein Abkommen mit dem Sudan, das einen fixen Zufluss von 55 Milliarden Kubikmeter Frischwasser pro Jahr besiegelt. Daneben werden jährliche Ministerkonferenzen und weitere technische Treffen abgehalten.

Ägypten hat so bis heute erfolgreich seine politische Vorreiterrolle in Bezug auf die Verteilungs- und Nutzungsrechte des Nilwassers gegenüber den elf stromaufwärts gelegenen Anliegerstaaten und deren eigenen Ansprüchen an die Nutzung der Ressource Nil behaupten können.

Wie manifestieren sich „Wasser-Konflikte“?

„People, when they lack water, will stop at nothing to get water“
Michail Gorbachev, Financial Times, 12. Juni 2007

Konflikt versus Kooperation

Die Frage, ob und unter welchen Umständen Wasserknappheit – egal ob hydrologisch oder nutzungsbedingt – zu Konflikten führt und wie sich Konflikte schließlich manifestieren, wurde in mehreren Studien der letzten Jahre untersucht.

Auf der Suche nach wissenschaftlich belegbaren Daten durchforsteten Wolff et al.[9] die Archive nach „Konflikt- und Kooperations-Ereignissen“ über die letzten 50 Jahre, die einen direkten Bezug zu Wassernutzungsfragen aufwiesen. Sie haben dabei sowohl Konflikt- als auch Kooperationssituationen analysiert, die sich zwischen mindestens zwei verschiedenen Staaten ereigneten. Auf der Basis ihrer „Basin at Risk Conflict/Cooperation" (BAR-)Skala, die von – 7 (formeller Krieg) über 0 (neutral) bis + 7 (Zusammenschluss zu einer Nation) reicht, haben sie mehr als 1 800 Ereignisse dokumentiert und kamen zu folgenden Erkenntnissen:

- Keines der Ereignisse der letzten 50 Jahre hat je zu formellem Krieg[10] (– 7 auf der BAR-Skala) oder zum Zusammenschluss von Staaten (+ 7) geführt.
- Von allen 1 831 untersuchten Ereignissen konnten lediglich 37[11] als „gravierende“ Konflikt-Ereignisse (– 5 oder – 6 auf der BAR-Skala) eingestuft werden, also Vorfälle, bei denen es zu Gewaltanwendung kam.
- Die Mehrzahl aller dokumentierten Ereignisse ist kooperativer Natur.

---

9 Wolf, A. T. /Yoffe, S. B. /Giordano, M. (2003), International waters: identifying basins at risk. Water Policy 5, S. 29-60.

10 Zu einem „ausgewachsenen“ Krieg um die Ressource Wasser kam es das letzte Mal vor 4 500 Jahren zwischen den beiden Stadt-Staaten Lagash und Umma (im Tigris-Euphrates Einzugsgebiet).

11 30 dieser 37 „gravierenden Vorfälle“ manifestierten sich im Nahen Osten, genauer zwischen Israel und seinen Nachbarn.

Was sind die Hauptmotive?

Im Brennpunkt der Hauptgründe, die zu Spannungen und Konflikten einerseits oder zu Kooperation andererseits führen, steht in beiden Fällen meistens die grundlegende Frage, wem wie viel zusteht. Reine Quantitätsfragen, oft gekoppelt mit Fragen der saisonalen oder mehrjährigen Verteilung sind zu fast zwei Dritteln Anlass zu Konflikten – und zu einem guten Drittel Hauptmotiv für Kooperation zwischen zwei Nachbarstaaten eines gemeinsamen Einzugsgebietes.

Danach folgen im Falle von grenzüberschreitenden Konfliktpotentialen Fragen der Infrastruktur (relevant für ein Viertel der dokumentierten Fälle), was sich im Wesentlichen auf Staudämme und Schleusen bezieht. Wasserkraftnutzungs- und andere Infrastrukturfragen stehen andererseits auch im Zentrum von rund einem Drittel der grenzüberschreitenden Kooperationen. Dahinter folgen verschiedene Formen von „Joint Management" und technischer Zusammenarbeit, zum Beispiel bei Maßnahmen zum Schutze grenzüberschreitender Ökosysteme.

Zunehmend rückt insbesondere aus dem Blickwinkel von Unterlieger-Staaten auch die Frage der Wasserqualität ins Zentrum der Diskussion, jedoch immer erst nach oder im Zusammenhang mit Quantitätsfragen. Ein spezielles Thema bilden Überflutungen von grenzüberschreitendem Ausmaß, die aber keinen nachweislichen Einfluss auf Konflikte der Vergangenheit gehabt zu haben scheinen. Hingegen hat das Bestreben, solchen Ereignissen und insbesondere dem damit verbundenen Schadenspotential entgegenzuwirken und sich im Ernstfall gegenseitig Hilfe leisten zu können, in 3 % aller Fälle das Hauptmotiv für neue zwischenstaatliche Kooperationen dargestellt.

Keine statistisch nachweislichen Konfliktpotentiale zwischen Anrainern eines gemeinsam genutzten Einzugsgebietes stellen nach Wolff et al. (2003)[12] hingegen folgende Indikatoren dar:

- Klima, Bevölkerungswachstum und andere möglichen Formen von „umwelt-bedingtem Wasser-Stress";
- das politische System, das durchschnittliche Einkommen, BSP oder die Einkommensverteilung;
- Staudämme oder Wasserkraftanlagen per se (sondern allenfalls die Tatsache, dass sie unilateral und ohne Absprache mit betroffenen Nachbarstaaten geplant, gebaut und betrieben werden)

Zusammenfassend kann festgehalten werden, dass die Wahrscheinlichkeit eines Wasser-Konfliktes steigt

12 Wolf et al., a.a.O.

- mit großen oder schnellen physikalischen oder politischen Veränderungen im Fluss-Einzugsgebiet,[13] sowie
- mit der Unfähigkeit von nationalen und zwischenstaatlichen Institutionen (gemeint sind Abkommen oder Kommissionen), solche Veränderungen zu absorbieren oder zu managen.

Über Zeit – was in diesem Fall mehrere Jahrzehnte bedeuten kann – wurden schließlich alle Wasser-Dispute der Vergangenheit gelöst, sogar zwischen „Erzfeinden" und im Angesicht anhaltender politischer oder gar kriegerischer Auseinandersetzungen anderer Art.

Das Beispiel der internationalisierten Flüsse Zentralasiens

Ein gutes Beispiel neu entstandener Konflikte aufgrund massiver (politischer) Veränderungen und fehlender – oder in diesem Falle wegfallender – institutioneller Mechanismen bietet Zentralasien.

Zur (aus damaliger Sicht) optimierten Nutzung der beiden größten Aralsee-Zubringerflüsse Amu Darya und Syr Darya wurde zu Sowjetzeiten ein weitreichendes Netz von Stauseen, Wasserkraftanlagen, Pumpen, Reservoirs und Bewässerungskanälen gebaut. Ein ausgeklügeltes Abflussregime erlaubte unter zentraler Steuerung Moskaus die Bereitstellung der notwendigen Trink- und Nutzwassermengen für die Bevölkerung des Einzugsbebietes sowie die gleichzeitig maximale Nutzung der über das Jahr anfallenden Wasserressourcen zur landwirtschaftlichen Bewässerung und Stromproduktion – einmal abgesehen von den negativen Folgen dieses Regimes für die natürliche Umwelt, das bekanntlich die Bedürfnisse insbesondere des Aralsee-Gebietes sträflich vernachlässigte.

Da die Hauptniederschläge über die unproduktiven Wintermonate fielen, wurden sie zusammen mit der Gletscherschmelze im Frühling in Stauseen im Oberlauf gespeichert, um sie während der produktivsten, aber trockenen Sommer-Saison weiter flussabwärts zur landwirtschaftlichen Bewässerung (vor allem Baumwollproduktion) zu nutzen. Der gleichzeitig produzierte Strom der Sommersaison wurde an andere Republiken zur (industriellen) Nutzung weitergeleitet. Der erhöhte Energiebedarf Kirgisiens und Tadschikistans während der Wintermonate, wenn die Stauseen gefüllt wurden und damit kein Strom produziert werden konnte, wurde unter Moskaus Aufsicht mit Öl- und Kohlelieferungen aus Nachbar-Republiken ausgeglichen.

---

13 Etwa, wenn bedeutende unilaterale Maßnahmen wie Dämme ohne entsprechende Abkommen mit den Nachbarn geplant, errichtet oder betrieben werden, oder wenn Fluss-Einzugsgebiete „internationalisiert" werden (siehe Beispiel Zentral-Asien).

Mit der Auflösung der Sowjetunion Ende der Achtzigerjahre wurde das Flusssystem Zentralasiens „internationalisiert“; neue Nationalgrenzen unterteilten auf einen Schlag die natürlichen Einzugsgebiete sowie auch das umfangreiche Infrastruktursystem zu deren Bewirtschaftung. Da deren Verwaltung bisher Sache des Zentralstaates war, fehlten entsprechende zwischenstaatliche Abkommen, aber auch die nötige institutionelle Kapazität auf nationaler Ebene. Die neuen Republiken sahen sich plötzlich in der Situation, die ihnen zur Verfügung stehenden Ressourcen selber zu verwalten und ihre nationalen Versorgungsbedürfnisse in den Mittelpunkt zu rücken. Den Oberlieger-Staaten blieb nichts anderes übrig, als ihre Staudamm-Wasserkraftanlagen prioritär zur Deckung des winterlichen Energiebedarfs ihrer Bevölkerungen zu nutzen. Die geballten abfließenden winterlichen Wassermassen überfluteten jedoch regelmäßig das unterliegende Flusstal und fehlten außerdem im darauffolgenden Sommer zur landwirtschaftlichen Produktion.

Die Bevölkerung Zentralasiens ist mehr denn je auf ein funktionierendes Wasser- und Bewässerungs-Regime angewiesen; Bewässerungs-Landwirtschaft deckt den Lebensunterhalt von 22 Millionen Menschen in den zentralasiatischen Republiken; in Kirgisien und Usbekistan macht sie ein Drittel, in Tadschikistan und Turkmenistan ein Viertel des BIP aus.[14] Doch noch heute ringen die zentralasiatischen Republiken um die Aushandlung zwischenstaatlicher Abkommen.

Die fortwährenden Unklarheiten über Zuständigkeiten und fehlende Instanzen für den Unterhalt und die dringenden Erneuerungsarbeiten der zu Sowjetzeiten erstellten und nun auf mehrere Staaten verteilten Infrastruktur, lassen immer neue Konfliktpotentiale entstehen. Wie zum Beispiel zwischen Turkmenistan und Usbekistan: Die Landwirtschaft Usbekistans ist auf Pumpstationen am Amu-Darya angewiesen, die zu 80 % auf Turkmenistans Boden stehen. Es gibt zwar mittlerweile Abkommen zwischen den beiden Staaten, doch politische Differenzen haben das Ausbleiben von dringenden Investitionen seitens Turkmenistans für deren Betrieb und Unterhalt zur Folge.

Bausteine einer zukunftsfähigen Wasser-Ressourcenpolitik

Eine zukunftsfähige und Konflikten vorbeugende globale Wasser-Ressourcenpolitik muss sich zum Ziel setzen, mit den gegebenen Wasserressourcen in jedem Teil dieser Erde so zu haushalten, dass jede Frau und jeder Mann

14 UNDP (2005), Central Asian Human Development Report – Bringing down barriers: Regional cooperation for human development and human security.

in gerechter Weise davon profitieren kann. Dies bezieht sich insbesondere auf die Bedürfnisse zukünftiger Generationen und den Bedarf zur Erhaltung der natürlichen Umwelt.

Das Recht auf Wasser

Eine wichtige Grundlage bildet dabei die Anerkennung von Wasser als Menschenrecht. Der letztjährige UNO-Bericht über die Menschliche Entwicklung umschreibt das *Recht auf Wasser* als den „gerechten und gesicherten Zugang zu genügend unbedenklichem Wasser zu bezahlbaren Preisen, um jedem Menschen ein gesundes, würdiges, produktives Leben zu ermöglichen und gleichzeitig die Ökosysteme aufrecht zu erhalten".[15]

Konkret, und analog zu anderen Menschenrechten, würden sich die Regierungen dazu verpflichten, das Recht jedes einzelnen Staatsbürgers auf eine grundlegende Wasser- und Sanitär-Versorgung zu respektieren, zu schützen und aktiv zu realisieren. Das UNO-Entwicklungsprogramm unterstützt die Entwicklungs- und Transitionsländer bei der Ausarbeitung individueller nationaler Strategien mit klaren Ziel- und Zeitvorgaben.

Ein integrierte Ansatz zur Wasser-Bewirtschaftung

Ein weiterer Grundbaustein ist das so genannte „Integrierte Wasser-Ressourcen Management" (IWRM), das mittlerweile globalen Konsens darstellt. Die gesamten Wasserressourcen eines Einzugsgebietes, Landes oder einer Region werden unter dem Gesichtspunkt der Gesamtheit aller Nutzungsansprüche, einschließlich derer der natürlichen Umwelt, betrachtet und bewirtschaftet.

Im Zentrum stehen das Subsidiaritätsprinzip[16] und der Einbezug aller Nutzergruppen und Akteure bei der Planung und Bewirtschaftung der gegebenen Wasserressourcen sowie die Erkenntnis, dass Wasser, obwohl es „nachfließt", nicht unbegrenzt ausgebeutet und verschmutzt werden kann. Die so genannten „Dublin Prinzipien" (1992), die diesem Ansatz zu Grunde liegen, besagen:

- Süßwasser ist eine begrenzte und schutzbedürftige Ressource, unentbehrlich als Lebensgrundlage, für Entwicklung und Umwelt.

---

15 UNDP, 2006: Bericht übar die Menschliche Entwicklung, a.a.O.

16 Entscheide über Wasser-Allokationen und -Bewirtschaftung, inklusive der Festsetzung der Preise für die Dienstleistungen werden auf die niedrigst-mögliche Staats-Ebene delegiert.

- Wassermanagement sollte auf einem partizipativen Ansatz basieren, der Nutzer, Planer und politische Entscheidungsträger aller Ebenen einbezieht.
- Frauen spielen eine zentrale Rolle bei der Versorgung, Bewirtschaftung und beim Schutz von Wasser.
- Wasser hat einen ökonomischen Wert und sollte als wirtschaftliches Gut angesehen werden.

Gerade der letzte Punkt führt oft zu Auseinandersetzungen, da er im Widerspruch zur Forderung des Rechts auf Wasser zu stehen scheint und die „Kapitalisierung“ von Wasser propagiert. Was jedoch dahinter steckt, ist viel eher die zentrale Einsicht, dass eine fehlende oder ungenügende Deckung der mit der Nutzung von (begrenzten) Wasservorkommen verbundenen ökonomischen Gesamtkosten[17] oftmals deren Ausbeutung und Verschmutzung fördert.

Die natürlichen Wasservorkommen per se sollten in der Tat nicht kommerzialisiert werden; sie stellen ein „öffentliches Gut“ dar, das allen Bevölkerungsteilen (und der Umwelt) in gleicher Weise zur Verfügung stehen muss. Jedoch fallen unweigerlich Kosten für Förderung, Aufbereitung, Verteilung und Behandlung von Trink- und Brauchwasser an, die auf irgendeine Weise gedeckt werden müssen. Ob diese Kosten durch die gesamte Gemeinschaft, also durch den Staat, gedeckt werden, oder ob die einzelnen Nutzer direkt und vollumfänglich für ihre direkten und gesamten eigenverursachten Kosten zur Kasse gebeten werden, ist eine politische Entscheidung. Jede Variante hat schließlich Vor- und Nachtteile und birgt je charakteristische Risiken für Nutzer und Umwelt. Eine privatwirtschaftlich orientierte Preispolitik muss aber in jedem Fall mit effektiven, transparenten, also auch durchsetzbaren sozialen Maßnahmen abgefedert werden, die allen Bevölkerungsteilen eines Staates in gleichem Maße Zugang zu Frischwasser garantieren – inklusive einer Absicherung für die Ärmsten.[18]

Dem muss auch angefügt werden, dass die oftmals polemisierenden Debatten bezüglich privater Märkte versus staatlicher Versorgung vielfach zu kurz greifen und die längst Realität gewordenen Tatsachen ignorieren: Für den Großteil der Ärmsten auf diesem Planeten ist diese Frage im Alltag längst beantwortet. Die Millionen von Slumbewohnern, die weit entfernt von (staatlichen) Wasserversorgungsnetzen ihren täglichen Wasserbedarf

---

17 Also neben den direkten Förderungs-, Aufbereitungs-, Verteilungs- und Abwasserbehandlungskosten auch externale Kosten wie Volksgesundheit, Umweltschutz, etc.

18 Um sicherzustellen, dass beispielsweise auch die Ärmsten der Bevölkerung Südafrikas Zugang zu einer Mindestmenge an Trinkwasser haben, stellt der Staat die ersten 20 Liter Trinkwasser pro Person und Tag gratis zur Verfügung; wer mehr bezieht, zahlt entsprechende Preise.

zu decken versuchen, gibt es meist keine Alternativen zu den privaten Wasserhändlern, die sich meist abseits von jeglichen staatlichen Regelungen etabliert haben und ihr tägliches Geschäft mit dem lebensnotwendigen Nass zu oft bedenklicher Qualität und doch erheblichen Preisen betreiben.

„Effective Water Governance" – der geschickte Umgang mit vorhandenen Ressourcen

Schließlich geht es auch darum, mit den gegebenen Ressourcen möglichst effizient umzugehen. Während sich in Entwicklungs- und Schwellenländern generell ein deutlicher Zusammenhang zwischen steigendem Einkommen und steigendem Wasserverbrauch beobachten lässt, zeigt der Trend in Industrienationen eher nach unten (sogar die USA hat einen Zuwachs von 40 Millionen Menschen über die letzten drei Jahrzehnte bei absolut gesehen sinkendem Wasser-Verbrauch über den gleichen Zeitraum zu verzeichnen).

Ein wirksames und zukunftsweisendes Wassermanagement („Effective Water Governance") zieht sowohl die räumliche als auch die zeitliche Verteilung und Qualität von (potentiell) verfügbaren, nachfließenden Wasserressourcen in Betracht. In der Frage der Bewirtschaftung gibt es grundsätzlich drei technische und politische Ansätze zu beachten:

- „Supply-Side Management": Fragen der Förderung und Aufbereitung von Trink- und Gebrauchswasser aus Flüssen, Seen, Grundwasser, Ozeanen und gegebenenfalls auch „rezyklierten Abwässern", sowie dem damit verbundenen Aufwand und der Kostendeckung.
- Speicherung: Wie, wann und wo wird Wasser in welcher Qualität gespeichert, und zu welchem Preis?
- „Demand-Side Management": Aspekte der Zuteilung und Priorisierung von Benutzergruppen, der damit verbundenen Preispolitik, sowie Fragen der Effizienz.

Das Potential des letzten Bereichs, also der Einflussnahme auf den Wasserverbrauch mittels physikalisch-technischer Effizienz (z.B. verbesserte Bewässerungs-Systeme, Wassersparraramaturen oder technische Reduktion des industriellen Wasserverbrauchs) sowie politisch-ökonomischer Aspekte, wird meist nicht genügend ausgeschöpft.

Dass dies einen erheblichen Einfluss auf die Verfügbarkeit von Wasser (also zur Verminderung von „Wasserknappheit") haben kann, zeigt das bereits erwähnte Beispiel Ägyptens: Die Regierung fördert Maßnahmen zur Rezyklierung und Kaskadennutzung der begrenzt verfügbaren Wasserressourcen – wie beispielsweise die Verwendung häuslicher Abwässer anstelle von Frischwasser zur Bewässerung in der Landwirtschaft. Dem jährlichen Zufluss von fixen 55 Milliarden Kubikmetern Frischwasser mit dem Nil steht daher ein Gesamtverbrauch von 75 Milliarden Kubikmetern gegenüber.

Zusammenfassung und Schlussfolgerungen

Zusammenfassend muss nochmals betont werden, dass die Verfügbarkeit von Süßwasser in einzelnen Ländern zwar tatsächlich besorgniserregend ist, die weltweite „Wasserknappheit" ihre Ursache jedoch hauptsächlich in Armut und Ungleichheit sowie vorherrschenden Machtverhältnissen hat.

Konflikte um Wasser sind nachweislich die Ausnahme, nicht die Regel. Den 37 Fällen von grenzüberschreitender Gewaltanwendung stehen 200 neue Wasserabkommen über die letzten 50 Jahre gegenüber. Die Polemik um Wasser-Kriege lenkt von der tatsächlichen „Wasserkrise" ab, die bereits heute den Tod von Millionen von Menschen aufgrund wasser-bedingter Krankheiten zur Folge hat.

Ein zunehmendes Konfliktpotential im Bezug auf Zugang und Nutzung verfügbarer Wasserressourcen kann insbesondere auf nationaler oder lokaler Ebene beobachtet werden. Gegenüber den „klassischen Quantitäts-Debatten" nehmen Qualitätsaspekte an Bedeutung zu. Ein erhöhtes Konfliktpotential ist außerdem aufgrund der fortschreitenden Globalisierung und Privatisierung, gepaart mit fehlender staatlicher Kapazität zur Regelung und Wahrung von sozialen und insbesondere Minderheitsrechten zu erwarten.

Die letzten 50 Jahre haben eindrücklich aufgezeigt, dass Wasser als *Stoff für Kooperation* genutzt werden kann – und soll! Die Menschheit scheint über die Jahrtausende die Fähigkeit entwickelt zu haben, Fragen des gerechten Zugangs zur lebensnotwendigen Ressource Wasser grundsätzlich konstruktiv anzugehen. Als eindrückliches Beispiel sei an dieser Stelle auf die Situation im Jordantal verwiesen, wo die Wasserabkommen zwischen Israel mit seinen Nachbarn, inklusive mit den PalästinenserInnen, die zahleichen und andauernden politischen Auseinanderzetzungen der letzten Jahrzehnte überdauert haben.

Im Zentrum einer zukunftsfähigen Wasser-Ressourcenpolitik muss die geschickte Kombination von Zugangs-Gerechtigkeit und Effizienzsteigerung stehen. Der neueste UNO-Bericht über die Menschliche Entwicklung[19] fordert daher ein universelles „Menschenrecht auf Wasser", einschließlich der Unterstützung der Entwicklungs- und Schwellenländer

19 UNDP, 2006: Bericht über die Menschliche Entwicklung, a.a.O.

durch konkrete Entwicklungshilfe der internationalen Gemeinschaft, um diesem nachzukommen. Die Ausarbeitung und rasche Umsetzung von nationalen Strategien für die Wasser- und Sanitärversorgung hat deshalb oberste Priorität.

Die Verbesserung des Zugangs zu fundamentalen Wasser- und Sanitärdienstleistungen ist nicht nur ein effizienter Beitrag zur globalen menschlichen Entwicklung und der Erreichung der Millenniums-Entwicklungsziele; sie zahlt sich auch ökonomisch aus: Nach Schätzungen des UNO-Entwicklungsprogrammes hat jeder Dollar Investition in Wasserinfrastruktur acht Dollar an volkswirtschaftlichem Gewinn und Kosteneinsparungen zur Folge. Die zusätzlichen Gesamtkosten zur Erreichung der Millenniums-Entwicklungsziele im Bereich der Wasser- und Sanitärversorgung liegen bei lediglich rund zehn Milliarden US-Dollar pro Jahr: eine Summe, die nur auf den ersten Blick groß erscheinen mag, entspricht sie doch nicht einmal ganz der Hälfte des Betrags, den wir in den westlichen Ländern jedes Jahr für Mineralwasser ausgeben. Mit diesem Betrag könnten jedoch im Laufe der kommenden zehn Jahre mehr als eine Million Kinderleben gerettet und ein wirtschaftlicher Nutzen von 380 Milliarden US-Dollar generiert werden.

Teil III:

Nach dem Krieg ist vor dem Krieg. Ressourcenkonflikte im Mittleren Osten und in Zentralasien

Die US-Strategie für die Regionen Mittlerer Osten und Kaukasus in der unipolaren Weltordnung

Matin Baraki

Ohne die extrem brisante geostrategische Bedeutung und die wichtigen Naturreichtümer dieser Region können die vielfältigen Konflikte, besonders die, die seit dem Ende der multipolaren Weltordnung entbrannt sind, nicht erklärt werden.

Der Mittlere Osten und Zentralasien, wozu auch Afghanistan gehört, waren stets Opfer ihrer geostrategischen Lage.[1] Afghanistan wurde im Rahmen des „Great Game“ zweimal im 19. (1838 – 1842 und 1878 – 1880) und einmal im 20. Jahrhundert (1919) von der britischen Kolonialmacht überfallen. In den ersten beiden Fällen wurde das Land für einige Jahre besetzt gehalten, infolge dessen kam es zu Volkserhebungen, die zur völligen Vernichtung der britischen Besatzungsmacht führten.[2] Mittelasien wurde vom britischen Rivalen, der russischen Zarenregierung, bis zur afghanischen Grenze am Amu Daria (Oxus) besetzt und dem Zarenreich eingegliedert. Nachdem die Briten sich an Afghanistan „die Zähne ausgebissen hatten“ und eine weitere Besetzung als aussichtslos ansahen, mussten sie sich mit dem Status des Landes als Pufferstaat und als Halbprotektorat zufrieden geben. Der Amu Daria wurde zur Grenze zwischen den Einflussbereichen der beiden Kontrahenten Großbritannien und Russland.

Die aserbaidschanische Stadt Baku war seit 1900 Zentrum der Erdölproduktion. Die Rohstoffe dieses Raumes hatten schon im 19. Jahrhundert die Aufmerksamkeit des internationalen Kapitals auf sich gezogen. Zwischen 1870 und 1890 förderten neben zwölf russischen rund 150 internationale Unternehmen qualitativ hochwertiges Öl. Die Firmen Rockefeller, Nobel und Rothschild waren die ersten ausländischen Firmen, welche die Ausbeutung dieser Rohstoffe, die 50 % der Weltölproduktion ausmachten,

1 Sir Halford John McKinder gilt als Begründer der „geopolitischen Doktrin“. Vgl. McKinder, Halford John, The geographical pivot of history, in: Geographical Journal, Oxford, Vol. XXIII, No.4, 1904, S. 421-444.

2 Vgl. Baraki, Matin, Die Beziehungen zwischen Afghanistan und der Bundesrepublik Deutschland 1945–1978, dargestellt anhand der wichtigsten entwicklungspolitischen Projekte der Bundesrepublik in Afghanistan, Frankfurt/M. 1996, S. 4 f.

in Angriff nahmen und bis Anfang des 20. Jahrhunderts betrieben. Mit der Entstehung der Sowjetunion wurden den ausländischen Konzernen allerdings Grenzen dabei gesetzt, die Ausplünderung der natürlichen Reichtümer dieser Region weiter fortzusetzen. Dies macht deutlich, warum die imperialistischen Mächte die Sowjetunion so gehasst und mit allen Mitteln auf ihr Ende hingearbeitet haben.

Als die Personengruppe um Gorbatschow grünes Licht zum Zerfall der Sowjetunion signalisierte, dauerte es nicht lange, bis die internationalen Ölgesellschaften in der Region von Mittelasien bis zum Kaukasus wieder aktiv wurden. Als erste führte die Firma Chevron 1990 Verhandlungen mit der sowjetischen Regierung über das Tengis-Feld in der Sowjetrepublik Kasachstan, wo sich das größte Ölfeld befand, das überhaupt seit Mitte des 20. Jahrhunderts weltweit entdeckt wurde.

Der argentinische Konzern Bridas, der sich seit Februar 1997 in der Region engagierte und ab März Verhandlungen über die Durchführung von Pipelines durch Afghanistan in Richtung Pakistan und Indien führte, wurde alsbald von der US-amerikanischen Ölgesellschaft UNOCAL verdrängt.

Nach der endgültigen Kapitulation der Führung der Kommunistischen Partei der Sowjetunion (KPdSU) unter Michael Gorbatschow und seiner Gruppe 1991 wurden die Länder des mittelasiatischen und des kaukasischen Raumes zu unabhängigen Staaten erklärt. Das war die Geburtsstunde einer „Goldgräber-Stimmung" unter den internationalen Öl-Konzernen. Kein Wunder, denn man geht davon aus, dass in dieser Region bis zu 10 Milliarden Tonnen Erdölreserven vorhanden sind. Allein in der turkmenischen Republik sollen sich die zweitgrößten Erdgasreserven der Welt befinden. Deshalb begann ein gnadenloser Kampf um das größte Recht zur Ausbeutung dieser Rohstoffquellen. Es bestand die reale Gefahr einer militärischen Auseinandersetzung. Nicht immer, aber doch meistens sind die Wirtschaftsmanager klüger als die politische und militärische Klasse. Damit es nicht schon im Vorfeld um die größten und besten Filetstücke zum Krieg kam, einigten sich die internationalen Konzernchefs und bildeten ein so genanntes Öl-Konsortium unter Beteiligung von zwölf Firmen aus sieben Nationen. 1994 unterzeichnete die State Oil Company of Aserbaidschan (SOCAR) mit verschiedenen internationalen Konzernen einen Vertrag, dem die Bildung der Aserbaidschan International Operating Company (AIOC) folgte. Schon seit November 1997 liefert sie aserbaidschanisches Rohöl für den Weltmarkt.

Auch im kasachischen Kashagan wurden im Jahre 2000 zwei sehr große Ölfelder gefunden. Diesbezüglich bildete sich wie bei Tengis in Kasachstan eine internationale Beteiligung heraus: das Konsortium Offshore Kasachstan International Operating Company (OKIOC). Im aserbaidschanischen Offshore wurden außerdem große Mengen von Erdgas gefunden, die ebenfalls von AIOC abgebaut werden. Bei den beiden genannten Konsortien haben sich die größten Anteile die Konzerne BP und Amoco gesichert, die inzwischen fusioniert haben und federführend operieren.

Die Energieressourcen Mittelasiens und der kaspischen Region, die unter den internationalen Ölgesellschaften phantastische Profitvorstellungen erweckten, können die Forscher noch nicht exakt quantifizieren. Die Untersuchungen sind immer noch nicht abgeschlossen und werden fieberhaft fortgesetzt. Dennoch haben sie einen Rahmen nach oben und nach unten festgelegt, innerhalb dessen möglicherweise die realistischen Mengen vorhanden sein dürften, wie Tabelle 1 verdeutlicht.

Tabelle 1: Öl- und Gasreserven in Zentralasien und in der kaspischen Region

Land/Kapazität	Öl in Milliarden Fass		Erdgas in Trillionen m^3	
	tatsächlich	möglich	tatsächlich	möglich
Kasachstan	15	65	2	3
Aserbaidschan	8	15	1	2
Turkmenistan	1	3	2	4
Usbekistan	1	2	1	2
Gesamt	25	85	6	11

Quelle: Kalici, Jan H.: Caspian Energy at the Crossroads, in: Foreign Affairs, Sept./Oct. 2001, S. 123.

Es ist aber unbestritten, dass die größten Erdölreserven sich in Kasachstan und die größten Erdgasreserven sich in Turkmenistan befinden. Als dritter Energielieferant folgt Aserbaidschan. Kasachstan bleibt jedoch, wie Tabelle 2 belegt, mit zirka 60 % der größte Erdölproduzent. Der Tabelle 2 ist zudem zu entnehmen, dass die Erdölproduktion im Jahr 2020 etwa dreimal so groß sein dürfte wie im Jahr 2000. Wie beim Erdöl ist auch beim Erdgas eine kontinuierliche Steigerung der Produktion bis 2020 vorgesehen.

Experten gehen davon aus, dass perspektivisch die größte Nachfrage nach Erdöl und Erdgas aus dem ostasiatischen Raum kommen wird. Von daher ist das wirtschaftspolitische Engagement der VR China in der kaspischen und der mittelasiatischen Region in diesem Kontext zu sehen.

Der Raum Mittelasien und um das Kaspische Meer wird höchstwahrscheinlich eine der bedeutenden Konfliktregionen des 21. Jahrhunderts werden. Es drängt sich die Frage nach den Hintergründen hier prognostizierter Konflikte auf. Da die Politik ohne Ökonomie undenkbar ist, geht es hier um die strategischen Rohstoffe Erdöl und Erdgas, wobei die Betonung auf Erdöl liegt. Die Vereinigten Staaten verfolgen mit großem Interesse die Rohstoffentwicklung dieses Raumes. Der Staatssekretär im State Department, Stuart Eizenstat aus der Clinton-Administration, hob vor dem US-

Kongress 1997 hervor, dass „das Kaspische Meer potentiell eine der wichtigsten neuen energieproduzierenden Regionen der Welt“[3] ist.

Tabelle 2: Kapazität der Erdölförderung in tausend Barrel pro Tag

Land/Jahre	1990	1995	2000	2005	2010	2015	2020
Kasachstan	516	409	716	1 390	1 684	2 186	2 531
Aserbaidschan	251	186	290	530	1 285	1 320	1 093
Turkmenistan	114	97	146	239	307	304	251
Usbekistan	68	169	172	159	118	107	97
gesamte kaspische Region	949	861	1 324	2 318	3 394	3 917	3 972

Quelle: Garnett, Sherman W. u.a., Der Kaspische Raum vor den Herausforderungen der Globalisierung, Opladen 2001, S. 34.

Tabelle 3: Kapazität der Erdgasförderung in Mio. Kubikfuß pro Tag

Land/Jahre	1990	1995	2000	2005	2010	2015	2020
Turkmenistan	8 491	2 960	4 286	6 190	8 515	10 839	12 732
Usbekistan	3 935	4 607	5 253	5 745	5 813	6 109	6 421
Kasachstan	643	434	1 009	1 917	3 457	5 039	5 729
Aserbaidschan	969	643	606	1 027	3 114	3 813	3 973
gesamte kaspische Region	14 029	8 644	11 154	11 154	20 899	25 800	28 855

Quelle: Garnett, Sherman W. u.a., Der Kaspische Raum vor den Herausforderungen der Globalisierung, Opladen 2001, S. 35.

Neben den bestehenden, weit gesteckten geostrategischen Zielen der USA hat ihr ökonomisches Interesse an diesem Raum Zbigniew K. Brzezinski drastisch ausformuliert: Wir wollen „ungehinderten Zugang zu dieser dem Westen bisher verschlossenen Region“ [4] haben! Er bezeichnete die Region als „Schachbrett, auf dem sich auch in Zukunft der Kampf um die globale Vorherrschaft abspielen wird.“ Brzezinski beruft sich ohne Skrupel auf Hitler und Stalin und deren Ansicht, dass „Eurasien der Mittelpunkt der Welt sei und mithin derjenige, der Eurasien beherrsche, die Welt beherrsche.“[5] Um dem oben genannten Anspruch Geltung zu verschaffen, hatte schon

3 Eizenstat, Stuart, Aussage vor dem Unterausschuss für internationale Wirtschaftspolitik, Export und Wirtschaftsförderung des Senate Foreign Relations Committee, 23.10.1997, zitiert nach: Garnett, Sherman W. u.a., Der Kaspische Raum vor den Herausforderungen der Globalisierung, Opladen 2001, S. 54.

4 Brzezinski, Zbigniew K.: Die einzige Weltmacht, Weinheim 1997, S. 203.

5 Ebd., S. 16.

1997 die ehemalige US-Außenministerin Madeleine Albright die gesamte Region von Mittelasien und Südkaukasus „zur geostrategischen Interessenzone der USA deklariert."[6] Welche Folgen dieser Anspruch für die internationale Politik haben könnte, etwa angesichts des neuen Strategischen Konzepts der NATO von 1999, das „von Fall zu Fall"[7] einen Einsatz von militärischer Gewalt impliziert, hat der Krieg gegen die Bundesrepublik Jugoslawien exemplarisch vorgeführt. Eine Reaktion seitens der Regierung der Russischen Föderation auf die Anmaßung Madeleine Albrights ließ nicht lange auf sich warten. Der damalige Präsident der Russischen Föderation, Boris Jelzin, sprach bei einer Sitzung des russischen Sicherheitsrates von einer „alarmierenden Entwicklung"[8] angesichts des wachsenden Einflusses der Vereinigten Staaten im Kaukasus. Er unterstellte, dass die USA „ungeniert mit dem Vormarsch in diese Region beginnen."[9] Im Mai 1998 hob er in einer Grundsatzrede im russischen Außenministerium hervor, das „in der heutigen Welt kein Platz ist für das Diktat eines einzelnen Landes (sei). ... Es gibt keine Hauptstadt, und es kann keine Hauptstadt geben, in der alle Fäden der Weltpolitik zusammenlaufen,"[10] womit die Hegemonialmacht USA gemeint sein musste. Zweifelsohne bleiben die USA und die Russische Föderation vorläufig die größten Gegenspieler in der Region, aber mittlerweile melden auch andere Regionalmächte, die ihrerseits einen „Platz an der Sonne" haben wollen, ihre Ansprüche an.

Nachdem die erste Phase des Kampfes zu Gunsten der internationalen Konsortien entschieden war, ging es in der zweite Runde beim „Pipeline-Poker" darum, wie die Rohstoffreserven sicher transportiert werden können. In diesem Poker, in dem sowohl regionale als auch Großmächte involviert waren, wäre es, wenn man sich nicht arrangiert hätte, zu einem Konflikt internationaler Dimension gekommen. Insgesamt wurden fünf verschiedene Varianten möglicher Pipeline-Routen in die Diskussion gebracht:

- Die *Baku-Grosny-Noworossijsk-Route*, die von der Russischen Föderation favorisiert wurde. Um aus dem Geschäft nicht hinausgedrängt zu werden, musste in Tschetschenien volle Stabilität hergestellt werden.

---

6 Barth, Peter, Der Kaspische Raum zwischen Machtpolitik und Ölinteressen, München 1998, S. 5.

7 Das Strategische Konzept des Bündnisses; Gipfelkonferenz der Staats- und Regierungschefs in Washington am 23. und 24. April 1999, in: NATO Brief, Brüssel, Jg. 47, 1999, Nr. 2, Teil 1, Ziffer 10, S. D 8.

8 Jelzin warnt vor amerikanischem Einfluss im Kaukasus, in: Frankfurter Allgemeine Zeitung (FAZ), 21.8.1997, S. 1.

9 Ebd.

10 Jelzin lobt Erfolg der Aussenpolitik, in: FAZ, 13.5.1998, S. 6.

Unseres Erachtens ist diese Route, neben dem militärischen Überfall tschetschenischer bewaffneter Gruppen auf Daghestan, eine der Ursachen für den zweiten Tschetschenien-Krieg gewesen, wobei der zugrundeliegende Konflikt eigentlich als gelöst galt. Hinzu kam noch, dass der Verlust Tschetscheniens möglicherweise eine Welle von Sezessionen ausgelöst hätte, wodurch die territoriale Integrität der Russischen Föderation gefährdet worden wäre. Im weiterem bestand die reale Möglichkeit einer Islamisierung bzw. Talibanisierung Tschetscheniens.

- Die Islamische Republik Iran trat für die Führung einer Pipeline-Route von *Baku durch Iran zum Schatt-al-Arab* am Golf ein. Die Vereinigten Staaten, die Europäische Union und Israel lehnten diesen Vorschlag vehement ab, um erstens den iranischen Einfluss in Mittelasien zu konterkarieren und zweitens, um im Energiebereich ihre Abhängigkeit von der Region des arabischen Golfes zu reduzieren. Die USA und die EU traten prinzipiell für eine Diversifizierung der Pipeline-Routen ein. Zum Ärger der USA hat die iranische Regierung inzwischen mit Turkmenistan und Kasachstan Verträge über wirtschaftliche Zusammenarbeit bzw. über den Transfer von Gas nach Europa über das iranische Territorium geschlossen. Dies ist ökonomisch gesehen ein sinnvolles Projekt, denn es muss nur eine kurze Strecke gebaut werden, um den Anschluss an eine bestehende iranische Pipeline zu ermöglichen.
- Die *Baku-Supsa-Ceyhan-Route*, die sowohl von Georgien als auch von der türkischen Republik und den Vereinigten Staaten bevorzugt wurde. Da die Ceyhan-Route über kurdische Gebiete führt, musste das Problem Abdullah Öçalan und der Arbeiter Partei Kurdistan (PKK) gelöst werden, um stabile Verhältnisse in Kurdistan herzustellen. Nach einer Meldung des Westdeutschen Rundfunks Köln, Mitte Oktober 1998, drohte der türkische Präsident Süleyman Demirel der syrischen Republik mit einem Krieg, wenn sie Öçalan nicht unverzüglich ausweisen werde. „Die Türkei behält sich das Recht vor, militärisch gegen Syrien vorzugehen.“[11] „Wir werden am Mittwoch mittags in Damaskus sein, wenn Syrien Öçalan nicht ausweisen wird“, so türkische Verlautbarungen am vorangehenden Montag. Bekanntlich wurde Abdullah Öçalan aus Syrien ausgewiesen und bis zu seiner Festnahme am 15.2. 1999 in Nairobi durch mehrere Länder getrieben. Neben der Stationierung von mehr als 200 000 türkischen Soldaten in den kurdischen Gebieten[12] waren mit der faktischen Enthauptung der PKK die Bedingungen

---

11 Vgl. Chronik, in: FAZ, 19.2.1999, S. 11.

12 Vgl. Rößler, Hans-Christian, Verbot und Verfolgung konnten die PKK nicht nachhaltig schwächen, in: FAZ, 19.2.1999, S.11.

für die Durchführung des 1 750 Kilometer langen Ölpipelineprojektes erfüllt, die seit dem 18. September 2002 realisiert wird.[13]

- Die *Baku-Tbilissi-Ceyhan-Route*: Für diese Variante, bei der sowohl Russland als auch Iran umgangen werden, plädiert sowohl die armenische als auch die türkische Regierung, und sie wird seitens der Vereinigten Staaten unterstützt. Unter ökonomischen Gesichtspunkten erscheint diese „teuerste Pipeline der Welt"[14] wenig sinnvoll, aber weil sowohl Russland als auch Iran außen vor bleiben, wird sie dennoch gebaut werden. Am 18.9.2002 wurde mit dem Bau der Pipeline, die 2005 betriebsbereit sein soll, begonnen.[15]
- Die fünfte Variante einer Pipeline-Route war von *Baku bzw. Turkmenistan über das afghanische Territorium nach Pakistan* (Multan) zum Indischen Ozean und sogar weiter bis Neu Delhi geplant und wurde ausschließlich vom US-Konzern UNOCAL, unter politischer Mitwirkung Henry Kissingers, Zalmay Khalilzads und Hamed Karsais favorisiert. Nach dem Versagen zunächst der afghanischen Modjahedin und später der Taliban, in Afghanistan ein stabiles Regime zu installieren und für Ruhe und Sicherheit an der geplanten Pipelinetrasse zu sorgen, wurde dieser Plan auf Anraten Henry Kissingers vorläufig fallen gelassen bzw. auf Eis gelegt. Wir haben keinen Zweifel daran, dass es ohne dieses ökonomische Projekt von UNOCAL jemals zur Talibanisierung Afghanistans gekommen wäre! Nach dem Zusammenbruch des Talibanregimes steht dieses Vorhaben wieder auf der Tagesordnung. Daher muss die Präsenz der US-Truppe in und um Afghanistan auch in folgendem Kontext gesehen werden: In Afghanistan geht es nicht nur um die von den CIA/ISI ausgebildeten, ausgerüsteten und dahin abkommandierten Taliban, Bin Laden oder Al Qaida, vielmehr war Zentralasien, wie schon zitiert, seit 1997 zur „geostrategischen Interessenzone der USA deklariert" worden. Neben dem aserbaidschanischen Erdöl ist die zweitgrößte Erdgasreserve der Welt in Turkmenistan das Ziel der großen US-Ölkonzerne. Verhandlungen über diese Pipeline durch Afghanistan wurden bereits wieder aufgenommen, und am 30. Mai 2002 wurde zwischen Turkmenistan, Afghanistan und Pakistan in Islamabad diesbezüglich ein „Memorandum of understanding" unterzeichnet.[16]

---

13 Vgl. Hermann, Rainer, Lebenslinie der Macht, in: FAZ, 2.10.2002, S. 3.

14 Quiring, Manfred, Die teuerste Pipeline der Welt, in: Die Welt, 25.9.2002, S. 16.

15 Vgl. Winkler, Peter, Baubeginn der Baku-Ceyhan-Pipeline, in: Neue Zürcher Zeitung (NZZ), 19.9.2002, S. 3; Zitzelsberger, Gerd, Osteuropa-Bank steht vor ihrem größten Projekt, in, Süddeutsche Zeitung (SZ), 30.5.2003, S. 22.

16 Vgl. Afghan pipeline given go-ahead, in: BBC News online, 30.5.2002.

Die USA-Pipelinepolitik, die darauf gerichtet war, die Vorschläge der russischen und der iranischen Regierung zu torpedieren, die NATO-Osterweiterung bis an Russlands Grenzen voranzutreiben, das unermüdliche Verlangen des georgischen Präsidenten Edward Schewardnadse, sein Land so schnell wie möglich in die NATO zu führen (dies wiederholte er erneut am 15. September 2002), und die inzwischen mehrfach gemeinsam mit US-amerikanischen Einheiten vor Russlands Tür durchgeführten Militärmanöver verursachten eine heftige Reaktion seitens der Regierung der Russischen Föderation.

Hinzu kommen zwei weitere Faktoren: Zum einen sind die Vereinigten Staaten und die NATO durch den Vertrag der sog. „Partnership for Peace" (PfP),[17] mit achtundzwanzig Ländern rings um die Russische Föderation verflochten, so dass sie jederzeit auf einen angeblichen oder tatsächlichen „Hilferuf" hin militärisch intervenieren können. Dass auch die Russische Föderation in diese PfP eingebunden wurde, ist nicht mehr als ein taktisches Manöver, um das russische Militär zu beruhigen. Zum anderen sind die Vereinigten Staaten seit dem Beginn des Krieges gegen Afghanistan am 7. Oktober 2001 auf Militärbasen in Mittelasien und im Kaukasus mit modernstem Rüstungspotential präsent. Die Führung der russischen Armee hat schon mehrfach ihre Beunruhigung wegen der Anwesenheit der US-Armee unmittelbar an der russischen Grenze verlautbaren lassen, was aber folgenlos bleiben muss. Denn die Russische Regierung kann nichts dagegen unternehmen und muss sich nolens volens damit abfinden. Der russische Präsident Wladimir Putin persönlich musste die Militärs beruhigen, indem er verlautbaren ließ, mit der US-Militärpräsenz in der Region kein Problem zu haben.

Der Nuklearstratege am Massachusetts Institute of Technology (MIT), Theodore Postol, erkennt in der Verschiebung der USA und NATO-Maschinerie bis an Russlands Grenzen die Gefahr, dass die kleinste Krise sich zur militärischen Konfrontation ausweiten könnte.[18] Diese Befürchtung wird durch die unverhohlene Einmischung der Vereinigten Staaten in den russisch-georgischen Nervenkrieg um das Pankisi-Tal, wo dorthin zurückgewichene tschetschenische Kämpfer von der russischen Armee angegriffen wurden, bestätigt.[19] Der ehemalige georgische Präsident Edward

---

17 Balanzino, Sergio, Ein Jahr nach Sintra: Die Erreichung kooperativer Sicherheit mit Hilfe des EAPR und der PfP, in: NATO Brief, Brüssel, Jg. 46, 1998, Nr. 3, S. 4-8.

18 Vgl. Postol, Theodore, „Amerika ist kein verlässlicher Partner" – der Nuklearstratege Professor Theodore Postol über die Gefahren eines globalen Wettrüstens ..., in: Der Spiegel, Nr. 33/2000, 14.8.2000, S. 138.

19 Vgl. Avenarius, Tomas, Der georgische Knoten, in: SZ, 27.8.2002, S. 4; Putin drängt Schewardnadse zum Handeln, in: NZZ, 29.8.2002, S. 2; Russisch-georgischer Nervenkrieg, in: NZZ, 30.8.2002, S. 3.

Schewardnadse kündigte in einem Brief an die Russische Führung unmissverständlich an, auf eine militärische Intervention Russlands angemessen reagieren zu wollen. „Wenn so etwas noch einmal passieren sollte, werden die georgischen Sicherheitskräfte alles tun, was ein souveräner Staat in einer solchen Lage tun muss,"[20] hob Schewardnadse hervor.

Am 12. September 2002 informierte der russische Präsident Wladimir Putin den UN-Sicherheitsrat darüber, dass Russland eine militärische Intervention ins georgische Pankisi-Tal in Erwägung ziehen werde, wenn die georgische Regierung den Terroristen nicht Einhalt gebieten sollte. Er verglich die Lage in Georgien mit jener in Afghanistan unter dem Taliban-Regime, wo die Attentate auf das World Trade Center vorbereitet worden seien.[21] Daraufhin lenkte Präsident Schewardnadse am 13. September 2002 ein und verkündete seine Absicht, das Problem mit Russland einvernehmlich lösen zu wollen.[22] Dennoch ließen sich weder die USA noch die EU die Gelegenheit nehmen und warnten am 14. September 2002 zum wiederholten Mal die russische Regierung vor einem Alleingang im georgischen Pankisi-Tal. Als am 16. September die Nachrichtenagenturen meldeten, dass georgische, russische und US-amerikanische Militäreinheiten gemeinsam gegen die Islamisten im Pankisi-Tal operieren werden,[23] war die Welt für den einzigen Weltpolizisten USA schließlich „in Ordnung".

Wegen der US-Ambitionen, den Irak zu afghanisieren, gewinnen afghanische und mittelasiatische Militärbasen für die Vereinigten Staaten eine qualitativ neue Bedeutung. Denn von diesen Basen aus bis zum Golf ist es nur noch ein „Katzensprung". Außerdem werden die Vereinigten Staaten damit von den europäischen NATO-Partnern völlig unabhängig. „Die USA verknüpfen den Kampf gegen die weltweit agierenden Terrorzellen mit einer Strategie der Machterweiterung im Nahen und Mittleren Osten."[24] Dabei bleibt ihr eigentliches Ziel „Ressourcensicherung und Sicherung strategischer Brückenköpfe".[25]

Von großer Bedeutung dürfte in dieser konfliktreichen Region sein, dass 1999 die Regierungen der Türkei und Israels eine militärische Zusammenarbeit vereinbart haben und die Luft- und die Seestreitkräfte beider Länder schon gemeinsame Manöver abhalten.[26] Einer der Ideologen des

---

20 Avenarius, Tomas, Der georgische Knoten, in: SZ, 27.8.2002, S. 4.

21 Russisch-georgischer Nervenkrieg, in: NZZ, 30.8.2002, S. 3.

22 Vgl. Nachrichten, in: Deutsche Welle, Köln, 13.9.2002.

23 Vgl. Nachrichten, in: Deutsche Welle, Köln, 16.9.2002.

24 Senocak, Zafer, Null Toleranz gegen den Islamismus, in: Die Welt, 24.11.2002, S. 9.

25 Ebd.

26 Vgl. Barak wirbt in Ankara für seine Friedenspolitik, in: FAZ, 29.8.2000, S. 7.

Kalten Krieges, Samuel Huntington, plädiert dafür, dass die Türkei „im Rahmen der islamischen Zivilisation" die Führungsfunktion zu übernehmen habe.[27] Die Türkei hegt Ambitionen, als „großer Bruder" der Turkvölker Mittelasiens zu fungieren. Hier geht es nach den Sicherheitsexperten F. Stephen Larrabee und Huntington um eine gravierende strategische Aufwertung der Türkei – seit dem Ende des Kalten Krieges, die ausschließlich unter dem massiven US-Interesse am Mittleren Osten, am Balkan und am Kaspischen Becken zu sehen ist. „In jeder dieser drei Regionen ist die Zusammenarbeit der Türkei entscheidend für die Realisierung breiterer US-strategischer Ziele,"[28] hebt Larrabee hervor. Es muss betont werden, dass die Türkei heute für die Regionalstrategie der Vereinigten Staaten eine wesentlich größere Bedeutung erlangt hat als die Europäische Union und die NATO.

Ein weiterer Mitspieler in dieser Partie im Kampf um die Rohstoffe dieser Region ist die Atommacht VR China, die nach USA-Vorstellungen von der Region ebenfalls fernzuhalten wäre, die jedoch schon mit Kasachstan den Bau einer 3 000 km langen „Freundschaftspipeline" vom Kaspischen Meer über chinesisches Territorium nach Ostasien vereinbart hat. Dadurch wird nicht nur Chinas eigener Bedarf gedeckt, sondern das Land wird in der Zukunft den wichtigen Energiezufluss nach Japan und andere asiatische Industrieländer kontrollieren können. Die Chinese National Petrol Corporation (CNPC) hat 1997 für 5,62 Milliarden US-Dollar je 60 % der beiden größten Öl- und Gasförderanlagen Kasachstans erworben. Das chinesische Engagement wird von den anderen interessierten bzw. beteiligten Mächten mit Besorgnis registriert. Beobachter befürchten, dass sich die beiden Großmächte der Region, nämlich die Russische Föderation und die VR China, in Zentralasien „in die Haare geraten" könnten. Eher noch könnte es zwischen den USA und der VR China zu einer militärischen Auseinandersetzung um die Vormachtstellung in Asien kommen. Diesbezüglich entwickelte Henry Kissinger in der Springer-Zeitung „Die Welt" ein Szenario: eine möglicherweise militärische Auseinandersetzung, wobei für ihn die Frage jedoch noch offen ist, ob und in welcher Weise sich die NATO-Verbündeten an einem US-chinesischen Konflikt beteiligen würden.[29] Der kürzlich vorgelegte Bericht des Pentagon warnt eindringlich vor einer angeblichen militärischen Macht Chinas.[30]

---

27 Vgl. Barth, P., Der Kaspische Raum zwischen Machtpolitik und Ölinteressen, a.a.O., S. 46.

28 Larrabee, F. Stephen, U.S. and European Policy toward Turkey and the Caspian Basin, in: Blackwill, Robert D. (Hrsg.), Allies Divided, Cambridge, Mass. 1997, S. 151.

29 Kissinger, Henry, China steuert einen neuen Kurs, in: Welt am Sonntag, 9.5.1999, S. 37.

30 Vgl. Rüb, Matthias, Chinesischer Drache, in: FAZ, 20.8.2007, S. 10; Sandschneider,

Die Raketenpläne der USA, die unter Ronald Reagan als „Krieg der Sterne“ bekannt wurden, von Präsident Bill Clinton aus der Mottenkiste geholt und von seinem Nachfolger George W. Bush mit der Schurken-Staaten-Theorie legitimiert werden, sind nach Ansicht des Direktors des Institutes für Verteidigungsfragen bei den britischen Streitkräften, Jonathan Eyal, in erster Linie gegen die VR China gerichtet. „Sie (die USA, d.Verf.) wollen nicht in die Lage geraten, Peking irgendwann als gleichrangig behandeln zu müssen – so wie sie das zu ihrem Leidwesen in den vergangenen 50 Jahren mit Moskau tun mussten. Die Strategen im Pentagon sehen China als die eigentliche Gefahr für Amerikas Zukunft. Deswegen verstärkt Washington seine Streitkräfte im Pazifik und plant ein Verteidigungssystem mit Taiwan und Japan. Da sie das nicht öffentlich bekennen wollen, tischen sie uns für die (nationale Raketenabwehr, d.Verf.) NMD-Debatte diese billigen und zum Teil wirklich dummen Argumente auf, die für jeden Militärstrategen einfach lächerlich klingen.“[31] Schon vor mehr als fünf Jahren hatte der US-Geheimdienst CIA in einer Geheimstudie die VR China als potentiellen Feind Nummer eins der Vereinigten Staaten eingestuft.

Nachdem die Verteilung der Rohstoffe in der genannten Region abgeschlossen war, trat die brisante geostrategische Lage des Raumes in den Vordergrund. Mit dem Beginn des Krieges gegen Afghanistan haben sich die Vereinigten Staaten in dieser Region militärisch voll etabliert, und niemand ist zur Zeit in der Lage, sie von dort zu verdrängen. Der US-Verteidigungsminister Rumsfeld stellte fest, dass die USA „auf Dauer“[32] in der Region Mittelasiens und „längerfristig“[33] in Afghanistan, das nun zu ihrem Protektorat degradiert ist, bleiben werden. Auch Tom Daschle, Führer der demokratischen Partei im US-Senat, befürwortete bei einer Visite in Taschkent „eine dauerhafte Präsenz“[34] der USA in dieser Region.

Die Länder der Region versuchen, den Vormarsch der USA, wenn sie ihn auch nicht ganz verhindern können, möglicherweise doch noch zu begrenzen. Im Jahre 2001 haben die Staatschefs – nun in der durch Usbekistan erweiterten Zusammensetzung – die Bildung der Schanghai-Kooperations-Organisation (SCO) als regionales Bündnis vorgestellt. Hervorgegangen ist diese Organisation aus der Gruppe der „Schanghai-Fünf“, die aus der VR China und Russland sowie den zentralasiatischen Nachfolge-

Eberhard, Globale Rivalen. Chinas unheimlicher Aufstieg und die Ohnmacht des Westens, München 2007.

31 „Amerikas Angst vor China“, in: Der Spiegel, Nr. 23/2000, 5.6.2000, S. 164.

32 La Gorce, Paul-Marie de, Kriegsszenarien und Rüstungsboom, in: Le Monde Diplomatique, März 2002, S. 16.

33 Rumsfeld für längerfristiges Engagement in Afghanistan, in: NZZ, 9.4.2202, S. 1.

34 Klussmann, Uwe, Eine dauerhafte Präsenz, in: Der Spiegel, Nr. 7/2000, 9.2.2002, S. 134.

staaten der UdSSR Kasachstan, Kirgisien und Tadschikistan bestand. Diese fünf Staaten hatten 1996 eine Vereinbarung über vertrauensbildende Maßnahmen an ihren gemeinsamen Grenzen getroffen. Im Jahre 1997 folgte ein Abkommen über die Verringerung der militärischen Präsenz in den Grenzräumen. Als gemeinsame Ziele wurden benannt: gegenseitiges Vertrauen, Freundschaft und gute Nachbarschaft; effektive Zusammenarbeit in den Bereichen Politik, Handel und Wirtschaft, Wissenschaft und Technik, Kultur und Bildung, Energieversorgung, Transport, Ökologie u.a.; Gewährleistung von Frieden, Sicherheit und Stabilität in der Region. Zentralen Raum im Zusammenwirken der Teilnehmerstaaten haben in der Folgezeit auch der Kampf gegen nationalistischen und religiösen Extremismus in der Region sowie die grenzüberschreitende Bekämpfung des Drogenhandels und der organisierten Kriminalität eingenommen.

Neben den zahlreichen künstlich geschürten und politisch instrumentalisierten „Nationalitäten-Konflikten" in den Gebieten der untergegangenen Sowjetunion kann der immer noch ungeklärte völkerrechtliche Status des Kaspischen Meeres zu einer militärischen Auseinandersetzung führen, wenn das Problem nicht einvernehmlich gelöst wird. Zuvor teilten sich die Sowjetunion und der Iran völkerrechtlich das Kaspische Meer. Nach dem Ende der UdSSR bilden nun fünf Staaten (Kasachstan, Turkmenistan, Iran, Aserbaidschan und die Russische Föderation) die Anrainer des Kaspischen Meeres, die divergierende Nutzungsansprüche erheben.

Ein weiterer brisanter Aspekt, der in der Diskussion kaum Beachtung findet, ist eine bis heute nie da gewesene Einkreisung der Russischen Föderation durch die inzwischen auf achtundzwanzig angewachsenen Staaten, die im Rahmen der PfP mit den USA bzw. der NATO verbunden sind und jederzeit NATO-Hilfe in Anspruch nehmen können. Auch in diesem Zusammenhang darf die „Neue NATO-Doktrin" nicht außer Acht gelassen werden.

Als ob all diese Konfliktpotentiale noch nicht ausreichen würden, um eine Katastrophe zu verursachen, versucht die griechische Regierung antitürkische Kräfte in der Region des Kaspischen Meeres als Partner zu gewinnen, um ein Gegengewicht zur Türkei zu schaffen. Noch dramatischer wird das Ringen um die Energiereserven des 21. Jahrhunderts, weil die beiden Rivalen und neuen Atommächte Indien und Pakistan nicht nur an der Verteilung der Rohstoffe der Region teilhaben wollen, sondern auch auf den dortigen Märkten mitmischen wollen.

Auch die Europäische Union ist durch die PfP in der Region militärisch eingebunden. Ökonomisch ist sie mit britischen, französischen, italienischen und bundesdeutschen Ölkonzernen in der kaspischen Region stark vertreten. Hinzu kommt, dass weitere EU-Konzerne, allen voran bundesdeutsche Firmen, in Bereichen der Infrastruktur und Regierungsberatung eine Vorreiterrolle spielen und dabei einen beachtlichen Marktanteil gewonnen haben. Dies gilt als Prä-Investment, wodurch Bedingungen geschaffen werden, um künftig intensivere europäische Investitionen in der Region zu begünstigen.

Die Bundesrepublik Deutschland war der erste Staat, der nach dem Untergang der Sowjetunion sofort zu allen Ländern des transkaukasischen Raumes diplomatische Beziehungen aufnahm. Die Bundesrepublik definiert ihr Interesse in dieser Region noch nicht geostrategisch, zumindest nicht öffentlich, und operiert vorläufig unter EU-Flagge. Ein offenes Bekenntnis der Bundesregierung zu ihrem geostrategischen Interesse, wie es eigentlich in den „Verteidigungspolitischen Richtlinien"[35] von 1992 klar formuliert war, einschließlich eines Militäreinsatzes, würde unweigerlich deutsche Großmachtambitionen zu Tage treten lassen. Dies könnte sowohl innerhalb der EU als auch mit anderen Mächten, wie den USA, der VR China, Russland usw. zu Auseinandersetzungen führen. Nichts desto trotz ist die Bundesregierung, vor allem die SPD, an vorderster Front um Terraingewinnung in der Region Mittelasiens, des Kaspischen Meeres und im Kaukasus bemüht. Noch in der Regierungszeit der CDU/ CSU-FDP drängte die SPD-Bundestagsfraktion die Bundesregierung, initiiert von ihrem „linken Flügel" um Gernot Erler, in mehreren parlamentarischen Anfragen zu einem intensiveren Engagement in dieser Region.[36] Bald arbeitete sie ein Strategie-Papier „Zukunftsregion Kaspisches Meer"[37] aus, worin die Marschrichtung der ökonomischen Expansion der BRD klar zum Ausdruck kommt.

Wer insgesamt aus diesem Gerangel als Sieger hervorgehen wird, ist, trotz USA-Vorsprung, noch keineswegs entschieden. Aber nach einer friedlichen Zukunft für die Völker dieser Region sieht es derzeit nicht aus – außer, wenn die Friedenskräfte sich international zusammenschließen würden und den Kriegstreibern und Rohstoffhaien Einhalt gebieten könnten. Ange-

---

35 Bundesminister der Verteidigung (Hrsg.), Die Verteidigungspolitischen Richtlinien für den Geschäftsbereich des Bundesministers der Verteidigung. Bonn, 26.11.1992, S. 5; Naumann, Klaus, Bundeswehr vor neuen Herausforderungen, in: Soldat und Technik, 1/1995, S. 11.

36 Kleine Anfrage der Abgeordneten Gernot Erler u.a. und der Fraktion der SPD, in: Verhandlungen des Deutschen Bundestages, 13. Wahlperiode = Drucksache 13/9080; Antwort der Bundesregierung auf die Kleine Anfrage der Abgeordneten Gernot Erler u.a. und der Fraktion der SPD, in: Verhandlungen des Deutschen Bundestages, 13. Wahlperiode = Drucksache 13/9363.

37 Erler, Gernot u.a., Zukunftsregion Kaspisches Meer, Deutsche Interessen und Europäische Politik in den transkaukasischen und zentralasiatischen Staaten, (Hrsg.) SPD-Bundestagsfraktion. Erler, Gernot, Ölboom am Kaspischen Meer: Die deutschen Interessen, in: Ost-West-Contact, Münster, 11/1997, S. 28-29.

sichts der skizzierten Konstellationen muss es die dringende Aufgabe der kritischen Wissenschaft sein, sich ernsthaft mit dieser Problematik zu befassen.

Zusammenfassung

- Ohne die Rohstoffe dieser Region hätte es niemals eine Ausweisung Abdullah Öçalans aus Syrien, seine weitere Verfolgung und die Zerschlagung der kurdischen Nationalbewegung gegeben.
- Auch die Taliban als eigenständige militärische Organisation wären ohne die Rohstoffe dieser Region und ihre geostrategische Bedeutung nie zustande gekommen. Sie wären auch niemals während ihrer Herrschaft in Afghanistan unter den ökonomischen und politischen Einfluss der Al Qaida geraten.
- Ohne die Rohstoffpolitik der Vereinigten Staaten, die die Russische Föderation aus dem Geschäft in dieser Region herausdrängen will, wäre es niemals zum zweiten Tschetschenien-Krieg gekommen. Denn durch Unsicherheit und Unstabilität in Tschetschenien werden russische Firmen aus dem Öl- und Gasgeschäft heraus manövriert.
- Ohne den Krieg gegen Afghanistan, hätten sich die Vereinigten Staaten niemals so schnell und in so starkem Maße in der Region militärische Stützpunkte schaffen und sich dort auf Dauer festsetzen können.
- Aus dem bis jetzt ausgefochtenen Kampf um die mittelasiatischen Energieressourcen und um geostrategischen Geländegewinn sind eindeutig Iran und Russland als Verlierer und die Vereinigten Staaten als Gewinner hervorgegangen.

Literatur

Afghan pipeline given go-ahead, in: BBC News online, 30.5.2002.

Amerikas Angst vor China, in: Der Spiegel, Nr. 23/2000, 5.6.2000, S. 164-167.

Antwort der Bundesregierung auf die Kleine Anfrage der Abgeordneten Gernot Erler u.a. und der Fraktion der SPD, in: Verhandlungen des Deutschen Bundestages, 13. Wahlperiode = Drucksache 13/9363.

Avenarius, Tomas: Der georgische Knoten, in: Süddeutsche Zeitung (SZ), 27.8.2002, S. 4.

Balanzino, Sergio, Ein Jahr nach Sintra: Die Erreichung kooperativer Sicherheit mit Hilfe des EAPR und der PfP, in: NATO Brief, Brüssel, Jg. 46, 1998, Nr. 3, S. 4-8.

Barak wirbt in Ankara für seine Friedenspolitik, in: Frankfurter Allgemeine Zeitung (FAZ), 29.8.2000, S. 7.

Baraki, Matin, Die Beziehungen zwischen Afghanistan und der Bundesrepublik Deutschland 1945 – 1978, dargestellt anhand der wichtigsten entwicklungspolitischen Projekte der Bundesrepublik in Afghanistan, Frankfurt/M. 1996.

Barth, Peter, Der Kaspische Raum zwischen Machtpolitik und Ölinteressen, München 1998.

Brzezinski, Zbigniew K., Die einzige Weltmacht, Weinheim 1997.

Bundesminister der Verteidigung (Hrsg.), Die Verteidigungspolitischen Richtlinien für den Geschäftsbereich des Bundesministers der Verteidigung. Bonn, 26.11.1992.

Das Strategische Konzept des Bündnisses; Gipfelkonferenz der Staats- und Regierungschefs in Washington am 23. und 24. April 1999, in: NATO Brief, Brüssel, Jg. 47, 1999, Nr. 2, D 7-13.

Eizenstat, Stuart, Aussage vor dem Unterausschuss für internationale Wirtschaftspolitik, Export und Wirtschaftsförderung des Senate Foreign Relations Committee, 23.10.1997, zitiert nach: Garnett, Sherman W. u.a., Der Kaspische Raum vor den Herausforderungen der Globalisierung, Opladen 2001.

Erler, Gernot u.a., Zukunftsregion Kaspisches Meer, Deutsche Interessen und Europäische Politik in den transkaukasischen und zentralasiatischen Staaten, (Hrsg.) SPD-Bundestagsfraktion.

Erler, Gernot, Ölboom am Kaspischen Meer: Die deutschen Interessen, in: Ost-West-Contact, Münster, 11/1997, S. 28-29.

Hermann, Rainer, Lebenslinie der Macht, in: FAZ, 2.10.2002, S. 3.

Jelzin lobt Erfolg der Außenpolitik, in: FAZ, 13.5.1998, S. 6.

Jelzin warnt vor amerikanischem Einfluss im Kaukasus, in: FAZ, 21.8. 1997, S. 1.

Kissinger, Henry, China steuert einen neuen Kurs, in: Welt am Sonntag, 9.5.1999, S. 37.

Kleine Anfrage der Abgeordneten Gernot Erler u.a. und der Fraktion der SPD, in: Verhandlungen des Deutschen Bundestages, 13. Wahlperiode = Drucksache 13/9080.

Klussmann, Uwe, Eine dauerhafte Präsenz, in: Der Spiegel, Nr. 7/2002, 9.2.2002, S. 132-135.

La Gorce, Paul-Marie de, Kriegsszenarien und Rüstungsboom, in: Le Monde Diplomatique, März 2002, S. 16.

Larrabee, F. Stephen, U.S. and European Policy toward Turkey and the Caspian Basin, in: Blackwill, Robert D. (Hrsg.), Allies Divided, Cambridge, Mass. 1997, S. 143-173.

McKinder, Halford John, The geographical pivot of history, in: Geographical Journal, Oxford, Vol. XXIII, No.4, 1904, S. 421-444.

Naumann, Klaus, Bundeswehr vor neuen Herausforderungen, in: Soldat und Technik, 1/1995, S. 9-16.

Postol, Theodore, „Amerika ist kein verlässlicher Partner" –: der Nuklearstratege Professor Theodore Postol über die Gefahren eines globalen Wettrüstens ..., in: Der Spiegel, Nr. 33/2000, 14.8.2000, S. 136-138.

Putin drängt Schewardnadse zum Handeln, in: Neue Zürcher Zeitung (NZZ), 29.8.2002, S. 2.

Quiring, Manfred, Die teuerste Pipeline der Welt, in: Die Welt, 25.9.2002, S. 16.

Rößler, Hans-Christian, Verbot und Verfolgung konnten die PKK nicht nachhaltig schwächen, in: FAZ, 19.2.1999, S.11.

Rüb, Matthias, Chinesischer Drache, in: FAZ, 20.8.2007, S. 10.

Rumsfeld für längerfristiges Engagement in Afghanistan, in: NZZ, 9.4. 2002, S. 1.

Russisch-georgischer Nervenkrieg, in: NZZ, 30.8.2002, S. 3.

Sandschneider, Eberhard, Globale Rivalen. Chinas unheimlicher Aufstieg und die Ohnmacht des Westens, München 2007.

Senocak, Zafer, Null Toleranz gegen den Islamismus, in: Die Welt, 24.11. 2002, S. 9.

Susbielle, Jean-François, China-USA. Der programmierte Krieg, Berlin 2007.

Winkler, Peter, Baubeginn der Baku-Ceyhan-Pipeline, in: NZZ, 19.9.2002, S. 3.

Zitzelsberger, Gerd, Osteuropa-Bank steht vor ihren größten Projekt, in, Süddeutsche Zeitung (SZ), 30.5.2003, S. 22.

WELCHEN EINFLUSS HAT DAS ÖL AUF DEN KONFLIKT MIT DEM IRAN?[1]

UDO STEINBACH

Als ich vor wenigen Wochen mit amerikanischen Kollegen über Iran diskutierte, da sagten diese Kollegen, die der gegenwärtigen Administration kritisch gegenüberstehen: „Im Augenblick haben wir zwei Flugzeugträgerverbände im Persischen Golf. Wenn wir hören, dass ein dritter abkommandiert wird, dann bedeutet das Krieg.“ Und wie Sie vorgestern gesehen haben, ist ein dritter Flugzeugträgerverband in den Persischen Golf gebracht worden. Damit werden die Amerikaner drei Flugzeugverbände dort haben – und das bedeutet wahrscheinlich eine militärische Auseinandersetzung.

Dies geschieht hinter einem Vorhang einer internationalen Politik, die kaum davon Kenntnis nimmt. Sie werden sehen, dass es auf absehbare Zeit am Persischen Golf mit Blick auf den Nahen und Mittleren Osten um bewaffnete Konflikte geht: Hierbei geht es allerdings nicht mehr so sehr um das Öl, das in vielfältiger Weise hinter den bewaffneten Konflikten und auch hinter unbewaffnet diplomatisch-politisch kommender Dominanz steht, als um einen Paradigmenwechsel vom Öl zur nuklearen Proliferation. Daran kann kein Zweifel sein.

Der Nahe und Mittlere Osten ist die Region, die wie keine andere Region in der Welt seit zwei Jahrhunderten von externen Mächten fremdbestimmt wird. Der Nahe und Mittlere Osten im Kontext des internationalen Systems hat seither mit strategischen Interessen westlicher Mächte zu tun, die unterschiedlich waren, was bis zum Ende des 18. Jahrhunderts zurückreicht. Damals begann der britisch-französische Wettbewerb um die Vorherrschaft im Nahen und Mittleren Osten. Das reicht durch das gesamte 19. Jahrhundert hindurch bis in die Gegenwart. Mittelostpolitik heißt Politik im Schatten europäischer Mächte, und das gilt auch für Iran. 1828, im Frieden von Turkmantschaj, hat Iran einen Teil seiner Territorien an Russland verloren. Durch das 19. Jahrhundert zieht sich die russisch-britische Dominanz als roter Faden der iranischen Geschichte hindurch – bis hin zu

1 Abschrift des Vortrages anlässlich der 24. Internationalen Sommerakademie am 13.7. 2007 vom Tonband: Wilhelm Nolte. Die Eigenarten wörtlicher, freier Redeweise wurden zumeist beibehalten.

zwei Revolutionen. Iran hat sich zweimal gegen diese westliche Dominanz erhoben – so gesehen, ist Iran ein Land von extremem Interesse. Iran hat zwei Revolutionen in einem Jahrhundert erlebt: einmal die Revolution von 1905/1906/1907 für eine liberale Verfassung und gegen britisch-russische Dominanz und die Revolution 1978/1979. Beide waren Revolutionen von unten, keine Militärputsche. Man mag Islamische Revolutionen unterschiedlich beurteilen, aber diese Revolutionen haben – wie die französische Revolution Europa – einen Teil der islamischen Welt zutiefst aufgemischt.

Das Ergebnis war ebenso wenig vorherzusagen gewesen wie das Ergebnis der französischen Revolution 27 Jahre nach 1789. Wer hätte damals im Kontext der konservativen Restauration in Europa gedacht, was aus der französischen Revolution hätte herauskommen können? Und so ist auch die Geschichte der Iranischen Revolution von 1978/79 noch nicht beendet.

Im Zentrum unserer Analyse steht das Öl, und es ist den Iranern über ein Jahrhundert nicht gelungen, die westliche Dominanz, die in der Tat von 1912 an eine Dominanz im Zeichen des Erdöls gewesen ist, abzuschütteln. Die Entdeckung des Erdöls im Iran ist zugleich das Schicksal Irans gewesen, bis zur Islamischen Revolution 1978/79.

Schon die Dominanz der Anglo-Iranian Oil-Company abzuschütteln, wurde zeitig versucht. Bereits Resa Schah, der in den dreißiger Jahren den Versuch machte, die iranischen Erdölressourcen im Zeichen eines iranischen Nationalismus zu nationalisieren, gelang es nicht. Stattdessen wurde der Schah, aus welchen Gründen auch immer, – man sagte, er sei während des Krieges Deutschland zu nahe gewesen –, zu Beginn der 1940er Jahre von Großbritannien abgesetzt und nach Südafrika verbannt. Und sein Sohn, der im Januar 1979 seinerseits abdanken musste und das Land verlassen hat, wurde der neue Schah. Schon sein Vater hat versucht, die Dominanz westlicher Mächte, insbesondere jene über die iranischen Ressourcen, abzuschütteln.

Der folgenreichste Coup ist der von 1952/53. 1951 machte der gewählte iranische Ministerpräsident Muhammed Mossadegh den Versuch, abermals die iranischen Erdölressourcen zu nationalisieren. Das war eine Revolution, ein Aufstand gegen die westlichen Interessen, insbesondere britische und amerikanische Interessen. Im August 1953 hatte der CIA einen Militärputsch gegen Mossadegh organisiert und Mossadegh wurde abgesetzt. Der Schah, der schon einmal das Land verlassen hatte, kam zurück, und die westlichen Erdölmächte und Erdölunternehmen waren weiterhin die Betreiber und die Ausbeuter iranischen Erdöls.

Dies war deswegen so folgenreich, weil ein direkter Faden vom August 1953 zum Februar 1979 gezogen werden kann: von einem Putsch gegen eine säkulare gewählte iranische Regierung zu einer erfolgreichen Revolution im Zeichen des Islamismus. Eine Agenda im Zeichen des säkularen iranischen Nationalismus schien erfolglos, statt dessen wandten sich die Iraner, insbesondere Teile der Mittelschicht, geführt von den Mullahs, dem Islam zu und machten dann, halbwegs erfolgreich, eine Revolution, die in der Tat den Westen und ihre Interessen in der gesamten Region zutiefst erschütterte.

Die islamische Revolution von 1979 ist nur als ein weiterer Versuch der Iraner zu verstehen, der zum ersten Mal 1905/06/07 unternommen wurde, westliche Interessendominanz abzuschütteln und auf gleiche Augenhöhe zu kommen. Sie werden sehen, dass dieser Versuch, diese innere Logik der iranischen Geschichte im 20. Jahrhundert, über ein Jahrhundert in unterschiedlicher Weise und auf der Grundlage unterschiedlicher Ideologien und Strategien, die gleiche Augenhöhe mit einem modernen Westen zu erreichen, auch die islamische Revolution bestimmt. Diese Logik ist letztlich auch hinter dem Versuch der Iraner zu sehen, die Kernenergie zumindest zivil, wenn nicht vielleicht sogar, das ist das große Fragezeichen, militärisch zu nutzen.

Im November 1979 besetzen Iraner die amerikanische Botschaft und halten 444 Tage lang amerikanische Diplomaten als Geiseln. Gewiss ein völkerrechtswidriger Akt, gar kein Zweifel daran, aber zugleich der Versuch, zu dominieren und deutlich zu machen, dass Iran von jetzt an niemandes Untertan, niemandes Lakaie mehr sein würde.

Wenn auch dieser Akt der Erhebung gegenüber westlicher Dominanz nur für einen kurzen historischen Augenblick gelungen war, so hat er doch starke symbolische Bedeutung. Wer kann einen Zweifel daran haben, dass hierbei das Erdöl auch heute noch – und mit Blick auf die Zukunft – fortan eine Rolle spielt, wenn es um Iran geht: Iran mit dem drittgrößten Reservoir an Erdöl und dem zweitgrößten Reservoir an Erdgas. Hiermit will ich deutlich machen, dass es, wenn es um Iran geht, ein gewaltiges historisches Ringen ist, das aus seiner eigenen Tradition und seiner eigenen Dynamik heraus versucht, über ein Jahrhundert westliche Dominanz, die im Zeichen des Erdöls gestanden hat, abzuschütteln.

Tatsächlich wurde diese islamische Revolution 1988 schon wieder „eingefangen“: das Experiment der islamischen Revolution, die eine neue weltpolitische Agenda schreiben wollte und 1988/89 schon an sein Ende kam. Es kam ans Ende, als der Westen – sittenwidrig – mit allen Mitteln Saddam Hussein unterstützte. Es war auch der Westen, der schwieg, als Saddam Hussein Giftgas gegen Iran einsetzte, und der verheimlichte, dass Saddam Hussein im Herbst 1980 den Krieg vom Zaun gebrochen hatte. Der Waffenstillstand zwischen einem Irak und einer islamischen Revolution, die angesichts der Sanktionen in ihrer Kriegführung behindert war, fand im August 1988 statt. Dieser Waffenstillstand markierte schon das Ende jenes iranischen Ehrgeizes, die weltpolitische Agenda, und sei es im Zeichen eines islamischen Fundamentalismus, neu zu schreiben.

Nun, wenn wir uns die Geschichte ansehen, dann sehen wir, dass auch jenseits von Iran, von iranischem Erdöl und Erdgas die Geschicke der gesamten Region bestimmt werden. Das Eindringen der amerikanischen Erdölunternehmen in Saudi-Arabien ab 1933, im Rahmen der Aramco, war das Vorspiel der militärischen Dominanz Amerikas nach dem Ende des Zweiten Weltkriegs. Die Amerikaner haben nie ein Hehl daraus gemacht, dass Erdöl (neben anderem) ihre Interessen leitet. Dies führte zur amerikanischen Militärpräsenz und zur amerikanischen Dominanz in der bis dahin von Großbritannien und Frankreich dominierten Region des Nahen und Mittleren Ostens ab 1945. Diesen Hintergrund dürfen wir bei den amerikanischen Investitionen 1933 im Erdölbereich – nämlich in Saudi-Arabien – nicht außer Acht lassen.

Auch der Schah war u.a. dazu da, die amerikanischen Investitionen und Interessen abzusichern. Denken Sie an den Beginn der siebziger Jahre, als die Erdölproduzenten im Nahen und Mittleren Osten, beginnend im Irak und bald in der ganzen Region, den Versuch machten, ihre Produktion und die gesamte Erdölwirtschaft endlich nach Jahrzehnten fremder Dominanz in eigene Kontrolle zu überführen. Dann, Anfang der siebziger Jahre, war der Versuch der Amerikaner, dem zu begegnen und diese Dynamik aufzufangen, indem man die beiden Protagonisten der Ölproduktion, nämlich Iran und Saudi-Arabien, zusammenspannte, um eine Pax Americana im Golf zu etablieren. Das war im Jahre 1971. Diese Pax Americana, die sollte auf den konservativen Regimen sowohl im Iran als auch in Saudi-Arabien beruhen, brach zusammen – mit der iranischen Revolution 1978/79, als eine völlig neue Weltagenda geschrieben werden sollte.

Gegenwärtig kann keiner übersehen, dass es nicht zuletzt Erdölinteressen sind und waren, die zur Intervention, zur Invasion im Irak geführt haben. Und niemand wird erwarten, dass sich die Amerikaner aus dem Irak zurückziehen – genau deswegen nicht. Sie werden nach meinen Vermutungen in wenigen Wochen einen Rückzug beginnen, aber die Kasernen für eine dauerhafte amerikanische Präsenz werden bereits gebaut, und zwar im kurdischen Teil des Irak. Aus dem arabischen Teil werden sich die USA weitgehend zurückziehen, und dabei wird die Infrastruktur für die Dominanz im kurdischen Teil vorbereitet. Und damit wird, ausgehend von und im Zusammenhang mit Erdölinteressen, ein neues Kapitel der Geschichte und der Politik des Nahen und Mittleren Ostens aufgeschlagen.

Dieses neue Kapitel wird ein Kapitel des 21. Jahrhunderts sein – nämlich eine neue Form von Palästinaproblematik. Nur wird es nicht um Palästina gehen, sondern um die Kurden. Die Kurdenfrage wird die Palästinaproblematik des 21. Jahrhunderts sein, nicht zuletzt vor dem Hintergrund von Erdölinteressen. Denn für die Kurden sind die Amerikaner die einzige Macht, die verlässlich ist. Wenn wir demnächst ein Referendum erleben über die Frage, ob Kirkuk kurdisch ist oder nicht, wird das Referendum, das ist zu erwarten, so ausgehen, dass Kirkuk – eine Stadt im Irak, die niemals in der Geschichte mehrheitlich kurdisch gewesen ist, sondern immer eine Stadt mit einer gemischten kurdisch-arabisch-turkmenischen Gesellschaft –, dann wird Kirkuk eine kurdische Stadt werden. Die Vertreibung, das ethnic cleansing, ist schon in vollem Gange, die Kurden vertreiben in der Region und aus dieser Stadt, was nicht niet- und nagelfest ist. Damit haben wir den nächsten Konflikt. Kirkuk, die Stadt, die auf dem größten irakischen Ölfeld gebaut ist, wird dann ein Teil eines kurdischen Staates, der gegen alle Reaktionen u.a. aus der Türkei von Amerika geschützt werden wird. Ich will damit vor Augen führen, dass das Erdöl mit Blick auf Iran wie mit Blick auf die gesamte Region in der Vergangenheit wie in der Zukunft interessenleitend, interessenbestimmend war und sein wird. Vor allem am Beispiel Kurdistans wird man dies in absehbarer Zeit deutlich beobachten können.

Irak war ohnehin nur als ein Vorspiel gedacht. Ich erinnere mich noch an Diskussionen, die ich in 2002 und in 2003 in Washington hatte. Es wurde deutlich, dass es eigentlich gar nicht um den Irak ging – den glaubte man ohnehin bereits „in der Tasche" zu haben. Die Irak-Besetzung war mehr oder minder als ein militärischer Spaziergang gedacht. Es ging und geht eigentlich um Iran. Zunächst ging es um Irak. Das irakische Regime war nicht wirklich ein Problem war für die USA. Schließlich war Saddam Hussein über Jahrzehnte der Mann der USA in der Region gewesen. Neuerdings aber war er unbotmäßig geworden, und man glaubte, dass man ihn jetzt wegschaffen könnte, um dann die eigentliche Bedrohung amerikanischer und westlicher Interessen in der Region zu eliminieren: die tatsächliche oder scheinbare Bedrohung aus Teheran. Iran war die eigentliche Herausforderung und ist bis heute das Trauma amerikanischer Politik: die Mullahs, die amerikanische Diplomaten gefangen hatten. Bis in den Krieg im Libanon im letzten Jahr hinein war die iranische Hand unübersehbar gewesen.

Es ging schon damals eigentlich um den Iran, und es geht auch künftig in der amerikanischen Politik in der Region um die eigentliche Bedrohung Iran. Das ist die Bewegung, der es 1979 gelang, ein vollständig amerikanisiertes Regime in Teheran gegen alle Vorzeichen zu stürzen. Zur bereits erwähnten Geiselnahme kamen dann die Offenbarungen der Iraner in zahlreichen Publikationen über das Spionagenetz der amerikanischen Botschaft, die deutlich gemacht haben, in welch tiefer Weise die amerikanische Botschaft ein Zentrum von nachrichtendienstlichen Aktivitäten, Umsturzversuchen usw. in der ganzen Region gewesen ist.

Amerikanische Politik bleibt primär auf Iran fixiert, der Irak ist gleichsam nur dazwischen gekommen. Das irakische Militärunternehmen war nicht ein „Spaziergang", sondern ein Desaster für die US-Administration. Folglich muss man nun in Richtung Iran einen Umweg machen. Wie dieser Umweg aussieht, werden wir diskutieren. Hierbei werden das Chaos im Irak und die immer sichtbarere Hinwendung des iranischen Regimes zur nuklearen Agenda unsere Aufmerksamkeit verlangen. Wir sehen den Einbruch Washingtons im Irak, und wir erleben zugleich die Hinwendung Irans zu einer nuklearen Agenda. Damit ist ein Paradigmenwechsel vorgezeichnet, vom Primat des Erdöls als interessenleitendem Primat hin zur Nuklearfrage. Dies stellt zugleich die Frage nach Strategien einschließlich Militärstrategien. Wie werden wir mit einer Macht fertig, die nuklear „geht" und mit der die USA seit der Revolution von 1979 in einem konfliktuellen Verhältnis stehen.

Bevor wir hierauf eingehen, noch wenige Worte dazu, dass sich in Sachen Erdöl und Erdgas die „Großwetterlage" im gesamten Mittleren Osten und vor allem jenseits des Mittleren Ostens entschieden verändert hat, selbstverständlich mit Rückwirkungen auf den Mittleren Osten.

Den Iranern ist es gelungen, die „Landschaft" der Interessenten am iranischen Erdöl und Erdgas zu diversifizieren. Das hat damit zu tun, dass seit einer Reihe von Jahren die asiatischen Mächte immer stärker auf den Ölmarkt drängen. Das führt zu einer Diversifizierung der Abnehmer, und es führt dazu, dass es für die Vereinigten Staaten oder für irgendeine andere singuläre Großmacht im Nahen und Mittleren Osten schwieriger wird, die Erdölpolitik und Erdgaspolitik zu bestimmen und einseitig zu dominieren. Wir sehen hier seit langem den Akteur Japan. Ohne jede Rohstoffe ist es abhängig vom Erdöl und Erdgas aus dem Nahen und Mittleren Osten. Daher sind die Japaner seit langem dabei, nicht nur Erdöl und Erdgas zu kaufen, sondern sich auch im Bereich von Investitionen in der Erdölwirtschaft im Iran vertieft zu engagieren. Zweitens sehen wir eine Macht, die mit allen Mitteln auf den mittelöstlichen Markt drängt: die Volksrepublik China. Die Chinesen, die Afrika seit langem entdeckt haben und die sich nunmehr den Nahen und Mittleren Osten erschließen, zumal in dem Maße, in dem die amerikanische Attraktivität und die Fähigkeit Amerikas, eine Vormachtrolle dort zu spielen, abnimmt. Wir beobachten seit langem, dass Amerikas Geltung als Vormacht oder als Ordnungsmacht schwindet.

Dann kam Saddam Hussein ins Spiel, der Kuwait überfiel und damit den USA die Agenda diktierte. Schließlich der Irak, wo die US-Administration mit ihrer Politik eines Regimewechsels zu einer Demokratisierung des Nahen und Mittleren Ostens eingebrochen ist: Sie ist im Nahen und Mittleren Osten auf vielfältigen Widerstand gestoßen, auch bei den Erdölproduzenten. Die vielleicht signifikanteste Geste ist, dass der erste Besuch des neuen saudischen Königs Abdullah, der in den letzten Jahren seines erkrankten Bruders so etwas wie der Reichs-Verweser war, Peking galt. Dies ist eine energiepolitische Revolution von weltpolitischer Bedeutung. Der konservative saudische König richtet seine erste Reise nicht in die USA, nicht nach England oder nach Europa, sondern er reist nach Peking. Man möge ermessen, welche Bedeutung das hat und welche Bedeutung der Faktor China mittlerweile neben Japan erhält. Nicht zu vergessen ist Indien.

Vor allem Japan und China sind nicht nur mit enormen Kapazitäten der Abnahme von Erdöl und Erdgas präsent, sondern auch bei den Investitionen. Naturgemäß bleibt der amerikanische Faktor nicht ganz außen vor, und die Sanktionen in den letzten zwölf Monaten und auch nur die Ankündigung von Eskalation von Sanktionen und möglicherweise die Perspektive eines Krieges gegen den Iran haben dazu geführt, dass sowohl die japanischen als auch die chinesischen Investitionen – die in Größenordnungen von bis zu 17 Milliarden Dollar angekündigt waren – bei der Erdölerschließung, der Zusammenarbeit bei der Erneuerung der Technologie, ausgeblieben sind. Insofern können wir sagen: Der amerikanische Faktor ist, wenn es um Iran geht, immer noch da und wirkt sich durchaus belastend, wirkt sich negativ auf die Bereitschaft Tokios, Pekings wie auch Delhis aus, sich jenseits von Handel mit Erdöl und Erdgas im Bereich von langfristigen Investitionen zu engagieren.

Eine Konsequenz haben wir erlebt, die können wir nicht klein reden: jüngst die Unruhen in Teheran, die damit zu tun haben, dass im Iran selbst der Benzinverkauf bei gleichzeitiger Anhebung der Preise rationiert werden musste. Iran ist noch immer, aus welchen Gründen auch immer, zu 40 % vom Import raffinierter Erdölprodukte aus dem Ausland abhängig. 40 % des im Iran verbrauchten Treibstoffs kommen aus dem Ausland. Mit Blick auf einen Krieg, mit Blick auf die Sanktionen, die über den Sicherheitsrat verschärft werden könnten, beginnt die iranische Regierung unter Ahmadinedschad Vorkehrungen zu treffen und den Benzinverbrauch einzuschränken, um von eben jenen Importen unabhängig zu werden – für den Fall, dass die Sanktionen eskalieren sollten und genau jene Importe treffen.

Das hat zu Unruhen geführt, die man in Washington möglicherweise für ein Vorspiel auf eine Regimekrise hält. Aber das wird es sicherlich nicht sein. Denn das iranische Regime ist mittlerweile kein demokratisches mehr – oder nur zum Teil. Die Wahl von Ahmadinedschad und – egal, wie sie zu Stande kam, demokratisch ist sie jedenfalls nicht zustande gekommen – die Tatsache, dass Ahmadinedschad gewählt wurde, bedeutete zugleich eine innere Militarisierung des Regimes in der Weise, dass die Pasteran, die Revolutionsgarden, aus deren Reihen Ahmadinedschad kommt, deren Sozialisation der Krieg von 1980 bis 1988 gewesen ist, dass diese Revolutionsgarden in Schlüsselpositionen im Inneren Irans vorgedrungen sind. Sollte also aus einer Volksbewegung eine Art von Aufstand werden, dann können wir sicher sein, ist dieses Regime vorbereitet, dann jene militärische Komponente auszuspielen, die bisher nur latent da ist.

Die Gestaltungsmöglichkeiten der USA sind auf Grund der veränderten Abnehmerstruktur in der Region geringer geworden, wenngleich noch präsent. Einer der großen Erfolge US-amerikanischer Erdölpolitik war, dass im Herbst 2005 jene Pipeline ans Netz gehen konnte, von deren Existenz vor zehn Jahren noch jedermann gedacht hat, sie würde nie ins Leben treten, nämlich die Pipeline Baku–Tiflis–Ceyhan. Diese Pipeline nimmt nicht nur aserbaidschanisches Erdöl auf, sondern vielleicht auch kasachisches Erdöl, vielleicht sogar turkmenisches Erdgas. Es ist eine Pipeline, die ganz bewusst – trotz enormer Kosten – an Russland vorbei und an Iran vorbei gebaut worden ist. Sie ist ein deutlicher antirussischer und selbstredend antiiranischer Affront im Herbst 2005.

Ich sagte, dass sich die Agenda verändert hat, und hatte neben der Atomfrage den Irak benannt. Irak hat Iran gewissermaßen zu einer regionalen Großmacht gemacht und zum wichtigsten Spieler gegen Amerika, eines Amerika, das Iran jetzt als Gegenspieler im Irak und darüber hinaus in Betracht zieht. Im Chaos des Irak gibt es eigentlich nur zwei wirkliche Spieler: Sei es Amerika mit seiner militärischen Präsenz von 170 000 Soldaten und Iran mit einer Vielfalt von Verbindungen vor allen Dingen in die schiitischen Städte. Iran hat den Amerikanern gezeigt, dass sie den Irak nicht stabilisieren werden können, wenn sie weiterhin die Konfrontation mit Iran suchen. Ein Gutteil dessen, was wir an Widerstand sehen, hier hat der CIA wohl Recht, sind die bewaffnen Gruppen im Irak, die am Ende amerikanische Soldaten töten. Wir können nur hoffen, als Deutscher und Österreicher, dass sie eines Tages nicht auch Soldaten in Afghanistan bewaffnen, die österreichische oder deutsche oder andere Soldaten dort töten.

Iran hat eine enorme Kapazität, in seinem unmittelbaren Umfeld aktiv zu werden, gegen Mächte, die als Feinde wahrgenommen werden, und Amerika wird als Feind wahrgenommen, seit der Revolution und um so mehr, als es seit 2003 im Nachbarland Irak mit Soldaten präsent ist. Die Vereinigten Staaten werden aus dem Irak nicht herauskommen, ohne sich in der einen oder anderen Weise mit den Iranern ins Benehmen zu setzen.

Es hat sich gezeigt, dass Amerika das im Prinzip akzeptiert und die US-Außenministerin Condoleeza Rice sieht das klarer als ihr Präsident. Man muss sich mit den Iranern zusammensetzen. Nur, wie weit kann das gehen? Da reicht die amerikanische Bereitschaft nicht sehr weit, zumindest nicht die Bereitschaft des Präsidenten. Warum sollte Iran denn nur um den Irak mit den USA verhandeln? Warum sollte Iran es den Amerikanern leicht machen, wenn die Amerikaner sich im Sicherheitsrat auf der anderen Seite weiterhin weigern, mit den Iranern in einem rationalen Gespräch über die Nuklearfrage zu diskutieren? Hier kommen wir in einen unauflöslichen Zusammenhang zwischen Iran, Irak und der Nuklearfrage. Hier bekräftige ich meine zentrale These, dass das Paradigma sich verändert – weg von der Ölproblematik, vom Ölinteresse, hin zu Interessen im Bereich der Proliferation.

Die Verbindung von Irak mit der Proliferationsfrage führt zu der Frage: Was bringt eigentlich die Iraner dazu, nuklear zu „gehen". Das ist eine sehr komplexe Frage, die lange zu diskutieren wäre, auch vor dem Hintergrund, wollen sie *nur zivil* nuklear „gehen" oder wollen sie am Ende nicht *auch militärisch* nuklear „gehen"? Aber zunächst ist eines klar: Wir haben diese Nuklearfrage in jenem Kontext zu sehen, den ich vorhin exponiert habe, nämlich dem historischen Streben Irans, aus der Froschperspektive herauszukommen, in der man über ein Jahrhundert auf die Weltpolitik zu sehen gezwungen war. Die Revolution von 1905/06, die Bemühungen des Schahs um Nationalisierung im Kontext des iranischen Nationalismus, die Bemühungen der Nationalisierung der Erdölfrage durch Mossadegh, gestoppt durch einen amerikanischen Putsch, und dann die islamische Revolution, gestoppt durch jenen Waffenstillstand und Ausgleich mit einem Saddam Hussein, mit einem Irak, den man während des Krieges unterstütze. Kaum war der letzte Schuss abgefeuert, wandten sich die Iraner wieder der Nuklearfrage zu und begannen, heimlich in der Tat, die Nukleardimension zu betreiben. Iran geht davon aus, dass seine Bemühungen um eine umfassende Nutzung der Kernenergie international rechtens sind. Das heißt, dass die internationale Gemeinschaft zunächst ein eigenes Problem damit hat, seine Intervention zu rechtfertigen.

Mir geht es um die Verdeutlichung, dass wir jetzt nicht mehr in erster Linie über das Öl als interessenleitend zu sprechen haben, sondern über die Proliferation, über die Nuklearfrage.

Im Januar 2006 hat die iranische Friedensnobelpreisträgerin Shirin Ebadi einen bemerkenswerten Artikel geschrieben, der in einer Reihe von amerikanischen Zeitungen veröffentlicht wurde. Sie stellt im Wesentlichen drei Punkte in den Vordergrund. Immerhin ist zu bedenken, dass man diese Zeitungen auch in Teheran lesen kann und deren Ergebnisse auch Ahmadinedschad vorgetragen werden. Erstens: We wish for his downfall. Wir haben ihn nicht gewählt, Herrn Ahmadinedschad, wir wollen, dass er fällt. Das ist nicht unser Mann. Nehmt den nicht so ernst, Ihr wertet ihn dauernd auf, indem Ihr seine ganzen Torheiten ernst nehmt und auf alles reagiert. Zweitens, auch Shirin Ebadi und fast alle Iraner wollen die friedliche Nutzung der Kernenergie. Sie ist für uns ein Ausweis, schreibt sie, auch für mich als Friedensnobelpreisträgerin, die ich aus Iran komme, ein Ausweis dafür, dass wir endlich im 21. Jahrhundert als moderner Staat ernst genommen werden, der über eine moderne Technologie verfügt. Und drittens: Bietet uns eine umfassende technologische Kooperation an und zugleich ein umfassendes Angebot der Unterstützung jener Kräfte im Iran, die auf eine Demokratisierung hinarbeiten. Verbindet also die Nuklearfrage mit der Perspektive der Demokratisierung Irans.

Hieran mögen wir ermessen, dass wir an einem Punkt sind, wo die Nuklearfrage eine psychologische Dimension hat und wo zwischen dem Westen, wie er jetzt verhandelt, und den Iranern, allerdings geführt durch eine dubiose Figur, die der jetzige Präsident tatsächlich ist, möglicherweise sich ein unauflöslicher Konflikt ergibt. Aber auch Chatami, den ich viele Male selbst gehört habe, den ich persönlich aus Hamburg kenne, noch als er an der Hamburger Moschee Imam war, sagt: Auch ich trete ein für eine friedliche Nutzung der Kernenergie, bei Aufrechterhaltung aller Kontrollmechanismen.

Lassen Sie mich meine sehr kursorischen Ausführungen, in denen ich nirgendwo ins Detail gehen konnte, zum Ende bringen.

Hier finden wir in eine Dimension hinein, die uns pessimistisch stimmt, was die Zukunft des Friedens in der Region und was die Frage betrifft, in welcher Weise die internationale Gemeinschaft mit Iran umgeht, sei es eines Iran, der im Sinne des Erdöls auf unserer Interessenagenda ganz oben steht, oder im Sinne der Nuklearfrage. Iran unter dem gegenwärtigen Präsidenten ist, und das kann niemand klein reden, eine Bedrohung geworden. Und im letzten Krieg im Libanon im Sommer 2006 haben die Iraner alle Karten gespielt, die sie spielen können, und möglicherweise werden sie sie auch weiter spielen. Die Radikalisierung des Mittleren Ostens hat sich vor dem Hintergrund einer internationalen Gemeinschaft fortgesetzt, die sich vollständig unfähig erweist, auf die Herausforderungen der Region zu reagieren. Ob das die Palästinafrage war, wo wir den Wahlsieger, das Wahlergebnis nicht anerkannt haben, mit dem vorhersehbaren Interesse, dass die Radikalen den Gaza-Streifen übernehmen würden, oder ob das Iran ist, Iran, eine Art Mullahkratie, was immer wir davon halten.

Iran ist – nicht übersehbar – die dynamischste Gesellschaft im Nahen und Mittleren Osten geworden, leider blockiert durch ein politisches System, durch Institutionen, die auf religiöser Grundlage beruhen und bisher nicht verändert werden konnten. Gleichwohl ist diese *Gesellschaft* Irans dynamisch. Warum hören wir da nicht auf diejenigen, die den Friedensnobelpreis bekommen? Warum wissen unsere Politiker besser, wie man mit Iran umgeht? Betrachten sie die Friedensnobelpreisträgerin nur als jemand, der endlich einmal etwas tut, was wir wollen? Wenn wir das so sehen, dann wählen wir die Falschen zum Friedensnobelpreisträger und umsonst und kontraproduktiv. Also auch, genau genommen, wie in der Palästinafrage, wo die internationale Politik nicht begreift, wo es eigentlich lang geht, genauso wenig begreifen wir, was die Iraner am Ende dazu bringt, und zwar vernünftig und pragmatisch, auf der Nutzung der Kernenergie zu bestehen.

Schließlich, – aber das eröffnet eigentlich nur eine weitere Dimension eines enorm komplexen Problembereichs –, kann niemand davon ausgehen, besser: Wir müssen wohl fast davon ausgehen, dass die Iraner auch militärisch nuklear „gehen" werden. Ist das dann ein Kriegsgrund? Darüber würden wir lange sprechen können. Oder wäre das sozusagen ein weiterer Incentive dafür, endlich eine umfassende Politik im Nahen und Mittleren Osten und global in die Wege zu leiten, die endlich auf eine De-Nuklearisierung gerichtet ist? Aber dann müssen alle nuklearen Aktivitäten, alle nuklearen Potentiale auf die Agenda, im Nahen und Mittleren Osten, einschließlich der israelischen. Davon redet im Augenblick niemand, und das macht die Iraner zu Recht noch zorniger. Wenn wir keinen Zugang, keine Lösung finden, dann ist, – wie immer Iran „gehen" mag, ob man sich auf die zivile Nutzung beschränkt, ob man militärisch nuklear „gehen" wird –, die Proliferation in der Region auf jeden Fall programmiert. Saudi-Arabien hat es angekündigt, die Jordanier, so potenzlos sie sein mögen, aber immerhin, sie haben den Ehrgeiz, haben es angekündigt, Ägypten hat es angekündigt, dass sie ebenfalls die Aktivitäten im Bereich der Nuklearenergie intensivieren werden.

Damit bin ich abschießend wieder bei jenem Punkt, den ich in das Zentrum rücken möchte: Wir sprechen über das Erdöl als interessenleitend, wenn es um Iran geht. Wir werden unsere Paradigmen dahingehend verändern müssen, dass wir die Nuklearfrage mit Blick auf die gesamte Region, ausgehend in der Tat von Iran, in den Vordergrund rücken. Wenn uns dann nichts anderes einfällt, als den Sicherheitsrat einzuschalten und noch einmal die Sanktionen eskalieren zu lassen, was für ein Armutszeugnis wäre das für uns!

Geopolitik und Ressourcen: Der Griff der USA nach Afrika

Werner Ruf

1. Africom

Am 6. Februar 2007 erklärte US-Präsident George W. Bush: „Dieses neue Kommando wird unsere Sicherheit in Zusammenarbeit mit Afrika verstärken und helfen, neue Möglichkeiten zu schaffen, um die Fähigkeiten unserer Partner in Afrika zu unterstützen. Africa Command wird unsere Anstrengungen steigern, um zu helfen, Frieden und Sicherheit zu den Völkern Afrikas zu bringen und unsere gemeinsamen Ziele der Entwicklung, Gesundheit, Erziehung, Demokratie und wirtschaftliches Wachstum in Afrika zu fördern."[1] Am 7. Februar wurde die Einrichtung von U.S. Africa Command (im Folgenden: Africom) offiziell bekannt gegeben und vom Europäischen Kommando der USA (EUCOM) in Stuttgart in einer Power Point Präsentation[2] sowie fast zeitgleich im Pentagon[3] der Presse vorgestellt. Diesem Konzept zufolge ist Afrika für die USA „von signifikanter strategischer und wirtschaftlicher Bedeutung". Hauptaufgabe von Africom ist es „die Fähigkeit unserer Afrikanischen Partner auszubilden, um Konflikte zu reduzieren, Sicherheit zu verbessern, Terroristen niederzukämpfen („defeat terrorists"), regionale Antworten auf Krisen zu unterstützen." Die geplante und z.T. schon seit Jahren im Gang befindliche Zusammenarbeit mit den Streitkräften afrikanischer Partnerstaaten zielt darauf:

- Fähigkeiten der Partner auszubilden;
- US-Regierungsorganisationen bei der Implementierung von Sicherheitspolitiken zu unterstützen;
- Sicherheitszusammenarbeit auf dem Gefechtsfeld durchzuführen;
- die Fähigkeiten zur Terrorismusbekämpfung der Partner zu verstärken,

---

1 Siehe http://www.eucom.mil/africom/transcripts/slides070000Lfeb2007.pdf; Zugriff am 27.6.2007.

2 Ebd. Übersetzung aus dem Englischen hier und im Folgenden W. R.

3 Siehe http://www.defenselink.mil/transcripts/transcript.aspx?transcriptid=3882; Zugriff am 30.6.2007.

- humanitäre Unterstützung zu verstärken, Katastrophen zu mildern, Gegenmaßnahmen (*„response activities“*) zu verbessern;
- den Respekt der Menschenrechte zu befestigen;
- afrikanische regionale Organisationen zu unterstützen;
- militärische Operationen durchzuführen.

Wie die im Dokument vorgestellte Karte (siehe Folgeseite) zeigt, verliert das europäische Kommando (EUCOM) in Stuttgart seine Zuständigkeit für Teile Afrikas, ebenso verlieren das Northern Command (Northcom) und das Southern Command (Southcom) im Atlantik potentielle Zuständigkeiten. Das bisher Ostafrika einschließende asiatische Central Command (Centcom) bleibt vorläufig weiter zuständig für Ägypten. Das Pazifische Oberkommando (Pacom) tritt seine Zuständigkeit für Madagaskar ebenfalls an Africom ab. Damit wird endgültig die „afrikanische Lücke“ geschlossen, die bisher noch nicht vom weltweit etablierten Netz der US-Oberkommandos abgedeckt war. Voll operationsfähig soll Africom im September 2008 sein, der Stab soll etwa 1 000 Mann umfassen. Zum Oberkommandierenden wurde der derzeit einzige im aktiven Dienst stehende US-General schwarzer Hautfarbe, William E. Ward, bisher Vize-Kommandierender von EUCOM, ernannt.

Doch ist Africom keineswegs ein *ex nihilo* geschaffenes neues Instrument der US-Außenpolitik: Schon seit Jahren hatte EUCOM durch Schiffspatrouillen im Golf von Guinea den Transport von Kohlenwasserstoffen aus Angola, Nigeria und Äquatorial-Guinea und Stützpunkte entlang der westafrikanischen Küste überwacht.[4] Insbesondere seit September 2001 wurden die militärischen Ausbildungs- und Trainingsprogramme (*International Military Education and Training*, IMET) der USA in den meisten afrikanischen Staaten etabliert oder erweitert. 2002 gründeten die USA in der Folge von 9/11 die *„Pan Sahel Initiative“*, die dann 2005 durch die *„Trans-Sahara Counterterrorism Initiative“* (TSCTI) abgelöst wurde. Hauptaufgabe der beiden Initiativen ist die Ausbildung afrikanischer Soldaten für die Terrorismusbekämpfung durch die US-Special Operation Forces.

4 International Institute for Strategic Studies: Strategic Comments, Vol. 14, Issue 2, March 2007.

U.S. Africa Command

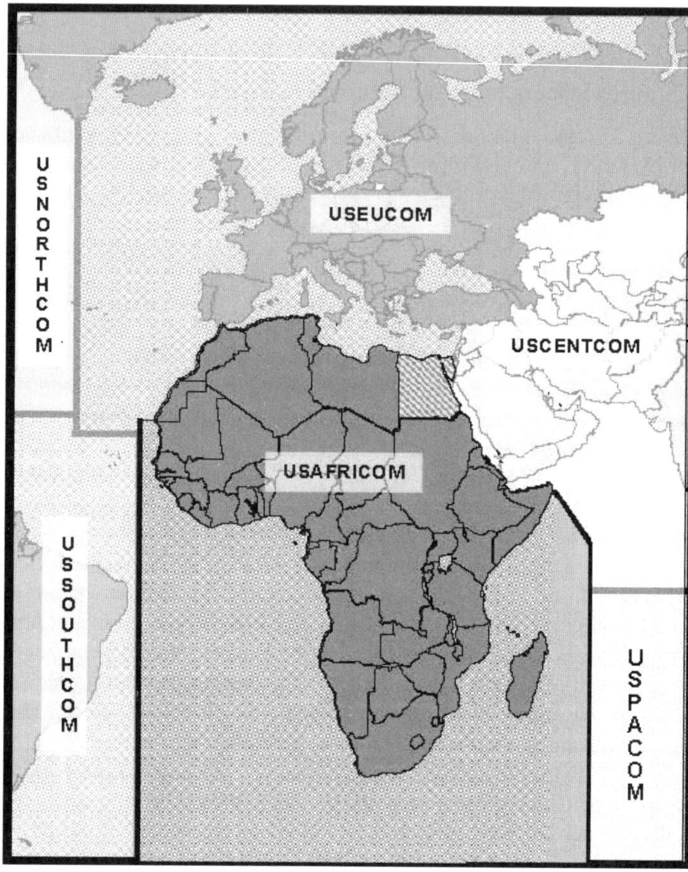

Quelle: United States of America, Department of defense, U.S. Africa Command, 07 Feb 2007, (Presentation-Charts), S. 5.

Geburtsstunde der TSCTI war das gemeinsam mit sieben Anrainerstaaten der Sahara durchgeführte große Manöver „Flintlock" Ende Juni 2005, an dem 2 000 afrikanische und 800 US-Soldaten teilnahmen.[5] Zentrale Aufgabe war die Ausbildung einheimischer Fähigkeiten, um – ggf. unter Führung der USA – integrierte Operationen jener Länder der Region durchzu-

5 Le Quotidien d'Oran, 2. Juli 2005.

führen, die sich an der Organisation beteiligen wollen. Dies sind derzeit Algerien, Mali, Mauretanien, Marokko, Niger, Nigeria, Senegal, Tunesien und Tschad. Libyen soll später einbezogen werden. Hauptaufgabe der TSCTI ist die Bekämpfung des islamischen Extremismus in der Region.[6] Das Budget von TSCTI beträgt 100 Mio. US-Dollar jährlich. Dieses Budget dürfte Africom – jenseits der für diese Organisation vorgesehen Mittel – weiter zur Verfügung stehen.

Für Africom selbst, das erst im Herbst 2008 voll funktionsfähig sein soll, wurden für das Jahr 2007 50 Mio. US-Dollar bereitgestellt. Die wesentliche Finanzierung der operativen Kosten erfolgt jedoch durch die Mitgliedsländer, die von ihnen zur Verfügung gestellten Truppen und vor allem durch die Aufrüstung der Sahel-Staaten im Rahmen der US-Militärhilfe. Langfristige Ziele der USA sind ein umfassendes militärisches Unterstützungsprogramm und der Ausbau militärischer US-Präsenz von Somalia und Äthiopien über den gesamten nordafrikanischen und Sahelraum, mindestens bis zum Golf von Guinea.[7] In diesen Kontext gehört auch die *Operation Enduring Freedom* zur Kontrolle der Seewege am Horn von Afrika und die in Djibouti stationierte, 1 700 Mann starke, *Combined Joint Task Force – Horn of Africa.*[8]

Ein Oberkommando braucht einen Standort. Lange sah es so aus, als ob hierfür Algier in Frage käme, das sich seit dem Militärputsch gegen die ersten freien Parlamentswahlen im Januar 1992 im „Antiterrorkampf" in besonderer Weise profiliert und insbesondere seit dem 11. Sept. 2001 seine „Sicherheitszusammenarbeit" mit der US-Regierung intensiviert hatte.[9] In der Folge massiver Waffenkäufe Algeriens in Russland und wegen der Informationspolitik der US-Botschaft im Zusammenhang mit den Bombenanschlägen in Algier am 11. April 2007 kam es zwischen beiden Ländern zu erheblichen Verstimmungen.[10] Mittlerweile hat auch Algiers regionaler Rivale Marokko[11] zu verstehen gegeben, dass es kein Interesse hat, dieses

6 Siehe http://www.globalsecurity.org/military/ops/tscti.htm; Zugriff am 1.3.2007.

7 Vgl. dazu die Verlautbarungen des US State Department unter http://www.state.gov /documents/organization/31936.pdf; auch: http://www.state.gov/t/pm/rls/rpt/fmtrpt/2006 /74682.htm; Zugriff am 27.12.2006.

8 A.a.O.

9 Ruf, Werner, Terrorismus und US-Geopolitik. Algeriens Rolle im Anti-Terrorkampf; in: INAMO, Nr. 50, Sommer 2007, S. 37-40.

10 Die US-Botschaft hatte, ohne die algerischen Behörden zu informieren, auf ihrer Website vor weiteren, für den 14. April bevorstehenden Anschlägen gewarnt. Etwa zeitgleich wurde der Direktor einer Joint Venture der algerischen Sonatrach und der US-Firma Brown Root and Condor wegen Bestechungsverdachts verhaftet. BRC ist ein Privates Militärisches Unternehmen und Tochter von Halliburton.

11 So besuchten im Juni 2007 der Direktor des FBI Robert S,. Muller und CIA-Chef Michael

Oberkommando auf seinem Boden zu etablieren. Ähnlich scheinen auch Ghana, Senegal und Nigeria zu reagieren, und die kenianische „Daily Nation" warnte vor der Präsenz „riesiger amerikanischer Basen."[12] Auch in autoritären afrikanischen Staaten scheint sich die öffentliche Meinung auf Regierungspositionen auszuwirken, da die US-Außenpolitik allgemein als aggressiv und imperialistisch wahrgenommen wird. Als letztes Ressort könnten sich hier Djibouti mit der ohnehin schon erheblichen US-Präsenz erweisen oder Äthiopien, dessen Einmarsch in Somalia zum Zwecke des Sturzes der dortigen, auf einer breiten Legitimität basierenden, Regierung der „islamischen Gerichte" von den USA mit massiver Luftunterstützung vorangetrieben wurde. Das deklarierte Ziel von Africom, die „Demokratisierung" Afrikas, könnte wie in Irak und Afghanistan am Willen der Bevölkerung des Kontinents scheitern.

Es kann also sein, dass die USA auf ein landgestütztes Kommando verzichten müssen, liegt doch ohnehin der Schwerpunkt der geplanten Operationen auf der Überwachung der Küsten.[13] Umfangreiche Manöver etwa mit Marokko, an denen der Flugzeugträger USS Enterprise und rd. 20 000 Mann teilnahmen, und zahlreiche weitere Manöver vor allem im Golf von Guinea deuten darauf hin, dass solche Pläne ernsthaft erwogen werden, reichen doch Seestreitkräfte mit Flugzeug- und Helikopterträgern völlig aus, um präzise Luftschläge gegen Gruppen auszuführen, die die Sicherheit der Öltransport- und Verladeeinrichtungen gefährden, oder aber um „Terroristen" zu vernichten. Ein seegestütztes Oberkommando stünde nicht im Widerspruch zur Einrichtung kleinerer Stützpunkte überall dort, wo die *Special Operation Forces* oder auch Private Militärische Unternehmen die Ausbildung einheimischer Truppen betreiben, die je nach Bedarf auf das Gefechtsfeld geführt werden können.

2. Der Kampf um energetische Ressourcen.

Die Feststellung, dass *Peak Oil* unmittelbar bevorsteht oder sogar schon überschritten ist, ist inzwischen eine Banalität.[14] Die Rivalität um diesen zentralen Rohstoff wird verschärft durch die rasante Entwicklung Chinas

---

Hayden Marokko, wenn auch ohne offensichtlichen Erfolg für die Stationierung von Africom. nach: L'expression, 3. Juli 2007.

12 Vgl. IISS a.a.O.

13 Volman, Daniel, The Scramble for African Oil; in: New African, July 2006. S. 20.

14 Siehe u.a. Altvater, Elmar: Das Ende des Kapitalismus, wie wir ihn kennen, Münster 2006. Schmitt, Thomas, Spekulieren auf die Zeit ohne Öl, in: Frankfurter Allgemeine Sonntagszeitung, 20.12.2006, S. 58; Zumach, Andreas, Die kommenden Kriege, Köln 2005.

und Indiens und deren Aufstieg zu industriellen Großmächten. Der von der US-Administration erklärte „Krieg gegen den Terror" verfolgt in Wirklichkeit harte Ziele im Bereich der Energiesicherung: Die Kriege in Afghanistan und Irak und der mögliche Krieg gegen den Iran schließen die Landbrücke zum kaspischen Becken. Und sowohl die EU[15] als auch die Bundesrepublik Deutschland[16] haben in dieser Welt der neuen Rivalitäten ihre Ansprüche auf nationale militärische Sicherung der Rohstoffzufuhr angemeldet. Im Vordergrund der Diskussion über Großmachtrivalitäten in Afrika, die auf die Energiesicherung gerichtet sind, steht derzeit China, dem eine Aufmerksamkeit zuteil wird, die von den Aktionen der übrigen großen Mächte wohl eher ablenken soll oder aber als Anmaßung und Einmischung in die traditionellen Herrschaftsräume der USA und der früheren Kolonialmächte dargestellt wird.

Africom ist Teil des Projekts des *Greater Middle East*, der für Vordenker der US-Außenpolitik wie Asmus und Pollack „von Nordafrika bis Pakistan" reicht.[17] Dies unterstrich auch der US-Botschafter in Algier in einem Interview.[18] Der *Council on Foreign Relations* hatte 2006 unter dem wegweisenden Titel *„More than Humanitarianism: A Strategic U.S. Approach Toward Africa"* eine voluminöse Studie[19] erstellen lassen. Der Studiengruppe gehörten hochrangige Personen aus Politik, Finanzwelt und Wissenschaft an. Die Studie hebt vor allem den Energiereichtum Afrikas hervor, die wachsende Rolle Chinas auf dem afrikanischen Kontinent, die terroristischen Bedrohungen und die AIDS- und Menschenrechtsproblematik. Betont wird, dass es in wachsendem US-Interesse liegt, die Ölzufuhr in zunehmendem Maß unabhängig von den mittelöstlichen Ölfeldern zu machen: Besondere Aufmerksamkeit gilt Nigeria, Angola, dem Golf von Guinea, dem Tschad, Sudan, Äthiopien und den Offshore-Regionen von Namibia und Kenia. Nach Schätzungen des Berichts werden im Zeitraum 2005 bis 2010 rund 20 % der US-Ölimporte ausschließlich aus dem Golf von Guinea kommen – was die Toleranz gegenüber einer der fürchterlichsten afrikanischen Diktatur, Äquatorial-Guinea, erklären hilft.[20] Hervorge-

15 European Union Institute for Security Studies 2003: European Security Strategy, Paris 2003.

16 Bundesministerium der Verteidigung: Weißbuch 2006 zur Sicherheitspolitik Deutschlands und zur Zukunft der Bundeswehr, Berlin: BMVg, 2006, Online-Fassung, S. 9.

17 Asmus, Ronald D. / Kenneth M. Pollack, Transformation des Mittleren Ostens. Das neue transatlantische Projekt, in: Blätter für deutsche und internationale Politik, Nr. 12/2002, S. 1457-1466.

18 Liberté, 14. September 2006.

19 Council on Foreign Relations: More than Humanitarianism: A Strategic U.S. Approach Toward Africa, Independent Task Force Report No. 56, Washington 2006, 174 S.

20 So wurden 2006 auch Äquatorial-Guinea und Sudan in das IMET-Programm der USA

hoben wird auch die Qualität des afrikanischen Öls, das besonders schwefelarm und damit umweltfreundlicher ist.

Bereits unter Bill Clinton war die Diversifizierung der Ölimporte bewusst vorangetrieben worden.[21] Und der frühere stellvertretende Außenminister für Afrika, Walter Kansteiner, hatte bei einem Besuch in Nigeria im Juli 2002 unzweideutig erklärt, dass die Carter-Doktrin[22] nun auch für Afrika gelte, da afrikanisches Öl von strategischem Interesse für die USA sei.[23] In der Tat werden nur noch in Afrika nennenswerte neue Lagerstätten entdeckt. Die USA planen eine Steigerung ihrer Importe aus dem schwarzen Kontinent von derzeit etwa 13 Prozent ihrer Öl-Einfuhren auf rd. 25 % im Jahre 2013.[24] Daher wird dem Aufgabengebiet von Africom der gesamte afrikanische Kontinent zugewiesen, denn Kohlenwasserstoffvorräte finden sich nicht nur im saharischen Raum, sondern vor allem auch im Golf von Guinea, in Angola, im Sudan und nicht zuletzt auch im vom „Terrorismus" bedrohten Somalia,[25] ebenso wie im bitter armen Staat Niger, der außerdem drittgrößter Uran-Produzenten der Welt ist.

Damit berührt die militärische Expansion der USA direkt die nach wie vor nachhaltigen Interessen Frankreichs in seinen ehemaligen Kolonialgebieten und damit auch die der EU:[26] Eine Drehscheibe französischer und europäischer Afrikapolitik ist nach wie vor Algier, und die vom neuen französischen Präsidenten vorgeschlagene Mittelmeer-Union kann durchaus als Teil einer Gegenoffensive Frankreichs verstanden werden. Auch das deutsche Interesse an der Region ist manifest.[27] Motiv für die französi-

---

aufgenommen. S. Volman, a.a.O., S. 19.

21 Volman, a.a.O., S. 18-21.

22 In Reaktion auf die iranische Revolution hatte der damalige US-Präsident Jimmy Carter am 23. Januar 1980 vor dem Kongress erklärt: „Jeder Versuch einer fremden Macht, die Kontrolle über die Region am Persischen Golf zu erlangen, wird als Angriff auf die lebenswichtigen Interessen der Vereinigten Staaten angesehen. Jeglicher Angriff dieser Art wird mit allen Mitteln zurückgeschlagen werden, auch mit militärischen." Mit der Gründung von CENTCOM wurde die Doktrin militärisch untermauert.

23 Volman a.a.O., S. 18.

24 Frankfurter Allgemeine Zeitung (FAZ), 24.4.2007.

25 So berichtete die FAZ am 20.1.1993 S. 3, also während der mit großem Medienaufwand durchgeführten Operation „Restore Hope", dass laut einer Studie der Weltbank von 1991 Somalia an erster Stelle jener acht afrikanischen Staaten liegt, in denen Ölvorkommen vermutet werden. Schon zu Zeiten des Diktators Siad Barre waren die US-Firmen Conoco, Chevron, Amoco, Phillips prospektierend in Somalia tätig. Vgl. auch die Sendung NDR-Zeitgeschehen vom 18.11.1993 und Der Spiegel, Nr. 9 vom 28.2.2005, S. 119.

26 Die EU-Kommission hat im Juni 2007 Algier eine „strategische Partnerschaft" im Bereich der Energielieferung vorgeschlagen, nach: Liberté, 19.6.2007.

27 Wirtschaftsminister Glos besuchte während der deutschen Ratspräsidentschaft im Februar 2007 Algier an der Spitze einer hochrangigen Wirtschaftsdelegation mit Vertretern von

schen, deutschen und europäischen Bemühungen sind zum Einen die geografische Nähe Algeriens und der Ausbau der schon bestehenden Gas-Pipelines über Marokko/Spanien und Tunesien/Italien, ebenso wie die von der algerischen Sonatrach projektierte Trans-Sahara-Pipeline von Nigeria nach Algier; zum Anderen aber die Sorge um die mögliche Entstehung einer Gas-OPEP: Im Januar beschlossen die russische Gasprom, von der die EU 28 % ihrer Gasimporte bezieht, und die algerische Sonatrach, die 12 % der Importe liefert, eine enge Zusammenarbeit bei der Förderung und Vermarktung von Erdgas. In diesen Kontext gehört der Besuch des iranischen Präsidenten Ahmadinedschad in Algier Anfang August 2007, bei dem die Zusammenarbeit im Energiebereich (Iran ist der drittgrößte Erdgasproduzent) und im Bereich der Nukleartechnologie im Vordergrund stand (mit Hilfe der USA baut Algerien derzeit Atomanlagen auf).[28]

Klassisches Standbein der französischen Afrikapolitik sind dagegen die ehemaligen Kolonien in West- und Zentralafrika, wo Frankreich mit nahezu der Gesamtheit der Regierungen Militärabkommen geschlossen und Truppen stationiert hat, die oft genug „stabilisierend" in innenpolitischen Wirren eingegriffen haben. Die US-Expansion in Afrika wird in Paris auch als Bedrohung seiner (und der europäischen) Einflusssphäre empfunden. So haben die Auseinandersetzungen um Darfur und Tschad dazu geführt, dass die neue französische Regierung eine EU-Intervention mit UN-Mandat in der Region fordert.[29]

Auch die dem deutschen Bundeskanzleramt zuarbeitende Stiftung Wissenschaft und Politik stellt fest:

> „Verstärkte Anstrengungen im Rahmen der Terrorbekämpfung sind wohl nicht der Hauptgrund für die Einrichtung des AFRICOM. Vielmehr scheinen die Sorgen um die künftige Energieversorgungssicherheit und die Einschätzungen der Rolle Afrikas in diesem Kontext das wesentliche Motiv zu sein. … Andererseits könnte ein starkes amerikanisches Handlungsinteresse auch zu einer ausgeprägteren Orientierung der NATO auf diese Region führen, die wiederum in Konkurrenz zur Europäischen Sicherheits- und Verteidigungspolitik (ESVP) und zum EU-Battle-Groups-Konzept treten könnte. Damit ist nicht nur die Frage nach der Haltung anderer europäischer Staaten wie Frankreich aufge-

---

Siemens, MAN, Wintershall etc. Auch die Einladung des algerischen Staatpräsidenten zum G-8-Gipfel nach Heiligendamm gehört in diesen Kontext, ebenso wie die deklaratorische Aufmerksamkeit, die Afrika auf dem Gipfel zuteil wurde oder die Fürsorge des derzeitigen Bundespräsidenten Horst Köhler für den Schwarzen Kontinent.

28 El Watan, 6.8.2007.

29 FAZ, 18.7.2007.

> worfen, sondern auch die Frage nach der deutschen Position in einem derartigen Konkurrenzverhältnis."[30]

Africom ist also der Versuch, in einer sich verschärfenden Rivalität unter den Großmächten mit militärischen Mitteln Energiesicherung zu betreiben. Nicht nur China, auch die EU positioniert sich: Im (vorläufig gescheiterten) Verfassungsentwurf werden der ESVP ein hoher Stellenwert zugewiesen und eine kontinuierliche Aufrüstung gefordert, das EU-eigene Pariser *Institut für Sicherheitsstudien* hatte im Mai 2004 den Entwurf eines europäischen Verteidigungs-Weißbuchs[31] präsentiert, das nicht nur scharfe Kritik an der US-Außenpolitik übte,[32] sondern daraus auch die Notwendigkeit selbständiger – im Extremfall militärischer – Handlungs- und Interventionsfähigkeit ableitete. Als konkrete mögliche Bedrohung nennt der Entwurf des Weißbuchs *„...die direkte Bedrohung des Wachstums und der Sicherheit Europas etwa in Form der Unterbrechung der Ölversorgung und/oder massiver Steigerung der Kosten der Energieversorgung."*[33] Wie auch immer: Die Rivalitäten, die aus dem Kampf um die Energiesicherung resultieren, machen die Welt nicht sicherer, sie stellen auch – allmählich – alte Allianzen in Frage.

3. Die terroristische Bedrohung.

Der „Krieg gegen den Terror", an dem sich vor allem im Rahmen der „Operation Enduring Freedom" in Afghanistan und am Horn von Afrika auch europäische Staaten beteiligen, bedarf der Akzeptanz. Mittels manipulierter Informationen wird die Öffentlichkeit auf das Konfliktverhalten der Regierungen eingestimmt.[34] Dies hat durchaus Tradition: So manipulierte Bismarck ein Fernschreiben Napoleons III („Emser Depesche"), um 1870 den Krieg zwischen Deutschland und Frankreich zu entfesseln. Zu den in

---

30 Kinzel, Wolf / Lange, Sascha, Afrika im Fadenkreuz der USA?, SWP-Aktuell 17, Berlin, März 2007, S. 4.

31 Institute for Security Studies, European Defence. A Proposal for a White Paper, Paris 2004.

32 A.a.O., S. 32: Jenseits des Hinweises auf die Völkerrechtswidrigkeit der *National Security Strategy* und der dort geforderten Präventivkriegsstrategie wird der Bruch der USA mit dem bisher geltenden Multilateralismus kritisiert: „Die NATO, das Rückgrat der transatlantischen Partnerschaft, verkommt zu einem Werkzeugkasten für die amerikanische Tagesordnung, der sich die Alliierten unterzuordnen haben oder aber das Risiko eingehen, ignoriert zu werden."

33 A.a.O., S. 83 ff.

34 Siehe exemplarisch: Becker, Jörg / Beham, Mira, Operation Balkan: Werbung für Tod und Krieg; in: Wissenschaft und Frieden, Heft 3/2007, S. 14-17.

jüngster Zeit bekannt gewordenen kriegsrelevanten Manipulationen gehören:

- Eine von einer PR-Firma inszenierte Show vor dem US-Kongress bewirkte, dass dieser 1991 Präsident George Bush freie Hand für den Krieg gegen den Irak gab: Eine Augenzeugin, die sich als kuwaitische Krankenschwester vorstellte, in Wirklichkeit aber die Tochter des damaligen kuwaitischen Botschafters in den USA war, erzählte unter Tränen, wie die irakische Soldateska in Kuwait Neugeborene aus ihren Brutkästen geworfen hätte.
- Das „Massaker von Racak“, das Auslöser des völkerrechtswidrigen Angriffskrieges gegen Jugoslawien wurde, entpuppte sich später als Inszenierung.[35]
- Der vom damaligen deutschen Verteidigungsminister Rudolph Scharping präsentierte „Hufeisenplan“, der angeblich die geplante Vertreibung der albanischstämmigen Bevölkerung des Kosovo vorsah, wurde relativ schnell als vom Minister bestellte und von den Geheimdiensten lausig zusammengestellte Vorlage entlarvt.
- Der amerikanische Diplomat Joseph Wilson, der „Beweise“ über die Lieferung von Uran aus Niger an den irakischen Diktator Saddam Hussein liefern sollte, diese aber nicht finden konnte, wurde „bestraft“ durch eine aus dem Umfeld von Vizepräsident Cheney stammende gezielte Enthüllung, dass seine Frau, Valerie Plame, CIA-Agentin war. Immerhin wurde Lewis Libby, Mitglied des *Project for a New American Century* (PNAC) und Berater Cheney‘s wegen der Indiskretionen vor Gericht gestellt und wegen Meineids verurteilt.
- Die Notwendigkeit des Krieges gegen den Irak wurde vom damaligen US-Außenminister Powell vor dem UN-Sicherheitsrat mit von der CIA auf Anforderung produziertem „Beweismaterial“ – Fotos eingeschlossen – begründet, obwohl auch Powell wusste, dass das Material konstruiert war. Es reichte aber aus, in den USA die Akzeptanz eines notwendigen Krieges zu erzeugen.

Dies sind nur die Spitzen eines gigantischen Eisbergs von gezielten Desinformationen, die bekannt und widerlegt wurden. Nur in ganz wenigen Fällen dürfte es gelingen, die notwendigen Fakten zusammenzutragen, um solche Konstrukte zu demontieren, die oft Grund für Entscheidungen über Krieg und Frieden sind. Umso erstaunlicher ist die Kurzlebigkeit des öffentlichen Gedächtnisses, wenn es wieder und wieder mit bedrohlichen „Erkenntnissen“ konfrontiert wird.

---

35 Loquai, Heinz, Der Kosovo-Konflikt – Wege in einen vermeidbaren Krieg, Baden-Baden 2000, hier besonders S. 45-51.

In keinem Bereich ist die Quellenlage dubioser und unüberprüfbarer als gerade in der Frage des „internationalen Terrorismus". Dies liegt sicherlich zum Teil in der „Natur" der Sache: Wer – außer den Geheimdiensten – verfügt schon über Wissen über diese Organisationen, ihre Strukturen und Absichten? Doch wie sicher und verlässlich sind diese Informationen, bei denen bei genauerem Hinsehen auffällt, dass sie, wo auch immer sie erscheinen, in verblüffender Weise zum Teil wörtlich identisch sind.[36] Dies legt die Annahme nahe, dass diese Berichte wieder und wieder ungeprüft reproduziert werden, wodurch offenbar ihre Glaubwürdigkeit nicht leidet, sondern in paradoxer Weise verstärkt wird.

Wundersamerweise deckt sich die Terrorismus-Gefahr geografisch mit den Lagerstätten von Kohlenwasserstoffen (und Uran): Der jüngste *Country Report on Terrorism* des US State Department listet in seinem Kapitel 5 die „sicheren Häfen" des Terrorismus auf. In Afrika sind dies Somalia und der transsaharische Raum.[37] Die Angaben im vorliegenden Dokument sind äußerst vage und basieren ausschließlich auf geheimdienstlichen Quellen, so dass sie in keiner Weise nachprüfbar sind. Für Somalia stellt der am 30. April 2007 veröffentlichte Bericht fest:

> „Eine geringe Zahl von Al-Qaida-Operationen fand einen sicheren Hafen in Ostafrika, insbesondere in Somalia, wo sie weiterhin eine ernsthafte Bedrohung amerikanischer und alliierter Interessen in der Region darstellen. Obwohl diese Elemente zu Jahresende in der Folge militärischer Aktionen der äthiopischen und der somalischen Übergansregierung (mit massiver Luft- und Bodenunterstützung der USA, d.Verf.) ernsthaft zerschlagen wurden, operierte AQ weiterhin in Somalia und anderswo. Somalia gibt Grund zur Sorge aufgrund seiner langen und ungeschützten Küsten, seiner durchlässigen Grenzen, seiner andauernden politischen Instabilität und seiner Nähe zur Arabischen Halbinsel, die zusammen genommen Möglichkeiten für den Transit von Terroristen und/oder sichere Häfen bieten. Diese ‚virtuellen' Häfen sind in hohem Maße mobil, schwierig zu verfolgen und zu kontrollieren und befinden sich nicht in einem besonderen Staat."[38]

---

36 Dies ergaben umfangreiche Recherchen zur algerischen „Salafistischen Gruppe für Predigt und Kampf" (GSPC): So finden sich gleich lautende Informationen über die GSPC in den algerischen Medien, in groß aufgemachten Reportagen US-amerikanischer Zeitungen (exemplarisch der lange, in Western-Manier aufgemachte Bericht in der Village Voice vom 31.1.2006 (http://www.villagevoice.com/news/0605,khatchadourian ,%2071993,6 .html; Zugriff am 20.3.2007), bis hin zu Berichten des Innenministeriums von Nordrhein-Westfalen: http://www.im.nrw.de/sch/571.htm# abgerufen 20. Aug. 2007.

37 Siehe http://www.state.gov/s/ct/rls/crt/2006/82728.htm; Zugriff am 24.8.2007.

38 Den Schutz der „ungeschützten Küsten" hat seit 2002 die *Operation Enduring Freedom* übernommen, an der auch die deutsche Bundesmarine beteiligt ist. Über etwaige Erfolge in der Terroristensuche oder -bekämpfung dieser Einheiten hat es bisher keinerlei Mel-

Der transsaharische Raum nimmt im Bericht ein wenig mehr Raum ein. Ursache allen Übels ist dort die algerische GSPC, die – wie aus algerischen Geheimdienstquellen berichtet –

> „sich im September (2006, d.Verf.) offiziell Al Qaida anschloss und seither in ‚al-Qaida im Islamischen Maghreb (AQIM)' umbenannte. AQIM/GSPC operiert weiterhin im transsaharischen Raum, indem sie die schwer kontrollierbaren Grenzen zwischen Mali, Mauretanien, Niger, Algerien und Tschad überschreitet, um Extremisten in der Region zu rekrutieren für Operationen in diesem Raum, möglicherweise auch für Operationen außerhalb dieses Raumes. Die neue Allianz mit al-Qaida hat ihr möglicherweise Zugang zu mehr Ressourcen und Ausbildung verschafft."[39]

Wo auch immer vom Terrorismus im saharischen Raum die Rede ist, beginnt diese mit der ominösen *Salafistischen Gruppe für Predigt und Kampf* (GSPC), die sich 1997/1998 von den algerischen terroristischen *Bewaffneten Islamischen Gruppen* (GIA) abgespalten haben soll. Letztere stellten zu diesem Zeitpunkt ihre Aktivitäten ein.[40] Internationale Aufmerksamkeit erreichte die GSPC durch die sechs Monate dauernde Entführung von 32 europäischen – vor allem deutschen und österreichischen – Touristen im Februar und März 2003 in der algerischen Sahara. Diese GSPC trat ursprünglich in der Kabylei, einem Gebirge rd. 150 km westlich von Algier, in Erscheinung. Nun aber tauchte sie plötzlich über 2 000 km weiter südlich in einem von den Tuareg kontrollierten Gebiet auf. Bereits die Entführung selbst, wie vor allem auch die Informationspolitik der algerischen Regierung warfen mehr Fragen auf, als die Behörden beantworteten.[41] So gab es offensichtlich enge und gute Kontakte zwischen den Entführern und der algerischen Armee vor Ort; den notwendigen Treibstoff konnten die Entführer in den erforderlichen Mengen für die weiten Strecken nach Mali, Niger und zurück in den Süden Algeriens nur in den Stützpunkten der Armee erhalten; trotz hochmoderner, von den USA gelieferter Nachtsichtge-

---

dungen gegeben.

39 Siehe http://www.state.gov/s/ct/rls/crt/2006/82728.htm; Zugriff am 24.8.2007.

40 Inzwischen haben sich die Hinweise mehr als verdichtet, dass viele dieser Gruppen vom algerischen militärischen Sicherheitsdienst teils unterwandert waren, teils gesteuert wurden (vgl. u.a. Aggoun, Lounis / Rivoire, Jean-Baptiste, Françalgérie. Crimes et mensonges d'États, Paris 2004. Mellah, Salima, „GIA: 10 Jahre im Dienste der algerischen Sécurité militaire?" in: INAMO, Nr. 34, (2003) S. 53-54. Die GIA terrorisierten die Zivilbevölkerung, kämpften aber vor allem gegen den bewaffneten Arm der *Islamischen Heilsfront* (FIS), die *Armee des Islamischen Heils*. Die FIS hätte haushoch die ersten freien Wahlen in Algerien gewonnen, wären diese nicht durch einen Militärputsch am 11. Januar 1992 beendet worden.

41 Mellah, Salima / Ruf, Werner, Entführungen in der Sahara: Fragen und Hypothesen, in: Algeria-Watch, 2.6.2003, siehe http://www.algeria-watch.org/de/artikel/touristen/mellah_ruf.htm.

räte konnten bis zu 5 000 eingesetzte Soldaten die Konvois der Entführer und ihrer Opfer in einem über Hunderte von Kilometern topfebenen Gelände ohne Baum und Strauch nicht orten; die Regierung in Algier verhinderte deutsche Versuche, die GSG 9, das KSK oder Beobachtungsdrohnen zum Einsatz zu bringen; den Entführern gelang es, binnen weniger Tage original-verpackte Ersatzteile, die für normale Menschen in Algerien nicht aufzutreiben sind, für drei beschädigte Fahrzeuge zu beschaffen; bei einer großen Schießerei anlässlich der „Befreiung" der Entführten schien es weder Tote noch ernsthaft Verletzte gegeben zu haben etc.[42]

Zentrale Figur der Entführung war Amari Saifi, genannt Abderrazak „El Para", weil er in der algerischen Armee bis 1991 als Fallschirmjäger gedient hatte, dann aber „desertierte".[43] Er wurde schließlich von einer Widerstandsgruppe der Tuareg im nördlichen Tschad sieben Monate lang festgehalten. Obwohl diese der algerischen Regierung mehrfach seine Auslieferung anboten, reagierte Algier nicht. Schließlich wurde er an Libyen und von dort am 27. Oktober 2004 nach Algier überstellt. Dort wurde er dann – in Abwesenheit! – zu einer lebenslänglichen Gefängnisstrafe verurteilt. In einem zweiten Prozess am 18. März 2007, der ebenfalls ohne den Angeklagten stattfand, wurde die Verhandlung auf Antrag des Staatsanwalts binnen weniger Minuten vertagt, da das Verfahren gegen den Angeklagten „in Abwesenheit" zuvor abgeschlossen werden müsse, bevor gegen ihn verhandelt werden könne.[44]

Schließlich: Niemals haben die Entführer sich mit Forderungen zu Wort gemeldet, noch haben sie politische Erklärungen abgegeben – ein für „Terroristen" völlig untypisches Verhalten. Dagegen halten sich vor allem in der algerischen Presse Gerüchte, wonach allein die Bundesrepublik Deutschland 5 Mio. Euro Lösegeld bezahlt haben soll.[45] So stellt sich die Frage, ob es sich hier um eine „normale" kriminelle Aktion von Banditen handelte, die in der Sahara den Auto-, Waffen-, Zigaretten- und Menschenschmuggel organisieren, hier aber unter dem Schutz des algerischen Ge-

42 Eine sehr gründliche Untersuchung der Vorgänge liefert der britische Sozialanthropologe Keenan, Jeremy, Waging War on Terror: The Implications of America's ‚New Imperialism' for Saharan Peoples, in: Journal of North African Studies, Bd. 10, Nr. 3-4/2005, S. 619-647. Sehr aufschlussreich ist auch ein Rundfunkfeature, das sich vor allem auf Aussagen der Entführten stützt: Rühl, Bettina, Treibsand. DLF, 13.2.2007. Ähnlich und sehr informativ zudem der Fernsehfilm von Sterzenbach, Susanne, Einführung in der Sahara, der am 20.8.2007 von Phoenix übertragen wurde und in Kurzfassung am 4.7. 2007 in der Reihe „Auslandsreporter" der ARD gezeigt wurde.

43 Es wird behauptet, dass er bis 1998 auf der Gehaltsliste der Armee stand. Siehe: http://esperal2003.blogspot.com/search?q=El+Para; Zugriff am 10.5.2007.

44 El Watan, 19. März 2007.

45 „Die Welt" spekulierte am 8.7.2003 darüber, dass Deutschland, die Schweiz und die Niederlande zusammen 15 bis 20 Mio. Euro Lösegeld bezahlt hätten.

heimdienstes agierten, um in spektakulärer Weise die Präsenz von „Terroristen" in der Sahara unter Beweis zu stellen. Ähnlich dubios wie diese Entführung bleibt ein „terroristischer" Überfall auf einen Außenposten der mauretanischen Armee unmittelbar vor dem Manöver „Flintlock" 2005.[46]

Zu fragen bleibt auch, weshalb die westlichen Dienste, die die trüben Quellen kennen müssen, aus denen solche Informationen stammen, ungerührt die Geschichte dieser seltsamen GSPC reproduzieren, ohne die Glaubwürdigkeitslücken zu klären; weshalb, von ganz wenigen Ausnahmen abgesehen, die Medien solch dubiose Informationen ungeprüft übernehmen und damit einen Beitrag zur Desinformation im Allgemeinen und zur Rechtfertigung der Militarisierung von Außenpolitik im Besonderen. leisten

4. Fazit

Die Militarisierung nun auch noch des Schwarzen Kontinents macht die Welt nicht sicherer, ganz im Gegenteil: Während die Afrikanische Union große und konstruktive Anstrengungen unternimmt, innerafrikanische Konflikte selbst zu lösen,[47] machen die Großmächte den Kontinent zu ihrem Aufmarschgebiet, denn der Aufbau der US-Militärpräsenz wird auch die anderen Akteure – allen voran die EU – dazu veranlassen, ihre Militärpräsenz zu erhöhen oder auszubauen. Der „internationale Terrorismus" dient dabei als Vorwand, und sei dieser noch so fadenscheinig. Vorherzusehen ist, dass die wachsende Präsenz ausländischer Truppen das von den Afrikanern mühsam und meist nur bruchstückhaft errungene Selbstbestimmungsrecht überall dort mit Füßen treten wird, wo die Großmächte die von ihnen definierten Interessen in Gefahr sehen. Solch neuer Kolonialismus im Gewande der Terrorismusbekämpfung wird Widerstand wecken und genau jenen „Terrorismus" produzieren, den zu bekämpfen Africom & Co. ausgezogen sind. Deshalb darf auch bezweifelt werden, dass diese Strategie langfristig ihren eigentlichen Zweck, die Sicherung der Rohstoffzufuhr, erreichen wird.

---

46 Siehe den für verschiedene Menschenrechtsorganisationen, darunter die OMDH verfassten Bericht: Diagana/Ould Maroini/Ould Yessa, Impasse politique et réflexes sécuritaires en Mauritanie. Comment fabriquer du terrorisme utile. Paris, Juli 2005.

47 Schulze-Ritter, Helgard, Von der OAU zur AU: Chancen für mehr Sicherheit in Afrika? Magisterarbeit im Fachbereich Gesellschaftswissenschaften der Universität Kassel, Sommer 2007.

TEIL IV:

ENERGIEPOLITIK IM „GEOSTRATEGISCHEN HINTERHOF" VON USA UND EU

Die neue Kolonialisierung Afrikas: China, die USA und Europa im Kampf um die Rohstoffe

Karin Kneissl

Der britisch-amerikanische Afrikaforscher und Publizist Henry Morton Stanley erschloss Mitte des 19. Jahrhunderts im Auftrag von Leopold II., König von Belgien, den Kongo. Das rohstoffreiche Land wurde als Privatbesitz des Monarchen vor allem seiner Gummibäume und Edelsteine wegen ausgebeutet. Die Berichte über die Brutalität der belgischen Kolonialherrschaft bringen den Leser bis heute zum Schaudern, und man fragt sich, warum durfte all das geschehen? Genauso berechtigt ist die Frage, warum der gepeinigte Kongo aufgrund seines Reichtums auch gegenwärtig wieder Schauplatz solcher Tragödien ist. Waren es damals die europäischen Kolonialherren, in den 1950er Jahren die Weltmächte USA und die Sowjetunion, welche in Afrika als Hinterhof ihres Kalten Krieges ihre Stellvertreterkriege führten, so sind es heute die Nachbarstaaten sowie die USA, China und andere, aufstrebende Industrieländer, die den Kongo unter sich aufteilen. Es scheint ein Fluch über dem Kongo und damit auch über dem gesamten schwarzafrikanischem Kontinent zu liegen. Gleichsam einem Déjà-vu durchlaufen die Afrikaner gegenwärtig eine dritte Kolonialisierung, in deren Zentrum der Kampf um strategische Rohstoffe,[1] wie Erdöl und Kupfer, steht.

Stanley schrieb sich 1879 seine Wut über die Exzesse im Elfenbeinhandel von der Seele: „Jeder Elefantenzahn, jedes Stückchen Elfenbein ist mit Blut gefärbt; ein halbes Kilo Elfenbein hat einen schwarzen Menschen das Leben gekostet; für weniger als drei Kilo wird eine Hütte niedergebrannt; für zwei Stoßzähne ein ganzes Dorf, für zwanzig ein Distrikt entvölkert. Um Luxusartikel aus Elfenbein und Billardkugeln zu fabrizieren, verwandelt man das Herz Afrikas in eine riesige Wüste und rottet ganze Stämme aus.“ Der deutsche Journalist Peter Scholl-Latour schreibt zu diesem Zitat im Vorwort seines Buches „Afrikanische Totenklage – Der Ausverkauf des Schwarzen Kontinents“: Man setze an die Stelle von „Ivory“ die Worte

1 Von strategischen Rohstoffen kann man insbesondere im Zusammenhang mit Energieträgern wie Erdöl sprechen, zumal der Preis in erster Linie von politischen Faktoren und erst langfristig von Angebot und Nachfrage bestimmt wird.

„Petrol, Coltan, Diamonds", und schon finden wir uns in der unerträglichen Realität unserer Tage wieder.[2]

Um diesen Kampf um die Rohstoffe, um die Konstanten von Fremdherrschaft und Intervention auf dem afrikanischen Kontinent geht es in diesem Beitrag. Als Analystin und Berichterstatterin auf dem Energiesektor konnte ich mir in vor allem in Nordafrika ein persönliches Bild der aktuellen Lage machen. Zu Schwarzafrika, insbesondere zu Westafrika, verfüge ich nicht über persönlichen Augenschein, sondern muss mich hier mehr auf Literaturrecherche und Interviews auf Energiekonferenzen verlassen. Anlässlich einer Vortragsreihe in Pretoria und Kapstadt habe ich mich intensiver mit der Rolle der Biotreibstoffe in Afrika auseinandergesetzt. Dieser Aspekt wird daher auf den folgenden Seiten ebenso behandelt werden wie die Rolle Chinas und der USA, sowie anderer rohstoffhungriger Staaten, im Wettlauf um die Kontrolle afrikanischer Lagerstätten.

1. Der Fluch der Rohstoffe

Der Begriff des „Ressource Curse", des „Rohstofffluchs", stammt vom Ökonomen Richard Auty, der ihn in einer Veröffentlichung 1993 erstmals verwendete.[3] Es geht um das Paradoxon, dass rohstoffreiche Länder ein weitaus geringeres Wirtschaftswachstum hervorbringen als Staaten, die über geringere Ressourcen verfügen.

Das Hauptproblem von Rohstoffen besteht in ihrer Kapitalintensität. Ausländische Investitionen und Technologie sind für die Exploration meist erforderlich, während kaum Arbeitsplätze für die lokale Bevölkerung geschaffen werden. So entsteht infolge von Rohstoffexport nur sehr selten die Grundlage für Wohlstand in den Produktionsländern. Mit dem starken Zufluss von ausländischer Währung kommen zudem einige weitere Prozesse in Gang. Die nationale Währung erfährt eine Entwertung, wenn sie nicht geschützt wird, wodurch Importe billiger und Exporte teurer werden. Lokale Produkte können rasch durch billigere Importwaren verdrängt werden. Diesen Effekt bezeichnen Ökonomen als die „Dutch Disease", die in der Folge die Arbeitslosigkeit verstärkt. Diesen Begriff hat das britische Wochenmagazin „The Economist" geprägt. Der Hintergrund war der Nieder-

---

2 Scholl-Latour, Peter, Afrikanische Totenklage – Ausverkauf des Ausverkauf des Schwarzen Kontinents. München 2001. S. 16.

3 Auty, Richard M., Sustaining Development in Mineral Economies: The Resource Curse Thesis. London 1993.

gang der niederländischen Produktionsstätten infolge der Entdeckung von Erdgas.[4]

Dieses Phänomen, wenngleich von Makroökonomen erst in den letzten 30 Jahren genauer erforscht, ist zu vielen Zeitpunkten der Geschichte aufgetreten. Denn von einem Fluch infolge einer Überschwemmung des nationalen Marktes durch Einnahmen aus der Rohstoffproduktion kann sowohl im Spanien der Conquistadores des 16. Jahrhunderts wie aktuell in Russland gesprochen werden. Um die negativen Auswirkungen für eine Volkswirtschaft möglichst zu minimieren, errichten rohstoffreiche Staaten meist Generationenfonds, die zur Diversifizierung und Abfederung der Auswirkungen von Preisschwankungen beitragen sollen.

Im Falle der afrikanischen Rohstoffexporteure fehlen bedauerlicherweise meist die staatlichen Strukturen, um solche Maßnahmen zu ermöglichen. Falsch verstandene Entwicklungshilfe tut dann noch oft das Ihrige, um durch Nahrungsmittellieferungen die Wirtschaft zu schädigen. Angesichts Korruption und zerfallender oder bereits völlig zerfallener Institutionen fließen die Einnahmen aus dem Rohstoffhandel nicht zurück in die Länder, um dort der gesamten Bevölkerung zugute zu kommen, sondern landen meist auf Konten im Ausland. Der Begriff der „fat cats“, also der afrikanischen Eliten, die sich auf diese Weise persönlich bereichern, begleitet Afrika seit der Entstehung unabhängiger Staaten, die im März 1957 mit Ghana ihren Anfang nahm. Der Afrikakenner und Journalist Ryszard Kapuscinski hat in seinen Texten schon in den 1960er Jahre diese afrikanische Malaise eindringlich beschrieben.[5] Vergleicht man die aktuellen Wirtschafts- und Gesellschaftsdaten – wie Alphabetisierung, Lebenserwartung u.v.m. – eines grundsätzlich reichen Landes wie Ghana mit jenen am Tag seiner Unabhängigkeit, so erkennt man die gravierende Verschlechterung in den letzten 50 Jahren. Die Gründe hierfür sind vielfältig, u.a. haben die hohen Energiepreise, die Zinspolitik auf den Finanzmärkten und weitere Faktoren zur Schuldenkrise und damit zur Verschlechterung der Lage der Bevölkerung geführt. Doch Misswirtschaft, Diktaturen und der Abbau von Institutionen sind wohl nur in erster Linie für diesen Niedergang verantwortlich.

1.1 Koloniale Grenzziehungen

Zum afrikanischen Elend hinzugekommen sind zahlreiche Bürgerkriege, gewaltige Flüchtlingsbewegungen und die schon seit Jahrzehnten spürba-

4 „The Dutch Disease“, in: The Economist, November 26, 1977, S. 82-83.

5 Siehe unter anderem sein Buch, Afrikanisches Fieber – Erinnerungen aus vierzig Jahren. Erschienen in deutscher Version in mehreren Auflagen seit 2001.

ren Auswirkungen des Klimawandels in Form von Wetterextremen, die den afrikanischen Kontinent besonders hart treffen. Der afrikanische Kontinent ist Schauplatz dutzender Kriege, die u.a. um Ethnizität, Selbstbestimmung und damit Sezession geführt werden.

Ein Blick auf die Landkarte Afrikas illustriert die hinlänglich bekannten Rahmensetzungen: Die Grenzen dieses Kontinents haben die Kolonialmächte gleichsam mit dem Lineal gezogen, und so gewachsene Siedlungsräume von einander getrennt. In der Folge kam es mehrfach zu „ethnischen Säuberungen", wenn sich eine der Volksgruppen erhob und beispielsweise eine Sezession anstrebte, wie dies in Nigeria im Biafra-Krieg in den 1960er Jahren der tragische Fall war.

Im Bewusstsein der Fragilität dieser kolonial bestimmten Grenzen galt für die afrikanischen Entscheidungsträger von Anbeginn das sogenannte „Uti-possidetis-Prinzip". Gemeint ist die Beibehaltung der Grenzen im Zuge des Entkolonialisierungsprozesses. Der Grundsatz stammt aus Lateinamerika. Uti possidetis ist die Kurzform eines längeren lateinischen Satzes, der lautet: „Ut nunc possidetis, quominus ita possideatis vim fieri veto." Der gegenwärtige Besitzstand soll weitergeführt werden und darf nicht durch Gewalt verändert werden. Kurz gesagt: So wie du heute besitzt, sollst du weiterhin besitzen. Uti possidetis hat als politischer Grundsatz Eingang in die Unabhängigkeitserklärungen der afrikanischen Staaten gefunden. Die Organisation der Afrikanischen Einheit hatte dieses Prinzip zur Doktrin ihrer Mitglieder gemacht. Die 2001 geschaffene Nachfolgeorganisation der Afrikanischen Union bekräftigt ebenso die Gültigkeit der ererbten Grenzen. Bis auf Marokko und Somalia, die territoriale Forderungen jenseits ihrer Kolonialgrenzen gestellt haben, sind alle 53 afrikanischen Staaten für die Beibehaltung der Kolonialgrenzen.

Doch trotz der Tatsache, dass sich aus diesem politischen Grundsatz ein Rechtsgrundsatz entwickelt hat – angesichts konsistenter Staatenpraxis ist daraus Völkergewohnheitsrecht entstanden – ist der afrikanische Kontinent gegenwärtig zahlreichen Grenzkonflikten ausgesetzt. Anders als in der Vergangenheit, als vor allem afrikanische Staaten vorbildlich diese Rechtsstreitigkeiten dem Internationalen Gerichtshof vorlegten, wächst nun die Gefahr einer Fragmentierung des afrikanischen Kontinents. Was wir in Europa zwischen 1989 und 1992 erlebt haben, nämlich die Implosion bestehender Staaten und die Entstehung neuer Staaten, oftmals begleitet von Krieg und Vertreibung wie auf dem Balkan, ist auch für andere Weltregionen nicht auszuschließen. Neben dem Nahen Osten, allen voran dem Irak, ist für viele Teile Afrikas das Risiko von Staatenzerfall und damit verbunden die Entstehung neuer Staaten nicht auszuschließen.

Gerade der Fluch der Rohstoffe könnte sich in diesem Sinne auswirken, denn der neu entfachte Wettlauf um den Zugang zu den Rohstofflagern von

Nigeria, im Kongo und im Sudan kann diese ohnehin schon sehr geschwächten Staaten weiter fragmentieren. Die Hypothese einer Balkanisierung in Westafrika, also der Auflösung bestehender Staaten entlang ethnischer Bruchlinien, mag überzogen erscheinen. Doch Tatsache ist, dass die Zentralgewalt in diesen Staaten immer mehr die Kontrolle über das Staatsgebiet verliert, Rebellengebiete ihre eigenen Regeln vorgeben und Geschäftsleute oft nicht davor zurückschrecken, mit letzteren Geschäfte zu machen, um an ihre Waren zu kommen, ob es sich um die Diamanten von Sierra Leone, das Kupfer im Kongo oder das Erdöl im Sudan handelt. Mit diesen Einnahmen könnten Rebellen wiederum ihren Kampf gegen die ungeliebten Regierungen fortsetzen.

1.2 Fragmentierung rohstoffreicher Staaten: Nigeria, Sudan, Kongo

Der Sudan, das rohstoffreiche und größte Land Afrikas, leidet seit bald 30 Jahren unter einem Bürgerkrieg, in welchem sich – verkürzt gesagt – der arabisch-islamisch dominierte Norden und der schwarzafrikanische Süden mit seinen mehrheitlich christlichen oder anderen Glaubenslehren seit 1978 bekämpfen. Rund zwei Millionen Menschen kamen hierbei ums Leben. Die vielen Anläufe internationaler Vermittler schienen im Sommer 2005 in eine Verhandlungslösung zu münden, die sich bald wieder als Chimäre erwies. Viele Erdölimporteure haben großes Interesse an einer Befriedung des Landes, um Explorationen durchführen zu können. 2005 wurde der Sudan zum Netto-Exporteur von Rohöl und Raffinerieprodukten. Auch dieser Konflikt mit seinen schweren Menschenrechtsverletzungen, die nun vom Internationalen Strafgerichtshof ausjudiziert werden, ist im Licht des Kampfes um Erdölressourcen zu analysieren. Es geht ähnlich wie im Irak um die Föderalisierung des Landes und die hiermit verbundene Verteilung von Erdöleinnahmen.

Der 2005 unterzeichnete Vertrag gestand dem Sudan People‘s Liberation Movement (SPLM) offiziell die Macht im Süden des Staates zu. Der Süden würde demnach die Hälfte der Einnahmen aus dem Erdölgeschäft erhalten, um die sich die Regierung in Khartum im Norden des Landes und die SPLM in der Vergangenheit heftige Kämpfe lieferten. Im Abkommen jedoch ist der zukünftige Grenzverlauf zwischen dem Norden und Süden und den zu verteilenden Erdölfeldern nicht geklärt. Nach einer Übergangszeit von sechs Jahren darf der Süden laut Vertrag über den Verbleib oder die Abspaltung von der Republik Sudan abstimmen. Zwar wurde eine National Petroleum Commission zwecks Revision bestehender Verträge geschaffen, doch weder Khartum noch die SPLM haben sich bislang daran gehalten und ihre eigenen Verträge jeweils ausgehandelt, wobei die Regierung vorzugsweise mit China kooperiert, die SPLM hingegen westliche Firmen einbinden will.[6] Entscheidend für die Autonomieverwaltung im Süden ist vor allem der Transport des Erdöls, der u.a. auf der Schiene in Richtung Mombasa in Kenia erfolgen soll. Kritiker dieses Abkommens fürchten langfristig eine Desintegration des Landes infolge einer Verselbstständigung des Südens, der sich dank Einnahmen aus dem Erdölgeschäft gut finanzieren kann. Ein Zerfall des Sudan könnte auf dem Kontinent – mit den von den Kolonialmächten gezogenen Grenzen – eine Büchse der Pandora öffnen und heftige Grenzkonflikte mit weitreichenden Folgen lostreten, u.a. auch für den Rohstoffhandel.

Für Investoren erscheinen Verträge mit jenen afrikanischen Staaten, die nicht der OPEC, der Organisation Erdöl exportierender Länder angehören, verlockend. Der Erwerb von Konzessionen kann oft einfacher erfolgen als in anderen Regionen, wie im Persischen Golf oder in Zentralasien. Denn die Staaten stehen aufgrund ihrer Randlage nicht im geopolitischen Rampenlicht, die Regierungen sind schwach und politische Opposition besteht meist nicht. Der Zugang „upstream", also zum eigentlichen Förderbereich, ist in afrikanischen Staaten zudem aufgrund weniger mächtiger nationaler Erdölkonzerne daher für die internationalen Konzerne, die dringend Zugang zu neuen Reserven suchen, eher möglich.

Für westliche Energiekonzerne werden Projekte auf dem afrikanischen Kontinent immer mehr zum Hasardspiel – mit Auswirkungen, die bis zum Boykott des Konzerns infolge von Kampagnen durch Umwelt- oder Menschenrechtsorganisationen führen können. Shell/Royal Dutch geriet ins Visier der internationalen Kritik aufgrund der dubiosen Rolle des Konzerns im Nigerdelta und der Ermordung des nigerianischen Bürgerrechtskämpfers Ken Waro-Siwa. Die Arbeitsbedingungen für die Firmen verschlechtern sich hier selbst im offshore-Bereich, also auf den Ölplattformen, aufgrund von systematischen Entführungen durch politisch motivierte oder kriminelle Gruppen. Dennoch baut Nigeria seinen Anteil am Importvolumen der USA und europäischer Staaten stetig aus. Afrika bleibt offenbar die letzte Karte im Fächer einer notwendigen Diversifizierung, um die Importabhängigkeit von Erdöl und Erdgas aus dem Persischen Golf oder der Russischen Föderation zu verringern. Die Risiken sind und bleiben aber hoch.

Aus dem Sudan, vor allem aus der Provinz Darfur, hatten sich bereits 2001 bei Ausbruch der Vertreibungen der ansässigen Bevölkerung westliche Konzerne zurückgezogen. So gaben die kanadische Talisman Energy und die österreichische OMV ihre Konzessionen vornehmlich wegen des

6 Vgl. www.icg.com The Khartoum-SPLM Agreement: Sudan's Uncertain Peace Africa Report, N°96, 25 July 2005.

Drucks der öffentlichen Meinung in ihren jeweiligen Heimatstaaten auf. Die französische Total kämpft um die Bewahrung ihrer seit 1985 brachliegenden Konzession im Süden des Landes. Ihr unmittelbarer Kontrahent ist die britische White Nile Erdölfirma, die wiederum über gute Kontakte zur SPLA verfügt und einige Konzessionen erwarb.

1997 verhängten die USA Wirtschaftssanktionen gegen Khartum, weil der Sudan den internationalen Terrorismus unterstützte. Seither drohen US-Investoren im Sudan schwere Strafen im Falle von Investitionen. Der kalifornische Chevron-Konzern, einer der Pioniere der sudanesischen Erdölindustrie, hatte seine Projekte angesichts des seit Jahrzehnten wütenden Bürgerkriegs im Süden schon längst beendet. Von den Amerikanern ist nur noch die texanische Marathon Oil ein stiller Teilhaber an dem von Total angeführten Konsortium, dem es um die erwähnte Lizenz im Süd-Sudan geht. Von den westlichen Erdölfirmen sind die schwedische Lundin im Sudan aktiv – und seit kurzem die kleine Genfer Firma Cliveden Petroleum SA. Mit Ausnahme der staatlichen China National Petroleum Corporation, die bei Abu Gabra in Süddarfur Erdöl fördert, hatte an sich keine Firma gewagt, zu investieren.[7]

Der Wettlauf um die afrikanischen Ressourcen mit den vielen Bürgerkriegen und unbekannten Daten über Opfer spielt sich fernab aller Berichterstattung ab. Besonders mager sind die Informationen über ein Land wie der Kongo. Die UNO ist mit einer groß angelegten Friedenstruppe, der MONUC, seit 1999 im Land stationiert. Die etwas 17 000 Soldaten wurden zwischenzeitlich von 2 400 Soldaten der europäischen Eingreiftruppe EUFOR auf Basis eines UNO-Mandats während der Präsidentschaftswahlen 2006 unterstützt. Eine umfassende Verbesserung der Sicherheitslage im rohstoffreichen Kongo ist aber aufgrund der vielen Begierden der Nachbarstaaten noch nicht absehbar.

Angesichts der geschäftlichen Verflechtungen zwischen Regierungsmitgliedern und der Bergbauindustrie, die eine parlamentarische Untersuchungskommission im Juni 2005 enthüllt hatte, suspendierte die neue Regierung im März 2007 alle laufenden Verhandlungen über weitere Minenkonzessionen. Zudem sollen sämtliche Verträge, die in den letzten zehn Jahren im Bergbausektor abgeschlossen worden waren, untersucht werden. Ob es dem Kongo gelingt, die wirtschaftliche Nutzung des Rohstoffreichtums transparenter zu machen, ist fraglich. Entscheidend ist das Zusammenwirken zwischen Produzenten, den beteiligten Firmen und den Konsumenten. Im Bereich von Diamanten ist man mit dem 2003 ins Leben gerufenen „Kimberley Process Certification Scheme“ wohl am weitesten gelangt. Der Monopolist De Beers begriff sehr rasch die möglichen negativen

7 Neue Zürcher Zeitung, 13.8.2005.

Auswirkungen auf das Image der Firma, wenn der Handel mit den so genannten „Blutdiamanten" aus Kriegsgebieten wie Sierra Leone nicht unterbunden würde.

1.3 Westliche Konzerne sind um ihr Image bemüht

Auf britisches Betreiben für mehr Transparenz im Minensektor wurde „The Extractive Industries Transparency Initiative" (EITI) geschaffen. Bisher haben 22 Länder sich bereit erklärt, die darin vereinbarten Prinzipien umzusetzen. Es geht um die Überprüfbarkeit der Einnahmen aus dem Erdöl-, Erdgas- und Bergbausektor. Es wurde von einem Zusammenschluss internationaler Organisationen wie z.B. „Transparency International UK" und anderen etwa die „Publish What You Pay"-Initiative gestartet, die multinationale Konzerne auffordert, ihre Verträge und Zahlungen an die jeweilige Regierung offenzulegen. Allerdings sind diese Vereinbarungen freiwillig. In westlichen Konzernen verbessert sich infolge veränderter Unternehmenskultur, wie der oft verkündeten „Corporate Social Responsibility", allmählich einiges. Als Beispiel sei die Abberufung eines hohen Mitarbeiters des französischen Energiekonzerns Total genannt. Letzterer weigerte sich, die Zahlungen des Konzerns an die kongolesische Regierung offenzulegen. Hierzu hatte der Präsident der kongolesischen Bischofskonferenz den Konzern aufgefordert, woraufhin der Vertreter von Total dies mit dem Beichtgeheimnis verglich. Es folgte die Abberufung des Mitarbeiters.[8]

Doch selbst wenn sich westliche Konzerne nach Jahrzehnten unheiliger Allianzen mit Diktaturen nun auf mehr Transparenz berufen und die Menschenrechte bei ihren Investitionen in Krisengebieten zu schützen suchen, so scheinen die neuen Akteure scheinen weniger um ihr Image. Der Zugang zu den chinesischen Unternehmen ist noch viel schwieriger als zu den europäischen oder amerikanischen. Wenn die afrikanischen Bürgerrechtsbewegungen keinen Kontakt zu den chinesischen Investoren aufnehmen können, bleiben die Afrikaner auf der Verliererseite, so ein Aktivist im Interview.[9]

---

8 EINS, Entwicklungspolitik Information Nord-Süd. Nr. 13-14-2007, S.46: Interview mit Brice Mackosso, Sekretär der Katholischen Kommission „Justitia et Pax" in der Republik Kongo und Aktivist von „Publish What You Pay".

9 Ebd., S. 47.

2. Interessen der USA, europäischer Konzerne und Chinas

Für asiatische Konzerne, insbesondere chinesische und indische, fällt das Argument des Firmenimage gegenwärtig noch nicht ins Gewicht. Dies kann sich ändern, doch vorerst unternehmen chinesische Energiekonzerne ihre Einkaufstour in afrikanischen Krisengebieten, wo aufgrund der Sicherheitssituation und der Arbeitsbedingungen ganz grundsätzlich wohl keine andere Firma bereit zu investieren wäre. Hinzu kommt die Rechtsunsicherheit, die unklare Rolle der National Petroleum Commission. Verständlicherweise zögern internationale Ölfirmen daher noch mit Investitionen im Sudan, während Glücksritter, wie White Nile oder andere in das Minenfeld am Ölfeld springen.

Für China geht es in seiner afrikanischen Öldiplomatie um noch viel mehr als die bloße Befriedigung seiner Erdölbedürfnisse. Eine veritable Afrikapolitik hat Peking im Namen des Erdöls eingeleitet, die neben der Handelspolitik auch eine sicherheitspolitische Dimension hat. Wie sehr sich China mittlerweile in Afrika engagiert, wurde spätestens im November 2006 deutlich, als rund 3 000 hochrangige afrikanische Gäste zum China-Afrika-Gipfel in Peking eintrafen, darunter mehr als 40 Staats- und Regierungschefs. Vize-Außenminister Zhai Jun erklärte den Besuchern, dass sich das Handelsvolumen beider Seiten seit dem Jahr 2000 auf 50 Milliarden Dollar jährlich verfünffacht habe. Bis 2010 solle es auf 100 Milliarden steigen. Bald seien 1 000 chinesische Unternehmen in Afrika aktiv. Peking habe mehr als sechs Milliarden Euro investiert, in insgesamt mehr als 900 Projekte.

Während westliche Regierungen und internationale Konzerne verstärkt Auflagen zwecks Stärkung der Menschenrechte, wirtschaftlicher Reformen und Transparenz im Geschäftsgebaren in ihren Kooperationsverträgen reklamieren, hält sich die Pekinger Führung konsequent an das Gebot der Nichteinmischung in innerstaatliche Fragen. Chinesische Politiker sprechen mit Blick auf koloniale Unterdrückung auch gerne von gemeinsamen Erfahrungen, die Afrika und China verbinden. Diese Linie wiederum findet Gefallen in den afrikanischen Staaten, die sich infolge innenpolitischer Krisen oft am medialen Pranger ihrer ehemaligen Kolonialherren wiederfinden. Bezeichnend in diesem Zusammenhang ist die Haltung Chinas in der Darfur-Krise im Sudan, die seit 2001 die UNO beschäftigt. 13 der 15 Erdölfirmen, die im Sudan aktiv sind, sind chinesische Gründungen. Seit zehn Jahren ist China im sudanesischen Erdölgeschäft tätig und importiert nun 50 Prozent des Rohöls. Erst im August 2007 entschloss sich China, eine UN-Sicherheitsratsresolution zur Bereitstellung einer Friedenstruppe in Darfur zu unterstützen. Das Motiv für diesen Wandel in der chinesischen Position liegt eventuell in dem Wunsch Chinas, seine oft beschworene Rolle als konstruktive Macht unter Beweis zu stellen. Zudem gilt es, die Afrikanische Union bei ihren Befriedungsbemühungen im Sudan zu unterstützen.

China ist zum einen der größte Geberstaat von Entwicklungshilfe auf dem afrikanischen Kontinent, zum anderen zu einem wichtigen Rüstungslieferanten afrikanischer Staaten aufgestiegen. War Afrika gestern noch der Hinterhof des Kalten Krieges, so könnte es bald zu Speerspitze eines Handelskrieges zwischen den USA, China und den Europäern werden, der sich zuspitzt.[10]

Zahlreiche andere schwarzafrikanische Staaten werden vom Blickwinkel der USA oder Europas gerne der „westlichen Hemisphäre" zugerechnet, wenn sie nicht der OPEC angehören und nicht mit größeren Verstaatlichungen zu rechnen ist. Hierzu zählt u.a. Gabun, ehemalige Kolonie Frankreichs. 1990 landeten französische Fallschirmspringer, um Langzeitherrscher Omar Bongo auf dem Präsidentensessel zu halten und die Konzessionen französischer Erdölkonzerne zu sichern. Gabun ist exemplarisch für französische Afrikapolitik und damit Erdölpolitik, die im Elysée-Palast im unmittelbaren Dunstkreis des Staatspräsidenten geschmiedet wird und oftmals skandalumwittert ist.

Um diese Missstände ansatzweise zu beheben, gründete Gabun 2004 eine Datenbank, mittels der sich Informationen zur Energie über einen Zeitraum von 30 Jahren zurückverfolgen lassen. Diese Maßnahme gemeinsam mit der Teilnahme an der britischen Initiative zu mehr Transparenz in der Rohstoffindustrie soll dazu beitragen, mehr Klarheit in die finanziellen Transaktionen zu bringen. Ziel dieser Initiative ist, die Einnahmen aus dem Abbau der Rohstoffe, ob in Form von Royalties, Steuern etc. zur Förderung der Infrastruktur einzusetzen und Misswirtschaft zu vermeiden. Förderstaat und beteiligte Firmen haben gleichermaßen ein Interesse an klarer Geschäftsgebarung.

Gabuns größtes Erdölfeld Rabi-Kounga wird von Shell offshore bewirtschaftet. Doch von der Tagesproduktion von 217 000 Fass im Jahr 1997 sind heute nur mehr 55 000 Fass pro Tag geblieben. Seit 2003 kooperieren Shell und Elf-Gabon, ein Joint Venture zwischen Total und der Regierung, um mittels Gasinjektion eines der Rabi-Felder für die Förderung zu nutzen.

Um Kredite des IWF zu erhalten, beteiligt sich Angola an dessen General Data Dissemination System (GDDS) zwecks Verbesserung der offiziellen Statistik und plant auch eine Umsetzung der britischen Initiative für mehr Transparenz in der Rohstoffindustrie. Zugleich möchte Angola Erdölfirmen verpflichten, ihre Zahlungsleistungen über das angolanische Bankwesen abzuwickeln, was wiederum die Konzerne ablehnen. Angola ist im-

---

10 Le Monde Diplomatique, Mai 2005, S. 16.

merhin der zweitgrößte schwarzafrikanische Erdölproduzent und trat im Dezember 2006 der OPEC bei. Die politische Lage hat sich nach Jahrzehnten eines Bürgerkriegs, eines Stellvertreterkrieges während des Kalten Krieges, der sich auch nach 1991 noch lange hinzog, stabilisiert. Doch Gewalt besteht angesichts extremer Armut weiterhin, vor allem kommt es immer wieder zu Entführungen von Ausländern. Die frühere Rebellenbewegung Unita verfolgt Pläne einer Abspaltung der nördlichen Cabinda, wo der der Großteil der Erdölproduktion offshore erfolgt. Das hier geförderte Erdöl zeichnet sich durch gute Qualität wegen niedrigen Schwefelgehalts aus. Die USA rechnen mit einem großen Potential im Erdöl- und Erdgassektor, der zwischen 2003 und 2008 ausländische Direktinvestitionen von rund 23 Mrd. US-Dollar anlocken soll. Neben der nationalen Ölfirma Sonangol sind über Joint Venture und „Production sharing agreements" zahlreiche internationale Konzerne beteiligt. Von derzeit rund 900 000 Fass pro Tag soll die Produktion bis 2008 auf ca. 2 Mio. Fass pro Tag ansteigen. Die angolanische Erdölproduktion wird sich primär offshore entwickeln.

China, im Weltvergleich das Land mit dem zweitgrößten Ölverbrauch nach den USA, bezieht inzwischen rund ein Drittel seines Bedarfs aus Afrika. Angola ist der wichtigste Lieferant auf dem Kontinent: Es exportiert mehr Öl nach China als nach Saudi-Arabien. Wo der Währungsfonds Kredite infolge unerfüllter Auflagen verweigert, springt China ein, ohne Bedingungen zu stellen.

Zahlreiche weitere afrikanische Staaten weisen sowohl onshore als auch vielversprechende offshore Erdöl- und Erdgasfelder auf. Die offshore-Förderung ist vor allem vor der westafrikanischen Küste, etwa rund um die Inselgruppe Sao Tome und Principe, von großer Attraktivität für internationale Konzerne, nicht nur aufgrund der geschätzten Reserven, sondern schlicht aus dem Grund, dass offshore Bohrtürme leichter vor ethnischen Konflikten und Sabotageakten zu schützen sind. Die Ausfälle in der nigerianischen Produktion, die sich regelmäßig aus Überfällen bewaffneter Milizen oder krimineller Banden ergeben, werden für die Konzerne immer mehr zur finanziellen und menschlichen Belastung.

2.2 Ist die chinesische Ausbeutung härter als jene durch westliche Firmen und Regierungen?

Anfang Jänner 2007 sprach der südafrikanische Präsident Thabo Mbeki an der Universität Kapstadt und wählte ungewöhnlich deutliche Worte. „Angesichts von Chinas übermächtiger Wirtschaftskraft (sei) die Gefahr groß, dass Afrika quasi zu dessen Kolonie werde. ... Dadurch ist Afrika zur Unterentwicklung verdammt. Es besteht die Gefahr, dass zu China eine Beziehung aufgebaut wird, die koloniale Abhängigkeiten wiederholt."

Chinesische Baufirmen, Restaurantbetreiber und auch Entwicklungshelfer sind omnipräsent. Bereits in der Vergangenheit hatte China stets starke diplomatische Vertretungen und Entwicklungsprojekte, doch mit dem zunehmenden Handelsvolumen und der Bedeutung der afrikanischen Rohstoffe wächst auch die Zahl der Verträge und chinesischer Kolonien. Kritische Stimmen weisen darauf hin, dass China teils seine Arbeitsmarktprobleme nach Afrika auslagert, indem dort Kohorten zehntausender Arbeiter in den Minen und auf den Erdölfeldern verpflichtet werden. Im südlichen Algerien trifft man auf chinesische Ingenieure und Facharbeiter, die sechs Tage pro Woche unter viel härteren Bedingungen und mit weniger Vergünstigungen auf den Erdöl- und Erdgasfeldern arbeiten, als dies auf ihre Kollegen aus Europa zutrifft. Am siebten Tag öffnen viele unter ihnen dann ihren eigenen Laden und verkaufen Plastikspielzeug. Oft genug werden vor allem aus Washington Vorwürfe laut, Peking torpediere die westlichen Modernisierungsversuche. So heißt es in einem Bericht des Washingtoner Instituts für Strategische Studien: „Chinas Bereitschaft, afrikanische Regime zu bewaffnen, ... harmoniert nicht mit dem internationalen Bestreben, Demokratie und gute Regierungsführung zu pflegen."[11]

Wie scheinheilig diese Haltung ist, liegt auf der Hand. Dennoch ist bei manchen Gesprächen in Schwarzafrika schon eine Art Nostalgie nach den weißen Kolonialherren anstatt der neuen asiatischen Bosse spürbar. Sambias Oppositionsführer Michael Sata fordert gar: „Wir wollen, dass die Chinesen verschwinden und stattdessen die alten Kolonialmächte wiederkommen. Denn die haben unsere Bodenschätze zwar auch ausgebeutet, sich aber wenigstens um uns gekümmert: Schulen gebaut, uns ihre Sprache gelehrt und die britische Zivilisation gebracht."[12] Wer gegen die Investoren aus China oder Indien demonstriert, wie dies im Frühjahr 2007 in Uganda der Fall war, wo die Menschen gegen die Rodung des Tropenwaldes und ein indisches Biospritprojekt auf die Straßen gingen, riskiert sein Leben.

Doch auch die Chinesen möchten als Wohltäter gesehen werden. So hat China in den letzten Jahren rund 15 000 Ärzte entsandt und möchte mehr „soft power" pflegen, also Kulturzentren, Krankenhäuser und Eisenbahnstrecken bauen. Auf die besondere Kunst des Dialogs der Asiaten setzt die Regierung ebenso wie auf hohen Entwicklungsetat. Nebenher wächst mit jedem Afrikageschäft Chinas weltpolitische Bedeutung. Der Kontinent

---

11 Spiegel Special Geschichte, Nr. 2/2007. Afrika – das umkämpfte Paradies, S. 140.

12 Ebd., S. 136.

stellt ein Viertel aller UNO-Mitglieder und hat bei Abstimmungen in der Generalversammlung entsprechendes Gewicht.

2.3 Das blauäugige Geschäft mit den Biotreibstoffen

Neben der Ausbeutung seiner natürlichen Ressourcen droht vielen afrikanischen Staaten zudem eine ökologische Katastrophe infolge großangelegter Biokraftstoffprojekte, welche vor allem die Weltbank, aber auch asiatische und US-Konzerne fördern. Die Regierungen von Südafrika, Mosambik und Uganda haben sich auf diesem Sektor schon weit vorgewagt und riskieren damit neue Umweltprobleme. Die südafrikanische Regierung startet im Herbst 2007 ein großangelegtes Biotreibstoffprogramm, das zwar auf Wünsche der Agrarlobby eingeht, doch Umweltbedenken außer Acht lässt.[13] Denn neben der knappen Ressource Wasser kommt es zum Einsatz gentechnisch veränderter Pflanzen, Monokulturen zerstören den Boden, für das ökologische Gleichgewicht wichtige Regenwälder werden abgeholzt.

Wie umstritten die Verwendung von nachwachsenden Rohstoffen für den Energiemarkt ist, zeigt sich in einem Bericht der OECD und der Vereinten Nationen. So warnen Experten des Forums UN-Energy[14] vor drohenden Gefahren aufgrund exzessiver Nutzung von Nahrungsmittelpflanzen als Kraftstoff mit dem Hinweis auf den anstehenden Rückgang der Artenvielfalt, der Auslaugung und Erosion der Böden und von mehr Hunger wegen steigender Grundnahrungsmittelpreise sowie der Vertreibung von Kleinbauern. Das Ansteigen der Preise für Nahrungsmittel steht auch in Verbindung mit den großen Investitionen, die auf dem Rohstoffsektor gegenwärtig in diese Richtung laufen.

Die Befürworter des Einsatzes von Biokraftstoffen finden sich besonders auch in der Europäischen Kommission, wo bereits Beimischquoten für die Mitglieder bestehen. Die EU verpflichtet sich auf Basis des Aktionsplans „Eine Energiepolitik für Europa" vom 8./9. März 2007, dass der Anteil von Biokraftstoffen am gesamten verkehrsbedingten Benzin- und Dieselverbrauch bis 2020 mindestens zehn Prozent erreichen soll. Das Argument ist, dass man bei Verwendung von Biomasse eine ausgeglichene Kohlenstoffdioxidbilanz erreichen möchte.

Umfassende Berechnungen mit allen externen Auswirkungen, wie Energieeinsatz und Wasserverbrauch, Konkurrenz zur Nahrungsmittelproduktion, und die tatsächlichen Auswirkungen auf die Treibhausgase kom-

13 Gespräche an der Universität Kapstadt im März 2007 mit Vertretern von Umweltschutzorganisationen.

14 Siehe: http://esa.un.org/un-energy/pdf/susdev.Biofuels.FAO.pdf; Zugriff am 18.9.2007.

men aber zu einem anderen Schluss, wie das Diskussionspapier der OECD-Experten Richard Doornbosch und Ronald Steenblik Mitte September 2007 vorlegt.[15] Diese Studie empfiehlt de Politik, die gesetzlich verordnete Beimischung von Biosprit zu beenden, weil diese möglicherweise „Treibstoff fördert, der teurer und umweltschädlicher ist als sein entsprechendes fossiles Produkt".

Es ist zu befürchten, dass die EU-Regierungen, die sich eben erst auf eine Energiestrategie geeinigt haben, nicht so rasch ihre legislativen Maßnahmen wieder rückgängig machen werden. Zudem wächst das Risiko für Afrika, zum Energieproduzenten für den Norden zu werden. Bedauerlicherweise befürworten viele Entscheidungsträger die Option der Biotreibstoffe in dem irrigen Glauben, dass die Vorsilbe „Bio" für nachhaltiges Wirtschaften steht. Funktionäre und Parlamentarier, die nicht zuletzt unter dem Einfluss der jeweiligen Agrarlobby stehen, vom Gegenteil zu überzeugen, wird sich in Pretoria als ebenso schwierig wie in Brüssel erweisen.

Schlussfolgerungen

Afrika ist die Antwort auf die Versuche der nördlichen Hemisphäre – Europa, die USA und China – ihre Energieimporte zu diversifizieren. Um die Abhängigkeit von nahöstlichem Erdöl oder russischem Erdgas zu verringern, suchen die Importeure vermehrt nach Energieallianzen auf dem afrikanischen Kontinent. Für internationale Erdölkonzerne, die nur mehr Zugriff auf rund zehn Prozent der weltweit bekannten Erdölreserven haben, sind die afrikanischen Staaten schon deshalb interessant, da es hier leichter ist, direkt im upstream tätig zu werden. Denn starke nationale Erdölfirmen fehlen in vielen schwarzafrikanischen Staaten.

Das aktuelle Wirtschaftswachstum Afrikas liegt gegenwärtig bei rund 5,8 Prozent, was auf das hohe Preisniveau bei vielen Rohstoffen infolge starker Nachfrage aus den Schwellenstaaten zurückzuführen ist. Ob es Afrika gegenwärtig gelingt, den Fluch seiner Ressourcen in einen Segen umzuwandeln, wird von folgenden Entwicklungen abhängen:

- Aufbau starker Institutionen, wie unabhängiger Gerichte und Rechnungshöfe, so dass die Einnahmen der Gesamtwirtschaft zugute kommen;
- ein Wechsel der Eliten, der sich in manchen Staaten allmählich vollzieht, indem sich ein afrikanischer Mittelstand herausbildet;

15 Biofuels: Is the cure worse than the Disease?, OECD Discussion Paper, Paris, September 11th, 2007.

- die Bereitschaft der Importeure, ihre Zahlungen und Einnahmen offenzulegen, und damit zur Bekämpfung der Korruption beizutragen.

Während die EU – mit Ausnahme der Briten und Franzosen, die noch weitere Ziele verfolgen – ihre Afrikapolitik auf eine völlig fehlgeschlagene Entwicklungszusammenarbeit reduziert, betätigen sich die USA und China am Wettlauf um die Ressourcen. Dem entgegensteuern können wohl nur die Afrikaner selbst, indem sie an Selbstvertrauen gewinnen und sich nicht für die Machenschaften von außen instrumentalisieren lassen. Denn mit Afrika ist viel Geld zu verdienen, ob als Blauhelm in einem UN-Kontingent, als Konsulent für Entwicklungsfragen oder schlicht als Händler.

Afrika sollte nicht mehr für all diese Hilfsorganisationen als Objekt existieren, sondern zum Akteur werden. Hierfür ist ein mentaler Wandel unabdingbar, denn es gilt, dass sich die Menschen nicht mehr als Opfer, sondern als selbstständige Subjekte begreifen. Die geistige Überwindung der Kolonialgeschichte, anstatt sie zu kultivieren, ist ein Anfang, um nicht in eine neue Kolonialisierung hineinzugeraten. Doch gegenwärtig steuert selbst ein Südafrika genau in die verkehrte Richtung.

Ressourcensicherung und Energiepolitik in Lateinamerika: US-Politik, EU-Politik oder selbständige Weltpolitik?

How shall we find the concord of this discord?
William Shakespeare

A cynic is a man who knows everything about prices but nothing about values.
Oscar Wilde

Peter Stania

Das Voranstellen von zwei englischsprachigen Zitaten geschieht hier nicht ohne Grund. Nicht nur, dass beide Sätze inhaltlich auf das Referat bezogen sind, es ist auch so, dass angelsächsische Politik im Gesamtkontext kolonialer europäischer Politik für einen Großteil des nachkolonialen Unglücks auch in Lateinamerika verantwortlich ist. Dies mag zunächst als Paradoxon erscheinen, wo doch der lateinamerikanische Subkontinent hauptsächlich von spanischen und portugiesischen Kolonialisten besiedelt wurde.

Koloniale Wurzeln

Mit der so genannten Conquista begann der Prozess der Ausbeutung Lateinamerikas. Vom ersten Tag an – die Spanier nennen diesen „Día de la Raza", Kubaner und andere sagen dazu – „Día de la Ignominia", stand die Ressourcenverwertung im Mittelpunkt des Interesses spanischer Eroberer.

Die Periode des Bullionismus erhob das Gold zur einzig gültigen Währung, und das Ziel der Spanier war vor allen Dingen, so viel Goldbarren wie eben möglich aus Lateinamerika nach Europa zu bringen. Das ökonomische System Spaniens gestaltete sich schon damals rückständiger als andere, denn Gold an sich ist inproduktiv. Das britische Kolonialsystem, welches zur selben Zeit schon Ansätze einer kapitalistischen Ökonomie entwickelte, zeigte sich wesentlich fortschrittlicher.

Die Auseinandersetzungen der beiden Kolonialmächte, nicht zuletzt um die Reichtümer Lateinamerikas, fußten zum Teil auf diesen Widersprüchen. Sogar Hollywood zieht noch heute den Vorteil aus einer romantischen Schilderung des Piratenwesens. Freibeuter hatten das verbriefte Recht ihrer Krone, die jeweils andere Seite legal ihrer Schätze und Handelswaren zu berauben.

Investitionen, wie sie die Briten in Teilen ihres Kolonialreiches tätigten, kamen den Spaniern nicht in den Sinn. Sie kamen auch nicht auf die Idee, strukturelle Kommunikationslinien auf ihren überseeischen Territorien zu errichten. Die Briten hinterließen zum Beispiel in Argentinien ein halbwegs funktionierendes Bahnsystem (welches durch die vorgenommene Privatisierung alsbald vernichtete wurde). Den Spaniern hingegen war nur daran gelegen, Reichtümer nach Hause zu bringen. All die wunderschönen Kirchen und Kathedralen in Spanien sind mit dem Gold, und Blut und dem Schweiß von Lateinamerikanern errichtet worden.

Mit anderen Worten: Der Kampf um die Ressourcen Lateinamerikas war vom ersten Tag an das Um und Auf der politischen Strukturen, wobei man hierunter hauptsächlich und simpel koloniale Ausbeutung zu verstehen hat. Doch waren die Spanier nicht alleine. Franzosen, Niederländer, Briten, Portugiesen und andere wollten ebenso partizipieren.

Die Konsequenzen für Lateinamerika

Der lateinamerikanische Subkontinent entwickelte sich im Vergleich zur aufsteigenden Weltmacht USA immer langsamer und in eine völlig andere Richtung. Die spanische Rückständigkeit in der ökonomischen Struktur wie auch unterschiedliche Konzeptionen religiöser Natur (Protestantismus gegen Katholizismus) hinterließen gravierende Spuren. Dazu kamen noch das Element der katholischen Doppelmoral und überkommene Wertvorstellungen extrem katholischer Eliten.

Entkolonialisierung

Die Befreiungskriege im frühen 19. Jahrhundert unter der Führung von bedeutenden Männern wie Simón Bolívar, O'Higgins, Marti und anderen, welche die Grundlagen ihrer Philosophie und ihres Rechtsverständnisses aus der Französischen Revolution gezogen hatten, brachten zwar die politische Befreiung vom spanischen Joch, die großen Dimensionen der Rückständigkeit sind jedoch nicht angetastet worden.

Das „Ich“ steht hier immer noch im Vordergrund – und auf verlorenem Posten gegen das angelsächsische „Wir“. Dies schlägt sich vor allem in den wirtschaftlichen Bereichen nieder.

Die Wurzeln des bis vor kurzem noch wirksamen, enormen Übels des freien Zuganges externer Dritter und der Ausbeutung lateinamerikanischer Ressourcen liegen unter anderem in dieser historischen Entwicklung begründet.

Erste Änderungen

In den vergangenen 50 Jahren wechselten sich Perioden der Diktatur mit denen demokratischer Strukturen ab. Wann immer es notwendig war, setzten ausländische Mächte, und da besonders die USA, auf blutige militärische Diktaturen. Auf solches eigensinniges, rücksichtsloses Verhalten griffen sie immer dann zurück, wenn der Ressourcenfluss von der südamerikanischen Periphere in das nordamerikanische Zentrum in Gefahr geriet. Die erste nachhaltige Bedrohung für den schrankenlosen Süd-Nord-Transfer bildete sich in Kuba heraus. Die größte Insel der Karibik stellte jedoch keine ökonomische Bedrohung da, sondern primär eine politisch-ideologische, wobei ihre Ausstrahlung nicht nur Lateinamerika, sondern auch andere Kontinente erfasste.

Zum ersten Mal kam es zu massivem Widerstand, der sich in den 1960er und 1970er Jahren in der Form einer Guerilla entfaltete. Später gesellten sich Freiheitsbewegungen wie die der Sandinisten und andere hinzu, wobei ihre Hauptstoßrichtung gegen einen schrankenlosen Ressourcentransfer gerichtet war. Den größten Gewinn aus diesem Transfer zogen die „riesigen“ multinationalen Unternehmen, wie zum Beispiel auf dem Agrarsektor die United Food Company.

Dies zeitigte die bekannten Konsequenzen, die da sind: Monokultur, Niedriglöhne, Kapitalabfluss, Straflosigkeit für von der Elite begangene Straftaten, Korruption und in ihrer Folge Armut für die größten Teile der Bevölkerung.

Widersprüche EU – USA

Weit vor über 150 Jahren formulierte der damalige US-Präsident Monroe seine politische Maxime „Amerika den Amerikanern!“ – und damit den Hinauswurf der Europäer aus dem amerikanischen Kontinent (bekannt und berüchtigt als Monroe-Doktrin); diese Doktrin hat meiner Meinung nach noch heute Gültigkeit und Leitwirkung. Sie bereitete den Boden für die späteren Widersprüche zwischen der US-Politik und europäischer Politik gegenüber Lateinamerika.

Heute beobachten wir eine Art Arbeitsteilung, wobei die USA den „bad guy“ spielen (in wiederholten Militärinterventionen) und die Europäer den

„good guy“, indem sie versuchen, menschlichere Strukturen und deren Aufbau in Lateinamerika voranzutreiben.

Das krasseste Beispiel hierfür ist wohl Chile 1973, in dem es nicht zuletzt um den Zugriff auf Kupfer gegangen ist. Folgewirkungen zeigt dies noch heute insofern, als der chilenischen Armee ein beträchtlicher Teil der Kupfereinnahmen zu Verfügung steht. Nicht zu vergessen ist jedoch, dass das Ziel sowohl der USA als auch der heutigen EU die ungehinderte Fortsetzung des schrankenlosen Ressourcen- und und neuerdings auch Energietransfers von Lateinamerika in die je eigene Region ist.

Die Globalisierung bietet hierfür günstige Rahmenbedingungen, wobei ergänzend festzuhalten ist, dass die EU, auch in der Kooperation mit Lateinamerika, sich weitgehend im Hintergrund hält und die Entwicklung zu verschlafen droht, während die USA durch den Irakkrieg und Afghanistan zumindest gehindert sind, ihre volle Aufmerksamkeit auf ihren so genannten „Hinterhof“ zu richten.

Erstarken des lateinamerikanischen Widerstandes

Hier muss man eine geographische Einschränkung in Kauf nehmen und eher präzise von *süd*amerikanischem Widerstand sprechen. Zentralamerika und die Karibik sind – mit der großen Ausnahme von Kuba, Venezuela und Nicaragua – nämlich fest in der Hand der USA.

Die Überdehnung und die Übertreibung des Kapitalabflusses mit Hilfe korrupter Eliten und das praktische Leerfegen einiger Länder von Kapital hatte ein Kippen der absoluten Dominanz der USA zur Folge. Indem sich besonders die USA auf korrupte Eliten wie zum Beispiel die Acción Democrática (A.D.) und die Copei in Venezuela oder die Peronisten unter Menem (Relation US-Dollar:Peso = 1:1) in Argentinien stützten, übersahen sie den fast vollständigen Staatsbankrott dieser beiden Länder.

Sie übersahen auch, dass diese Länder nicht nur über kein Kapital mehr verfügten, sondern dass in Argentinien und Venezuela praktisch nichts mehr funktionierte. Dasselbe wäre ihnen auch fast in Mexiko passiert.

Länder wie Venezuela waren ursprünglich agrarexportbezogen. Bis vor zehn Jahren hatte sich dieser Faktor völlig umgekehrt, so dass Venezuela zum Import nahezu aller Nahrungsmittel genötigt war, besonders aus den USA. Hierin kann man auch einen Teil des „Ölfluches“ ausmachen, mindestens ebenso verantwortlich ist jedoch die Politik der USA.

Neuerdings lassen sich effiziente Ansätze des Süd-Süd-Handels beobachten, wobei ich zum Beispiel auch „Ärzte und Lehrer gegen Öl“ als solchen bezeichnen möchte. Die Gründung einer Bank als Gegenmodell zum

System von Bretton Woods ist von einigen Ländern angedacht und wird wohl auch umgesetzt werden.

Änderung der Parameter

In der Folge der oben angezeigten Krise, welche nicht nur Venezuela und Argentinien betraf, sondern subkontinentweit zu bemerken war (the „Lost Decade" in den 1980er Jahren und der Zusammenbruch in den 1990ern) entwickelten sich Kräfte, welche die Ressourcenverteilung völlig anders regeln wollten. Primär sollten nach ihren Vorstellungen in Ländern wie Venezuela, Bolivien und Ecuador, also Staaten mit reichen Öl- und Gasvorkommen, die Ressourcen im Lande bleiben und einer gerechteren sozialen Verteilung zugeführt werden.

In Venezuela und Bolivien wurden Ölfelder und deren technische Infrastruktur zum großen Teil renationalisiert, wobei sich einige der großen ausländischen Ölmultis mit einem Minoritätsanteil begnügten und nicht ganz ausstiegen.

Gegen den ewigen „Fluch des Goldes" oder – gegenwartsgerecht – „Fluch des Erdöls" treten mithin gerade energieressourcenreiche Länder wie Venezuela und Bolivien an, um einen nachhaltigen ökonomischen, sozialen und ideologischen Wandel herbeizuführen.

Öl wird zwar weiterhin an die USA, Europa und Länder, die einen verstärkten Bedarf wie z.B. China haben, verkauft, die Erträge jedoch werden im Inland angelegt und sollen dazu dienen, neben den Einkünften aus anderen Rohstoffen auch eigenständige Produktionslinien aufzubauen.

Integrationsbemühungen

Auf der Basis von Energiepolitik scheint es nun erstmalig zu gelingen, stabile Integrationsstrukturen in Lateinamerika durchzusetzen. Das von rechten Regierungen wie der von Mexiko oder Kolumbien verächtlich geschmähte „Wedeln mit dem Scheckheft" zeitigt Erfolge, denen sich andere Länder Lateinamerikas in Richtung einer gesamthaft lateinamerikanischen Integration nicht verschließen können und wollen.

Das von den USA zuvor ins Spiel gebrachte Integrationsmodell von Kanada bis ins Feuerland á la NAFTA ist offensichtlich gescheitert. Ob sich nun die Position Venezuelas, Boliviens, Kubas, Ecuadors und Nicaraguas durchsetzt ist, noch zu hinterfragen. Vor allen Dingen scheint ALBA sich noch heftig in Diskussion zu befinden.

Dabei spielen die Separatinteressen von Brasilien, Chile und einigen anderen Ländern eine große Rolle. Doch nicht nur das überkommene Prinzip eines „Divide et impera" steht einer gesamtlateinamerikanischen Integration im Wege. Denn hier wird das Prinzip der Souveränität aus verständlichen historischen Gründen noch so verstanden wie in Europa vor der Gründung der EU. Wenn innerhalb der EU die einzelnen Mitgliedsländer Bereiche und Souveränitätsrechte in Erwartung eines besseren Funktionierens der Gemeinschaft an diese abgegeben haben, so scheint dies in Lateinamerika wesentlich komplexer und schwieriger.

Die Politik der USA richtet sich nach dem praktischen Scheitern ihrer Konzeption auf den Abschluss von bilateralen Verträgen (mit Chile, Kolumbien, Brasilien, Argentinien, und weiteren), und diese Strategie scheint den USA gegenwärtig zielführend zu sein.

Energiekomponenten

Als besonders erfreuliches Moment muss festgehalten werden, dass sich Lateinamerika mit dem Vertrag von Tlatelolco als größte Region dieses Globus als kernwaffenfrei erklärt hat. Mit der Ausnahme der USA werden daher auf diesem Kontinent keine Atomwaffen gebaut oder stationiert werden. Dies ist besonders wichtig, wenn man die heute sich vornehmlich am Iran abarbeitende Diskussion zur atomaren Frage beleuchtet.

Brasilien arbeitet an Urananreicherung mit dem Ziel der friedlichen Nutzung der Atomenergie. Was aber macht Brasilien mit einem nuklearen U-Boot?

Eines der Instrumente der USA in der Auseinandersetzung vor allem mit Venezuela besteht darin, Ethanol als alternative Energieform ins Spiel zu bringen. Sie argumentieren damit, dass dies eine Klima schonende Alternative wäre, Ländern, die keine Öl- oder Gasvorkommen besitzen, eine Energieform zu garantieren.

Die Probleme mit Ethanol bestehen jedoch darin, dass große Anbauflächen vorhanden sein müssen. Nachdem zum Beispiel in Mexiko Mais, aus dem Ethanol gewonnen wird, zugleich ein Grundnahrungsmittel darstellt, stiegen die Preise für Mais sofort, und die Armen Mexikos konnten sich ihre gewohnten und traditionellen Nahrungsmittel nicht länger leisten.

Ein weiteres Problem besteht darin, dass Länder wie Brasilien beginnen, zur Gewinnung von Anbauflächen – etwa für Mais – Urwald zu roden und nun erst recht die Problematik auf die Klimaebene gehoben wird. Abgesehen davon versprach sich der amerikanische Präsident bei seinem Treffen mit Lula ein Näherrücken beider Länder und eine Aufgabe des Widerstandes von Brasilien gegen das US-Konzept einer gesamtamerikanischen Freihandelszone.

Der Kampf um die Ressourcen geht daher weiter. Man kann schon heute voraussagen dass die Produktionsstruktur von Ethanol wiederum von ausländischen Großagrarmultis dominiert wird – teilweise ist dies auch schon eingetroffen. Es werden sich dann dieselben, wie oben ausgeführt negativen Phänomene herausbilden. Zusätzlich wird dann die Klimakomponente ökologischen Schaden verursachen, da Ethanol nur vordergründig „sauberer" zu sein scheint. Über das notwendige Wasser werden dann zum Beispiel enorme Düngermengen in die Böden gelangen.

Neue Kommunikationslinien

Von Venezuela aus wird geplant, riesige Transportleitungsnetze über den Kontinent zu legen. Dies bezieht sich auf Pipelines und Gasversorgung aber auch auf Straßen.

In diese Planungen werden auch Länder einbezogen, deren Regierungen sich diametral gegenüberstehen, wie zum Beispiel Kolumbien (von Venezuela aus sollen Pipelines an die Pazifikküste mit Hilfe Kolumbiens gebaut werden). Der gesamte Subkontinent soll vernetzt werden, wobei die Umsetzung dieses gigantischen Projektes vom politischen Wohlwollen der partizipierenden Länder abhängt, und da gibt es Schwierigkeiten.

Chile führt stets seine eigene Politik durch – etwa gegenüber Asien und den USA. Brasilien will als die führende Macht Lateinamerikas handeln, Kolumbien ist destabilisiert, und auch in Argentinien ist nicht sicher, ob der jetzige Präsident bzw. seine Ehefrau die kommenden Wahlen gewinnen werden. Bolivien legt man permanent Hindernisse in den Weg, und das Nachbarland Ecuador versucht, sich zu stabilisieren.

Venezuela hat zumindest die Intention, in Kooperation mit anderen Ländern des Subkontinents Energieversorgungslinien über Südamerika zu legen. Es verfolgt heute schon die Politik des billigeren Ölverkaufs an ärmere Länder – besonders in der Karibik und in Zentralamerika.

Das Öl bildet das ökonomische Rückgrat einer Entwicklung der inneren und äußeren Solidarität. Venezuela versucht etwa zudem, durch eine gezielte Politik die OPEC zu stärken. Im Lande selbst führt der Ölreichtum zu einer Umverteilung nach unten, wobei die als „Staat im Staate" verrufene Firma PDVSA aus ihrer unrühmlichen Rolle herausgelöst werden konnte.

Auch in Venezuela wie in anderen Öl produzierenden Ländern weiß man, dass der Reichtum aus dem Öl endlich ist. Ein unübersehbarer Widerspruch ergibt sich allerdings aus diesem Faktum und der Zeit, die noch zur Verfügung steht, mit dem Reichtum Öl gerechtere Strukturen gegen das neoliberale Modell ungezügelter Globalisierung zu errichten.

Zukunftsspekulationen

Optimistische Variante

Mit Hilfe der Energieressourcen gelingt die lateinamerikanische Integration, und so scheint der einstmals hintan stehende Subkontinent als erster eine echte Alternative zur grenzenlosen Globalisierung zu entwickeln. Bei dieser Alternative ist es enorm wichtig, einen demokratischen und gewaltlosen Weg zu gehen.

Pessimistische Variante

Mit ihrer Politik des „Divide et impera" gelingt es den USA, den Subkontinent auseinander zu dividieren, so dass fortschrittliche Projekte ohne Chance auf Umsetzung bleiben.

Gefahren als Elemente der pessimistischen Variante bestehen jedoch auch in den neuen Strukturen, und dies sind unverändert: Korruption und Klientelwirtschaft. Diese sind gerade im Bereich der Energiepolitik, in dem es um ungeheure Summen von Kapital geht, tödlich für die Entwicklung.

Ich selbst meine, dass in Lateinamerika günstige Voraussetzungen bestehen, erstmalig eine eigenständige Weltpolitik auf der Basis der je eigenen Ressourcen und mit der Aussicht auf die Realisierung eines gerechten Verteilungsprozesses durchzusetzen und auszugestalten.

Der „Fluch des Goldes" und – biblisch gewendet – der „Tanz ums goldene Kalb" könnten endlich überwunden und beendet werden, und zwar nicht in Asien, Afrika oder Europa und den USA, sondern in Lateinamerika.

Teil V:

Macht eine gemeinsame und nachhaltige EU-Energiepolitik die „Battle Groups“ arbeitslos? Zum Zusammenhang von Militär- und Energiepolitik der EU

Knapper werdende Rohstoffe – Eine Quelle für Aufrüstung und Kriegsplanungen?

Lühr Henken

Im Folgenden geht es darum, in Militärdoktrinen der USA und der EU und in den jüngsten militärischen Weißbüchern der VR China und Deutschlands Belege für die Absicht zu finden und aufzuzeigen, Militär zur Rohstoff- und Energiesicherung einsetzen zu wollen.

USA

Rede von George W. Bush in der Zitadelle

Als denkwürdig ist die Wahlkampfrede George W. Bush‘s vom 23. September 1999 in der „Zitadelle“, der berühmten Militärakademie von Charleston (North Carolina), einzustufen.[1] Programmatisch verkündete der Wahlkämpfer Bush, warum und wie er als gewählter US-Präsident das US-Militär für das 21. Jahrhundert umfassend umbauen wollte. In seiner Rede nannte er drei strategische Ziele:

- Das US-Territorium solle durch ein Raketenabwehrsystem unverwundbar gemacht werden.
- Große Kampfkontingente sollten schnell in entfernte Zonen verlegt werden können. Die US-Streitkräfte sollten „im kommenden Jahrhundert agil, tödlich und mobil sein, und das setzt ein Minimum logistischer Unterstützung voraus. Wir müssen in der Lage sein, unser Machtpotential über große Entfernungen und innerhalb von Tagen oder Wochen – und nicht Monaten – in Stellung zu bringen. Unsere schweren Streitkräfte zu Lande müssen leichter werden. Unsere leichten Streitkräfte müssen tödlicher werden. Und alle müssen schneller ins Zielgebiet gebracht werden können.“[2]

1 Siehe: http://www.citadel.edu/pao/addresses/pres_bush.html.

2 Ebd., Übersetzung aus Michael T. Klare, Schnell, mobil, tödlich, – Das Zeitalter der US-

- die US-Militärausgaben sollten erhöht werden.

Acht Jahre später, im Jahr 2007, zeigt sich, dass die Ziele weitgehend in die Tat umgesetzt wurden.

Cheney-Report

Der Stellvertreter des US-Präsidenten, Richard Cheney, veröffentlichte am 16. Mai 2001 den unter seiner Leitung entstandenen National Energy Policy Development Report, kurz Cheney-Report genannt.[3] Dieser stellt fest, dass der Anteil der Rohöleinfuhr in die USA von 52 Prozent (2001) auf 64 Prozent im Jahr 2020 steigen müsse, um die Rohölversorgung der USA zu sichern. Das klingt zunächst nicht dramatisch. Allerdings geht der Cheney-Report von einem Anstieg des US-Ölverbrauchs insgesamt aus. „In absoluten Zahlen werden die US-Ölimporte von den heutigen rund 10,4 Millionen Barrel pro Tag bis 2020 auf schätzungsweise 16,7 Millionen Barrel pro Tag ansteigen.“ [4] Das allerdings ist ein beanspruchter Anstieg um 60 Prozent! Der Cheney-Report zieht die markante Schlussfolgerung, dass das Weiße Haus nunmehr die Energiesicherung zu „einer Priorität“ der US-amerikanischen Handels- und Außenpolitik mache.[5] Und zwar so: Die Länder des Nahen Ostens sollten dazu bewegt werden, ihre Exporte zu erhöhen und diesbezügliche Investitionen zuzulassen. Um die US-Abhängigkeit von der Golfregion nicht zu groß werden zu lassen, empfiehlt der Report, die Einfuhrländer zu diversifizieren, und nennt konkret: die Kaspische Region (dabei namentlich Aserbeidschan und Kasachstan), Afrika (Angola und Nigeria), Lateinamerika (Kolumbien, Venezuela und Mexiko). Darunter – inklusive dem Nahen Osten – sind bekanntlich Länder, die als instabil gelten, bzw. gar als US-feindlich einzustufen sind. Im Cheney-Report findet man keinen Hinweis oder gar eine Empfehlung dergestalt, bei Kooperationsunwilligen in punkto Öllieferungen militärisch nachhelfen zu wollen. Es findet sich jedoch der bekannte Anspruch bezüglich der Golfregion: „This region will remain vital to U.S. interests.“[6]

Zudem hat nach wie vor die Doktrin von US-Präsident Jimmy Carter in seiner Rede zur Lage der Nation vom 23. Januar 1980 Gültigkeit:

Hegemonie, Le Monde Diplomatique, 15.11.2002.

3 Report of the National Energy Policy Development (Cheney-Report,) 16.5.2001, 170 S.n, im Internet: http://www.whitehouse.gov/energy/National-Energy-Policy.pdf.

4 Klare, Fußnote 5, siehe U.S. Department of Energy, Energy Information Administration (Hrsg.), International Energy Outlook 2002, Washington, D.C., 2002, S. 183 und 242.

5 Cheney-Report, S. 8-4.

6 Ebd., „Diese Region wird für die US-Interessen lebenswichtig bleiben.“ Übers. L.H.

> „Jeder Versuch einer äußeren Macht, die Kontrolle über den Persischen Golf zu erlangen, wird von uns als Angriff auf die Lebensinteressen der USA angesehen. Jeder derartige Versuch wird mit allen notwendigen Mitteln, einschließlich der Anwendung militärischer Gewalt, zurückgeschlagen werden."[7]

Quadrennial Defense Review Report 2001

US-Militärs haben sich bereits der Sache angenommen. Im Quadrennial Defense Review Report, der vom US-Verteidigungsministerium alle vier Jahre erarbeitet wird und einen Überblick über die weltweite Sicherheitslage und die US-amerikanischen Interessen gibt sowie rüstungspolitische Maßnahmen vorschlägt, liest man:[8]

> „Die Vereinigten Staaten und ihre Verbündeten und Freunde werden auch weiterhin von den Energievorkommen des Nahen Ostens abhängig sein, einer Region, in der mehrere Staaten konventionelle militärische Herausforderungen darstellen und viele nach chemischen, biologischen, radiologischen, nuklearen und verbesserten hochexplosiven (CBRNE-) Waffen streben – oder gestrebt haben. Diese Staaten entwickeln Technologien für ballistische Raketen, unterstützen den internationalen Terrorismus und bauen ihre militärische Bedeutung aus, um mit den USA befreundete Staaten zu erpressen und der US-Streitmacht den Zugang zu der Region zu verwehren."[9]

Im QDR-Beitrag wird weiter dargelegt, welche Waffentypen und militärischen Kräfte die USA benötigen, um ihre Interessen im Nahen Osten und anderen wahrscheinlichen Konfliktzonen zu schützen. Dabei werden exakt jene militärischen Potentiale und Fähigkeiten aufgelistet, die Präsident Bush in seiner Zitadelle-Rede benannt hat. Zusammenfassend heißt es, die Militärstrategie der Vereinigten Staaten beruhe „auf der Annahme, dass die US-Streitkräfte die Fähigkeit besitzen, ihre Machtmittel weltweit einzusetzen. Die Vereinigten Staaten müssen die Fähigkeit bewahren, gut ausgerüstete und logistisch unterstützte Truppen weltweit in kritische Gegenden zu entsenden – im Zweifelsfall auch gegen feindlichen Widerstand."[10]

---

7 Siehe: http://www.uni-kassel.de/fb5/frieden/regionen/Afghanistan/geschichte.html.

8 US Ministry of Defense, Quadrennial Defense Review Report (QDR), 30. September 2001, 79 Seiten, www.bits.de.

9 QDR 2001, S. 4, Übersetzung L.H.

10 QDR 2001, S. 43, Übersetzung aus Klare, a.a.O.

Nationale Sicherheitsstrategie 2002 (NSS, „Bush-Doktrin")

Wie sind diese Vorarbeiten des Pentagons in die vom Präsidenten erlassene neue Nationale Sicherheitsstrategie (NSS) [11] der Vereinigten Staaten eingeflossen? Sie wurden am 20.9.2002 – also ein Jahr nach dem Vierjahresbericht des Pentagon – veröffentlicht.

Hier heißt es in Kapitel 9 unter der Überschrift: Herausforderungen meistern und Möglichkeiten nutzen – Umstrukturierung amerikanischer nationaler Sicherheitsinstitutionen:

> „Wir wissen aus der Geschichte, dass Abschreckung wirkungslos bleiben kann, und wir wissen aus Erfahrung, dass sich manche Feinde nicht abschrecken lassen. Die Vereinigten Staaten müssen und werden die Fähigkeit erhalten, jeden Angriff eines Feindes abzuwehren – sei es ein Staat oder eine Person –, der den Vereinigten Staaten, ihren Verbündeten und Freunden fremden Willen aufzwingen will. Wir werden Streitkräfte unterhalten, die zur Erfüllung unserer Verpflichtung fähig sind und die Freiheit verteidigen. Unsere Streitkräfte werden stark genug sein, potenzielle Gegner von ihren Aufrüstungsvorhaben abzubringen, die sie in der Hoffnung auf Überlegenheit oder Gleichstellung im Hinblick auf die Macht der Vereinigten Staaten betreiben."

Diese Strategie ist nicht neu. Sie ist die Fortschreibung der Geheimstrategie des Pentagons, wie sie im Leitlinien-Entwurf „No Rivals"[12] 1992 in der New York Times veröffentlicht wurde: „Militärstrategische Ziele: Unser erstes Ziel ist, den (Wieder-)Aufstieg eines neuen Rivalen zu verhüten, sei es auf dem Gebiet der früheren Sowjetunion oder sonst wo, der eine Bedrohung der Größenordnung darstellt wie früher die Sowjetunion. Das ist die beherrschende Überlegung, die der neuen Verteidigungsstrategie für die Region zugrunde liegt. Wir müssen versuchen, zu verhüten, dass irgendeine feindliche Macht eine Region dominiert, deren Ressourcen – unter gefestigter Kontrolle – ausreichen würden, eine Weltmachtposition zu schaffen. Solche Regionen sind Westeuropa, Ostasien, das Gebiet der früheren Sowjetunion und Südwestasien." Unter Südwestasien ist die öl- und gasreiche arabische Halbinsel zu verstehen.

Zurück zur „Bush-Doktrin", Kapitel 5:

> „Der Bedrohung der Vereinigten Staaten, ihrer Bündnispartner und Freunde durch Massenvernichtungswaffen vorbeugen, [...]

---

11 Die nationale Sicherheitsstrategie der USA, (dt. Sprache, Langfassung), in: http://www.uni-kassel.de/fb5/frieden/regionen/USA/doktrin-lang.html.

12 „No Rivals"-Plan: Den Aufstieg konkurrierender Mächte in Europa und Asien verhindern – Auszüge aus dem neuen Leitlinien-Entwurf des Pentagon, Blätter für deutsche und internationale Politik, 4/92, S. 429 f.

> Aber neue tödliche Gefahren gehen von Schurkenstaaten und Terroristen aus. [...]
>
> In den neunziger Jahren des 20. Jahrhunderts beobachteten wir das Auftreten einer kleinen Anzahl von Schurkenstaaten, die – obwohl sie sich in wichtigen Punkten unterscheiden – einige Gemeinsamkeiten aufweisen. Diese Staaten:
>
> - tun ihrem eigenen Volk Gewalt an und verschwenden ihre nationalen Ressourcen zur persönlichen Bereicherung der Herrschenden;
> - missachten das Völkerrecht, bedrohen ihre Nachbarn und verletzen kaltschnäuzig von ihnen unterzeichnete internationale Verträge;
> - sind zur Beschaffung von Massenvernichtungswaffen und anderer moderner Militärtechnologie entschlossen, um sie als Drohung oder offensiv zur Durchsetzung der aggressiven Pläne ihrer Regime einzusetzen;
> - unterstützen Terrorismus auf der ganzen Welt;
> - lehnen grundlegende menschliche Werte ab und hassen die Vereinigten Staaten und alles, wofür sie stehen."

Dann werden namentlich Irak und Nordkorea genannt.

Mitte der 90er Jahren wurde unter Clinton bereits der Begriff der „Schurkenstaaten" eingeführt. Auch der Iran, Syrien und Kuba zählen seitdem dazu. Zu Beginn des Jahres 2002 bevorzugte Bush den Begriff der „Achse des Bösen" für dieselbe Staatengruppe. Weiter in der Doktrin:

> „Wir müssen darauf vorbereitet sein, Schurkenstaaten und ihre terroristische Klientel aufzuhalten, bevor sie in der Lage sind, die Vereinigten Staaten und ihre Bündnispartner und Freunde mit Massenvernichtungswaffen zu bedrohen oder sie gegen sie einzusetzen. [...] Es hat beinahe ein Jahrzehnt gedauert, bis wir die wahre Natur dieser neuen Bedrohung verstanden hatten. Angesichts der Ziele von Schurkenstaaten und Terroristen können die Vereinigten Staaten nicht länger allein auf eine reaktive Haltung vertrauen, wie es in der Vergangenheit der Fall war. Die Unfähigkeit, einen potenziellen Angreifer abzuschrecken, die Unmittelbarkeit der heutigen Gefahren und das Ausmaß des möglichen Schadens, der aus der Waffenwahl unserer Gegner erwachsen könnte, lassen diese Option nicht zu. Wir dürfen unsere Feinde nicht zuerst zuschlagen lassen. [...] Wir müssen das Konzept der unmittelbaren Bedrohung an die Fähigkeiten und Ziele der heutigen Gegner anpassen. Schurkenstaaten und Terroristen wollen uns nicht auf konventionelle Weise angreifen. Sie wissen, dass solche Angriffe zum Scheitern verurteilt wären. Stattdessen setzen sie auf Terrorakte und potenziell auf den Einsatz von Massenvernichtungswaffen, die leicht versteckt und aus dem Verborgenen heraus und ohne Vorwarnung eingesetzt werden können.

Die Ziele dieser Angriffe sind unsere Streitkräfte und unsere Zivilbevölkerung, was unmittelbar eine der grundlegenden Prinzipien des Kriegsvölkerrechts verletzt. Die Zahl der Toten am 11. September 2001 hat gezeigt, dass massenhaft zivile Opfer das erklärte Ziel von Terroristen sind. Die Zahl der Toten wäre um ein Vielfaches höher, wenn Terroristen Massenvernichtungswaffen erwerben und einsetzen würden.

Die Vereinigten Staaten haben sich seit langem die Option auf präemptive Handlungen offen gehalten, um einer hinreichenden Bedrohung ihrer nationalen Sicherheit begegnen zu können. Je größer die Bedrohung, desto größer das durch Untätigkeit entstehende Risiko – und desto zwingender das Argument für antizipatorische Selbstverteidigung, selbst wenn Unsicherheit darüber besteht, wann und wo der Feind angreifen wird. Die Vereinigten Staaten werden gegebenenfalls präemptiv handeln, um solche feindlichen Akte unserer Gegner zu vereiteln oder ihnen vorzubeugen."

Angriff auf den Irak wegen des Öls

Genau diese Doktrin kam im Irak zur Anwendung, gegenüber einem Land, das laut British Petrol Ende 2006 über nachgewiesene Ölreserven in Höhe von 115 Mrd. Barrel verfügt (9,6 % des Weltvorrats, Rang 3) [13]. Dazu kommen noch 1,7 Prozent der weltweiten Naturgasreserven (Rang 10 in der Welt). Bei einem Rohölpreis von 60 US-Dollar pro Barrel errechnet sich ein Ölwert von 6 900 Milliarden US-Dollar. Dass die USA vor allem mit britischer Unterstützung unter flagrantem Bruch des Völkerrechts den Irak wegen des Ölreichtums überfallen habe, hat die Bush-Regierung niemals behauptet. Bush's Vorgänger Bill Clinton gab in seinen Memoiren zum Irak-Krieg sogar an: „Wir sind nicht aus imperialistischen oder finanziellen Gründen dort hineingegangen." Öl habe für den Krieg keine Rolle gespielt.[14] Spätestens nun – vier Jahre nach Beginn des Überfalls der US-amerikanisch-britisch geführten Koalition stellt sich die Frage, ob es denn der US-amerikanischen reinen Spendierfreude geschuldet ist, jährlich rund 100 Milliarden US-Dollar Steuergelder für die Entwicklung von Demokratie und Menschenrechten in den Irak zu stecken, oder ob nicht doch handfeste materielle Interessen dahinter stehen.

---

13 BP Statistical Review of World Energy 2007, 48 Seiten, S. 8, siehe: http://www.bp.com/liveassets/bp_internet/globalbp/globalbp_uk_english/reports_and_publications/statistical_energy_review_2007/STAGING/local_assets/downloads/pdf/statistical_review_of_world_energy_full_report_2007.pdf.

14 Frankfurter Allgemeine Zeitung, 22.6.2004.

Einen Beleg für Letzteres lieferte kürzlich die Frankfurter Allgemeine Zeitung,[15] die über das neue Ölgesetz des Irak in frappierender Offenheit Auskunft gab:

> „Vor einer ähnlich gefährlichen Eile warnen einige auch bei einem Gesetz, das nach der Verfassung entscheidend für Zusammenhalt oder Auseinanderbrechen des rohstoffreichen Staates ist: Noch vor der neuen Verfassung soll das neue Ölgesetz fertig sein, dessen erster Entwurf Ende Februar in Teilen abgeschlossen wurde. Treffen amerikanische Presseberichte zu, soll es das Parlament schon Ende Mai billigen. In diesen Meldungen ist gleichzeitig von großem Druck aus Washington die Rede, das Gesetz, das die Zukunft der Ölförderung und die Beteiligung an den Einnahmen regelt, schnell vorzulegen. ‚Die Hetze ist Anlass zu großer Besorgnis. Was von dem Gesetz bekannt wurde, gleicht eher dem, was man von einem kleinen Ölstaat irgendwo in Afrika erwarten würde, aber nicht von dem Land mit den zweitgrößten Ölreserven der Erde', sagte Greg Muttitt, Irak-Fachmann der britischen Nichtregierungsorganisation Plattform, die die Aktivitäten der internationalen Ölunternehmen beobachtet. Besorgt ist er besonders darüber, dass auf amerikanischen und britischen Druck fast zwei Drittel der irakischen Ölfelder internationalen Ölkonzernen überlassen werden sollen – anders als in Ölstaaten wie Saudi-Arabien und anderswo am Golf und zum (finanziellen) Nachteil der irakischen Bevölkerung. Doch noch ist das Gesetz nicht fertig. Bezeichnenderweise wurden Teile des im kleinsten Kreis erstellten Entwurfs nur über eine kurdische Internetseite bekannt. Eine nationale Debatte wurde im Irak darüber nicht geführt, lautstarke Proteste kamen aber von Gewerkschaften und unabhängigen Ölfachleuten."

Fast zwei Drittel der Ölfelder würden wohl einen Wert von rund 4 000 Milliarden US-Dollar darstellen.

Quadrennial Defense Review Report 2006[16]

Damit nicht genug. Im jüngsten und aktuell gültigen Quadrennial Defense Review Report des Pentagon vom Februar 2006 finden sich bezüglich des Nahen Ostens folgende Aussagen:

> „Viele Staaten sehen sich weiterhin internen Sicherheitsbedrohungen ausgesetzt. Das Streben des Iran nach Massenvernichtungswaffen ist ein destabilisierender Faktor in der Region. Terroristische Netzwerke

15 Frankfurter Allgemeine Zeitung, 5.4.2007, Zeitdruck in Bagdad.

16 Quadrennial Defense Review Report, 6.2.2006, 113 Seiten, S. 28, vgl.: www.bits.de.

> bleiben in vielen Staaten aktiv und können die regionale Energieversorgung bedrohen, um die Weltwirtschaft lahm zu legen."

Um terroristische Netzwerke zu zerschlagen, wird unter anderem der Aufbau folgender Fähigkeit angestrebt: „Prompt global strike to attack fleeting enemy targets rapidly".[17]

In Fortführung der Argumentation des QDR hat das Weiße Haus in der jüngsten NSS[18] vom März 2006 sich in besonderem Maße den öl- und gasreichen Iran vorgenommen. Der Iran wird u.a. als „Tyrannei" (S. 3), als „Heimat von Terroristen und Unterstützer von Terroristen im Ausland" (S. 9) denunziert, der „Israel bedroht" und „den Frieden in Nahost durchkreuzt" (S. 20). In der Nuklearfrage stelle der Iran für die US-Regierung die größte aller einzelstaatlichen Herausforderungen dar (S. 20). Bush kreiert in der NSS 2006 mit dem Iran ein neues Feindbild in dieser öl- und gasreichen Region. Allerdings wird es unterlassen, den Öl- und Gasreichtum des Iran in der NSS anzusprechen. Es wird hervorgehoben, dass der Schlüssel zur Energiesicherheit der USA darin bestehe, getreu dem Cheney-Report, die Rohölquellen zu diversifizieren (S. 28).

NATO

Strategisches Konzept der NATO vom 24. April 1999[19]

Im gültigen Strategischen Konzept der NATO ist an einer Stelle von „lebenswichtigen Ressourcen" die Rede:

> „24. Im Fall eines bewaffneten Angriffs auf das Gebiet der Bündnispartner, aus welcher Richtung auch immer, finden Artikel 5 und 6 des Vertrags von Washington Anwendung. Die Sicherheit des Bündnisses muss jedoch auch den globalen Kontext berücksichtigen. Sicherheitsinteressen des Bündnisses können von anderen Risiken umfassenderer Natur berührt werden, einschließlich Akte des Terrorismus, der Sabotage und des organisierten Verbrechens sowie der Unterbrechung der Zufuhr lebenswichtiger Ressourcen. Die unkontrollierte Bewegung einer großen Zahl von Menschen, insbesondere als Folge bewaffneter Konflikte, kann ebenfalls Probleme für die Sicherheit und Stabilität des Bündnisses aufwerfen. Im Bündnis gibt es Mechanismen für Konsulta-

---

17 A.a.O., S. 24, „Unverzüglicher weltweiter Schlag, um flüchtige feindliche Ziele rasch zu bekämpfen", Übers. L.H.

18 The National Security Strategy, 16.3.2006, 49 Seiten, vgl. www.bits.de.

19 Das neue Strategische Konzept der NATO (dt. Sprache), siehe: http://www.uni-kassel.de /fb5/frieden/themen/NATO/1999-strategie.html.

tionen nach Artikel 4 des Washingtoner Vertrags sowie gegebenenfalls zur Koordinierung der Maßnahmen der Bündnispartner einschließlich ihrer Reaktionen auf derartige Risiken."

Ergo: Bezogen auf die Sicherung der „Zufuhr lebenswichtiger Ressourcen", also Erdöl, Gas und andere Rohstoffe, ermöglicht dieses Konzept koordinierte Reaktionen der NATO-Mitglieder, wobei militärische Reaktionen selbstredend nicht ausgeschlossen sind.

NATO Response Force (NRF)

Im September 2002 schlug US-Verteidigungsminister Rumsfeld vor, eine Schnelle Eingreiftruppe der NATO, die „NATO Response Force" (NRF), aufzubauen. Die FAZ vermerkte kurz darauf, dass die NRF „die bisher sichtbarste Konsequenz einer strategischen Neuausrichtung" (sei). „Die NRF wäre die Antwort der Allianz auf neue, asymmetrische Bedrohungen wie den international organisierten Terrorismus, die Verbreitung von Massenvernichtungswaffen oder andere, noch nicht vorhersehbare Herausforderungen."[20] Auf dem NATO-Gipfel-Treffen in Riga im November 2006 wurde die NRF mit 25 000 Soldaten voll einsatzfähig gemeldet. Über ihre Fähigkeiten und ihre Zusammensetzung ist bekannt: Heerestruppen in der Stärke einer Brigade, Luftstreitkräfte, die bis zu 200 Einsätze pro Tag fliegen und führen können, sowie ein Marineverband mit einem Dutzend Schiffen, der auf sich selbst gestellt, in großer Entfernung und in feindlichem Gebiet dreißig Tage durchhaltefähig ist — „todbringend und in allen vorstellbaren Bedrohungen technisch überlegen"[21], schrieb das dem zugrunde liegende US-White-Paper dazu. Über diese kriegerische Bedeutung der NRF sagte der inzwischen abgelöste deutsche Verteidigungsminister Peter Struck: „Es wird in der NATO keine Arbeitsteilung geben können nach dem Motto: Wir überlassen anderen Nationen friedenserzwingende Einsätze und deutsche Soldaten rücken nachher ein, um die Lage zu stabilisieren. So geht es nicht. Deutschland wird seinen Beitrag in der schnellen Eingreiftruppe (Response Force) leisten, die innerhalb einer Woche 21 000 Kampfsoldaten an jeden Ort der Welt schicken kann."[22] Die NRF funktioniert so, dass sich im halbjährlichen Rhythmus die Zusammensetzung der Truppe ändert. Diese Periode dauert insgesamt drei Jahre, dann setzt der Rhythmus von vorne neu ein. Deutschland beteiligt sich an der NRF mit Verbänden von 1 200 bis ca. 6 200 Soldaten pro Halbjahr. Kanzlerin Merkel verkündete auf der Münchner Sicherheitskonferenz im Februar 2006

---

20 FAZ 5.11.2002, Keine Konkurrenz.

21 Ebd., aus einem diesbezüglichen US-"White Paper" zitierend.

22 Bonner Generalanzeiger, 6.6.2005.

stolz: „Wir stellen den größten Truppenanteil an der NATO Response Force.“[23] Im zweiten Halbjahr 2007 ist es „gut ein Viertel“.[24]

Europäische Union (EU)

Schauen wir uns zunächst die militärischen Strukturen der EU an, dann die Dokumente.

Schnelle Eingreiftruppen

Seit Anfang 2001 ist die bis dahin zivile EU formell ein Militärpakt. Seither hat sie die so genannten Petersberger Aufgaben vom Militärpakt Westeuropäische Union (WEU) übernommen. Die „Petersberger Aufgaben“ beinhalten: humanitäre Aufgaben, friedenserhaltene Maßnahmen (Peace-Keeping) und „Kampfeinsätze bei der Krisenbewältigung einschließlich Maßnahmen zur Herbeiführung des Friedens“. Also Krieg.

Um das auch wirklich zu können, baut die EU eine Schnelle Eingreiftruppe auf. Sie soll 80 000 Soldaten umfassen. Ihre Einsatzfähigkeit wird für 2010 angestrebt. Als Kriegsmaterial sollen ihr rund 100 Schiffe, darunter vier Flugzeugträger, fünf U-Boote, mindestens 17 Fregatten und zwei Korvetten sowie mindestens 400 Kampfflugzeuge zur Verfügung stehen.

Battle Groups

Die Speerspitze dieser Schnellen Eingreiftruppe bilden so genannte Battle Groups, jeweils 1 500 Mann stark, für die die EU-Staaten im Zeitraum 2005 bis 2012 Kontingente für 22 Battle Groups gemeldet haben.

Deutschland meldete Kontingente für acht Battle Groups an, wobei es in vieren die Führungsübernahme anstrebt. Das ist die häufigste Teilnahme und die häufigste Führungsübernahme aller EU-Staaten. Deutschland beteiligt sich also in höchstem Maße an der Militarisierung der EU. Österreich will sich ab 2012 an einer Battle Group beteiligen, die von Deutschland geführt wird und zu der Tschechien ein Kontingent beisteuert.

---

23 Siehe: http://www.uni-kassel.de/fb5/frieden/themen/Sicherheitskonferenz/2006-merkel.html.

24 FAZ, 29.8.2007.

EU-Battle Groups[25]

Länder	Führungsnation	Bereitschaftszeit
F	F	1. Hj. 2005
GB	GB	1. Hj. 2005
I	I	2. Hj. 2005
D + F	D	1. Hj. 2006
SP + I + GR + POR	SP	1. Hj. 2006
F + D	F	2. Hj. 2006
D + NL + FIN	D	1. Hj. 2007
F + B	F	1. Hj. 2007
I + UNG + SLO	I	2. Hj. 2007
GR + BUL + ROM + ZY	GR	2. Hj. 2007
SP + POR + D + F	SP	1. Hj. 2008
SWE + FIN + NOR + EST	SWE	1. Hj. 2008
D/F + B + LUX + SP	D	2. Hj. 2008
GB	GB	2. Hj. 2008
I + SP + GR + POR	I	1. Hj. 2009
–	–	1. Hj. 2009
CZ + SVK	CZ	2. Hj. 2009
–	–	2. Hj. 2009
POL + D + SLK + LET + LIT	POL	1. Hj. 2010
GB + NL	GB	1. Hj. 2010
I + ROM + TR	I	2. Hj. 2010
–	–	2. Hj. 2010
NL + D + FIN	NL	1. Hj. 2011
SWE	SWE	1. Hj. 2011
–	–	2. Hj. 2011
–	–	2. Hj. 2011
D + Ö + CZ	D	2012
SP	SP	

25 EU-Institute for Strategic Studies, Paris, Februar 2007, Tab. S. 90 (Zeitraum 2007 bis 2011), unter: http://www.iss-eu.org/chaillot/chai97.pdf, Quelle für österreichische Teilnahme (19.11.04): http://oe1.orf.at/inforadio/44299.html, zudem Christian Schmidt, Parl. Staatssekretär BMVg, 19.6.2007: „Im Jahr 2012 wird es eine gemeinsame EU-Battlegroup der Nachbarn Österreich, Tschechien und Deutschland geben.“ Vgl.: http: //www .bmvg.de/portal/a/bmvg/kcxml/04_Sj9SPykssy0xPLMnMz0vM0Y_QjzKLt4w3MrUASU GY5vqRMDFfj_zcVP2glFR9b_0A_YLciHJHR0VFAJejyeU!/delta/base64xml/L2dJQSE vUUt3QS80SVVFLzZfOV9RMkQ!?yw_contentURL=%2FC1256F1200608B1B%2FW2 74DCX6525INFODE%2Fcontent.jsp.

Jeweils zwei Battle Groups stehen für ein halbes Jahr in kurzfristiger Einsatzbereitschaft. Spätestens zehn Tage nach dem politischen Beschluss sollen sie im Umkreis von bis zu 6 000 km um Brüssel eigenständig (d.h. ohne NATO-Unterstützung) einsetzbar sein und zwischen einem und vier Monaten durchhalten können. Im zugehörigen Battle Group-Konzept heißt es: Ihr Einsatz soll „vorrangig (aber nicht exklusiv)“ [26] auf Grundlage eines Mandats nach Kapitel VII der UN-Charta erfolgen. Was heißt das? Sollen sie etwa auch ohne UN-Mandat eingesetzt werden? Die „Gemeinsame Erklärung über die Zusammenarbeit zwischen VN und EU bei der Krisenbewältigung“[27] bestärkt diesen Verdacht. Ihr Punkt 4 lautet: „Mit der Errichtung der vollen Einsatzbereitschaft der EU-Gefechtsverbände (der Battle Groups, L.H.) hat die EU ihre Fähigkeiten für Krisenbewältigungsoperationen, die eine rasche militärische Reaktion erfordern, verbessert. Das Gefechtsverbandskonzept der EU sieht auch die Möglichkeit vor, auf Ersuchen des Sicherheitsrats der VN – ggf. mit einem Mandat – EU-geführte Krisenbewältigungsoperationen durchzuführen.“

Wenn dort nun festgelegt worden wäre, dass der Einsatz der Battle Groups zwingend an ein UN-Mandat gebunden ist, wäre der rechtlichen Seite genüge getan. Aber so ist der Einsatz durchaus auch ohne Mitwirkung der UN möglich. Das wäre Völkerrechtsbruch.

Vorrangig wird an Afrika als Einsatzgebiet gedacht. Analog zur Struktur der NATO gab sich die EU einen Militärausschuss, der über einen 190 Mann starken Militärstab verfügt.

Europäische Sicherheitsstrategie (ESS)

Im Dezember 2003 beschlossen die Regierungs- und Staatschefs der EU verbindlich eine „Europäische Sicherheitsstrategie“ [28] (ESS).

Die ESS benennt drei strategische Ziele:

- den Kampf gegen den internationalen Terrorismus,
- den Kampf gegen die Verbreitung von Massenvernichtungswaffen,
- die Hilfe für „zusammengebrochene Staaten“ als Mittel gegen Organisierte Kriminalität.

---

26 Holländer, Lutz / Kempin, Ronja, Europas Platz an der Sonne, Blätter für deutsche und internationale Politik 5/2005, S. 596.

27 Ban Ki-Moon und F.-W. Steinmeier, 7.6.2007, http://www.auswaertiges-amt.de/diplo /de/Infoservice/Presse/Meldungen/2007/070607-GemeinsameErkl_C3_A4rungBM_26 VN-GS .html, 3 Seiten.

28 Europäische Sicherheitsstrategie: Ein sicheres Europa in einer besseren Welt, 12.12.2003; siehe: http://www.uni-kassel.de/fb10/frieden/themen/Europa/strategie.html.

Die ESS widmet einen Absatz der Abhängigkeit der EU von der Erdöl- und Erdgaseinfuhr.

> „Durch die zunehmende Öffnung der Grenzen seit dem Ende des Kalten Krieges ist ein Umfeld entstanden, in dem interne und externe Sicherheitsaspekte nicht mehr voneinander zu trennen sind. Die Handels- und Investitionsströme, die technologische Entwicklung und die Verbreitung der Demokratie haben vielen Menschen Freiheit und Wohlstand gebracht. Aus der Sicht anderer jedoch steht die Globalisierung für Frustration und Ungerechtigkeit. Diese Entwicklungen haben auch für nichtstaatliche Gruppen mehr Spielraum für eine Mitwirkung am internationalen Geschehen entstehen lassen. Und sie haben die Abhängigkeit Europas – und somit auch seine Anfälligkeit – von vernetzten Infrastrukturen unter anderem in den Bereichen Verkehr, Energie und Information erhöht." [...]

> „Die Energieabhängigkeit gibt Europa in besonderem Maße Anlass zur Besorgnis. Europa ist der größte Erdöl- und Erdgasimporteur der Welt. Unser derzeitiger Energieverbrauch wird zu 50 % durch Einfuhren gedeckt. Im Jahr 2030 wird dieser Anteil 70 % erreicht haben. Die Energieeinfuhren stammen zum größten Teil aus der Golfregion, aus Russland und aus Nordafrika." [...] „Für ein handlungsfähigeres Europa [...] müssen die Mittel für die Verteidigung aufgestockt und effektiver genutzt werden." [...] „Wir müssen eine Strategie-Kultur entwickeln, die ein frühzeitiges, rasches, und wenn nötig, robustes Eingreifen fördert." [...] „Bei den neuen Bedrohungen wird die erste Verteidigungslinie oftmals im Ausland liegen. Die neuen Bedrohungen sind dynamischer Art."

Dies ist als klare Hinwendung zu Präventivkriegen zu verstehen.

Vorschlag für ein Weißbuch der EU-Militarisierung

Nicht zu unterschätzen ist auch der Einfluss des EU-eigenen Instituts für Sicherheitsstudien (ISS) in Paris. Ihr 140-Seiten Werk „European defence"[29] vom Mai 2004 verstehen die Autoren als Vorschlag für ein Weißbuch. Darin wird in einem „Szenario eines Regionalkrieges zur Verteidigung europäischer Interessen" konkret die Golfregion behandelt. Aus der Annahme, dass in einem Golfkriegsszenario „Europas Reichtum und Sicherheit dadurch direkt bedroht wird, zum Beispiel in Form der Unterbrechung der Ölförderung und/oder eines massiven Anstiegs der Kosten der Energieressourcen, die Unterbrechung des Waren- und Dienstleistungsflus-

29 European defence, A proposal for a White Paper, Paris, 140 Seiten, http://www.iss-eu.org/chaillot/wp2004.pdf.

ses [...]"[30], folgt die Empfehlung, Europa solle die Zuschauerrolle ablegen und sich militärisch an die Seite der USA stellen. Nachdem die Autoren die Bedeutung der Golfregion für die Erdölversorgung der Welt aufführen, werden für die militärische Umsetzung eines Golfkrieges konkrete Militärkontingente vorgeschlagen: „Die EU trägt 10 Brigaden (60 000 Soldaten) bei. Das Heer wird von 360 Kampfflugzeugen, Unterstützungsflugzeugen, zwei Marine-Spezialeinheiten, mit insgesamt 4 Flugzeugträgern, 16 Amphibienschiffen, 12 U-Booten, 40 Überwasserkampfschiffen, 2 Kommandoschiffen, 8 Unterstützungsschiffen und 20 Patrouillenbooten unterstützt."[31]

VR China

China modernisiert seine Armee, und der Rüstungshaushalt steigt. Gleichzeitig wächst der Rohstoff- und Energiehunger des Landes, um Wirtschaftswachstumsraten um jährlich zehn Prozent zu verstetigen. Die VR China hat Ende 2006 ein Weißbuch[32] zur nationalen Militärpolitik veröffentlicht. Im Vorwort betont das Weißbuch den ausschließlichen Verteidigungscharakter der chinesischen Militärpolitik und die Absage an jegliches Wettrüsten:

> „The Chinese government works to advance both the fundamental interests of the Chinese people and the common interests of the peoples of the rest of the world, and pursues a defense policy which is purely defensive in nature. [...] China will not engage in any arms race or pose a military threat to any other country."[33]

Die Beschreibung des Sicherheitsumfelds liest sich in weiten Teilen wie die westlicher Länder:

> „The international community is increasingly facing comprehensive, diverse and complex security threats. The world is not yet peaceful. Political, economic and security problems and geographical, ethnic and religious contradictions *are* interconnected and complex. Hegemonism and power politics remain key factors undermining international security. Non-traditional security threats present greater danger, and local turmoil caused by war is on and off, and some hotspots cannot be removed in a short time. The impact of economic globalization is spreading into the political, security and social fields. Global economic devel-

---

30 Ebd., S. 81.

31 Ebd., S. 84.

32 China's National Defense in 2006, Peking 2006, 31 Seiten, (engl.) http://www.china.org.cn/english/features/book/194421.htm.

33 Siehe: http://www.china.org.cn/english/features/book/194487.htm.

opment is uneven, and the gap between the North and the South is widening. Security issues related to energy, resources, finance, information and international shipping routes are mounting. International terrorist forces remain active, shocking terrorist acts keep occurring. Natural disasters, serious communicable diseases, environmental degradation, international crime and other transnational problems are becoming more damaging in nature."[34]

Bis auf den Standpunkt, der sich in westlichen Weißbüchern sicher kaum findet, dass das Streben nach Hegemonie als ein Schlüsselfaktor beschrieben wird, der die internationale Sicherheit untergräbt, stimmen die anderen sicherheitsrelevanten Faktoren weitgehend überein mit westlichen Analysen. Auch die Regierung der VR China sieht ein Anwachsen der Bedeutung der Sicherheit von Fragen, die mit der Energie, mit Rohstoffen und ihrem Transport zusammenhängen. Allerdings finden sich in dem chinesischen Weißbuch keine Hinweise auf militärische Vorbereitungen und Absichten oder auf Orientierungen, die außerhalb der chinesischen Küstengewässer liegen.

Deutschland

Weißbuch der Bundesregierung

Die deutsche Militärdoktrin ist im „Weißbuch 2006 zur Sicherheitspolitik Deutschlands und zur Zukunft der Bundeswehr"[35] veröffentlicht. Es ist ein von der Bundesregierung verabschiedetes Dokument, das eine außen- und sicherheitspolitische Festlegung für etwa die nächste Dekade darstellt. Im Weißbuch wird häufig von deutschen Interessen gesprochen:

> „Deutschland, dessen wirtschaftlicher Wohlstand vom Zugang zu Rohstoffen, Waren und Ideen abhängt, hat ein elementares Interesse an einem friedlichen Wettbewerb der Gedanken, an einem offenen Welthandelssystem und freien Transportwegen."[36]
>
> „Verwerfungen im internationalen Beziehungsgefüge, Störungen der Rohstoff- und Warenströme, beispielsweise durch zunehmende Piraterie, und Störungen der weltweiten Kommunikation bleiben in einer

34 Siehe: http://www.china.org.cn/english/features/book/194486.htm.

35 Weißbuch 2006 zur Sicherheitspolitik Deutschlands und zur Zukunft der Bundeswehr, siehe: www.weißbuch.de, 165 S., Oktober 2006.

36 Ebd., S. 19.

interdependenten Welt nicht ohne Auswirkungen auf die nationale Volkswirtschaft, Wohlstand und sozialen Frieden."[37]

„Energiefragen werden künftig für die globale Sicherheit eine immer wichtigere Rolle spielen. Die steigende Importabhängigkeit Deutschlands und Europas von fossilen Energieträgern erfordert eine Intensivierung des Dialogs und der Kooperation zwischen Förder-, Transit- und Verbraucherländern unter Einbeziehung der Wirtschaft. Für Energieversorgungssicherheit sind dabei differenzierte Energiebezugsquellen, der Ausbau der heimischen erneuerbaren Energien und ein ausgewogener Energiemix sowie die Reduzierung des Energiebedarfs durch sparsame und effiziente Energieverwendung von herausragender Bedeutung. Darüber hinaus muss die Sicherheit der Energieinfrastruktur gewährleistet werden."[38]

Der Begriff Energieinfrastruktur lässt ein weites Interpretationsfeld zu. Darunter lassen sich alle Einrichtungen von der Quelle bis zum Endverbraucher subsumieren. Ergo: Militär soll tatsächlich zur Absicherung von Rohstoffzufuhr und Seewegsicherung eingesetzt werden.

Christlich Demokratische Union

Offensichtlich waren der deutschen Kanzlerin Merkel diese Aussagen nicht prägnant genug. Das Weißbuch war noch nicht veröffentlicht, da ließ sie ihren CDU-Bundesvorstand bereits einen außenpolitischen Leitantrag für den bevorstehenden CDU-Bundesparteitag formulieren, der in dieser Form angenommen wurde: „Angesichts veränderter globaler Kräfteverhältnisse gilt es auch, die wirtschaftliche Position Deutschlands in der Welt zu stärken und die materiellen Grundlagen für Wohlstand und soziale Sicherheit in unserem Land, auch im Hinblick auf den Zugang zu wichtigen Energieträgern und Rohstoffen, nachhaltig zu sichern", heißt es in der Einführung des Parteitagsbeschlusses mit dem Titel „Deutschlands Verantwortung und Interessen in Europa und der Welt wahrnehmen."[39]

Und über „die Rolle der Bundeswehr in einer vernetzten Sicherheitsarchitektur" beschloss die Regierungspartei:

„Gerade im Zeitalter der Globalisierung ist die deutsche Wirtschaft mehr als zuvor auf den freien Zugang zu den Märkten und Rohstoffen der Welt angewiesen. Die Bundeswehr kann als Teil der staatlichen Si-

---

37 Ebd., S. 22.

38 Ebd.

39 Beschluss des 20. Parteitags der CDU Deutschlands „Deutschlands Verantwortung und Interessen in Europa und der Welt wahrnehmen", Dresden 28./29.11.2006, 20 S., siehe: http://www.cdu.de/doc/pdfc/061127_Beschluss_A_end.pdf.

> cherheitsvorsorge im Rahmen internationaler Einsätze zur Sicherung der Handelswege und Rohstoffzugänge beitragen.“[40]

Diese Aussage ist an Klarheit kaum zu übertreffen. Zugangssicherung schließt den Zugang zu Lagerstätten von Erdöl, Gas und Mineralien in fremden Ländern ein und beschränkt sich nicht auf Seewegsicherung. Dazu ist zu sagen: Es ist nichts gegen ein Interesse an Rohstoffen anderer Länder einzuwenden, sehr wohl jedoch dagegen, sich diese gewaltsam aneignen zu wollen.

---

40 Ebd., S. 9.

Battle Groups – Interventionstruppen für die Rohstoffsicherung?

Gunther Hauser

Rohstoffsicherung – eine conditio sine qua non für die EU und die USA

Die Debatte um Energie und Ressourcen hat gerade in den letzten Jahren die internationale Politik in zentralen Punkten bestimmt. Das Thema Energie- und Versorgungssicherheit beschäftigt insbesondere seit den Erdölpreiserhöhungen 1973 als Folge des Yom-Kippur-Krieges (erste große Ölkrise, *Öl-Schock*) und 1979 (Sturz des iranischen Schahs) die Öffentlichkeit. Im Jahr 1973 hatte der durch den *Öl-Schock* hervorgerufene enorme Preisanstieg eine hohe Arbeitslosigkeit ausgelöst. Europa und die USA sind seither jedoch von Energieimporten nicht minder abhängig geworden.

Insgesamt ist derzeit circa 85 % der Weltbevölkerung von Ölimporten abhängig.[1] Die Energieimporteure müssen rund 50 % ihrer Nachfrage in Ländern decken, die innenpolitisch als ziemlich instabil gelten.[2] Rund 70 % der Weltrohölreserven und 50 % der Weltgasreserven befinden sich in den Regionen Persischer Golf und Zentralasien. Der überwiegende Teil der derzeit nachweisbaren Erdölreserven – circa 90 % – liegen in der islamischen Welt und reichen von Kasachstan bis nach Saudi-Arabien.[3] Die Öl-exportierenden Staaten erwirtschaften rund 75 % bis 90 % ihrer Staatseinnahmen durch den Verkauf des Erdöls. Der Erdölsektor ist der Schlüsselsektor ihrer Volkswirtschaften.[4]

Das US-Energieministerium rechnet mit einem erheblichen Anstieg des Erdölverbrauches weltweit: von circa 85 Millionen Barrel derzeit auf 120 Millionen Barrel im Jahr 2025. Seitens der USA besteht auch eine enorme

---

1 Aus: Address to the U.N. Security Council, By Chairman Richard G. Lugar, U.S. Senate Foreign Relations Committee, February 6, 2006.

2 Aus: Pöcher, Harald, Sichere Energieversorgung für Europa, in: Der Soldat, 7.3.2007, S. 4.

3 Ebd.

4 Ebd.

Nachfrage beim Import von Naturgas – bis 2025 um 35-40 %.[5] Für die USA und die EU sind die Öl- und Gasquellen in Russland bzw. im Raum des Kaspischen Meeres von großem Interesse. Russland ist der einzige Energieexporteur der G-8 und das einzige Land mit enormen Öl- und Gasreserven. Während seiner Rede an die Nation *(State of the Union Address)* kündigte US-Präsident George W. Bush am 31. Januar 2006 an, die Abhängigkeit der USA vom Erdölimport aus dem Mittleren Osten drastisch zu verringern: um 75 Prozent. In den Ausbau neuer Energieformen wie Solarenergie (*Solar America Initiative*) und Windenergie soll zusätzlich investiert werden (2007: 44 Mio. US-Dollar, um 5 Mio. US-Dollar mehr als im Fiskaljahr 2006). Im Rahmen der *Advanced Energy Initiative* sollen 2007 um 22 Prozent mehr investiert werden als 2006 (*clean-energy research*).[6]

Die EU ist der weltweit größte Importeur von Öl und Gas und der zweitgrößte Konsument dieser Rohstoffe, die die Mitgliedstaaten aus Russland, dem Kaspischen Raum und den südlichen Mittelmeeranrainerstaaten beziehen. Ihren Energiebedarf muss die EU in den nächsten 20 bis 30 Jahren zu 70 % – statt wie bisher zu 50 % – durch Importe decken, der Anteil der benötigten Erdgaseinfuhren dürfte sich in diesem Zeitraum nach gegenwärtigen Berechnungen auf 80 % erhöhen. Das der EU gelieferte Erdgas kommt nur aus drei Ländern: Algerien, Norwegen und Russland. Bisher wurden die Erdgasimporte der EU bereits zu 50 % durch Lieferungen aus Russland gedeckt, dieser Anteil wird sich bei abnehmenden Vorräten in der Nordsee künftig erhöhen.

Die Sicherung und die Diversifizierung der Energieversorgung haben angesichts dieser Entwicklung oberste politische Priorität erhalten. Erdöl und Erdgas bleiben auf absehbare Zeit noch von großer strategischer Relevanz. Zunehmend wird das Erdöl auch für Afrika ein immer wichtigerer Rohstoff. Die afrikanische Westküste mit ihrem Erdölreichtum von Angola bis nach Nigeria gewinnt zunehmend an strategischer Bedeutung, vor allem auch deshalb, weil die USA in diesem Raum verstärkt für sich neue Ölquellen sichern mit dem Ziel, die Abhängigkeit von Erdöl aus der Region des Mittleren Ostens zu verringern. Davon erhoffen viele Menschen an der westafrikanischen Küste – vor allem Regierungen und die Militärs der betroffenen Staaten – schnell zu profitieren und reich zu werden.

---

5 Vgl. Statement of Paul Simmons, Deputy Assistant Secretary of State for Energy, Sanctions and Commodities, U.S. Department of State, Senate Foreign Relations Sub-Committee on International Economic Policy, Export and Trade Promotion, Tuesday, September 27, 2005, in: http://foreign.senate.gov/testimony/2005/SimonsTestimony 050927 .pdf.

6 Aus: State of the Union: The Advanced Energy Initiative, The White House, January 31, 2006.

Während die Sicherung von Ölquellen derzeit zu den primären Zielen von Regierungen in Amerika, Europa, Asien – hier vor allem China, Indien und Japan – sowie Australien gehört, wird auch während der nächsten Jahrzehnte die Nutzung der Kernenergie deutlich steigen. Die Menge des durch Kernenergie produzierten Stromes soll sich nach Angaben der Internationalen Atomenergiebehörde IAEA bis zum Jahr 2030 um das Zweieinhalbfache vergrößern. Der Anteil der Kernenergie an der globalen Stromversorgung läge dann bei 27 Prozent.[7] Einer der wichtigsten Gründe, warum die EU zudem nicht auf Kernkraft verzichtet, ist auch ein militärischer: Es geht dabei um die Fortführung der Nuklearарsenale in Frankreich und Großbritannien sowie auch um die Antriebstechniken für Über- und Unterwasserschiffe. Mit der Atomkraft wird eine extrem große Reichweite sichergestellt.

Nach Auffassung des ehemaligen Verteidigungsministers der Bundesrepublik Deutschland, Peter Struck, zählt der Schutz der Energie- und Rohstoffversorgung zu den legitimen gemeinsamen Interessen der EU, die gemeinsames internationales (militärisches) Handeln der europäischen Staaten erfordern können.[8] Gemäß der Europäischen Sicherheitsstrategie vom Dezember 2003 ist demnach die EU auf Grund ihrer Bevölkerungszahl, ihrer Wirtschaftskraft und ihrer Instrumente „*zwangsläufig ein globaler Akteur*". Europas sichere Energieversorgung ist daher nicht mehr nur eine reine ökonomische, sondern wird verstärkt eine außen- und sicherheitspolitische Frage.[9]

EU Battle Groups und NRF – Einsätze für die Energiesicherheit?

Die Staats- und Regierungschefs der EU haben sich zum Ziel gesetzt, ähnlich wie die NATO militärisch schneller und flexibler auf internationale Krisen zu reagieren. Auf dem Gipfel von Noordwijk im September 2004 haben die Verteidigungsminister der EU-Mitgliedstaaten die Bildung von zunächst 13 multinationalen so genannten *Battle Groups* (Gefechtsverbänden) zu je 1 500 Soldaten beschlossen – ab 2007. Diese Gefechtsverbände werden – ab dem Zeitpunkt der Entscheidung des Europäischen Rates der Staats- und Regierungschefs – innerhalb von fünf bis zehn Tagen einsatzbereit sein. 15 Tage soll die Reaktionszeit für Einsätze der Vereinten Na-

---

7 Aus: IAEA: Deutlich mehr Nutzung der Kernenergie, in: Frankfurter Allgemeine Zeitung, 26.6.2004, 5.

8 Aus: Peter Struck, Rede vom 9.11.2004 in Berlin auf dem „15. Forum Bundeswehr + Gesellschaft" der Zeitung: Welt am Sonntag.

9 Ebd.

tionen betragen. Je zwei Battle Groups sind für je sechs Monate einsatzbereit. Die Rotation der Gefechtsverbände vollzieht sich stets im Januar und im Juli. Die Battle Groups können bis zu mindestens 30 Tagen einsatzbereit sein, die Einsatzbereitschaft kann bis auf 120 Tage verlängert werden. Der Aktionsradius der Battle Groups reicht bis zu 6 000 km – von Brüssel aus gemessen. Österreich plant die Entsendung von 200 Soldaten, die voraussichtlich bis zum Jahr 2012 aus Infanterie und Einheiten der NBC[10] und der Pioniere gebildet werden sollen. Das Bundesheer wird sich an einer Battle Group mit deutschen und tschechischen Soldaten beteiligen.

Bereits im Sommer 2003 leitete die EU im Kongo innerhalb von drei Wochen die Operation *Artemis* mit 1 800 Soldaten ein. Diese Operation diente als Modell für den Aufbau der Battle Groups. An den Battle Groups nehmen auch die NATO-Staaten Norwegen und die Türkei teil. Fünf Nationen bilden je einen Verband: Frankreich, Großbritannien, Italien, Schweden, Spanien. Die anderen derzeitigen 13 Battle Groups gliedern sich wie folgt, wobei die erstgenannte Nation die *lead nation* innehat:

- Frankreich, Deutschland, Belgien, Luxemburg, Spanien;
- Frankreich, Belgien;
- Deutschland, Niederlande, Finnland;
- Deutschland, Tschechische Republik, Österreich;
- Italien, Ungarn, Slowenien;
- Italien, Spanien, Griechenland, Portugal;
- Polen, Deutschland, Slowakei, Lettland, Litauen;
- Schweden, Finnland, Estland, Irland, Norwegen;
- Großbritannien, Niederlande;
- Griechenland, Bulgarien, Zypern, Rumänien;
- Tschechische Republik, Slowakei;
- Spanien, Deutschland, Frankreich, Portugal;
- Italien, Rumänien, Türkei.

Nischenkapazitäten werden von Zypern (medizinische Kapazitäten), Litauen (Wasseraufbereitung), Griechenland (Sealift Coordination Centre, Athen) und Frankreich (multinationales und verlegbares Streitkräftehauptquartier) bereitgestellt.[11]

Die Battle Groups werden vor allem im oberen Spektrum der Petersberg-Aufgaben, die 1997 in den EU-Vertrag in der Fassung des Vertrags von Amsterdam verankert wurden, eingesetzt – für die Beendigung kriegerischer Auseinandersetzungen, die gewaltsame Trennung von Konfliktpar-

10 NBC-Einheiten zum Schutz vor Angriffen mit nuklearen, biologischen und chemischen Waffen.

11 Aus: EU Battle Groups, in: http://www.iss.europa.eu/chaillot/chai97.pdf, ISS; Chaillot Paper no. 97, Zugriff am 10.7.2007.

teien, die Durchsetzung von demilitarisierten Zonen und waffenfreien Gebieten sowie von Flugverbotszonen, maritimen Sperrgebieten, Embargos, für die Errichtung von Schutzzonen für die Bevölkerung und den Zugang für den Transport humanitärer Güter sowie für den Schutz und die Rettung von Mitarbeitern internationaler Organisationen.

Seit November 2006 beabsichtigt auch die NATO, eine Hochbereitschaftstruppe (*High Readiness Force*), die *NATO Response Force* (NRF), in der Stärke von 25 000 Soldaten für Krisen im oberen und obersten Krisenbewältigungsspektrum (Kampfeinsätze) einzusetzen. Die NRF ist hochmodern ausgerüstet, flexibel, dislozierbar, zur Interoperabilität tauglich und durchhaltefähig; sie untersteht im Einsatz einem teilstreitkräfteübergreifenden Hauptquartier (CJTF – *Combined Joint Task Forces*) und umfasst somit Land-, See- und Luftkontingente, die innerhalb von fünf Tagen verlegbar sind. Die NRF ist eine amerikanische Initiative mit vorwiegend europäischen Streitkräften. Der Rotationszeitraum für die NRF beträgt sechs Monate. Das Aufgabenspektrum für die NRF ist wie folgt festgelegt:

- Evakuierung von Nicht-Kombattanten;
- Unterstützung bei Vorfällen außergewöhnlichen Umfangs (z.B. im Fall des Einsatzes chemischer, biologischer, radiologischer und nuklearer Waffen);
- Durchführung von Krisenreaktionseinsätzen, internationale Friedenserhaltung (*peacekeeping*) und Friedensschaffung (*peacemaking*);
- Unterstützung von Einsätzen zur Terrorbekämpfung;
- Durchführung von Embargo-Einsätzen.

Die EU-Krisenbewältigungstruppe in der Stärke von 60 000 Soldaten – und die daraus abgeleiteten *EU Battle Groups* zu je 1 500 Soldaten – sollen mit den NATO-Verbänden komplementär sein, unter Berücksichtigung des eigenen Status der EU-Truppen. Die USA forcieren die Bildung spezialisierter mobiler Streitkräfte „*that can go to the crisis before the crisis comes to us.*“[12] Die Streitkräftestrukturen sollen vermehrt auf globale, multinationale Einsätze im Rahmen einer vernetzten Operationsführung ausgerichtet werden.

Die USA sind derzeit in der Lage, ca. 700 000 Soldaten aller Waffengattungen für drei und sechs Monate zu verlegen, in Europa sind es 150 000 Soldaten für einen derartigen Zeitraum.[13] Die USA erwarten sich

---

12 Radio Interview with NATO Deputy Assistant Secretary General for External Relations, Jamie Shea, Ekho Moskvy Radio, 15:07, February 21, 2005.

13 Binnendijk, Hans / Gompert, David C. / Kugler, Richard L., A New Military Framework for NATO, Defense Horizons, A Publication of the Center for Technology and National

von Europa insbesondere eine verstärkte Koordination in der Zusammenarbeit gegen den Terrorismus.

Ein wesentliches Element des europäischen Krisenmanagements bildet die zivil-militärische Zusammenarbeit bzw. die zivil-militärische Koordination. Die Nachfrage nach der EU als Krisenmanager steigt. Die Überwachung von Waffenstillstandsabkommen und der Zerstörung von Waffen (wie z.B. in Aceh) wäre ohne Militär kaum möglich.

Die Frage nach dem Sinn der Battle Groups kann, wie aus einem Kommentar in der Frankfurter Rundschau hervorgeht, wie folgt beantwortet werden: Battle Groups sind notwendig, nicht,

> „weil die Europäer ihre Freiheit am Hindukusch verteidigen müssten, wie der deutsche Wehrminister einmal jenseits der Weltrealität und ihrer strategischen Bedingungen verkündete. Sondern weil die Welt gefährlich geworden ist, weil immer mehr Feuer vor der europäischen Tür glimmen und weil die alte Formel nicht mehr stimmt, dass es die USA schon in unserem Sinne richten werden. Und weil wir alle diese Bilder von marodierenden Banden, mordenden Kindersoldaten und Reitermilizen nicht ertragen können, die ganze Landstriche in Massengräber verwandeln. Wer nach einem Ende der Gewalt in Bunia oder in Darfur ruft, der muss auch bereit sein, der Gewalt ein Ende zu setzen. Die militärische Option ist dafür selten die einzige und nicht immer die beste. Aber manchmal die einzige, um wieder Platz zu schaffen für Politik. Und um tendenziell gewalttätige Regime einzudämmen.
>
> Die EU ist ein Koloss gemessen an der Zahl ihrer Menschen, an ihrem zivilisatorischen und technischen Stand und an ihrer Wirtschaftskraft. Wer so groß ist, der muss in der Welt eine Rolle spielen. In dieser Welt geht das in Krisenregionen aber nur, wenn hinter diplomatischen Forderungen und politischem Druck im Fall des Falles die Drohung mit dem Militär steht. ...“[14]

Bei seinem Vortrag im Rahmen einer NATO-Konferenz zitierte in diesem Zusammenhang der damalige NATO-Generalsekretär Lord Robertson den zu dieser Zeit amtierenden UN-Generalsekretär Kofi Annan wie folgt:

> „As Kofi Annan once said, you can do a lot with diplomacy, but you can do a lot more with diplomacy backed up by the threat of force. Indeed, in the real world, the more military capabilities you have, the less you may need to use them.“[15]

Security Policy, National Defense University, number 48, May 2005, 4.

14 Aus: Kommentar von Martin Winter, Frankfurter Rundschau, 23.11.2004, abgedruckt in: AG Friedensforschung an der Uni Kassel, unter: http://www.uni-kassel.de/fb5/frieden /themen /Europa /battle-groups.html, Zugriff am 10.7.2007.

15 Aus: „NATO: A Vision for 2012“, Speech by NATO Secretary General, Lord Robertson: „Prague 2002: Challenge and Change for NATO“, Speech at the NATO/GMFUS Conference, Brussels, 3 October 2002, http://www.nato.int/docu/speech/2002/s021003a

Skepsis gegenüber militärischer Rohstoffsicherung

Was die Entwicklung europäischer militärischer Fähigkeiten betrifft, geht es in diesem Kontext nicht um Duplizierungen mit jenen der NATO, sondern um effizient koordinierte Kräfte, um die Bündelung von Anstrengungen in der Entwicklung gemeinsamer Mittel und Fähigkeiten. Duplizierungen und Konkurrenz von militärischen Mitteln und Fähigkeiten in Europa würden in Zeiten globaler wirtschaftlicher Herausforderungen nicht nur auf Unverständnis des europäischen Steuerzahlers stoßen, sondern auch eine Vergeudung von finanziellen und Humanressourcen und auch von Zeit darstellen. In Richtung Synergie und gezielter Koordination von Streitkräften und Ausrüstung sollen sich auch die Kooperationen unter den Streitkräften entwickeln. Ziel ist die Erreichung eines *effects-based warfare* als ein Kernstück der Netzwerk-zentrierten Kriegführung (*Network Centric Warfare*), bei dem der wirkungsvolle Einsatz von Effekten gegenüber dem Masseneinsatz vorgezogen wird. Grundvoraussetzung für die Wirksamkeit dieser Strategie sind allerdings die Interoperabilität sowie die Netzwerkfähigkeit der eingesetzten Systeme und Verbände.[16]

Ende November 2006 stand der NATO-Gipfel von Riga ganz im Zeichen des Umbaues des Bündnisses. Es ging dabei um folgende Kernthemen: militärische Transformation, Erweiterung um weitere Mitgliedstaaten und militärische Partnerschaften. Das in Riga beschlossene Strategiepapier, die so genannte *Comprehensive Political Guidance* (CPG), soll die politische Richtung für die Prioritäten und den Umbau der NATO für die nächsten zehn bis 15 Jahre festlegen. Es stellt jedoch keine Überarbeitung der aktuellen NATO-Gesamtstrategie aus dem Jahr 1999 dar. Für die Zukunft sieht das Dokument vor, dass die NATO darauf vorbereitet sein soll, mehr als einen großen Einsatz gleichzeitig zu führen, und parallel dazu weitere kleinere. Hauptbedrohungen für die NATO bleiben der Terrorismus und die Proliferation von Massenvernichtungswaffen, scheiternde bzw. gescheiterte Staaten, regionale Krisen, der Missbrauch neuer Technologien sowie die Unterbrechung des Handels und der Lieferung von Energieressourcen.[17] In der CPG werden auch die künftigen NATO-Operationen erläutert und die dafür benötigten Fähigkeiten. Gemäß der CPG soll sich die NATO in Zukunft ebenso auf die „Fähigkeit konzentrieren, entscheidende Infor-

---

.htm, Zugriff am 5.10.2002.

16 Quelle: http://www.sicherheitspolitik.de/PDFs/WuS%204_04%20Fitschen.pdf, in: Haberler, Michael, CIMIC in den amerikanischen Streitkräften?, in: Der Soldat, 12.1.2005, 13.

17 Vgl. hierzu: Comprehensive Political Guidance, Endorsed by NATO Heads of State and Government on 29 November 2006, Riga, Latvia, 29 Nov. 2006, http://www.nato.int/docu/basictxt/b061129e.htm, Punkt 2, Zugriff am 2.12.2006.

mationssysteme der Allianz gegen Cyber-Attacken zu schützen".[18] Zudem soll das Bündnis seine Fähigkeiten verbessern, „feindliche Elemente auch in städtischen Gegenden zu identifizieren, um Operationen so durchzuführen, dass unbeabsichtigter Schaden sowie das Risiko für die eigenen Truppen minimiert wird."[19] Die CPG ist mit der *Quadrennial Defense Review* (QDR) des US-Verteidigungsministeriums kompatibel, einem strategischen Dokument, das die Langzeitfinanzierung der Streitkräfte und die Prioritäten im Hinblick auf die Streitkräftestruktur festlegt. Ein wesentliches Ziel der USA ist es, die NATO zur einer *„more deployable, interoperable organization*" zu machen.[20]

Der Ansatz der NATO zur Sicherung von Rohstoffen soll Diplomaten zufolge bei der NATO jedoch kein militärischer sein, das Thema Energiesicherheit bleibt jedoch sicherlich eines *„out of area*".[21] Es besteht innerhalb der NATO Unsicherheit, welche Rolle die Allianz bei der Energiesicherheit einnehmen wird bzw. ob für den Bereich Rohstoffsicherheit die NATO überhaupt Aufgaben wahrnehmen wird.[22] Eine Nischenposition der NATO könnte der Schutz kritischer Infrastruktur sein. Falls dies der Fall sein wird, kann die NATO jedoch nur ausgewählte kritische Infrastruktur schützen. Nachgedacht wird auch über den Einsatz von NATO-Truppen bei Seeoperationen zum Schutz strategisch wichtiger Seestraßen, wie jener von Hormuz, den Bosporus, oder die Arabische See, und auch über die Sicherung von Pipelines über Land. Bei diesen könnten Satellitenüberwachung und Drohnen – also unbemannte Fluggeräte – zum Einsatz kommen. Im Fall der Anwendung militärischer Lösungen zur Sicherung von Energieressourcen zeigen sich NATO-Mitgliedstaaten ziemlich skeptisch: Aus NATO-Quellen wurde bekannt: *„Nations are very anxious to steer around any suggestion that there will be a militarization of this issue.*"[23]

Eine Art der Sicherung von Energiewegen ist die Unterstützung des demokratischen Aufbaus von Regierungen, über deren Territorien die Transportwege verlaufen. Ein Beispiel hierfür ist Georgien. Dieses südkaukasische Land beabsichtigt, die Beziehungen zur NATO und der EU zu

---

18 Ebd., Punkt 16d.

19 Ebd., Punkt 16g.

20 Aus: NATO Leaders Embrace Transformation Agenda, U.S. Officials Say. Riga Summit Declaration stresses need for expansion, defense of values, 29.11.2006, http://www.uspolicy.be, Zugriff am 3.12.2006.

21 Aus: Tigner, Brooks, Allies Struggle To Define Energy Security, in: DefenseNews, March 5, 2007, S. 38.

22 Ebd.

23 Ebd.

vertiefen. Vorrangig dabei ist das Ziel der NATO-Mitgliedschaft.[24] Die USA führen in Georgien seit einigen Jahren militärische Trainingsoperationen durch, an denen mehrere hundert Berater der Spezialkräfte der USA teilnehmen. Es geht darum, die georgischen Streitkräfte für den Kampf gegen Terroristen auszubilden, dabei dürfte auch der Schutz z.B. jener Pipeline, die Öl vom Kaspischen Meer zum Mittelmeer (Pipeline Baku – Ceyhan, via Tiflis) transportieren soll, im Mittelpunkt stehen. In ähnlicher Weise unterstützen die USA das Militär in Kolumbien beim Schutz einer Ölpipeline, die oft von Rebellen zerstört wurde.

Spätestens seit der Geiselnahme im Moskauer Theater *Nordost* im Oktober 2002 durch ein tschetschenisches Kommando ist deutlich geworden, dass die Verknüpfung von Terror und Sicherung von Energieressourcen (in der Kaukasus-Region) auch für Russland ein erhebliches Problem darstellt. In Aserbaidschan sind derzeit 1 400 russische Soldaten stationiert, in Armenien beträgt die Anzahl 4 500 Soldaten aus Russland. Russlands Ziel ist es, vor allem jene Pipelines, die von Baku in Richtung Russland gebaut sind, zu schützen (so z.B. die Erdgas-Pipeline Baku – Mosdok, die dann Richtung Nordwesten verläuft).

Das US-Militär zeigt verstärkt in Afrika Flagge

In den USA löst das Vorhandensein immer knapper werdender fossiler Energieträger, auf die sich der amerikanische Wohlstand und Lebensstil maßgeblich stützen, zum Teil enorme Bedrohungsängste aus, so als hätte es die Debatte über die Grenzen des Wachstums vor 30 Jahren nie gegeben. Seit dem Amtsantritt von George W. Bush ist daher das Interesse der USA am afrikanischen Kontinent enorm gewachsen. Ausschlaggebend hierfür sind folgende Gründe:

- Sicherung des Zugangs zu wichtigen natürlichen Ressourcen – vor allem Öl, Gas und relevante Metalle;
- Miteinbeziehung großer Teile Afrikas, z.B. Ostafrika, die Sahelzone und Nigeria in den globalen „*Krieg gegen den Terror*“;
- Wachsendes Engagement der Volksrepublik China in Afrika. China bezieht bis zu 60 % der afrikanischen Energieexporte und ist von Afrika deutlich abhängiger als die USA.

---

24 Aus: Tigner, Brooks, Georgia Aims for NATO Membership, in: Defense News, March 5, 2007, S. 28.

- Verhinderung des Zerfalls staatlicher Strukturen in Afrika einschließlich der daraus entstehenden Konflikte, Kriege, Vertreibungen und Massenmorde.[25]

Derzeit stammen mehr als 15 % aller Rohölimporte der USA aus Afrika. Dieser Anteil soll bis zum Jahr 2020 auf mindestens 25 % steigen. Afrika wird somit als Energielieferant für die USA bedeutsamer sein als die Golfregion. Beim Erdgas wird die Abhängigkeit noch größer sein. In den nächsten Jahren planen US-Firmen, mit Investitionen von 100 Mrd. US-Dollar den Energiesektor Afrikas zu modernisieren. Erdöl- und Erdgasimporte aus dem westlichen Afrika können für die USA zeitlich rascher durchgeführt werden als aus den Golfstaaten, zudem sind die Seeverbindungen von Westafrika in die USA sicherer. Die US-Marine zeigt im ölreichen Golf von Guinea bereits seit einigen Jahren verstärkt Präsenz. Zudem führen seit Jahren die US-Streitkräfte Ausbildungsprogramme zur Terrorbekämpfung in afrikanischen Staaten durch, so auf der Basis der Trans-Sahel- und der Ostafrika-Antiterrorismus-Initiative. Die US-Administration unterstützte auch den Einmarsch Äthiopiens in Somalia Ende 2006.[26]

Die US-Führung beschloss kürzlich, in Afrika ein eigenes militärisches Oberkommando einzurichten. Vorläufiger Sitz des Interimskommandos ist derzeit Stuttgart. Die Indienststellung des Oberkommandos ist im September 2008 geplant, der Sitz dieses Kommandos soll nach Afrika verlegt werden. Bisher waren für Afrika drei US-Oberkommandos zuständig: Das Zentralkommando (USCENTCOM) für das Horn von Afrika und Ägypten, das Pazifische Kommando (USPACOM) für die Inseln der afrikanischen Ostküste und das Oberkommando Europa (USEUCOM) für den übrigen Kontinent zwischen dem Kap der Guten Hoffnung und der Straße von Gibraltar. Diese Einteilung führte folglich immer zu Reibungsverlusten. Künftig soll das neue Oberkommando AFRICOM für alle Staaten Afrikas – ausgenommen Ägypten – zuständig sein. Zu den Aufgaben des Kommandos zählen „*humanitäre Hilfeleistungen, Katastrophenhilfe, Krisenreaktion, regionale Sicherheit und Antiterrormissionen*“, so der Leiter des Aufstellungsstabes, Robert Moeller. Unterstützt würden außerdem afrikanische Staaten bei Friedensmissionen im Rahmen der G-8, der „*Global Peace Initiative*“ sowie die Ausbildung afrikanischer Sicherheitskräfte für die Terrorismusbekämpfung. Dieses Vorhaben der USA stößt jedoch bei vielen Staaten der Afrikanischen Union (AU) auf Ablehnung.[27]

---

25 Aus: Otfried Nassauer, Afrika im Visier? USA gründen Militärkommando AFRICOM, http://www.bits.de/public/ndrinfo/070407.htm, 7.4.2007, Zugriff am 3.7.2007.

26 Ebd.

27 Ebda. Siehe auch den Beitrag von Werner Ruf in diesem Band.

Die EU hingegen möchte die sich im Entstehen befindende neue Afrikastrategie mit den Staaten der AU abstimmen. Im sicherheitspolitischen Bereich setzt die EU insbesondere darauf, die Staaten der AU zu eigenen Friedensmissionen zu befähigen.[28]

Sicherheitspolitik und Entwicklungspolitik als Ziele der EU

Der umfassende sicherheitspolitische Ansatz ist auch wesentliches Kriterium für die Beziehungen der EU besonders zu den Nachbarregionen und zu Afrika. So unterstützt die EU auf regionaler und inzwischen auch auf globaler Ebene Prozesse der Demokratisierung und der Marktwirtschaft. Ein zentrales Element der EU-Außenpolitik bildet dabei die Entwicklungshilfe und die Stärkung von Menschenrechten, was sich in zahlreichen Abkommen zwischen der EU und Staaten(gruppen) niederschlägt. In diesem Zusammenhang hatten sich Staaten des Afrikanischen, Karibischen und Pazifischen Raumes (AKP) am 23.6.2000 im Cotonou-Abkommen verpflichtet, Menschenrechte zu respektieren, dafür sollen den Entwicklungsländern Steuer- und Handelserleichterungen für den Export von Produkten in die EU eingeräumt werden. Im Rahmen dieser politisch-ökonomischen Partnerschaften werden die AKP-Staaten in Artikel 11 des Cotonou-Abkommens aufgerufen, aktiv Konfliktprävention und *peace-building* auszuüben – also durch Konflikte betroffene Länder zu unterstützen sowie stabile politische und wirtschaftliche Verhältnisse aufzubauen.[29] Die Grundlagen für die sicherheitspolitische EU-Afrika-Politik bilden in diesem Zusammenhang der im November 2004 verabschiedete Aktionsplan für eine ESVP-Unterstützung für Frieden und Sicherheit in Afrika und die Mitte Dezember 2005 vom Europäischen Rat angenommene Strategie *„Die EU und Afrika: Auf dem Weg zu einer strategischen Partnerschaft"*.[30] Mittels dieser Leitlinien soll der (sicherheits-)politische Dialog zwischen der EU und der Afrikanischen Union (AU) sowie mit subregionalen Organisationen des Kontinents intensiviert werden. Die EU sieht darin den Aufbau autonomer Konfliktverhütungs- und -bewältigungsfähigkeiten sowie die Stärkung und Unterstützung der AU als die überregionale Organisation des afrikanischen Kontinents vor. Eines der wichtigsten Mittel zur Unterstützung von Frieden und Sicherheit in Afrika ist die *„Peace Facility for Africa"*, durch die sich die EU verpflichtet, zunächst für drei Jahre 250 Millionen

---

28 Ebd.

29 Partnership Agreement Between the Members of the African, Caribbean and Pacific Group of States of the One Part, and the European Community and Its Member States, of the Other Part, Signed in Cotonou, Benin on 23 June 2000, Art. 11.

30 Dok. 15702/1/05 REV 1.

Euro über den EU-Entwicklungsfonds (*European Development Fund*) zur Unterstützung von afrikanisch-geführten friedensunterstützenden Einsätzen (*peace support operations*) und zur Sicherung der institutionellen Kapazitäten der AU sowie von subregionalen Organisationen heranzuziehen.[31] Die AU-Mission in Darfur (Sudan) ist die erste Mission, die im Rahmen der „*Peace Facility for Africa*" finanziell (in der Höhe von 12 Millionen Euro) unterstützt wird.

Während der neunziger Jahre hat die EU-Entwicklungspolitik begonnen, sich intensiver mit Sicherheits- und Stabilitätsfragen zu beschäftigen. Wie mit entwicklungspolitischen Mitteln zivile Beiträge zu Krisenprävention und Konfliktmanagement geleistet werden können, war eine der Kernfragen. Entwicklungspolitik bleibt aber weiterhin eine zivile Aufgabe.[32] In der Folge gibt es bei der Umsetzung konkreter Maßnahmen in Entwicklungsländern eine verstärkte zivil-militärische Verknüpfung. Für das vom damaligen deutschen Bundeskanzler Gerhard Schröder im Januar 2004 eröffnete *Kofi Annan International Peacekeeping Training Centre* in Accra/Ghana haben sich die deutschen Ministerien für Entwicklung, Äußeres und Verteidigung gemeinsam engagiert. Zum Teil befürworten Experten der Entwicklungshilfe auch ein aus entwicklungspolitischer Sicht verstärktes militärisches Engagement im Rahmen von Friedenseinsätzen.

Die EU verknüpft verstärkt seit den neunziger Jahren sicherheitspolitisch relevante Ziele mit jenen der Entwicklungspolitik. Am 11. Juni 1998 wurde unter der britischen EU-Präsidentschaft seitens der Außenminister der Mitgliedstaaten der EU-Verhaltenskodex über Waffenexport (*EU Code of Conduct for Arms Exports, 8 June 1998*) verabschiedet. In diesem politisch verbindlichen Dokument sind acht Bedingungen enthalten, an die Waffenexporte gebunden sind, so unter anderem der Respekt der Menschenrechte im Empfängerland, die innenpolitisch stabile Lage, die Bewahrung des regionalen Friedens, der Sicherheit und Stabilität, die Bekämpfung und Verhinderung von Proliferation von Massenvernichtungswaffen, die Bekämpfung des Terrorismus und der organisierten Kriminalität. In der *Erklärung des Europäischen Rates zum Kampf gegen den Terrorismus* wird betont, „dass spezifische Fragen der Terrorismusbekämpfung, einschließlich wirksame Terrorismusbekämpfungsklauseln, die die Prioritäten des überarbeiteten Aktionsplans widerspiegeln, in allen Übereinkommen zu einem zentralen Element auf allen Ebenen der Beziehungen zwischen der EU und prioritären Staaten werden." Demnach werden auch die „Ziele der

---

31 Vgl. Decision 3/2003/CE des AKP-EG-Ministerrates, 11.12.2003.

32 Klingebiel, Stephan / Roehder, Katja, Eine neue Allianz? Das Verhältnis der Entwicklungspolitik zum Militär wird enger, in: Internationale Politik, November/Dezember 2004, Nr. 11-12, S. 55-58, S. 55.

Terrorismusbekämpfung in die Arbeit der geografischen Arbeitsgruppen und die Außenhilfeprogramme“ einbezogen.[33]

Die EU ist der weitaus größte Geber von Wirtschafts- und Entwicklungshilfe weltweit, ca. 55 % aller Gelder dafür stellt die EU bereit.[34] Die EU-Staaten geben gemeinsam jährlich 46 Mrd. Euro für Entwicklungshilfe aus.[35] Darin spiegeln sich derzeit bis zu 28 unterschiedliche Konzepte wider – jene der 27 Regierungen und die der Europäischen Kommission. Die Entwicklungshilfen werden unkoordiniert durchgeführt. Die EU-Regierungen hatten sich im Juni 2005 verpflichtet, den Anteil der öffentlichen Entwicklungshilfen in zwei Stufen auf 0,56 % (im Jahr 2010) sowie 0,7 % ihrer Wirtschaftsleistung (im Jahr 2015) zu steigern.[36] Von großer Notwendigkeit ist es, die Zusammenarbeit bestimmter Ländergruppen bei der Realisierung bestimmter Projekte zu vertiefen.

Schlussfolgerungen

Die Abhängigkeit von Energieimporten gilt als eine der wichtigsten Herausforderungen europäischer Sicherheit. Der Faktor Versorgungssicherheit hat zunehmende strategische Bedeutung *„im Zieldreieck mit Wirtschaftlichkeit und Umweltverträglichkeit“*.[37] Energiesicherheit ist mittlerweile auch integraler Bestandteil der GASP geworden und hat Ende 2003 in die Europäische Sicherheitsstrategie Eingang gefunden. Ungebrochen ist bis 2030 zunächst die Bedeutung fossiler Energieträger, die bis zu 90 % des weltweiten Anstiegs der Energienachfrage decken müssen. Einzelne EU-Mitgliedstaaten haben in ihren Außenministerien begonnen, analog zur EU-Kommission die außen-, die sicherheitspolitische und die geopolitische Dimension der künftigen europäischen Energiesicherheit zu analysieren. Großbritannien besitzt eine eigene Energiestrategie, über ein internes Grundsatzdokument verfügen auch die Niederlande. Großbritanniens ehemaliger Premierminister Tony Blair hatte zudem im Oktober 2005 vor dem

---

33 Quelle: Bulletin EU 3-2004, Erklärung des Europäischen Rates zum Kampf gegen den Terrorismus (22/22), Ziel 7: Ausrichtung der Maßnahmen der EU im Bereich der auswärtigen Beziehungen auf prioritäre Drittländer, in denen die Kapazitäten bzw. die Bereitschaft zur Terrorismusbekämpfung gestärkt werden müssen.

34 Aus: Ferrero-Waldner, Benita, Europa in der neuen Weltordnung – Globale Präsenz und Verantwortung, in: Europäische Sicherheit, 7/2005, S. 8-11, S. 9.

35 Aus: EU für Koordination der Entwicklungshilfe, in: Frankfurter Allgemeine Zeitung, 13.7.2005, S. 6.

36 Ebd.

37 Aus: Umbach, Frank, Europas nächster Kalter Krieg. Die EU braucht endlich ein Konzept zur Versorgungssicherheit, siehe: http://www.internationalepolitik.de.

Europäischen Parlament eine gemeinsame EU-Energiepolitik gefordert. Die EU-Kommission hat ihre Energiedialoge, auch im Rahmen der GASP, mit zahlreichen Staaten und Organisationen intensiviert und konkrete Energieprojekte forciert – so auch mit der OPEC und den sechs Golfstaaten.

Gemäß dem Grünbuch der EU-Kommission vom 8. März 2006 soll sich die EU-Energiepolitik auf folgende drei Hauptziele konzentrieren:

- Nachhaltigkeit – Förderung erneuerbarer Energie,
- Wettbewerbsfähigkeit – Vollendung des Energiebinnenmarktes, und
- Versorgungssicherheit – zur besseren Koordination auf internationaler Ebene von Angebot und Nachfrage nach Energie in der EU.

Das Ziel bleibt die Durchführung einer gemeinsamen Energieaußenpolitik.[38]

Wirtschaftlich schnell wachsende Volkswirtschaften so genannter Schwellenländer wie China und Indien treten heute zunehmend als Konkurrenten auf dem Nachfragemarkt auf, wobei die Preise für fossile Energieträger nach oben getrieben werden. Ein Wettrennen um die Sicherung von Energieressourcen hat vor allem seit dem Fall der Berliner Mauer am 9. November 1989 und der damit verbundenen Öffnung neuer Märkte begonnen – insbesondere in den Nachfolgestaaten der ehemaligen Sowjetunion. Der Wettbewerb um Ressourcen und Energie wird insgesamt härter. Durch Marktspekulationen können zudem gravierende Versorgungsengpässe entstehen.

Die Verlagerung der Raffineriekapazitäten in instabilere Regionen kann zu großen Lieferunsicherheiten und auch zu größeren Preisschwankungen führen.[39] Der starke Anstieg des Energiebedarfs in Asien wird zu einer Ausweitung des Transports auf See und zum Ausbau von Pipelines führen, die wiederum zu bedeutenden Zielen von terroristischen Anschlägen werden könnten.[40] Um eine derartige Transportsicherheit zu gewährleisten, könnten an den Schlüsselstellungen der Pipelines Streitkräfte der Öl fördernden Länder bzw. vielmehr von Energiefirmen bezahlte Sicherheitsfirmen zum Einsatz kommen, wie es derzeit vor allem in Russland und auf dem afrikanischen Kontinent der Fall ist.

Afrika ist der am schnellsten wachsende Öl- und Gasmarkt der Welt. Alle Rohstoffreserven sind in Afrika bei Weitem noch nicht entdeckt. Ein

---

38 Aus: Grünbuch: Eine europäische Strategie für nachhaltige, wettbewerbsfähige und sichere Energie, siehe: http://www.europa.eu/cgi-bin/etal.pl.

39 Aus Haus Rissen Hamburg, Aktuelle Analysen, Nr. 156, 24.3.2006.

40 Aus: Pöcher, Harald, Sichere Energieversorgung für Europa, in: Der Soldat, 7.3.2007, S. 4.

Drittel aller neuen Funde von Öl- und Gaslagerstätten in den vergangenen fünf Jahren wurden in Afrika gemacht. Im Offshore-Bereich, vor der Küste, werden in großer Tiefe noch reiche Lagerstätten vermutet. Insbesondere das bisher bei der Erdölproduktion abgefackelte Gas soll künftig als Energieträger stärker genutzt werden. Vertreter der nationalen Erdölunternehmen Algeriens und Nigerias – SONATRACH und NNPC – bekräftigen Machbarkeitsstudien für den Bau einer Trans-Sahara-Pipeline: Sie soll Erdgas 4 500 km vom Süden Nigerias quer durch die Sahara via Algerien zu den europäischen Abnehmern transportieren.[41]

Die USA und Europa setzen auf die Sicherung von Energieressourcen im Nahen und im Mittleren Osten, in Russland, in Zentralasien und nun auch verstärkt in Afrika. Jede Regierung wird in erster Linie den Wohlstand der eigenen Bevölkerung und damit die Sicherung der *eigenen* Rohstoffe verteidigen („*Energiepatriotismus*"). Demokratische Regierungen müssen dabei besonders konsequent vorgehen, sonst werden sie von ihren Wählern „bestraft".

Mark Leonard, Direktor für Internationale Politik am *Centre for European Reform* in London, sieht in seinem Buch „Warum Europa die Zukunft gehört"[42], die EU nicht als *die* Hegemonialmacht. Die EU setzt demnach der Idee des Gleichgewichts der Kräfte, das in ständigen Kriegen jeden Hegemonialversuch eindämmen musste, die Vorstellung eines Netzwerkes entgegen, in dem sich die Frage einer offenen Hegemonie gar nicht stelle. Eines dieser Netzwerke bildet der am 25. Oktober 2005 in Athen unterzeichnete Vertrag zur Gründung einer Energiepartnerschaft EU-Südosteuropa, der den weltweit größten Binnenmarkt für Elektrizität und Gas geschaffen hat. Zu den 34 Teilnehmern dieses Vertrages gehören die 27 Mitgliedstaaten der EU sowie Albanien, Bosnien-Herzegowina, Kroatien, Mazedonien, Montenegro und Serbien. Partner dieses Vertrages sind Westbalkanstaaten, die über eine EU-Beitrittsperspektive verfügen. Der Vertrag über die Energiegemeinschaft hat das Ziel, die Staaten dieser Region bereits vor einem möglichen EU-Beitritt von den Vorteilen des Energiebinnenmarktes profitieren zu lassen, während gleichzeitig die EU dabei ist, diesen eigenen Binnenmarkt für Elektrizität und Erdgas rasch zu vollenden. Die Umsetzung der Energiegemeinschaft Südosteuropa wird zu einer sehr intensiven regionalen Kooperation führen.

Die EU zielt verstärkt auf Krisenmanagement im Rahmen der Petersberg-Aufgaben in Einvernehmen mit den Vereinten Nationen. Dabei

---

41 Aus: Afrika plant Ausweitung seiner Öl- und Gasproduktion, in: http://news.orf.at/ticker /194954.html, Zugriff am 10.7.2007.

42 Leonard, Mark, Warum Europa die Zukunft gehört, dtv premium, deutsche Ausgabe, München 2006.

kommt der zivil-militärischen Zusammenarbeit (CIMIC) eine immer wichtigere Rolle zu. Im EU-Militärstab wurde 2005 eine CIMIC-Zelle eingerichtet. Es geht bei CIMIC um die verstärkte Koordination zwischen Regierungen und Nicht-Regierungsorganisationen beim Wiederaufbau einer Region, so z.B. um die Wiederherstellung von Schulen und Kindergärten, um die Ausstattung medizinischer Einrichtungen, den Transport von Hilfsgütern und die Unterstützung von Fort- und Weiterbildung, die Unterstützung beim Entwaffnungsprozess, um die Abhaltung freier Wahlen und den Aufbau von Infrastruktur. Soldaten sind verstärkt in Missionen mit zivilen Kräften involviert.

Was den Einsatz von *Battle Groups* oder der *NATO Response Force* für die Rohstoffsicherung betrifft, gibt es derzeit große Vorbehalte seitens der Mitgliedstaaten der EU und der NATO.[43] Es werden für diese Aufgabe zunehmend private Sicherheitsfirmen bzw. von den Öl- und Gaskonzernen zur Verfügung gestellte bewaffnete Einheiten herangezogen.

Friedenspolitik im 21. Jahrhundert wird nur gelingen, wenn eine systematische und institutionalisierte Koordinierung von GASP/ESVP mit den EU-Politiken in den Bereichen Umwelt, Energie, Entwicklung, Außenhandel und Menschenrechte realisiert wird. Dazu gehört auch die Förderung so genannter *alternativer Energie*. Erneuerbare Energien sind nicht nur umweltpolitisch von großer Notwendigkeit. Sie bieten mehr Sicherheit, indem sie den Ursachen von Konflikten um fossile Energieträger die Grundlage entziehen und dadurch auch weniger Angriffsfläche gegen Terrorattacken bieten.

---

43 Derzeit gehören 21 von 27 EU-Mitgliedstaaten der NATO an. An die 95% der EU-Bevölkerung wohnen in NATO-Staaten. Der NATO gehören folgende EU-Staaten nicht an: Finnland, Irland, Malta, Österreich, Schweden und Zypern.

Teil VI:

Warum eine neue Ressourcen- und Energiepolitik die Wirtschafts- und Gesellschaftspolitik verändert

Globalisierungsgestaltung als Schicksalsfrage – Welche Zukunft liegt vor uns?[1]

Franz-Josef Radermacher

1. Einleitung

Die Welt sieht sich spätestens seit der Weltkonferenz von Rio 1992 vor der Herausforderung, eine nachhaltige Entwicklung bewusst zu gestalten. Das bedeutet insbesondere eine große Designaufgabe bezüglich der Wirtschaft, nämlich die Gestaltung eines nachhaltigkeitskonformen Wachstums bei gleichzeitiger Herbeiführung eines (welt-)sozialen Ausgleichs und dem Erhalt der ökologischen Systeme. Tatsächlich ist dies nur möglich, wenn die Wechselwirkung zwischen den Staaten sich in Richtung einer *Weltinnenpolitik* bewegt, ein Forderung, die auf C. F. von Weizsäcker (Weizsäcker/ Picht 1964) zurückgeht. Die Chancen zur Erreichung dieses Ziels vom Charakter einer *Balance* sind aber alles andere als gut. Wie im Folgenden dargelegt wird, ist das (nur) eine von drei prinzipiellen Zukunftsperspektiven für die Menschheit. Die anderen sind ein *Kollaps* oder eine *Ressourcendiktatur/Brasilianisierung,* wahrscheinlich verbunden mit Terror und Bürgerkrieg. Der vorliegende Text beschreibt die drei Optionen und entwickelt eine *Doppelstrategie*, wie man am besten mit dieser Situation umgeht. Dies wird aus Sicht der europäischen bzw. deutschen Politik beleuchtet. In Bezug auf die anstehenden weltweiten Herausforderungen wird mit einem Global Marshall Plan ein konkretes Programm vorgestellt, wie vielleicht Balance noch rechtzeitig gesichert werden kann.

2. Weltweite Problemlagen

Die Welt befindet sich zu Anfang des neuen Jahrhunderts in einer extrem schwierigen Situation. Als Folge der ökonomischen Globalisierung befindet sich das weltökonomische System in einem Prozess zunehmender Ent-

---

1 Überarbeitung des Textes „Weltinnenpolitik 2007“ als Beitrag zur Sommerakademie „Von kalten Energiestrategien zu heißen Rohstoffkriegen?“ auf Burg Schlaining, 8.-13. Juli 2007.

fesselung und Entgrenzung im Kontext des *Megatrends „explosive Beschleunigung“*, und das unter teilweise inadäquaten weltweiten Rahmenbedingungen.

Megatrend: Explosive Beschleunigung

Bevölkerungsentwicklung
Distanzverkürzung
Zugriff auf Ressourcen
Technische Systeme
Soziale Spaltung
Aufeinanderprallen von Kultursystemen

Das korrespondiert mit dem eingetretenen *Verlust des Primats der Politik,* weil die politischen Kernstrukturen nach wie vor national oder, in einem gewissen Umfang, kontinental, aber nicht global sind. In diesem Globalisierungsprozess gehen die Entfaltung der neuen technischen Möglichkeiten zur Substitution menschlicher Arbeitskraft wie auch die zunehmende Integration von Teilen des Arbeitskräftepotentials der ärmeren Länder in den Weltmarkt teilweise zu Lasten der Arbeitsplatzchancen der weniger qualifizierten Arbeitnehmer in den reichen Ländern, die sich deshalb zu Recht als *Verlierer der Globalisierung* wahrnehmen. Die benannten Entwicklungen beinhalten zwar Chancen für Entwicklung, laufen aber gleichzeitig wegen fehlender internationaler Standards und durchsetzbarer Regulierungsvereinbarungen und der daraus resultierenden Fehlorientierung des Weltmarktes dem *Ziel einer nachhaltigen Entwicklung entgegen.* Die Entwicklungen erfolgen teilweise zu Lasten des sozialen Ausgleichs, der Balance zwischen den Kulturen und der globalen ökologischen Stabilität. Wo liegen dabei die ganz großen Herausforderungen?

Die Umwelt- und Ressourcenfrage

Vor diesem Hintergrund erweisen sich im Kontext der Globalisierung der *Zugriff auf Ressourcen* und die *Erzeugung von Umweltbelastungen* als enormer Engpass. Ohne Ressourcen kein Reichtum! Und Kollaps bei übermäßigem Zugriff. Wer kann, wer darf auf Ressourcen in welchem Umfang zugreifen? Das kann eine Frage von Krieg und Frieden werden.

Das rasche Wachsen der Weltbevölkerung *verschärft die Situation signifikant und in sehr kurzen Zeiträumen.* Die Menschheit bewegt sich in Richtung auf zehn Milliarden Menschen (Kapitza 2005; Radermacher 2002). Hinzu kommt das Hineinwachsen von Hunderten Millionen weiterer Menschen in ressourcenintensive Lebensstile.

Es könnte deshalb in den nächsten Jahrzehnten trotz massiver Steigerung der Nahrungsmittelproduktion eng werden hinsichtlich der *Ernährung der Weltbevölkerung*. Um 2015 ist der *Höhepunkt der Ölproduktion* zu erwarten. Hier drohen erhebliche Problemlagen und Konflikte. Im Bereich der CO_2-Emissionen bewegen wir uns wahrscheinlich heute schon auf eine *Klimakatastrophe* zu. Mit Blick auf den aktuellen Bestseller „Kollaps: Warum Gesellschaften überleben oder untergehen« von Jared Diamond (2005), der aufzeigt, welche Konstellationen in einer historischen Perspektive zum Zusammenbruch ganzer Gesellschaften geführt haben, deuten sich erhebliche Verwerfungen an. Der Ressourcendruck verschärft sich von mehreren Seiten, und die (welt-)politische Situation ist nicht günstig, um mit diesem Thema adäquat umzugehen. Hinzu kommt, dass große Teile der Eliten, weltweit, eine Bewältigung dieser Herausforderungen bisher nicht als ihre zentrale Aufgabe ansehen.

Der Bumerang-Effekt

Die Frage der *Limitation des Verbrauchs nicht erneuerbarer Ressourcen* und der *Begrenzung der Umweltbelastungen in einer globalen Perspektive* tritt vor dem beschriebenen Hintergrund in das Zentrum aller Versuche zur Erreichung zukunftsfähiger Lösungen, denn der technische Fortschritt alleine, so sehr er die Umweltbelastungen pro produzierter Einheit zu senken vermag (*Dematerialisierung, Erhöhung der Ökoeffizienz*), führt aufgrund des so genannten *Bumerangeffekts* in der Summe zu eher mehr als zu geringeren Gesamtbelastungen der ökologischen Systeme (Neirynck1994). Mit jeder Frage nach Begrenzung, etwa der CO_2-Emissionen, stellt sich fortan die weltweite und bis heute unbeantwortete *Verteilungsproblematik* in voller Schärfe.

Bumerang-Effekt

Technik als Lösung!? Die Lösung als Problem! Der Rebound-Effekt Die Notwendigkeit sozial-kultureller Innovationen Die Herausforderung von Global Governance

Dabei ist zwischen „großvaterartigen“ Aufteilungsansätzen, bei denen man sich im Wesentlichen am Status Quo orientiert (und dadurch den zurückliegenden Ländern ein „Aufschließen“ an das Niveau der Erzeugung von Umweltbelastungen der reichen Welt vorenthält) oder „pro Kopf gleichen

Zuordnungen" von Verschmutzungsrechten und deren ökonomischer Handelbarkeit zu unterscheiden. Letztlich stellen sich hier Fragen der *Gerechtigkeit* innerhalb, aber erst recht zwischen den Staaten. Dies ist aus Sicht der sich entwickelnden Länder vor dem Hintergrund der Erfahrungen mit dem *Kolonialismus und ungleicher Verträge* zu sehen. Das Konfliktpotential in diesem Bereich ist gigantisch und wird in der praktischen Politik bisher völlig unterschätzt. Umweltfragen übersetzen sich dabei in soziale und damit in Verteilungsfragen – innerhalb, aber vor allem auch zwischen Ländern. Hier schlägt nun mit der Entwicklung im Finanzsektor ein weiterer Bumerang zu.

3. Die Entgrenzung des Finanzsektors – das Problem hinter den Problemen

Das vielleicht größte Problem weltweit ist die Entgrenzung des Finanzsektors in Folge der Globalisierung in Form des *digitalen Kapitalismus* (Global Marshall Plan Initiative 2004).

Ungenügende Global Governance

Der Siegeszug des digitalen Kapitalismus
Die Entgrenzung der Finanzmärkte
Effektivität vs. Effizienz: inadäquate Rahmenbedingungen
Vagabundierende Macht ohne adäquate Verantwortung und Kontrolle
Unterminierung der Demokratie
Vergrößerung der sozialen Spaltung
Zerstörung der Umwelt

Geld vagabundiert unkontrolliert um den Globus, sucht nach immer höheren Renditen, setzt Regierungen unter Druck und entsteht fast aus dem Nichts. Größtes Wertschöpfungssegment wird dabei einerseits die *Vermeidung von Steuerzahlungen* unter Ausnutzung komplexer internationaler Gesetzeslagen und der besonderen Möglichkeiten von *Off-Shore-Finanzplätzen*, andererseits die *Geldneuwertschöpfung* bzw. die Kreditaufnahme durch Premium-Schuldner. Die Modifikationen der Finanzmarktregulierungen der letzten Jahre erlauben kleinen Gruppen von Premium-Akteuren die Generierung von Geld quasi aus dem Nichts durch neue Formen der Geldwertschöpfung unter Nutzung innovativer Finanzierungsinstrumente und bestimmter Formen von Schuldverschreibungen. Gleichzeitig ermöglicht die *Verlagerung von Arbeit* Gewinne bei wenigen zu Lasten hoher Verluste bei vielen. Mittlerweile kommt es zum Rückbau der Sozialsysteme in reichen Ländern, zu einer *„Ausplünderung" des Mittelstandes* (Sabet

2005) und zu erheblichen Reduktionen bei den Steuereinnahmen der Staaten. Insgesamt ist dies eine Entwicklung, bei der die Stabilität durch immer größere Kurzfristigkeit gefährdet wird, auch zu Lasten der Zukunft. Allerdings besitzt diese Entwicklung den „Charme“, den hohe soziale Ungleichheit für Eliten besitzt und der unten vertieft im Sinne einer *Brasilianisierung* diskutiert wird.

Folgen

Legale Steuerflucht Geldschöpfung aus dem Nichts, Ausweitung der Geldmenge, Aufbau von „Bubbles“ Massive Umverteilung zu wenigen „Superreichen“, Ausbluten des Mittelstandes Drohender Kollaps der Weltfinanzmärkte „Plünderung“ zu Lasten von Umwelt, Frieden und Zukunftspotentialen Ausfransen der Demokratie an den Rändern Erzeugung von Hass Verlust der informationellen Selbstbestimmung Militarisierung der Gesellschaft Terror und Gegenterror – potentiell Bürgerkrieg

4. Welche Zukünfte sind möglich?

Richtet man den Blick auf das weltweite Geschehen und berücksichtigt die nächsten 50 Jahre, so resultieren aus der beschriebenen Gesamtkonstellation, d. h. den Risiken bezüglich Umwelt und Ressourcen einerseits und den Risiken bezüglich sozialer und kultureller Balance andererseits *drei mögliche Zukünfte* (Mesarovic/Pestel/Radermacher 2003; Pestel/ Radermacher 2003; Radermacher 2002; Radermacher 2007) im Sinne von *Attraktoren*, die im weiteren kurz diskutiert werden und von denen zwei extrem bedrohlich und nicht mit Nachhaltigkeit vereinbar sind. Die drei Fälle ergeben sich aus der Frage, ob die beiden großen weltethischen Postulate: (1) *Schutz der Umwelt und Begrenzung des Ressourcenverbrauchs und (2) Beachtung der Würde* aller Menschen (eingeschränktes weltweites Demokratieprinzip) erreicht werden. Gelingt (1) nicht, machen wir also weiter wie bisher, kommt der Kollaps. Gelingt (1), lautet die Frage „wie?“ Durch Machteinsatz zu Gunsten weniger, zu Lasten vieler – dann finden wir uns in einer Ressourcendiktatur und dazu korrespondierend in der Brasilianisierung wieder. Nur im Fall von Konsens landen wir in einem Modell mit Perspektive, einer weltweiten Ökosozialen Marktwirtschaft.

Wo stehen wir in 50 Jahren? – Drei Zukünfte

Kollaps Brasilianisierung Weltweite Ökosoziale Marktwirtschaft (doppelter Faktor 10 als Perspektive)

Business as usual / Kollaps

Fährt man weiter entlang der bisherigen, im Wesentlichen an *Freihandelsprinzipien* orientierten Logik à la WTO, IWF etc., dann befindet man sich in einem Szenario, das die ultimativen Grenzen der Naturbelastbarkeit nicht in das welt-ökonomische System integriert hat, zugleich werden große Teile der Humanpotentiale auf diesem Globus nicht voll entwickelt. Damit werden viele Menschen und Kulturen in die Zweitklassigkeit gebracht bzw. dort „eingemauert". Dieses System wird schon in 20 bis 30 Jahren gegen *definitive Grenzen laufen* und mit *Kämpfen um Ressourcen* verbunden sein, die exorbitante Kosten nach sich ziehen werden. Rückfallpositionen vor Ort in der Grundversorgung (im Sinne einer Minimal-Autonomie) können überlebensrelevant werden, insbesondere Lösungen in den Breichen Ernährung und Energie. Dieser Business-as-usual-Weg ist nicht nachhaltig und nicht zukunftsfähig, weder global noch regional. Aus Sicht des Autors ist dieser Fall eher unwahrscheinlich (15 %), da bei Annäherung an den Katastrophenfall enorme Abwehrreaktionen und Gegenmaßnahmen zu erwarten sind. Die Frage ist, welcher Art diese sein werden, wenn der Kollaps unmittelbar bevorsteht.

Brasilianisierung / Öko-diktatorische (ressourcendiktatorische) Sicherheitsregime

Es steht zu erwarten, dass bei einem Zuspitzen der beschriebenen Krisenpotentiale die „reiche Welt" entschieden für Lösungen zur Begrenzung der Ressourcennutzung und der weltweiten Umweltverschmutzungen aktiv werden wird. Dies kann im weltweiten Konsens oder durch Machteinsatz geschehen. Aus Sicht des Autors wird die Zukunft mit etwa 50 % Wahrscheinlichkeit in einem auf *massivem Einsatz militärischer und anderer Macht* beruhenden asymmetrischen Ansatz bestehen, der gemäß einer im Kern „großvaterartigen" Logik dem ärmeren Teil der Welt, in verdeckter oder gar offener Form, die Entwicklung erschwert und zugleich zur Verarmung von 80 % der Bevölkerung der reichen Länder führen wird (*Bra-*

silianisierung). Letzteres wird noch mit einem gewaltigen Verlust von demokratischen Mitwirkungsmöglichkeiten der Menschen in den reichen Ländern verbunden sein (Radermacher 2007). In einem gewissen Sinne führt dieser Weg zu einer Art von „Weltinnenpolitik“ Ein weltweites *neofeudales System*, stark autokratisch, mit einer globalen Elite (Luxusklasse), die sich rund um den Globus in der so genannten sicheren Zone bewegt. Bei ärmeren Ländern handelt es sich dabei häufig (nur) um den Flughafenbereich, die Messegelände und Konferenzeinrichtungen, 5-Sterne-Hotels und Golfplätze sowie die Einkaufsmalls. Hinzu kommen die dazu gehörigen Verkehrsverbindungen. Diese Bereiche sind zuverlässig abgesichert und ähneln sich überall. Das alles korrespondiert mit einer möglichen zukünftigen Weltstruktur, die allerdings nicht mit Demokratie kompatibel ist, eine Art von „Weltinnenpolitik“, die aber nicht das ist, was C. F. von Weizsäcker unter diesem Begriff vorgestellt hatte.

Das öko- oder ressourcendiktatorische Muster ist überaus asymmetrisch, ungerecht und unfair, es erzeugt tiefsten Hass, Ablehnung und Terror. Das Motto „Von kalten Energiestrategien zu heißen Rohstoffkriegen“ wird hierbei konkret. Die Auseinandersetzung führt zum Rückbau der Bürgerrechte in den entwickelten Ländern. Die Kosten für „Heimatschutz“ wachsen gewaltig. Die internationale Kooperation wird beeinträchtigt. Die Staaten und Regionen des Nordens haben dabei immense innere Probleme zu bewältigen, sieht man von Wohlstandsenklaven und Steuerparadiesen mit vergleichsweise wenigen Menschen und einem vergleichsweise hohen Grad an sozialem Ausgleich unter den Bürgern dieser Enklaven ab, die als Inseln des Friedens, des Sich-Wohlfühlens und der Sicherheit von Vertretern der internationalen Elite genutzt werden.

Die Staaten des Nordens stehen dabei insgesamt auf der besseren Seite, aber das ist nur ein relativer Vorteil, kein absoluter. Die Auswirkungen eventueller weltweiter Konflikte können extrem problematisch sein. Hier stellt sich dann die Frage einer Basis-Autonomie bezüglich der Grundversorgung in der Region als Verantwortung der Politik gegenüber den Menschen. Die unvermeidbare relative Verarmung von 80 % der eigenen Bevölkerung unter Bedingungen äußerster Ressourcenknappheit und globaler Konflikte um den Zugang zu benötigten Ressourcen kommt als Problemfeld hinzu, ebenso eventuelle Bürgerrechtsauseinandersetzungen in den heute reichen Ländern bei einem sich möglicherweise verschärfenden Kampf gegen den Terror bzw. gegen den (nachvollziehbaren) Widerstand großer Bevölkerungskreise gegen diese Art von Politik in den entwickelten Ländern.

Ökosoziale Marktwirtschaft

Als Ausweg erscheint der ökosoziale und im Kern ordoliberale Ansatz regulierter Märkte, wie er für Europa (*soziale Marktwirtschaft*) und die asiatischen Volkswirtschaften (*Netzwerkökonomien*) typisch ist.

Das ökosoziale Modell als Hoffnung

Durchsetzung von Standards
Co-Finanzierung von Entwicklung
Größerer Reichtum *und* größere Ausgeglichenheit
„Friedensdividende"
Nachhaltig und Stabilität

Dieses Modell wäre im Rahmen der Weltökonomie fortzuentwickeln (Radermacher 2002a, 2002b; Riegler/Radermacher 2002) und würde letztlich im Rahmen eines *Weltvertrages* (Frey 2007) Forderungen eines Weltethos und des interkulturellen Humanismus (Global Marshall Plan Initiative 2006) umsetzen zu einer Form von *Weltinnenpolitik* mit *weltdemokratischem Charakter*, wie sie von C. F. von Weizsäcker immer wieder thematisiert wurde. Einen aktuellen Ansatz, einen solchen Weg weltweit zu befördern, stellt ein *Global Marshall Plan* dar, der Strukturbildung und Durchsetzung von Standards mit der Co-Finanzierung von Entwicklung verknüpft. Dies wird weiter unten beschrieben.

Die *Europäische Union* beweist in ihren Ausdehnungsprozessen permanent die Leistungsfähigkeit dieses Ansatzes, der sich im Regionalen in den letzten Jahren durchaus auch in den alten EU-Ländern, insbesondere auch Deutschland und Österreich, positiv ausgewirkt hat. International sei ebenso auch auf das erfolgreiche *Montrealer Protokoll* verwiesen, das nach derselben Logik vereinbart wurde. Das heißt, mit dem Montrealer Protokoll erfolgte der Schutz des *Ozonschirms* der Erde durch entsprechende internationale Abkommen, die die Nutzung mehrerer Klassen von chemischen Substanzen, insbesondere FCKW-haltiger Substanzen, die die Ozonschicht bedrohten, immer stärker begrenzten. Die Zustimmung der sich entwickelnden Länder zu einem entsprechenden Abkommen wurde dadurch gesichert, dass die entwickelten Länder alle Umstellungskosten auf alternative technische Lösungen getragen haben.

Das europäische Modell ist in dieser Logik der wohl einzige erfolgversprechende Ansatz für Friedensfähigkeit und eine nachhaltige Entwicklung und steht in scharfem Kontrast zu dem marktradikalen Modell der Entfesselung der Ökonomie (*Turbokapitalismus*) ohne die weltweit verbindliche Durchsetzung einer Verantwortung für die Umwelt und das Soziale. Dabei ist zu beachten, dass es den Marktfundamentalisten gelungen ist, ihre Position über manipulierte Bilder tief in den Gehirnen vieler Menschen zu verankern (Layard 2005). Glücklicherweise erodiert diese Dominanzposition angesichts der Desaster, die in jüngerer Zeit weltweit sichtbar wurden. Bezüglich des dauernden Jubels über das *Freihandelstheorem von Riccardo*, ein Dogma der Marktfundamentalisten und Freihandelseuphoriker, sei auf die jüngst erfolgten Relativierungen durch die beiden *Nobelpreisträger für Wirtschaftswissenschaften, Paul A. Samuelson* (2004) (vgl. ergänzend auch G. Steingart, „Weltkrieg – Wohlstand (2006) und *Joseph E. Stiglitz* (mit Andrew Charlton) in „Fair Trade" (2006) hingewiesen. Begründungen für die Überlegenheit einer Ökosozialen Marktwirtschaft gegenüber Marktfundamentalismus werden offensichtlich, wenn man die *systemischen Voraussetzungen* von Wohlstand herausarbeitet (Radermacher 2005). Dies gibt eine Orientierung, worauf weltweit zu achten ist. Weltweit muss man tun, was in guten Staaten funktioniert, nicht, was noch nie in einem Staat funktioniert hat. Die Welt könnte viel reicher sein. Verwiesen sei hierzu auf die *Zukunftsformel* 10 ~> 4:34 des Autors (Radermacher 2002a, 2002b). Sie besagt im Wesentlichen, dass die Welt bei richtiger Vorgehensweise in etwa 70 Jahren 10-mal so reich sein kann wie heute, wobei die heute reiche Welt etwa 4-mal so reich und die sich heute entwickelnden Länder etwa 34-mal so reich sein können. Die Bevölkerung in den ärmeren Teilen wächst dabei fast auf das Doppelte. Die soziale Balance auf dem Globus entspricht dann in etwa derjenigen heute in Europa. Die Ressourcenknappheit wird durch entsprechende Rechtezuordnungen, Preisentwicklungen, neue Technologien und andere Lebensstile bewältigt. Der zukünftige Lebensstil wäre dann sehr viel weniger ressourcenintensiv als heute. Hochwertige, kreative Dienstleistungen werden im Gegenzug sehr viel preiswerter.

5. Was macht ein Land reich?

Vor dem Hintergrund des Gesagten nähern wir uns der zentralen Frage, wo die Quellen von monetärem Reichtum tatsächlich liegen. Wir fragen nach der Wohlfahrt von Ländern und den systemischen Voraussetzungen dafür.

Zusammenfassend können mit einem systemischen Ansatz acht wesentliche, zum Teil bereits genannte, Elemente identifiziert werden, die von besonderer Bedeutung für den Reichtum eines Landes sind. *Wohlstand* ist demnach *primär systemischer Natur* und wird nicht hauptsächlich durch die Exzellenz einzelner „Wertschöpfer" generiert.

Dies ist in dem Sinne gemeint, dass ein tiefer Einbruch bei jedem der nachfolgend genannten acht Punkte zur Folge hat, dass der Reichtum verloren geht, ungeachtet dessen, ob die anderen sieben Punkte erfüllt sind oder nicht, während in einer empirischen Betrachtung alle Länder, bei denen alle acht Punkte gleichzeitig gegeben sind, reich sind.

Die acht Aspekte sind:

- ein gut funktionierendes, *leistungsfähiges Governance-System* – hierzu gehören insbesondere die Rolle und Funktionsbeiträge der Regionen innerhalb der EU, das Subsidiaritätsprinzip etc.;
- exzellent ausgebildete und geeignet orientierte und *motivierte Menschen* – Schlagworte wie „Brain-drain“ und „Brain-drain-back“ und die Bedeutung eines durchgängigen und durchlässigen Ausbildungssystems und lebenslanges Lernen sind hier zu nennen;
- *hervorragende Infrastrukturen* auf internationalem Niveau – Infrastruktur ist dabei nicht nur im herkömmlichen Sinn zu verstehen, sondern beinhaltet auch technologische Infrastruktur zur innovationsorientierten Unternehmensentwicklung und Flächenbevorratung;
- ein *hervorragender Kapitalstock*, also Industrieanlagen, Maschinen, Rechner etc.;
- *Zugriff auf benötigte Ressourcen* im weitesten Sinne, also zum einen Wasser, Nahrung, Energie, aber auch bestimmte Metalle, Reinst-Chemikalien etc.;
- ein *leistungsfähiges Finanzsystem*, also stabiles Geld, Kreditmöglichkeiten, ein funktionierender Finanzmarkt etc.;
- eine *leistungsfähige Forschung* und *international konkurrenzfähige Innovationsprozesse* – Anziehungskraft als Standort im Sinne von „Unternehmer-/ Managerimport“, Ideenimport, Chancenklima;
- eine enge Einbettung der Unternehmen und Menschen in *weltweite Wertschöpfungsnetzwerke* – Internationalität der Ökonomie

6. Aktuelle Probleme europäischer Politik: die Bedeutung eines situativen Vorgehens (Doppelstrategie)

Der beschriebene Hintergrund einer globalen marktradikalen Entfesselung hat schwerwiegende Auswirkungen auf die Möglichkeiten von Politik in Europa und ebenso die Möglichkeit von Unternehmen im *weltweiten Wettkampf um Kunden und Märkte* (Radermacher 2003; 2004; 2005). Die Sicherung der Wettbewerbsfähigkeit Europas unter den bestehenden weltweiten Rahmenbedingungen zwingt auch die Europäer immer stärker dazu, sich der Logik des marktradikalen, entfesselten Wirtschaftsmodells zu unterwerfen, auch weit über einen sicher ebenfalls erforderlichen, vernünftigen Umfang an Deregulierung hinaus. Das vielleicht größte Problem besteht darin, dass globale Akteure unter dem Aspekt der Sicherung der Wettbewerbsfähigkeit auch bei uns *nicht mehr adäquat besteuert werden können*. Dies gilt übrigens auch für viele gut verdienende Steuerzahler. Anders betrachtet muss eingesetztes Eigenkapital mit *überzogenen Renditen* bedient werden, da dieses sonst an andere Standorte ausweicht. Steueroasen, Off-shore-Bankplätze, und manche Sonderentwicklungszonen sind Teil des Problems. Hier ist eine weltweite Koordination zwischen den entwickelten Staaten erforderlich, um diese Missstände ein für alle Mal auszuschalten. Dies ist ein Thema, auf das kürzlich der frühere deutsche Bundeskanzler Helmut Schmidt in Die Zeit nachdrücklich hingewiesen hat (Schmidt 2007).

Die Folgen dieser Prozesse sind in Europa zunehmend zu beobachten und zwar in Form des Rückbaus der Sozialsysteme, der Privatisierung von Gemeingütern, im Rückbau im Gesundheitsbereich sowie im Rückbau der breiten Ausbildung der gesamten Bevölkerung, die bisher noch auf das Ziel der *vollen Entfaltung aller humanen Potentiale* ausgerichtet ist. Hier geschickt gegenzuhalten, ist ein wichtiges Anliegen für Europa im Allgemeinen und eine gedeihliche Regionalpolitik im Besonderen.

Situatives Handeln / Doppelstrategie

In der beschriebenen Situation ist ein *situatives Handeln*, eine *Doppelstrategie* erforderlich (Radermacher 2002b; 2005). Ein solches Handeln besteht darin, einerseits gegenüber den Bürgern deutlich zu machen, wie aktuelle Globalisierungsprozesse sozialen Rückbau und zunehmendes Unterlaufen ökologischer Standards zur Folge haben, und anderseits konsequent an besseren weltweiten Rahmenbedingungen zu arbeiten, um diese inakzeptable Situation baldmöglichst durch internationale Abkommen zu überwinden.

Ein Sofortprogramm für die Politik in Europa

Eine „Intelligente doppelstrategische Verteidigungslinie“ in Europa zur Bewältigung der aktuellen Probleme vor dem Hintergrund der Globalisierung ist aufgrund des Gesagten das Ziel. Dies erfordert:

- Anstrengungen für ein vernünftiges Design der globalen Ökonomie (*aktive Globalisierungsgestaltung* (Radermacher 2006). Zu denken ist hier an einen Global Marshall Plan (www.globalmarshallplan.org) zur Umsetzung der Millenniumsziele der Vereinten Nationen (www.un .org/millenniumgoals/) bis 2015 und mittelfristig die Erreichung einer weltweiten Ökosozialen Marktwirtschaft. Hierauf wird unten eingegangen.

- Organisation intelligenter Verteidigungsprozesse in Deutschland und Europa, solange ein vernünftiges weltweites Ordnungsregime noch nicht implementiert ist (vgl. ergänzend auch www.bwa-deutschland .de).

7. Eine Doppelstrategie für die Wirtschaft

Die Situation für die Wirtschaft ist nicht einfach. Wirtschaft muss hier wie die staatliche Seite dagegenhalten und einen entfesselten weltökonomischen Prozess wieder unter Kontrolle zu bringen versuchen.

Doppelstrategie für die Versicherungswirtschaft

Umgang mit einem Gefangenendilemma Sich auf 3 Zukünfte einstellen „Mehrere Bälle in der Luft halten“ Risikobeherrschung in schwierigen Zeiten Politische, gesellschaftliche und wirtschaftliche Aspekte bedenken In Märkten überleben, aber gleichzeitig für eine bessere Governance argumentieren

Das geht sicher nur in einer europäischen bzw. globalen Perspektive. Aufgrund des Gesagten muss man sich dabei gleichzeitig auf *drei Zukünfte* einstellen, nämlich Kollaps, Ressourcendiktatur/Brasilianisierung oder das ökosoziale Modell, wobei nur das letzte Modell mit Nachhaltigkeit kompatibel ist. Alle Aktionen müssen unter Status quo-Bedingungen erfolgen, unter denen teilweise im Markt das Falsche honoriert wird und auch eine *Weltfinanzmarktkrise* oder *Weltwirtschaftskrise nicht auszuschließen ist.* Dies ist eine typische Situation eines *Gefangenendilemmas* (Prisoner‘s Dilemma) im Sinne mathematischer Spieltheorie. In einer solchen Situation wird das Falsche belohnt. Und wenn dadurch zum Schluss auch alle verlieren, sind die Anreize doch so, dass sich für jeden das Falsche lohnt, nicht das Richtige. Diese Situation lässt sich nur durch geeignete vertragliche Lösungen überwinden. Der Weg dahin erfordert die Fähigkeit dazu, das eigentlich „Falsche“ zu tun, aber zugleich für Verträge zur Ermöglichung des Richtigen einzutreten.

Das Gesagte erfordert auch für die Wirtschaft einen doppelstrategischen Ansatz. Zur Not auch das Falsche tun, um zu überleben, gleichzeitig an Bedingungen arbeiten, die mit langfristiger Stabilität und Nachhaltigkeit kompatibel sind. Das erfordert insbesondere eine *bessere Governance:*

weltweit, aber auch in jedem Staat und genauso auf Seiten der Unternehmen. Wichtig ist dabei, soweit wie möglich alle drei Zukünfte gleichzeitig im Blick haben und dabei politische, gesellschaftliche und wirtschaftliche Aspekte simultan zu bedenken. Das ist *Risikobeherrschung in schwierigen Zeiten.* Man muss mehrere Bälle gleichzeitig in der Luft halten. Dabei ist auch zu überlegen, was die jeweiligen Szenarien ökonomisch bedeuten. So könnte eine Kollapssituation zwar furchtbar sein und in einen Staatsnotstand führen, die Versicherungswirtschaft aber vielleicht von Zahlungsverpflichtungen befreien. Brasilianisierung bedeutet sehr wahrscheinlich ein besseres Geschäft mit den Gewinnern des Prozesses, schlechtere Geschäfte mit der Normalbevölkerung. Darin liegen – in einer rein betriebswirtschaftlichen Betrachtung – Chancen und Risiken. Dies gilt auch für unregulierte Finanzmärkte, wenn man sich darin kompetent beteiligen kann. Richtig unangenehm könnten allerdings Situationen werden, die eine politische Radikalisierung an den Rändern, u. U. auch bürgerkriegsähnliche Zustände, zur Folge haben. Der Autor empfiehlt der Versicherungswirtschaft vor diesem Hintergrund ein Sofortprogramm, das aus folgenden zwei Dimensionen besteht:

Ein Sofortprogramm für die Wirtschaft

Global Marshall Plan unterstützen
Für ein besseres globales institutionelles Design eintreten
Corporate Governance Regeln besser verankern, insbesondere in der OECD
Bessere Regulierung der Kapitalmärkte fördern
Informationstechnische „Aufrüstung“ weitertreiben
Mehr in Wissen und Verstehen investieren
Sich und uns intelligenter verteidigen

- *Internationale Dimension*: Eintreten für ein besseres, globales institutionelles Design. Strikte Verankerung von Corporate Governance Regeln, insbesondere auf der OECD-Ebene. *Bessere Regulierung der Kapitalmärkte* fördern und als Sofortprogramm die *Global Marshall Plan Initiative* unterstützen. Hinweise zu dieser Initiative folgen anschließend.
- *Unternehmen*: Auf der Seite der Unternehmen ist weiterhin *informationstechnische Aufrüstung* angesagt. Es gilt, mehr in Wissen und Verstehen zu investieren, gerade auch, was wenig thematisierte Zukunftsszenarien wie Kollaps und Brasilianisierung anbelangt. Eine so leistungsfähige Wirtschaft wie die deutsche und eine so leistungsfähige wirtschaftliche Kraft wie die Europäische Union sollten mit mehr

Nachdruck darangehen, sich und uns *intelligenter zu verteidigen*. Dazu müssen standardökonomische Theorien hinterfragt werden. Ferner ist in Zeiten der Globalisierung der Globus als Ganzes mit *ausreichender Empathie* in den Blick zu nehmen. Und es gilt der Versuchung zu widerstehen, auf kurzfristige Mitnahmeeffekte zu setzen.

8. Die Global Marshall Plan Initiative – ein tragfähiges Programm für einen neuen Anfang auf weltpolitischer Ebene

Massive und wachsende Armut, Spannungen zwischen Kulturen und ein zunehmendes ökologisches Desaster erzwingen heute einen neuen Ansatz. Die Probleme, deren Zeuge wir sind, haben mit historischen Entwicklungen, mit unglücklichen Umständen, aber z.T. auch mit einem unfairen globalen Design zu tun. Die bestehenden institutionellen Asymmetrien, die Machtdifferenzen und die Unterschiede bezüglich des Zugriffs auf Ressourcen wurden in ein weltökonomisches Design übersetzt, das systematisch die Mächtigen bevorteilt und die Armen ausplündert. Hier sind Veränderungen hinsichtlich des globalen institutionellen Designs in Richtung auf eine *faire globale Governancestruktur* nötig, die allen Menschen volle Partizipation ermöglicht. Diese setzen letztlich die Idee einer *Weltinnenpolitik* im Sinne von C. F. von Weizsäcker (Weizsäcker/Picht 1964) um.

Der britische Schatzkanzler Gordon Brown sprach in diesem Kontext vor kurzem von freiem und fairem Handel („We need to be more fair", Newsweek, 18. September 2006), und der frühere US-Vizepräsident Al Gore äußerte sich vor kurzem anlässlich eines Vortrags an der Stanford University vor einigen tausend Studenten der Wirtschaftswissenschaften wie folgt:

> „Wir brauchen heute einen Global Marshall Plan, um die Welt zu retten und Milliarden besitzlosen Menschen die Möglichkeit zu geben wirklich an der Wirtschaft teilzuhaben. Bedenken Sie, dass das Richtige richtig bleibt, auch wenn niemand das Richtige tut. Und das Falsche falsch bleibt, auch wenn alle es tun."

Gleichzeitig ist auch eine Veränderung im Denken und in der Wahrnehmung erforderlich. Wir brauchen *Entwicklung und Veränderungen in allen Ländern*. Der Norden ist nicht einfach das Modell, dem man folgen muss. Nord und Süd könnten beide voneinander lernen, um gemeinsam einen Weg in die Zukunft zu finden, der nachhaltig ist. Ein gemeinsamer Lernprozess, der in einen fairen globalen Vertrag münden sollte, ist der richtige Weg in die Zukunft.

Ein Global Marshall Plan/Planetarischer Vertrag, d.h. ein Konzept für eine *Welt in Balance*, wie er im Folgenden beschrieben wird, ist eine Antwort auf diese Situation. Es ist dies ein Design, das die Nöte aller Menschen auf diesem Globus adressiert, ein Konzept der Balance.

Die Wertebasis für eine weltweite Balance

Das vorliegende Konzept für eine Welt in Balance ist das Konzept der Global Marshall Plan Initiative (www.globalmarshallplan.org). Es gründet auf ethischen und moralischen Grundprinzipien, die

- im *interreligiösen* Bereich zwischen den Weltreligionen in Form eines „*Weltethos*" (Küng 1993; 1997; 2001; Küng/Kuschel 1993),
- im *weltpolitischen* Bereich durch das InterActionCouncil ehemaliger Staats- und Regierungschefs in Form einer *Menschenpflichtenerklärung* – Declaration of Human Responsibilities – (www.interac tioncouncil.org) und
- im *zivilgesellschaftlichen* Bereich in Form einer *Erdcharta* (http:// www.earthcharter.org).

als Basis für das globale Zusammenleben formuliert werden. Das Konzept favorisiert Prinzipien der Gerechtigkeit und insbesondere die Goldene Regel der Reziprozität: „Was Du nicht willst, was man dir tu', das füg' auch keinem andern zu. Oder positiv: Was du willst, das man dir tut, das tue auch den anderen!" (in Küng/Kuschel 1993, S. 27 f). Im Sinne der oben vertretenen globalethischen Orientierungen resultiert daraus die Notwendigkeit einer ökologischen und sozio-kulturellen Ausrichtung jedes verantwortlichen und ethisch tragfähigen Handelns auf dem Globus, das im Geiste eines „interkulturellen Humanismus" als weltanschaulichem Minimalkonsens zwischen Gläubigen verschiedener Religionen und Anhängern verschiedener Weltanschauungen die Zukunftsfähigkeit unseres Planeten sichern kann.

Das Konzept für eine Welt in Balance übersetzt Ideen für eine *Weltinnenpolitik* in ein praktisches Vorgehen und besteht aus fünf fest miteinander verknüpften strategischen Eckpfeilern – der *raschen Umsetzung der Millenniumsentwicklungsziele* der Vereinten Nationen, wozu im Zeitraum 2008–2015 mit Bezug auf das Niveau der Entwicklungsförderung und Kaufkraft 2004 im Mittel 100 Milliarden US Dollar pro Jahr zusätzlich für Entwicklungsförderung aufgewendet werden müssen, finanziert u.a. durch globale Abgaben. Dies sind etwa 70 Milliarden US-Dollar pro Jahr mehr, als heute für diesen Zeitraum, vor allem durch die Europäische Union, bereits als zusätzliche Mittel zugesagt sind. Über die Verwirklichung der Millenniumsentwicklungsziele hinaus geht es in Form der *Co-Finanzierung von Entwicklung* in Verbindung mit einem geeigneten *weltweiten institutionellen Design* um die Realisierung erster Schritte in Richtung auf eine *weltweite Ökosoziale Marktwirtschaft.* Auf diesem Wege soll eine faire weltweite Partnerschaft verwirklicht werden. Integrativer Bestandteil des Konzepts sind die Förderung von Good Governance auf allen gesellschaftlichen Ebenen und koordinierte und kohärente Formen basisorientierter Umsetzung von Entwicklungszusammenarbeit. Diese fünf Kernziele werden im Folgenden aufgelistet.

- *(1) Rasche Verwirklichung der weltweit vereinbarten Millenniumsentwicklungsziele* der Vereinten Nationen als Zwischenschritt zu einer gerechten Weltordnung und zu nachhaltiger Entwicklung.
- *(2) Aufbringung von durchschnittlich 100 Mrd. US Dollar pro Jahr zusätzlich im Zeitraum 2008–2015* für Entwicklungszusammenarbeit. Dies ist im Vergleich zum Niveau der Entwicklungsförderung und Kaufkraft 2004 zu sehen. Zusätzliche Mittel in mindestens dieser Höhe sind zur Verwirklichung der Millenniumsentwicklungsziele und damit unmittelbar zusammenhängender Weltgemeinwohlanliegen erforderlich und ausschließlich für diesen Zweck einzusetzen.
- *(3) Faire Mechanismen zur Aufbringung der benötigten Mittel.* Die Global Marshall Plan Initiative unterstützt das angestrebte 0,7-Prozent-Finanzierungsniveau für Entwicklungszusammenarbeit auf Basis nationaler Budgets. Doch selbst bei optimistischer Annahme werden in den nächsten Jahren erhebliche Volumina im Verhältnis zu dem für die Erreichung der Millenniumsentwicklungsziele erforderlichen Mittelbedarf fehlen. Deshalb und aus ordnungspolitischen Gründen soll ein wesentlicher Teil der Mittel zur Verwirklichung der Millenniumsziele *über Abgaben auf globale Transaktionen und den Verbrauch von Weltgemeingütern* aufgebracht werden.
- *(4) Schrittweise Realisierung einer weltweiten Ökosozialen Marktwirtschaft* und Überwindung des globalen Marktfundamentalismus durch Etablierung eines *besseren Ordnungsrahmens der Weltwirtschaft.* Dies soll im Rahmen eines *fairen Weltvertrages* geschehen. Dazu gehören Reformen und eine Verknüpfung bestehender Regelwerke und Institutionen für Wirtschaft, Umwelt, Soziales und Kultur (z.B. in den Regelungsbereichen UN, WTO, IWF, Weltbank, ILO, UNDP, UNEP und UNESCO).
- *(5)* Voraussetzung zur Erreichung eines vernünftigen Ordnungsrahmens sind eine *faire partnerschaftliche Zusammenarbeit auf allen Ebenen* und ein adäquater Mittelfluss. Die Förderung von Good Governance, die Bekämpfung von Korruption und koordinierte und basisorientierte Formen von Mittelverwendung werden als entscheidend für eine *selbstgesteuerte Entwicklung angesehen.*

Mit dem Global Marshall Plan liegt ein Konzept vor, wie eine Zukunft in Balance erreicht werden kann. Die Überlegungen von C. F. Weizsäcker für eine *Weltinnenpolitik* korrespondieren mit den langfristigen Zielen der Initiative. Die zunehmende Unterstützung für diesen Ansatz gibt Hoffnung, aber der Weg, der vor uns liegt, ist noch lang.

Danksagung

Der Autor dankt Herrn Klaudius Gansczyk für viele Hinweise und Anregungen zu diesem Text wie zu den Themen Weltinnenpolitik und interkultureller Humanismus im Allgemeinen.

Literatur

Alt, F. / Gollmann, R. / Neudeck, R. (2004), Eine bessere Welt ist möglich – Ein Marshallplan für Arbeit, Entwicklung und Freiheit, Riemann Verlag, München.

Diamond, J. (2005), Kollaps. Warum Gesellschaften überleben oder untergehen. S. Fischer Verlag, Frankfurt am Main.

Frey, A. (2007), Das Konzept Weltvertrag: Evaluation internationaler Rahmenbedingungen. Dissertation.

Global Marshall Plan Initiative: Towards a World in Balance – European Hope (TWINS), Ebner & Spiegel Verlag, Dezember 2006

Glotz, P. (2001), Die beschleunigte Gesellschaft – Kulturkämpfe im digitalen Kapitalismus. Rowohlt Verlag, April.

Jarass, L. / Obermaier, G. M. (2002), Wer soll das bezahlen? Metropolis Verlag.

Jarass, L. / Obermaier, G. M. (2003), Geheimnisse der Unternehmenssteuern, Metropolis Verlag.

Kapitza, S. (2005), Population Blow-up and after. Report to the Club of Rome and the Global Marshall Plan Initiative, Hamburg.

Küng, H. (1993), Projekt Weltethos, 2. Aufl., München.

Küng, H. (1997), Weltethos für Weltpolitik und Weltwirtschaft, München.

Küng, H. (2001) (Hrsg.), Globale Unternehmen – globales Ethos, Frankfurt/Main.

Küng, H. / Kuschel, K.-J. (Hrsg.) (1993), Erklärung zum Weltethos – Die Deklaration des Parlamentes der Weltreligionen, München.

Lakoff, G. (2004), Don't Think of an Elephant! Know Your Values and Frame the Debate. The Essential Guide for Progressives. Chelsea Green Publishing, Whit River Junction, Vermont, USA.

Layard, R. (2005), Die Glückliche Gesellschaft – Kurswechsel für Politik und Wirtschaft, Frankfurt/Main.

Mesarovic, M. / Pestel, R. / Radermacher, F. J. (2003), Which Future? Contribution to EU Projekt Terra, in: www.terra2000.org.

Müller, A. (2005), Die Reformlüge – 40 Denkfehler, Mythen und Legenden, mit denen Politik und Wirtschaft Deutschland ruinieren. Knaur Taschenbuch Verlag.

Neirynck, J. (1994), Der göttliche Ingenieur. Renningen.

Pestel, R., / Radermacher, F. J. (2003), Equity, Wealth and Growth: Why Market Fundamentalism Makes Countries Poor. Manuscript to the EU Projekt TERRA 2000, FAW.

Radermacher, F.J. (1998), Globalisierung und Informationstechnologie. In: Bartosch, U. / Wagner, J. (Hrsg.), Weltinnenpolitik. Internationale Tagung anläßlich des 85. Geburtstages von Carl-Friedrich von Weizsäcker, Evangelische Akademie Tutzing, 1997, S. 105-117, Münster, 1998.

Radermacher, F. J. (2002), Die neue Zukunftsformel. bild der wissenschaft, Heft 4/2002, S. 78-86, April.

Radermacher, F. J. (2002), Balance oder Zerstörung: Ökosoziale Marktwirtschaft als Schlüssel zu einer weltweiten nachhaltigen Entwicklung. Ökosoziales Forum Europa (Hrsg.), Wien, August.

Radermacher, F. J. (2003), Die Zukunft der Wirtschaft: Nachhaltigkeitskonformes Wachstum, sozialer Ausgleich, kulturelle Balance und Ökologie. Tagung des Universitäts-Clubs Klagenfurt, Abbazia di Rosazzo, Friaul/Italien.

Radermacher, F. J. (2004), Perspektiven für den Globus – welche Zukunft liegt vor uns? Festvortrag bei der Eröffnung der Intergeo, Hamburg, September 2003. zfv – Zeitschrift für Geodäsie, Geodateninformation und Landemanagement, Teil 1 in Heft 3/2004, 129. Jg., Juni 2004; Teil 2 in Heft 4, S. 242-248.

Radermacher, F. J. (2004), Global Marshall Plan / Ein Planetary Contract. Für eine weltweite Ökosoziale Marktwirtschaft. Ökosoziales Forum Europa (Hrsg.), Wien, September 2004.

Radermacher, F. J. (2004), Ökosoziale Grundlagen für Nachhaltigkeitspfade – Warum der Marktfundamentalismus die Welt arm macht. GAIA 13, Nr. 3, 170-175.

Radermacher, F. J. (2005a), Der Standort Deutschland im Kontext der Globalisierung: Herausforderung für Menschen, Unternehmen und die Politik.

Radermacher, F. J. (2005b), Was macht Gesellschaften reich? Die Infrastruktur als wesentlicher Baustein. In: Loske, R. / Schaeffer, R. (Hrsg.), Infrastruktur für eine nachhaltige Entwicklung, Marburg.

Radermacher, F. J. (2005c), Globalisierung und Mittelstand: Warum eine falsch laufende Globalisierung soziale Demokratien unter Druck setzt. Festrede anlässlich des SPD-Wirtschaftsempfangs, Berlin.

Radermacher, F. J. (2006), Globalisierung gestalten – Die neue zentrale Aufgabe der Politik. Berlin.

Radermacher, F. J. / Wehsener, S. (2003), Musical „The Globalization Saga – Balance or Destruction – Balance oder Zerstörung". Ulm, 2003. Storybook (ISBN 3-89559-260-9), Video / DVD und CD bestellbar über Fax 0731 50-39111 oder radermacher@faw-neu-ulm.de.

Radermacher, F. J. / Beyers, B. (2007), Welt mit Zukunft – Überleben im 21. Jahrhundert, Hamburg 2007.

Radermacher, F.J. (2007), Un-Gerechte Demokratie, Beitrag für das Webmagazin Cultura21.info, Mai 2007.

Riegler, J. (1990), Antworten auf die Zukunft, Ökosoziale Marktwirtschaft 1990, Adolf Holzhausens Nfg., Wien.

Riegler, J. / Radermacher, F. J. (2004), Global Marshall Plan: Balance the world with an Eco-Social Market Economy. Ökosoziales Forum Europa, Wien und Global Marshall Plan Initiative, Hamburg.

Sabet, H. (2005), Globale Maßlosigkeit – Der (un)aufhaltbare Zusammenbruch des weltweiten Mittelstands, Ein Report an die Global Marshall Plan Initiative, Düsseldorf.

Samuelson, P. A. (2004), „Where Ricardo and Mills rebut and confirm arguments of mainstream economists supporting globalization", Journal of Economic Perspectives 18, S. 135-146.

Schmidt, Helmut (2007), Beaufsichtigt die neuen Großspekulanten, Artikel erschienen in: Die Zeit Nr. 6, 1. Februar 2007.

Spiegel, P. (2005), Faktor Mensch – Ein humanes Weltwirtschaftswunder ist möglich, Ein Report an die Global Marshall Plan Initiative, Stuttgart.

Steingart, G. (2006), Weltkrieg und Wohlstand. Wie Macht und Reichtum neu verteilt werden,München.

Stiglitz, J. E. (2006), Die Chancen der Globalisierung, München.

Stiglitz, J. E. / Charlton, A. (2006), Fair Trade – Agenda für einen fairen Welthandel, Murmann Verlag, September 2006.

von Weizsäcker, C. F. / Picht, G. (1964), Bedingungen des Friedens. Göttingen.

von Weizsäcker, E.U., / Young, O.R. / Finger, M. (2005), Limits to Privatization – How to Avoid Too Much of a Good Thing. Earthscan Publications Ltd.

Wuppertal Institut für Umwelt, Klima, Energie (Hrsg.), Fair Future – Begrenzte Ressourcen und globale Gerechtigkeit. München 2005.

Weitere Informationen unter:

www.bwa-deutschland.de

www.faw-neu-ulm.de

www.globalmarshallplan.org

Unter der letztgenannten Adresse können kostenlos der wöchentliche Newsletter der Global Marshall Plan Initiative abonniert sowie Bücher bestellt werden.

Kein Frieden ohne Wechsel zu erneuerbaren Ressourcen[1]

Hermann Scheer

Ich bin sehr froh, den Bezug zu den Ausführungen von Herrn Steinbach herstellen zu können, an seine diesbezüglichen Thesen, dass es nicht nur um Öl geht, sondern auch, in immer stärkerem Maße sogar wieder, um die scheinbar erledigte Nuklearfrage, und dass noch einige gemeinsame Fragen mehr im Zentrum stehen: die atomare und fossile als Konfliktherd des 21. Jahrhunderts, und zwar nicht in der zweiten Hälfte, sondern in der ersten Hälfte.

Wir haben heute eine Energiedebatte, die sich im Wesentlichen alleine auf die Klimaproblematik fixiert. Diese Klimaproblematik ist, für sich gesehen, ein ausreichender Grund, um einen Wechsel zu erneuerbaren Energien herbeizuführen. Trotzdem sehe ich in der Fixierung darauf ein erhebliches Problem, weil diese von vielen Aspekten ablenkt, die gleicherweise mit der Energiefrage zu tun haben. Und es gibt fast nichts, was mit der Energiefrage direkt oder indirekt nichts zu tun hat. Das ergibt sich aus dem Grundtatbestand, den jeder kennt, dessen Folgen aber allzu wenigen wirklich bewusst sind, – dass nämlich ohne Energie nichts geht. Ohne Energie wäre alles tot. Und es ist keineswegs egal, welche Energie dabei eingesetzt wird, welche Energie genutzt wird, da jede Energienutzung Auswirkungen auf nahezu alles hat, und immer gehabt hat.

Das hat die Zivilisationsentwicklung und das Industriezeitalter in einer ganz bestimmten Richtung geprägt. Das Industriezeitalter ist gleichzeitig das Zeitalter der fossilen Energieversorgung geworden, später ergänzt um die atomare Energieversorgung. Es prägt die Entwicklung der Städte, es prägt die internationalen Beziehungen in immer stärkerem Maße, aus physikalisch angebbaren Gründen, es prägt Kulturformen, und es prägt die gesamte Ökologiedebatte – und natürlich die wirtschaftliche Entwicklung. Das ist alles kaum bewusst. Man kann sagen, das ist aus dem Gedächtnis geraten, jedenfalls in den so genannten entwickelten Industrieländern – über ein Jahrhundert hindurch, in denen sie scheinbar in Hülle und Fülle

1 Abschrift des Vortrages anlässlich der 24. Internationalen Sommerakademie am 13.7. 2007 vom Tonband: Wilhelm Nolte. Die Eigenarten wörtlicher, freier Redeweise wurden zumeist beibehalten. Die Abschrift wurde vom Autor durchgesehen und autorisiert.

beliebig viel Energie zur Hand hatten, immer verfügbar. Doch galt dies nie für die ganze Welt. Das galt immer nur für die Industriestaaten.

Obwohl eigentlich schon immer klar war, welche Probleme darin steckten, ich zitiere eine Schrift des deutschen Chemienobelpreisträgers Wilhelm Ostwald aus dem Jahr 1909. In seiner Schrift *Der energetische Imperativ* schrieb er die Schlüsselsätze auf, die ich aus dem Kopf ungefähr wörtlich zitiere: „Wir sind gerade dabei, von einem unverhofften Erbe zu leben, das wir in Form fossiler Brennmaterialien unter der Erde gefunden haben. Dieses Material wird sich aufbrauchen. Dauerndes Wirtschaften ist allein über die laufende Energiezufuhr der Sonne möglich.“ Ostwald konnte nicht wissen, wie auch keiner seiner Zeitgenossen, dass dieses Orakel sich sehr viel früher bewahrheiten würde, als er wahrscheinlich selbst gedacht hat. Wahrscheinlich hat er in den Kategorien von Jahrhunderten gedacht und nicht von hundert oder etwas mehr Jahren. Weil er nicht wissen konnte, dass im Laufe des 20. Jahrhunderts die Weltbevölkerung vervierfacht und damit die Zahl der Energieverbraucher vervierfacht würde, weil er nicht wissen konnte, welche wissenschaftlich-technischen Entwicklungen eintreten würden, die zu Massenprodukten führen würden, die alle hoch energieverbrauchsintensiv sind – wie zum Beispiel das Automobil.

Und ein anderer, ebenso bedeutender Wissenschaftler, ein Kollege von ihm, Svante Arrhenius, Nobelpreisträger für Chemie im Jahr 1903, schrieb in seinem Buch *Die Chemie und das moderne Leben* sinngemäß, es gäbe jetzt schon Länder, die unter ihrer Erde weniger Energie haben, als sie selber brauchen. Sie werden immer gieriger nach der Energie derjenigen Länder greifen, die unter ihrer Erde mehr Energie haben, als sie selber brauchen. Und dieses wird zu Kriegen führen. Und verhindert werden kann das nur dadurch, dass wir uns auf die Energie der Pflanzen, die Energie der Sonnenstrahlung, die Energie der Wasserkräfte und die Energie des Windes stützen. Das, was wir heute unter dem Sammelbegriff erneuerbarer Energien kennen.

Auch das wurde missachtet, obwohl es Physikern und Chemikern eigentlich immer hätte bewusst sein können. Die Gründe, warum es missachtet worden ist, sind sicher vielfältiger Natur. Dazu zählt der moderne Wissenschaftsbetrieb – die Partikularisierung des wissenschaftlichen Denkens, so dass man das Gefühl hat, die Kenntnisse über die systematischen Zusammenhänge nach und nach zu verlieren.

Dazu zählt auch, dass sich die Vorstellung einnistete, – das hängt wohl mit der gesamten wissenschaftlichen Denktradition seit Bacon oder Newton zusammen –, dass man die Natur als kalten Gegenstand betrachtete, den man auch isoliert betrachten konnte. Die Folge war, dass sich ein lineares Denken entwickelt hat, das über die Wissenschaften in das gesamte Denken von Politik und Wirtschaft hinausgegriffen hat, mit der Konsequenz, dass man – vereinfacht gesagt – nach dem Prinzip denkt: Alles, was ist, wird so, wie es ist, immer weiter gehen, aber schneller, höher, größer, komplexer.

Von daher kommt wohl auch die Faszination über die Atomtechnik. Diejenigen Physiker, die die Grenzen der fossilen Energieversorgung kannten, haben sie seitdem vergessen. Und in der Geisteswissenschaft, die ein besonders gebrochenes Verhältnis zu den Naturwissenschaften hat, entweder sich mit Technik gar nicht beschäftigt oder total unkritisch fasziniert ist von ihr, zwischen diesen beiden Polen schwankt sie hin und her, hat niemand widersprochen – bis hin zu der berühmten Aussage von Ernst Bloch in seinem philosophischen Hauptwerk *Das Prinzip Hoffnung* – Mitte der fünfziger Jahre –, als die Atomenergie in aller Munde war und als *der* Beleg, *das* Etikett geradezu moderner Gesellschaften und wissenschaftlichen technischen Fortschritts galt. In dieser Atmosphäre schrieb er den Satz: „Mit der Atomtechnik wird es möglich sein, mit einigen Kilogramm Uran oder Thorium, künftig Ananas auf Alaska zu züchten und Grönland in eine Riviera zu verwandeln." Wohin die Wassermassen gehen würden, wenn die Eismassen künstlich zum Schmelzen gebracht würden, daran hat er nicht gedacht, obwohl die Frage hiernach doch eigentlich ziemlich nahe liegt.

Aber er war nicht alleine. Das war das Denken einer ganzen Generation. Eine hochkomplexe, zweifellos unglaubliche physikalische Kenntnisse erfordernde Technologie, die war da. Der Geist konnte nicht nur aus der Flasche. Und viele, die über die Atombombenabwürfe in Hiroshima und Nagasaki noch erschrocken waren, die sagten, die Alternative dazu ist – weil das Wissen nicht mehr zu löschen ist – die friedliche Nutzung der Atomenergie. *Atoms for Peace!* Als im Deutschen Bundestag 1957 das Atomgesetz verabschiedet wurde, gab es eine einzige Gegenstimme des einzigen Naturwissenschaftsprofessors im Deutschen Bundestag, ein Chemiker, der warnte: dass man hier ein Flugzeug startet, ohne dass es einen Landeplatz gibt. Das Wissen darum reifte erst allmählich in den siebziger Jahren und führte in Österreich sogar zum Nichtanschalten von Zwentendorf, eines fertig gebauten Atomkraftwerks. Verteidigt wurde das Kraftwerk zunächst vom damaligen Bundeskanzler Bruno Kreisky, der später einräumte, das Setzen auf die Atomenergie sei der größte Fehler in seinem politischen Leben gewesen.

Daran kann man sehen, hier war ein unglaublicher Lernprozess im Gange. Ich hatte vor ein paar Jahren eine Diskussion im österreichischen Fernsehen in der Sendung „Argumente", die anderthalb Stunden dauerte, der Moderator war Walter Schiejok, und sie war im Linzer Design-Center, 2 000 Leute waren da, es war ein öffentliches Forum: „Solar oder Atom?" Ich vertrat das Erstere und ein Atomwissenschaftler das Letztere. Er sagte mir nach dieser Sendung: Wenn nur zehn Prozent von dem stimmt, was Sie sagen, war mein ganzes Berufsleben überflüssig. Ich erinnerte in dem Zusammenhang an den Satz von Max Planck aus seinen Memoiren in den zwanziger Jahren des letzten Jahrhunderts über sein Physiker-Leben:

> „Eine neue wissenschaftliche Wahrheit pflegt sich nicht in der Weise durchzusetzen, dass ihre Gegner überzeugt werden und sich als belehrt erklären, sondern vielmehr dadurch, dass die Gegner allmählich aussterben und dass die heranwachsende Generation von vornherein mit der Wahrheit vertraut gemacht ist." (Max Planck, Wissenschaftliche Autobiographie. Leipzig 1928).

Nun füge ich zu diesem Satz hinzu: Da wir uns längst in einem Wettlauf mit der Zeit befinden, können wir nicht warten, bis sie alle ausgestorben sind, wir müssen ein wenig nachhelfen – mit demokratischen Mitteln! Das ist auch möglich, allerdings müssen wir uns vom derzeitigen Energiedenken verabschieden.

Die Fixierung allein auf das CO_2-Problem führt automatisch dazu, dass es auf einmal eine scheinbar gut begründbare Renaissance für die Atomenergie gibt, weil sie angeblich CO_2-frei sei. Es verführt also auch zu falschen Konzepten und zur Relativierung des Atomproblems. Und es führt noch zu mehr, nämlich dass man andere Energiefragen unterschätzt. Stellen wir uns vor, das CO_2-Klimaproblem gäbe es nicht, wir wären ja alle froh, wäre dann das Weltenergiesystem intakt? Die Antwort ist eindeutig „Nein". Ich identifiziere in meinem Buch *Energieautonomie* sieben energiebedingte Weltkrisen:

Die eine ist das *CO_2-Klimaproblem*, überhaupt das Problem der Produktion von Treibhausgasen aus der Verbrennung fossiler Energie. Und auch aus der Förderung fossiler Energie, siehe die Metanleckagen in der Erdgasgewinnung – es wird völlig unterschätzt, was sich dahinter verbirgt.

Es gibt darüber hinaus das *Atomproblem* mit den unmittelbar immer brennender werdenden Auswirkungen. Die Schuldigen dafür sind die Länder, die heute einen Einkreisungsring um den Iran schließen wollen oder geschlossen haben. Denn es gibt seit 1968, in Kraft getreten 1970, den so genannten Atomwaffensperrvertrag, oder der offizielle Begriff Nuclear Non Proliferation Treaty (NPT). In diesem Vertrag verpflichten sich die Atommächte zu atomarer Abrüstung, und zwar zu vollständiger. Und die Gegenleistung dafür ist, dass sich die nichtatomaren Mächte verpflichten, Atomwaffen weder herzustellen noch in Besitz zu nehmen, noch an andere weiterzugeben – oder entsprechende atomwaffenfähige Materialien. Und sie bekommen, das ist das dritte Kernelement dieses Vertrages, dafür technische Hilfe für die friedliche Nutzung der Atomenergie. Das war noch der Geist, wie er eben beschrieben war, Atomenergie – als Etikett, auf dem höchstwissenschaftlich-technischen Stand zu sein. Dies ist ein Motiv, das heute im Iran vorliegt, das in Indien vorliegt, das bei anderen auch vorliegt. Und dieses bedeutet, dass das Problem dort überhaupt nicht lösbar sein wird – ich teile das vollständig, was Herr Steinbach dargelegt hat –, solange die Atommächte nicht endlich bereit sind, ihren dauernden Vertragsbruch zu beenden. Das ist dauernder Vertragsbruch, überhaupt keine Frage.

Iran ist beigetreten. In dem Vertrag steht die Möglichkeit einer vierteljährlichen Kündigung. Wenn es diese in Anspruch nehmen würde, wäre es völkerrechtlich gesehen im Recht mit dem, was es tut. Nicht im Recht sind die Atommächte, weil sie kaltschnäuzig ihre Verpflichtung missachten. Und es ist eine blanke Illusion, auf Dauer in einer sich polyzentrierenden Welt vor dem Hintergrund aufkeimender Kulturkonflikte, die auch ihre spezifischen Gründe haben, zu denken, man könne weltweit ein Zwei-Klassen-Völkerrecht entwickeln: die einen, die Atomwaffen haben, und die anderen, denen man es verbietet.

Es ist nicht möglich, und die Zahl der Atomwaffenstaaten nimmt deswegen auch zu – und derjenigen, die sich darauf vorbereiten. Es könnte sein, dass Brasilien demnächst seinen 1990 abgebrochenen Versuch, auch die atomare Bewaffnung zu realisieren, wieder aufnimmt – und zwar aus Gleichberechtigungsgründen. Die Brasilianer empfinden sich auf Grund ihrer Größe und ihrer Einwohnerzahl als ebenbürtig mit den USA. Sie haben soviel Menschen wie die USA, sie haben fast das Doppelte an Fläche wie die USA. Sie haben unglaubliche Rohstoffe, weit mehr als die USA noch haben, obwohl dort schon viel ausgebeutet worden ist. Sie sehen nicht ein, warum sie sich zu einem zweitklassigen Staat auf Dauer degradieren lassen müssen.

Und deswegen ist die Entwicklung im Iran, gerade unter den genannten Motiven, keineswegs ein Zufall. Es ist mit Indien kein Zufall, bei Pakistan ergibt es sich aus dem indisch-pakistanischen Konflikt: Wenn die Inder das machen, machen es die Pakistanis auch, oder umgekehrt. Aber es sind eben auch unabhängig davon bestehende Gründe. Insofern haben wir es mit einem weltweiten Energieproblem zu tun, das in immer extremerem Maße friedensgefährdend wird, das eben nicht nur mit Öl, sondern mit Atom zusammenhängt: Das ist eine Weltkrise, eine energetisch bedingte Weltkrise.

Dann haben wir drittens die *Verfügbarkeitskrise* – neben dem CO_2-Problem ist die Verfügbarkeitskrise eine Atom- und eine fossile Krise. Denn die herkömmlichen Energieressourcen erschöpfen sich.

Es gibt auch noch die nicht konventionellen fossilen Energieressourcen: Spurenelemente von Uran im Meerwasser werden da genannt; Ölschiefervorkommen, Ölsandvorkommen, Methanhydrate an den Ozeangründen oder in den Permafrostgebieten – dies alles ist ökologisch unverantwortlich. Oder überhaupt nicht bezahlbar. Das heißt, wir müssen dann schon sehen, was sind die konventionellen, relativ leicht, relativ kostengünstig zu fördernden Potentiale: Das ist das Flüssigöl, das ist Erdgas, das sind Kohlevorkommen, und das sind Erzvorkommen mit relativ hohem Urangehalt. Uran aber geht genauso zur Neige. Man hat mit 2,5 Gramm pro Kilo Uranerz in der Förderung begonnen, jetzt ist der Schnitt bei 0,25 Prozent bis 0,15 Prozent. Und in zehn oder 15 Jahren wird das runtergehen auf 0,02 oder 0,011 Prozent. Das heißt, die Uranförderung wird teurer und teurer und teurer. Auch Uran erschöpft sich.

Die Verfügbarkeitskrise wird immer eklatanter. Die hat das politische Ölengagement vor allem im arabischen Raum begründet, das ist keine Frage. Nämlich die herkömmlichen Ressourcen erschöpfen sich, der Energiebedarf der Welt steigt, er steigt schneller, trotz aller Probleme, die es damit gibt und die mittlerweile nicht mehr bestritten werden. Er steigt schneller als je zuvor. Das Referenzjahr, das Jahr des Kyoto-Protokolls, von dem aus die Reduktionsverpflichtungen abgeleitet werden, das Stichjahr gewissermaßen, von dem aus die Reduktionsverpflichtungen erfolgen sollen, ist 1990. Seit 1990 ist der fossile Energieverbrauch um 50 Prozent gestiegen, so schnell wie nie zuvor. Das alles erinnert an eine griechische Tragödie. Jeder Akteur im Stück weiß: Es kann nur ein unheilvolles Ende nehmen, keiner hat die Kraft, daraus auszusteigen. Das ist der Ablauf, der hier festzustellen ist. Wenn die Kurve der Angebotsmöglichkeiten runtergeht und die der Nachfrage hochgeht, bis beide sich ihrem Kreuzungspunkt nähern, dann kommen logischerweise existenzielle Konflikte zum Ausbruch.

Selbst wenn das nicht militärische wären, es bedeutet *Wirtschaftskrieg*, es bedeutet das Ende der großen Idee der liberalen Weltwirtschaft. Dies ist im Energiebereich längst eingeläutet, getarnt ist es durch die Aktivitäten von multinational operierenden Konzernen, die sich in einer merkwürdigen Grauzone bewegen: weltweite Planwirtschaft unter liberalen wirtschaftlichen Vorzeichen. Aber gedeckt von ihren Regierungen, die das Interesse einer ausreichenden Energiebereitstellung haben müssen, denn ohne ausreichende Energiebereitstellung muss die Volkswirtschaft zusammenbrechen. Mit Unterbrechung der Energieversorgung kann eine hoch entwickelte Volkswirtschaft in wenigen Tagen auf das niederste Niveau abstürzen. Dieser Tatbestand ist nicht bestreitbar.

Die Kosten für die Energie werden mit der Angebotsverknappung und Nachfragesteigerung zunehmen. Und mit den zunehmenden Kosten wird es immer mehr Volkswirtschaften geben, die sich die Energierechnung nicht mehr leisten können. Und es wird immer mehr Menschen auch in den so genannten entwickelten Gesellschaften geben, für die die Energierechnung steigt und steigt – und zur sozialen Hypothek wird. Schon jetzt müssen mehr als vierzig Länder der Dritten Welt, die meisten davon in Afrika, für den Import von Erdöl mehr bezahlen, als sie insgesamt Exporteinnahmen haben. Das heißt, sie haben keine Chance mehr. Wollen sie ihre Wirtschaft entwickeln, müssen sie dafür Energie einsetzen, und alle denkbaren Erträge sind schon wieder aufgefressen durch das Begleichen der Energierechnung für ihre wirtschaftlichen Aktivitäten. Wer über die Dritte-Welt-Krise redet und nicht zugleich über das heutige Weltenergiesystem redet, weiß nicht, wovon er redet. Und das ist weniger ein Problem des arabischen Raums, der Ölförderstaaten, das ist ein Problem *aller* Energienachfrager.

Auf welchem Pulverfass der wirtschaftlichen Existenzbedrohung man da sitzt, zeigen einige Zahlen. Nehme ich nur die drei führenden Industrieländer – neben China, die sich jetzt hier zugesellen: die USA, die Bundesrepublik Deutschland und Japan. Die Bundesrepublik Deutschland hat eine Energieimportabhängigkeit von 75 Prozent, die USA von 65 Prozent, Japan von 95 Prozent. Dass die Regierungen dieser Länder noch ruhig schlafen können, ist nur mit einem pathologischen Verdrängungsvorgang zu erklären, weil sie sich einreden lassen oder sich selbst suggerieren, dass es zu dieser Energieversorgung keine Alternative geben würde. Und auch diejenigen, die sich mit Dritte-Welt-Fragen beschäftigen und die Energiefrage ausklammern, tun das nur deshalb, weil sie sich auch haben einreden lassen, dass es zu der heutigen Energieversorgung keine Alternative gäbe. Und wenn es dazu keine Alternative gibt, müsse man sich auch nicht mehr damit beschäftigen. So ist das gewissermaßen eine Determinante, mit der man jedenfalls umgehen muss, die aber für sich gesehen eben ein bleibender Faktor ist.

Und dann haben wir es zu tun mit einer *Gesundheitskrise* auf Grund der Energieemissionen. Wir haben es zu tun mit einer *Agrarkrise* als Folge des fossilen Energieeinsatzes in der Landwirtschaft, im Wesentlichen die agrochemische Binnenmittelindustrie und ihre Folgen. Und wir haben es zu tun mit dem engen Zusammenhang, der auch fast vollständig übersehen wird, in der partikularisierten Wissenschaft und der partikularisierten Politik, nämlich dass die *Wasserkrise* sich wegen des heutigen Energiesystems zwangsläufig zuspitzen muss. Denn die drei großen Wasserverbraucher sind die Städte, die Landwirtschaft und das heutige Energiesystem. An allererster Stelle die Atomenergie, aber auch die Ölförderung. Für die Jahreserdölförderung werden pro Kopf der Weltbevölkerung jährlich 15 000 Liter Wasser verwendet. Dieses Wasser ist anschließend verseucht. Bei der Atomenergie ist es so: 3,2 Liter Wasserbedarf pro Kilowattstunde Atomstrom. Bei Kohlekraftwerken 2,6 Liter pro Kilowattstunde. Das heißt, dieser Zusammenhang ist unverkennbar, und abgesehen von den direkten Wasserkonflikten, wenn es um – auch vor allem im Nahen Osten – große Flüsse geht, wo man die Wasserpotentiale etwa der Türkei schon für sich abzweigt und nicht mehr genug Wasser in die anderen, stromabwärts gelegenen Länder fließt.

Das sind alle sieben Gründe (CO_2-Klimaproblem, Atomproblem, Verfügbarkeitskrise, Wirtschaftskrieg, Gesundheitskrise, Agrarkrise, Wasserkrise), die jede für sich den Wechsel zu erneuerbaren Energien geradezu befehlen. Gegen jeden wird eingewandt, dass es nicht möglich sei. Das Potential sei zu gering, die Technik sei noch nicht so weit, die Kosten seien zu hoch. Die Frage ist: Warum wird so gedacht? Denn nur mit Verschwörungstheorien kommen wir da nicht weiter.

Mit erneuerbaren Energien haben wir es mit einfacherer Technik zu tun. Es passt vielen Leuten nicht in den Kopf, auch nicht im Wissenschaftsbetrieb, dass etwas Hochkomplexes, für das unglaubliche physikalisch-chemische-technologische Kenntnisse erforderlich sind, wie die Atomtechnik, schon gar wenn es um die Fusionstechnologie gehen würde, dass so etwas für die Gesellschaft nutzlos sein könnte. Das kann doch nicht umsonst gewesen sein – alle diese Anstrengungen. Das ist für viele ein riesiges psychologisches Problem. Mit höchstem Expertenwissen ausgestattete Kenntnisse – highly sophisticated –, aber gesellschaftlich nutzlos. Das ist ein psychologisches Problem, und deshalb haben wir ja auch den Zusammenhang mit der Psychologie schon angesprochen.

Das ist das Eine, aber es ist nicht das Einzige. Ein Zweites betrifft den dritten elementaren Unterschied zwischen erneuerbaren Energien und herkömmlichen. Über den wird am wenigsten gesprochen, obwohl er der relevanteste ist, weil er Auskunft gibt über die Art und Weise des Handelns oder des Nichthandelns, über die Gründe des Nichthandelns, der Verweigerung. Der erste Unterschied ist eben im Sinne von Ostwald die sich erschöpfende herkömmliche Energie gegenüber der unerschöpflichen erneuerbaren Energie. Ausgestattet mit einem Potential, gegenüber dem das atomare fossile Energiepotential geradezu marginal ist. Die Sonne strahlt auf unseren Erdball in 15 Minuten soviel Energie, wie der gesamte Weltverbrauch im Jahr an atomaren und fossilen Energien ist. Die These, dass das Potential nicht ausreichen würde, ist lächerlich. Sie hat mit Wissenschaft nichts zu tun. Die Unerschöpflichkeit, gut, die muss man etwas relativieren, die gilt, solange das Zentralgestirn Sonne existiert. Das wird nach Aussagen und Erkenntnissen der Astrophysik, nicht der Astrologie, noch etwa fünf bis sieben Milliarden Jahre existieren, nach menschlichen Maßstäben also unendlich. Mich fragte mal einer, als ich diese Zahl nannte, „Sagten Sie Milliarden oder Millionen Jahre?“ Ich antwortete: „Milliarden“. – „Na, dann bin ich aber beruhigt.“

Der zweite elementare Unterschied ist: hier Energien, die zwangsläufig bei der Umwandlung Folgeprobleme, Rückstände, Emissionen vom Atomblitz bis zum CO_2 hinterlassen, schwer wiegende Schäden also hervorrufen, Hinterlassenschaften, soziale Kosten, die in der Energierechnung nur zu einem minimalen Teil über Energiesteuern enthalten sind. Dagegen können *erneuerbare Energien* emissionsfrei bereitgestellt werden, weil in ihrer Primärenergie keine Ingredienzien sind, die über den Umwandlungsprozess und die dabei eintretenden Umwandlungsverluste freigesetzt werden können. Es gibt auch Umwandlungsverluste. Bei herkömmlichen Energien sind Umwandlungsverluste identisch mit Emissionen, bei erneuerbaren Energien gibt es nur Umwandlungsverluste. Also nicht effiziente Umwandlung ist nur ein ökonomisches Problem, aber kein grundlegend ökologisches. Die einzige Ausnahme, wo das sein kann, wenn man es falsch macht, ist die Bio-Energie. Die Bio-Energie kann schädlich sein, wenn man es falsch macht, sie kann nützlich sein, jedenfalls klimaneutral sein, nicht emissionsfrei, aber klimaneutral, wenn man es richtig macht.

Der dritte Unterschied ist der, der sich aus den natürlichen Angebotsmöglichkeiten der Energiereserven ergibt. Energieverbrauch ist immer dezentral, wo Menschen arbeiten und leben. Dafür organisieren wir Energiebereitstellungssysteme. Ein Energiebereitstellungssystem ist weit mehr als ein Kraftwerk. Es gehört viel, viel mehr dazu. Da gehört die gesamte Infrastruktur dazu, da gehören alle Fördertechniken dazu. Und da gehören spezifische Unternehmensstrukturen dazu.

Herkömmliche Energie finden wir aber nur an wenigen Plätzen der Welt. Die Uranförderung findet im Wesentlichen in Kanada, Australien und Südafrika statt, und in Russland – neben einigen kleineren Potentialen. Erdöl in den Ölförderländern, Erdgas in einer geringeren Zahl, als es Erdölförderländer gibt, was größere Vorkommen betrifft. Und für Kohle gibt es sechs Hauptförderländer, neben einer Reihe von kleineren Quellen. Was von wenigen Plätzen der Welt in das letzte Dorf auf der ganzen Welt gebracht werden muss, erzwingt das Knüpfen einer Energiekette. Diese Energiekette, je nachdem, ob es sich um Strom oder um Treibstoffe handelt, und je nachdem, um welche Energiequelle es sich im Einzelnen handelt von den vier konventionellen – Erdöl, Erdgas, Kohle, Atom bzw. Uran, erzwingt zehn, fünfzehn, zwanzig oder fünfundzwanzig Kettenglieder, vom Förderplatz bis zum Endverbraucher. Jedes Kettenglied muss mit dem anderen verbunden sein, es darf nirgendwo eine Unterbrechung geben, weil das System sonst nicht mehr funktioniert. Jedes Kettenglied ist eine Inkassostelle. Und diese Kette wird, weil es aus physikalischen Gründen gar nicht anders möglich ist, geknüpft entlang des gesamten Energieflusses von der Stelle der Aneignung der Energie, von den Kohlebergwerken, den Ölfeldern, den Gasfeldern, den Uranbergwerken bis eben in das letzte Dorf.

Der Energiefluss bestimmt das Geschehen, der Energiefluss der Energiequelle, die ausgewählt worden ist. De facto haben wir keine andere Wahl als nur die Wahl der Energiequelle. Solange an der Energiequelle festgehalten wird, bestimmt diese, was wir zu tun haben, damit sie uns verfügbar gemacht werden kann. Unweigerlich. Danach entscheidet sich: Wo sind die Förderplätze? Welche kommen überhaupt in Frage? Danach entscheidet sich, welche Fördertechniken sind nötig, sind die besten? Welcher Investitionsaufwand muss dafür gemacht werden? Welche politischen Rücksichten müssen dafür genommen werden? Darüber entscheidet sich, welcher Infrastrukturaufwand ist für den Energietransport notwendig? Pipelines? Tankschiffe? Danach entscheidet sich, welche Energiewandlerenergie in Raffinerien und Kraftwerken notwendig ist, um die Rohenergie in Nutzenergie zu verwandeln. Und wie viel Umwandlungsschritte notwendig sind, um bei der Endenergie anzukommen, die nachgefragt wird. Danach entscheidet sich, wie der Verteilungsweg ist, es entscheidet sich sogar, welche Unternehmensform geeignet ist, diesen Prozess zu organisieren. Je mehr Energiequellen sich erschöpfen, und man trotzdem daran hängen bleibt, gewinnen multinationale, transnationale Energiekonzerne zusammen mit den Förderländern die Weltmacht. Sie können komplette Gesellschaften erpressen. Und die Regierungen haben keine Chance mehr, zu intervenieren, außer militärisch. Aber das ist keine Lösung, zumal sie sich dann zwangsläufig heillos verstricken, wie das Irak-Beispiel zeigt.

Das ist physikalisch vorgegeben. Der Konzentrationsprozess der Energiewirtschaft, die Herausbildung der Energiewirtschaft zu einer transnational organisierten und damit einer Dominanz über die Regierungen der belieferten Länder gewinnenden Konzernmacht ist von der Quelle unweigerlich vorprogrammiert. Es gibt keinen Ausweg – außer dem des Wechsels zu erneuerbaren Energien. Es gibt keinen anderen.

Dem gegenüber finden wir erneuerbare Energien nicht nur an wenigen Plätzen der Welt, sondern als natürliche Umgebungsenergie überall. Der Hauptvorwurf der Physiker, die in ihrem „Schneller-Höher-Weiter-Komplexer-Denken“ danach strebten, immer höhere Energiedichten zu gewinnen, – die derzeit höchste Energiedichte hat die Atomspaltungsenergie, und die noch höhere die Atomfusion, das ist dann die Vollendung dieses Ansatzes, die gedachte Vollendung – ging allzu lang an der Überallverfügbarkeit erneuerbarer Energien blind vorbei.

So erklärt sich die Totalignoranz der wissenschaftlichen Welt über Jahrzehnte gegenüber erneuerbaren Energien: die geringe Energiedichte, das mache sie doch physikalisch unterinteressant. Das heißt, in der naturwissenschaftlichen Welt werden erneuerbare Energien als second hand, als zweitklassig, als minderwertig wahrgenommen. Obwohl doch eigentlich, nach menschlichem Maß gemessen, die beste Technologie diejenige ist, die unsere Bedürfnisse erfüllt und dafür am wenigsten komplex bereitstellbar ist – das ist Technik aus humanen Bedürfnissen heraus. Aber die geringere Energiedichte hat eben zum Ablehnen geführt, jahrzehntelang ist diesbezüglich überhaupt nichts geschehen. Ich kenne Energiepapiere aus den sechziger Jahren, wo „erneuerbare Energien“ als Stichwort nicht einmal vorkommen. Und seit ich selbst angefangen habe, mich für den Energiewechsel zu engagieren, bin ich allen Vorurteilen begegnet, allen Versuchen, das Anliegen lächerlich zu machen und es für Irrsinn und Esoterik zu erklären.

Meistens hat solcher Umgang auf viele Leute einschüchternd gewirkt. Im Mainstream zu sein, ist ein Grundbedürfnis vieler – gerade in der Politik. Gegen den Mainstream Stellung zu nehmen ist hoch gefährlich. Da muss man auf alle Argumente reagieren können, um nicht lächerlich gemacht zu werden, und man muss Ausdauer haben. Und man muss ein unerschütterliches Selbstbewusstsein haben, genau wissen, was man tut.

Wenn man heute in der Politik fragt, warum dieses Thema immer so stiefmütterlich behandelt worden ist? Ich kann das sogar nachvollziehen, wenn ein Wissenschaftsminister, wenn er sich dafür einsetzt und dann gewärtigen muss, dass der Direktor der Max-Planck-Gesellschaft ihn für einen Traumtänzer erklärt, davor zurückschreckt, sich für erneuerbare Energien einzusetzen. Es sei denn, er ist in der Lage, den Präsidenten der Max-Planck-Gesellschaft intellektuell in die Schranken zu weisen. Das ist die Voraussetzung. Sonst gelingt das nicht.

Also, wir haben es zu tun mit einem anderen Energiesystem. Der Wechsel zu erneuerbaren Energien von einer natürlichen Umgebungsenergie allüberall in unterschiedlicher Intensität ermöglicht die Rückkopplung der Räume der Energiegewinnung mit denen des Energieverbrauchs. Er führt zwangsläufig, das ist die Soziologik und die Technologik der Energiequelle, dazu, dass wir nicht nur die Abhängigkeit von den wenigen Quellen hinter uns lassen können. Er führt dazu, dass keine Fördertechniken mehr nötig sind. Er führt dazu, dass die Pipelines unnötig werden. Je schneller wir ihn vornehmen, desto mehr vorhandene, noch nicht abgeschriebene Pipelines sind dann nicht mehr ausgelastet. Er führt dazu, dass aus wenigen Großkraftwerken viele werden, mittlere und kleinere, in unterschiedlichsten Größenordnungen, die die wenigen großen in der Summe ersetzen. Er führt dazu, dass die Primärenergiewirtschaft verschwindet, weil es nicht möglich ist, zu wechseln von der Rolle des Öl-, Erdgas-, Uran- oder Kohleanbieters in die Rolle des Anbieters von Wind oder Sonne. Insofern ist das Problem der Energiewirtschaft, dass die erneuerbaren Energien nicht privatisierbar sind, nicht kommerzialisierbar sind. Die kommerzielle Energiekette beginnt bei der Bereitstellung der Technik und nicht bei der Bereitstellung der Primärenergie. Die einzige Ausnahme ist die Bio-Energie, weil die land- und forstwirtschaftliche Arbeit, die dahinter steht, bezahlt werden muss. Aber dann geht die Energierechnung auch nicht an den Scheich von Kuwait oder an das plutokratische Königshaus von Saudi-Arabien. Die Energierechnung geht an die Landwirtschaft, also an eine völlig andere Adressatengruppe.

Der Energiefluss der erneuerbaren Energien führt, wenn man ihn nutzen will, zu anderen Umwandlungstechniken, und diese anderen Umwandlungstechniken zu neuen Betreiber- und Eigentumsformen. Mit anderen Worten: Es ist ein anderes System. Es ist der Paradigmenwechsel schlechthin in der Energiebereitstellung. Ein umfassenderer ist nicht denkbar. Er ist mindestens so umfassend wie der Paradigmenwechsel mit Beginn der Dampfmaschine, die das Industriezeitalter ausgelöst hat.

Der große Irrtum der meisten Energiepolitiker ist, dass sie denken, die heutige Energiewirtschaft könnte neutral sein gegenüber den verschiedenen Energiequellen. Sie kann dies aus ihren eigenen individualwirtschaftlichen Gründen nicht. Denn sie hat an das herkömmliche Energiebereitstellungssystem unglaubliche Investitionen gebunden, von denen für die Ölförderung oder die Pipelines bis zu den Raffinerien bis zum Endverbraucher. Es ist nicht mal theoretisch der Punkt ermittelbar, an dem in dem jetzigen System, wegen der Abhängigkeit der Kettenglieder von einander, alle Investitionen in dieses System zum gleichen Zeitpunkt abgeschrieben sind. Den Punkt gibt es nicht. Den kann es gar nicht geben, weil die Investitionen nicht zum selben Zeitpunkt erfolgt sind; es sind jährliche Folge-Investitionen in der Weltwirtschaft von vier- bis fünfhundert Milliarden Dollar. Also hat man mindestens immer noch so viele nicht abgeschriebene Investitionen wie schon abgeschriebene. Und auch die dabei eingesetzten Materialien und Techniken haben nicht dieselbe Lebenszeit. Also ist der Punkt nie erreicht, wo dieses System wirklich zum Wechsel bereit ist, außer bei Randaktivitäten. Das System muss daran interessiert sein, weil es gefesselt ist von der Energiequelle, auf die es ausgerichtet worden ist, so lange weiterzumachen, wie es irgendwie geht. Das bedeutet, den Prozess des Energiewechsels um Jahrzehnte aufzuschieben. Und dieses können sich die Weltgesellschaft und die einzelnen Länder nicht mehr leisten.

Natürlich ist auch denkbar, dass man erneuerbare Energien zentral mobilisiert, in der Sahara etwa. Es gibt Konzepte, die sind sogar gut gemeint, sie sind nur völlig falsch. Dass man in der Sahara die ganze Energieversorgung für Europa aus Solarenergie macht und über Transportsysteme Strom leitet und hierher liefert. Diese Konzepte setzen aber voraus, dass die Energiewirtschaft diese Investitionen von heute an macht. Das heißt, wer auf diesen Ansatz setzt, verschiebt den Wechsel um mehrere Jahrzehnte, aus dem genannten Grund. Denn zeitgerecht sind sie zu großen Investitionen nicht bereit. Und der macht aus etwas, was dezentralisiert möglich ist, die Verkoppelung der Räume des Energieverbrauchs mit den Räumen der Energiegewinnung, einen superzentralistischen Ansatz, gegenüber dem die heutige konventionelle Energiewirtschaft sogar dezentral organisiert wäre. Und selbst wenn die Kostenrechnung stimmen würde: Welcher Monopolanbieter in der Geschichte der Weltwirtschaft fragt nur nach kostendeckenden Preisen? Keiner. Dahinter steckt also sogar ein ökonomischer Irrtum. Der Irrtum, dass man denkt, wenn die Technik billiger ist, dann setzt sich das automatisch auf die Verbraucher um, unter Absehung aller strukturellen Aspekte einer Volkswirtschaft und ihrer Vermarktungsstruktur, die es natürlich gibt und in immer stärkerem Maße gibt.

Die Folge ist also, dass wir im Grunde genommen die Antwort nur finden können, indem wir, ausgehend von der Techno- und der Soziologik der erneuerbaren Energie, aus der sich auch die wirtschaftliche Logik entwickelt, generell die erneuerbaren Energien unabhängig von Anspruch und Interventionsmöglichkeiten der heutigen Energiewirtschaft organisieren müssen. Darin ist begründet, warum das deutsche „Erneuerbare Energiegesetz", das von mir und drei anderen Kollegen konzipiert worden ist und im Jahr 2000 durchgesetzt wurde, ein Welterfolg geworden ist. Es hat die dynamischste Entwicklung zu erneuerbaren Energien, die es bisher weltweit gibt, ausgelöst. Warum? Wir haben gesagt, wir überlassen es nicht mehr der Energiewirtschaft. Und wir setzen die erneuerbaren Entwicklungen so an, dass die Energiewirtschaft nicht mehr intervenieren kann. Wir schaffen einen Raum für autonome Investitionen, indem wir eine garantierte Einspeisevergütung geben, in die Netze, und einen garantierten Netzzugriff. Wir haben damit Investitionsautonomie geschaffen. Entfaltungsraum für neue Träger, die nicht mehr bei den Konzernzentralen fragen müssen, ob ihre eigene Investition in die Kraftwerksplanung der Energiekonzerne passt. Sie mussten nicht mehr fragen.

Das Ergebnis ist, dass in sieben Jahren 21 000 Megawattneuanlagen in Deutschland zur Produktion von Strom aus erneuerbaren Energien installiert worden sind. Neben den wirtschaftlichen Effekten, mit der Entstehung neuer Industriezweige und vielem anderen mehr. Vierzig Länder, Österreich ist noch nicht dabei, haben dieses Gesetz bis jetzt in den Grundzügen übernommen. Ich habe bei der Einführung dieses Gesetzes gesagt, dieses wird mehr bewirken als das gesamte Kyoto-Protokoll.

Die dort unternommenen Versuche, weltweite Maßstäbe zu erfinden, wird man bald als verfehlt erkennen. Wir kommen an der Erkenntnis nicht mehr vorbei, dass die Entwicklung eines Weltmodells und die Wahrscheinlichkeit seiner Durchsetzung äußerst fragwürdig sind. Unwahrscheinlich, dass es je zu einem Erfolg führen könnte, – auch wenn es noch so „schön" ist, es mögen noch so gute Absichten dahinter sein, wie etwa beim Global Marshall Fund. Franz-Josef Radermacher hat im Rahmen der Sommerakademie darüber gesprochen: Das Denken, hier ist ein globales Problem, und ein globales Problem ließe sich nur durch gemeinschaftliche Arbeit, globale Lösungen entschärfen, ist ein politiksoziologischer Irrtum. Das zeigen zwanzig Jahre globale Verhandlungen, mit immer mehr Teilnehmern, in Rio de Janeiro 40 000 Teilnehmer, in Johannesburg, 2002, zehn Jahre später: 62 000. Und immer mündeten sie in einen einzigen konkreten Beschluss: Durchführung einer Folgekonferenz. Auch auf dem letzten G-8-Gipfel wurde es als Erfolg gefeiert, dass die Amerikaner sich bereit zeigten, darüber nachzudenken, dass man künftig hier etwas tun muss. Das einzige habhafte Ergebnis nach zehn Jahren Weltklimakonferenzen ist ein Kyoto-Protokoll, das weit hinter allen Anforderungen hinterherhinkt. Und von dem höchst fraglich ist, ob es überhaupt jemals umgesetzt wird.

Es gibt einen unüberbrückbaren Widerspruch, den man doch wenigstens als Politikwissenschaftler erkennen müsste, zwischen globalen Konsensbemühungen und Beschleunigung. Wir wissen, wir müssen beschleunigen, um nicht in die Falle dieser Weltkrisen zu geraten, die sich wechselseitig verstärken, die sich kumulieren und zuspitzen. Der Versuch aber, dieses in einem Globalkonsens zu lösen, kollidiert mit allen Einflüssen, die es auf die Regierungen gibt, die traditionell auf die Energiewirtschaft fokussiert sind, von der man sich abhängig fühlt. Es kollidiert mit unterschiedlichen wirtschaftlichen Entwicklungsstadien der Länder, mit herkömmlichen wissenschaftlichen Ideologien und Mythen. Zu denken, dass auf dieser Basis ein Weltkonsens über einen Weltvertrag entstehen könnte, der wirklich dem Problem angemessen ist und der seine Lösung beschleunigen würde, halte ich schlicht und einfach für naiv. Und die Empirie spricht für meine These. Zwanzig Jahre globale Umweltverhandlungen, mit solchen jämmerlichen Ergebnissen. Und da kann man nicht nur sagen, die haben alle versagt. Der Denkansatz ist falsch. Man kann nicht sagen, die haben alle gelogen, nach dem Motto, global reden, national aufschieben. Das kann man nicht sagen, weil es auch Gutwillige unter ihnen gibt. Aber der Ansatz kann nicht Erfolg versprechen.

Die technologische Revolution zu einer anderen Energiebasis erzeugt einen großen Verlierer, und das ist die Energiewirtschaft. Sie wird nie wieder die Rolle in der Energieversorgung spielen können, wenn es um erneuerbare Energien geht, selbst wenn sie mit voller Kraft darauf setzen würde. Nehmen wir das Solarhaus, vierzig Prozent unseres Energieverbrauchs ist an Gebäude gebunden, – das Solarhaus aber braucht keine Energielieferanten mehr. Die wirtschaftlichen Aktivitäten machen andere: Handwerk, Technikproduzenten. Das ist ein völlig anderer wirtschaftlicher Vorgang. Da ist die Energiewirtschaft nicht mehr gefragt. Sie ist der große Verlierer. Und solange man diesem großen Verlierer Gestaltungs- und Interventionsmöglichkeiten lässt oder mit ihm einen Konsens versucht, lähmt man diesen Prozess, zwangsläufig. Und wir verlieren den Wettlauf gegen die Zeit.

Das Ergebnis globaler Verhandlungen ist maximal ein Minimalkonsens – à la Kyoto-Protokoll. In Wahrheit geht es aber um einen Zukunftsvorteil so elementarer Art, der mit Geld gar nicht aufzuwiegen ist, wo der isolierte

Kostenvergleich einzelner Elemente völlig abwegig ist – im gesellschaftlichen, wie im politischen, wie auch im wissenschaftlichen Sinne. Daraus ergibt sich, eine technologische Revolution zu forcieren, die dann ihre Wellen schlägt, selbstverständlich mit politischem Nachdruck, wo immer es möglich ist. Das ist wahrscheinlich der einzige realistische Ausweg. Hierfür spricht auch die Empirie. Welche technologische Revolution der letzten zweihundert Jahre ist zustande gekommen auf der Basis eines internationalen Vertrags? Keine. Immer, bis heute, heißt es, – beispielhaft die noch laufende informationstechnologische Revolution –, schneller sein als andere. Das nützt unserer eigenen wirtschaftlichen Zukunftsfähigkeit.

Der hegemoniale Geist der Energiewirtschaft ist stattdessen Bestandteil eines scheinbar selbstverständlichen Bewusstseins und wird nicht in Frage gestellt. Aber genau da muss die Frage ansetzen, genau da und an keiner anderen Stelle.

Schon vor dreißig Jahren, als die technologische Revolution der Informationstechnologie anlief, gab es Studien dazu, die darlegten: Die wird einen Wirtschaftsstrukturwandel insgesamt herbeiführen, sie wird zahllose Arbeitsplätze kosten, auch im Dienstleistungsbereich. Das menschenleere Büro, das papierlose Büro, die menschenleere Fabrik. Ganze Industriezweige würden verschwinden, neue würden entstehen, die Sozialsysteme müssten wir in ihrer Finanzierungsbasis umstrukturieren. Alles war bekannt. Und hätte man daraus dann die Schlussfolgerung gezogen – das machen wir aber nur, wenn es die anderen auch tun, und wir machen jetzt einen Vertrag, vielleicht im Jahr 1975, dass wir weltweit in jedem Land bis 1985 fünf Prozent Informationstechnologien einführen und bis 1995 zehn Prozent und so weiter – wäre jeder, der das vorgeschlagen hätte, ausgelacht worden, als ökonomischer Dilettant und Traumtänzer. Das hätte, zugespitzt, bedeutet, wir machten von der Schreibmaschinenindustrie abhängig, wie viel Computerindustrie eingeführt wird, wie viel PCs eingeführt werden, damit die Schreibmaschinenindustrie langsam übergleiten kann in neue Produktionsprozesse. Das ist ungefähr gleichbedeutend.

Dies sehend, wissen wir, dass wir den Obermythos eben fallen lassen müssen, dass es hier um eine wirtschaftliche Last gehe. Stattdessen geht es um einen Strukturwandel, und dieser ist nicht im Konsens realisierbar. Dabei ist es keineswegs so, dass keine Politik notwendig wäre. Das zeigt das „Erneuerbare Energiegesetz", wie hier eine Sprungbrettfunktion politisch in Gang gesetzt werden kann und muss.

Es ist ein zwingendes Erfordernis, – damit schließt sich der Kreis auch zu dem, was Herr Steinbach dargelegt hat –, dass wir endlich dazu kommen müssen, eine internationale Agentur für erneuerbare Energien einzurichten. Es gibt zwei internationale Regierungsorganisationen für Energie auf dieser Welt, die eine ist die Wiener Atomenergieorganisation. Sie hat den Auftrag, den nuklearen Technologietransfer in alle nicht atomaren Länder zu organisieren, damit diese in den Genuss der friedlichen Nutzung der Atomenergie gelangen. Zudem gibt es die Internationale Energieagentur, die zwar eine internationale Regierungsorganisation ist, aber faktisch wie die institutionalisierte Interessenvertretung der Atomwirtschaft wirkt. Die weltweite fossile und Atomwirtschaft braucht gar keinen Verband, sie hat ihn als internationale Regierungsorganisation. Ich könnte da die Belege bringen, die absolut wasserdicht sind.

Hierzu braucht es ein Gegengewicht, ein Gegengewicht, das aufhört, die Regierungen irre zu führen, immer auf den falschen Energiepfad zu führen und jede Alternative aktiv zu denunzieren. Das Gegengewicht muss mit der Autorität einer internationalen Regierungsorganisation ausgestattet sein, bezahlt ausschließlich aus öffentlichen Mitteln. Sie muss zum Beispiel ermöglichen können, dass es für Iran und andere Länder solaren Technologietransfer gibt und nicht atomaren. Sie muss im Grunde deutlich machen können, was an Weltbildbeeinflussung dadurch möglich ist, dass der technologische Fortschritt, der wirklich gesellschaftsfähig ist, nicht der atomare ist, sondern der solartechnologische. Sie muss deutlich machen können, dass dies die Quintessenz aller unserer Erfahrungen ist – aus der Technologiegeschichte, aus der Wirtschaftsgeschichte, aus der internationalen Politikgeschichte und aus dem ökologischen Herausforderungsansatz heraus, dem wir nun gegenüber stehen. Dies hätte eine politische Weltbedeutung. Diese Initiative läuft gerade, aber sie läuft nicht im UN-System, denn sie wird nicht im Konsens kommen können. Da sind alle Veto-Mächte wieder da. Sondern man muss noch in der Lage sein, für friedliche Zwecke eine „coalition oft the willings“ zu bilden – mit anderem Zweck als dem, den wir unter dieser Bezeichnung erlebt haben oder noch erleben.

Literatur

Scheer, Hermann (2005), Energieautonomie. Eine neue Politik für erneuerbare Energien. München.

Scheer, Hermann (2002), Solare Weltwirtschaft: Strategie für die ökologische Moderne. München.

Friedensfähige, gewaltförmige oder alternative Klimapolitik? Umwelt-, wirtschafts- und friedenswissenschaftliche Kritik an der westlichen Klimaschutzstrategie

Knut Krusewitz

1. Worum es geht

Die gewählte Problemstellung will die brisanten Wechselbeziehungen thematisieren, die zwischen drei überragenden klimapolitischen Modellen bestehen, dem *friedensfähigen* der Vereinten Nationen, dem *gewaltförmigen* des Westens und dem *scheinalternativen* zum gewalt- oder friedensfördernden. Eine Themenstellung, die ich historisch entfalte, weil über Klimafolgen des weltweiten Energieumsatzes auf der Basis fossiler Energieträger bereits vor über drei Jahrzehnten in einschlägigen Fachzeitschriften publiziert wurde.[1] Die Gefahren, die von stetig wachsenden Treibhausgas-Emissionen[2] für die natürliche, soziale und bebaute Umwelt ausgehen, sind folglich länger bekannt, als die inszenierte öffentliche Klimadebatte dieser Tage glauben macht. Die umweltwissenschaftlichen Warnungen lösten damals nur deshalb keine nennenswerten energie- oder klimapolitischen Reaktionen aus, weil im Kalten Krieg fossile Energieträger (Öl, Erdgas, Kohle) als strategische Rohstoffe kapitalistischer wie sozialistischer Wachstumsökonomien galten.[3]

---

1 Hampicke, Ulrich, Kapitalistische Expansion und Umweltzerstörung, in: Das Argument, Jg. 17, H. 9/10 (November) 1975, S. 794- 821; in seinem überragenden Beitrag referierte er den Stand der damaligen energie- und klimawissenschaftlichen Forschung.

2 Treibhausgase bezeichnen sowohl natürliche als auch gesellschaftlich erzeugte gasförmige Bestandteile der Atmosphäre, die infrarote Strahlung absorbieren und wieder abgeben. Die wichtigsten sind (jeweilige Anteile am Treibhaushauseffekt in Prozent): Kohlendioxid und Kohlenmonoxid (CO_2, CO): 50-60 %; Methan (CH4): knapp 20 %; Distickstoff-Oxid (N_2O/Lachgas): 5 %, ist jedoch bedeutsam wegen seines großen Treibhaus-Potentials (310fach wie CO_2); Fluorchlorkohlenwasserstoffe (FCKW): Anteil ca. 17 %, extrem klimaschädlich, ein Potential, das rund 15 000 mal so schädlich für das Klima ist wie CO_2; Ozon (0_3): 7 %.

3 Krusewitz, Knut, Erste Gesamteuropäische Umweltkonferenz, in: Blätter für deutsche und internationale Politik, Jg. 24, H. 12 (Dezember) 1979, S. 1325-1329; auch nach Ende

In der Bundesrepublik Deutschland verorteten daraufhin kritische Umweltforscher[4] die Klimaproblematik aus zwei überragenden Gründen in der kapitalistischen Wirtschaftsweise systemführender westlicher[5] Gesellschaften. Erstens war die Grundstruktur dieser Wirtschaftsweise bereits seit Beginn des 20. Jahrhunderts die des exponentiellen Wachstums,[6] und zweitens ergaben sich „viele der Umwelt- und Ressourcenprobleme auf Weltebene [...] hauptsächlich aus den Produktions- oder Konsumstrukturen oder aus der Technologie der Länder der OECD.“[7] Eine klimapolitisch bedeutsame Konsequenz beider Tatbestände war ihr energiereicher Wachstumspfad. Ein gewaltförmiger zumal, worüber zwischen 1975 und 1980 erst die Apostel eines wachstumsfreundlichen Atomprogramms[8] den *ideologischen* und anschließend ihre Auftraggeber in den Vorstandsetagen der Energiekonzerne den *gewaltförmigen* Anschauungsunterricht erteilten, als sie es gegen den sachverständig begründeten Widerstand einer europaweit aktiven Protestbewegung vom Staat durchsetzen ließen.[9]

Aber gewaltförmig hin, umwelt-, gesellschafts- und klimagefährdend her – seither rechtfertigen konzeptive Ideologen[10] diesen Wachstumspfad unverdrossen mit dem Argument, die Treffsicherheit aller bisherigen Kli-

des Kalten Krieges, so die Frankfurter Allgemeine Zeitung, Nr. 209 vom 8.9.2007, S. 11, sähen westliche Regierungen „Energie als strategisches Gut an“.

4 Aus Platzgründen wähle ich die verkürzte Schreibweise (Forscher), nicht die vollständige (Forscher und Forscherinnen). Dadurch kann der Eindruck entstehen, die Verdienste von Frauen würden unterschlagen. Ich möchte versichern, dass mir der aufklärerische Beitrag von Kolleginnen zu der hier behandelten Thematik durchaus bewusst ist.

5 Den *Westen* bilden die USA, Europa, Japan, Australien und Neuseeland.

6 Alle Größen, die um einen konstanten Prozentsatz pro Zeit wachsen, wachsen exponentiell; der Zuwachs wird immer größer, je größer der Funktionswert ist.

7 Organization for Economic Co-operation and Development (OECD), (Hrsg.), Wirtschaft und Umwelt. Die Verflechtung von Ökologie und Ökonomie, Berlin (West) 1983, S. 12.

8 Hallerbach, Jörg, Heumachen während die Sonne scheint – Energieprognosen und die Vermarktung der Atomenergie, in: Ders., (Hrsg.), Die atomare Gesellschaft. Grundlagen für den Dialog um die Kernfrage, Darmstadt-Neuwied 1978, S. 9-48.

9 Jungk, Robert, Der Atomstaat. Vom Fortschritt in die Unmenschlichkeit, München 1977; eine Ausnahme war die Lösung des Konflikts um das geplante Kernkraftwerk *Zwentendorf* in Österreich, das durch Volksabstimmung verhindert wurde.

10 Einen konzeptiven Ideologen nenne ich, wer öffentlichkeitswirksam Fehlmeinungen vertritt, um gesellschaftliche Herrschaftsverhältnisse abzusichern. Beispielhaft in der Klimakontroverse: Wolfram Engels, Grüne Gefahr, in: Wirtschaftswoche, Jg. 46, 16.4.1993, S. 166; Möller, Klaus-Peter, Mit CO_2 leben lernen, in: Bild der Wissenschaft, H. 3 (März) 1993, S. 76 ff.; Bartsch, Christian / Ederer, Günter / Horx, Matthias / Lotter, Wolf / Maxeiner, Dirk / Reichholf, Josef / Weimer, Wolfram, Der Untergangsterror. Wie die Wissenschaft die Klimadebatte missbraucht, in: Frankfurter Allgemeine Zeitung, Nr. 206, 5.9.2007, S. 35.

maprognosen sei höchst ungenau, weshalb die Forderung nach Abkehr vom energiereichen westlichen Wachstumsmodell unverantwortlich sei.

Dennoch. Da die mächtigen Energiekonzerne ihre Begründungsstrategie für den Einsatz von Kernenergie nie revidiert haben, erinnern sich auch ihre konservativen Interessenvertreter in Parteien, Parlamenten und Regierungen gelegentlich an die bürgerkriegsähnlichen Auseinandersetzungen der siebziger Jahre, zuletzt die bundesdeutsche Christlich Demokratische Union (CDU): „Die klimapolitischen Ziele lassen sich [...] nur mit einem ausgewogenen Energiemix unter Einschluss der Kernenergie erreichen. Die ausreichende Versorgung mit Energie darf nicht zu einer neuen sozialen Frage werden",[11] soll heißen, das geplante Atomprogramm darf nicht erneut langjährige zivilgesellschaftliche Massenproteste auslösen.

Aus dieser Interessen-, Widerspruchs- und Machtkonstellation wollten die Teilnehmerstaaten der Rio-Konferenz der Vereinten Nationen für *Umwelt und Entwicklung*[12] im Jahr 1992, also unmittelbar nach Ende des Ost-West-Konflikts, einen friedensfähigen Ausweg finden. Ihre Zukunftsformel hieß *Sustainability, nachhaltige Entwicklung.*

In der Tat könnte eine völkerrechtsverbindliche Sustainabilitypolitik weltgesellschaftliche Bedingungen schaffen, die den Wandel von der gewaltförmigen zur friedensfördernden Klimapolitik ermöglichten. Ihre Verwirklichung hängt jedoch davon ab, ob und wann die Strukturkonservativen[13] im Westen dazu gebracht werden können, ihre nachhaltigkeitsfeindlichen Interessen aufzugeben. Noch sehen sie Strukturreformen und Anpassungsleistungen, die der planmäßige Umbau ihrer Privatwirtschaft in eine dauerhaft tragfähige, menschenwürdige und solidarische Produktionsweise erfordert, als Systembedrohung. Unter dieser Voraussetzung bleibt die Verwirklichung einer friedensfähigen Klimapolitik innerhalb einer Generation ein innen- und außenpolitisch konfliktträchtiger Prozess, zumal es für dies Unternehmen kein historisches Vorbild gibt.

Vor diesem umwelthistorisch angestrahlten Hintergrund bearbeite ich meine diesjährige *Schlaininger Problemstellung*. Ich beginne mit der leidenschaftslosen Analyse des Sustainabilitykonzepts, begeistere mich dann jedoch über dessen friedensfördernde klimapolitische Implikation. Danach kläre ich *cum* ira et studio darüber auf, wie Strukturkonservative mit ihrer

---

11 Frankfurter Allgemeine Zeitung (FAZ), Nr. 209, 8.9.2007, S. 5

12 Bundesministerium für Umwelt, Hrsg., Konferenz der Vereinten Nationen für Umwelt und Entwicklung im Juni 1992 in Rio de Janeiro, Dokumente, Bonn o. J. [1993].

13 In diesem Kontext sind Strukturkonservative die Hauptverantwortlichen bürgerlich-kapitalistischer Verhältnisse, *neoliberaler* für die Andersgläubigen, die sie auch dann noch gewaltförmig verteidigen lassen, wenn ihnen globale Umweltkrisen, Verteilungskrisen, Hunger, Gewalt und Krieg ursächlich zugeordnet werden können.

gewaltförmigen Wachstums-, Sicherheits- und Energiepolitik verhinderten, dass genau deshalb dieses klimapolitische Referenzmodell auf die Klimaagenda gesetzt wurde.

Und abschließend fasse ich den Versuch konservativer Modernisierer zusammen, durch einen national und international stetig wachsenden Einsatz erneuerbarer Energieträger nicht nur die Treibhausgasemission klimarelevant zu reduzieren, sondern vor allem Klimaschutz und Wirtschaftswachstum, „Nachhaltigkeit und Performance", zu versöhnen, denn sie stünden allenfalls scheinbar „im Widerspruch[14]; ein Beitrag um Klimageschehen, der eine Klimaschutzstrategie verspricht, die weder auf Gewalt noch auf Sustainabilisierung der Gesellschaft angewiesen ist.

2. Warum ist das Sustainabilitykonzept für eine friedensfähige Klimapolitik von überragender Bedeutung?

Diese Fragestellung prägen zwei von den Teilnehmerstaaten der Konferenz der Vereinten Nationen für *Umwelt und Entwicklung* 1992 in Rio de Janeiro[15] verabschiedete Übereinkommen. Das eine ist die *Agenda 21*, in der sie den *Schutz der Erdatmosphäre*[16] zu einem vorrangigen Entwicklungsziel erklärten, und das zweite ein *Rahmenübereinkommen über Klimaänderungen*,[17] das zwei Jahre später in Kraft trat.[18] Für die Rio-Konferenz gab es vielschichtige ökologische, soziale, ökonomische und pazifistische Anlässe.[19]

Ökologischer Anlass war die seit Jahrzehnten stetige Zunahme weltweiter Umweltgefahren; *sozialer Anlass* war die sich seit Jahrzehnten immer weiter öffnende Einkommens- und Vermögensschere innerhalb der meisten Gesellschaften und zwischen ihnen; *ökonomischer Anlass* war das kapitalorientierte Wirtschaftswachstum, das bereits weltweit die für die Regenerationsfähigkeit von Mensch und Natur bestehenden physischen Grenzen überschritt, und *pazifistischer Anlass* war das militärische Abschreckungs-

---

14 FAZ, Nr. 57, 8.3.2007, S. 11; Hawranek, Dietmar/Alexander Jung, Ritt auf der grünen Welle, in: SPIEGEL, Jg. 61, Nr. 29, 16. Juli 2007, S. 60.

15 Bundesminister für Umwelt, a.a.O., (s.o. Anm. 12).

16 Bundesministerium für Umwelt, a.a.O., (s.o. Anm. 12) S. 68-74.

17 Rahmenübereinkommen der Vereinten Nationen über Klimaänderungen (United Nations Framework on Climate Change [UNFCCC], New York 1992.

18 Die Parteien der UNFCCC einigten sich nach mehreren Konferenzen 1998 auf das *Kyoto-Protokoll*, Internet: www.unfccc.int/kyoto_mechanism/items/1673.php.

19 Damit befasste sich bereits zehn Jahre zuvor eine UNEP-Studie: United Nations Environmental Programme (UNEP), Hrsg., Umwelt-Weltweit. Bericht des Umweltprogramms der Vereinten Nationen 1972-1982, Berlin (West), 1983.

system des Kalten Krieges mit seinem stetig wachsenden Finanzierungsbedarf, weshalb den *Verdammten dieser Erde* (Frantz Fanon) ständig Mittel vorenthalten wurden, die ihnen zustanden, weshalb sie nicht einmal überlebenswichtige ökologische und soziale Entwicklungsprojekte finanzieren konnten.[20]

Die krisenhaften Probleme, so die UN-Prognose, ließen sich in absehbarer Zeit bewältigen. Und zwar durch die Umsetzung der komplexen *Agenda 21* mit ihrer beispiellosen *Sustainabilitykonzeption*[21] „als wegweisender Programmatik für die Bewältigung der gemeinsamen Zukunft der Menschheit.[22]

Der bundesdeutsche regierungsnahe Sachverständigenrat für Umweltfragen (Umweltrat) begründete in seiner kurzen aufklärerischen Phase (1994–2000)[23] die Auffassung, warum Sustainability eine „Programmatik für die Bewältigung der gemeinsamen Zukunft der Menschheit [ist], die – wenn sie ernst genommen wird – revolutionär sein kann. Was sich mit diesem Leitbegriff verbindet, ist nichts Geringeres als die Erkenntnis, dass ökonomische, soziale und ökologische Entwicklungen notwendig als innere Einheit zu sehen sind.“[24] Die Sustainabilitystrategie erfordere „zwangsläufig einen entsprechenden Wandel“ des „Verständnisses von wirtschaftlichem Fortschritt und ökonomischer Rationalität“, das die Zivilisationsentwicklung bis heute weitgehend bestimme. Erforderlich sei der Wandel, weil eine „nicht nachhaltige Form des Wirtschaftens letztlich ihrer eigenen Vernunft zuwider“ handele, „indem sie das zerstört, wovon sie lebt.“[25] Der Umweltrat warnte 1994 deshalb, das „Schicksal der Menschheit“ werde

---

20 Entwicklungsprogramm der Vereinten Nationen (UNDP), Bericht über die menschliche Entwicklung 2002, Bonn 2002, S. 35-39.

21 Sustainability definiere ich als demokratisch legitimiertes und kontrolliertes Planungs-, Entscheidungs- und Entwicklungsmodell, das inner- und weltgesellschaftlich den Übergang zu dauerhaft stabilen ökologischen, sozialen, ökonomischen und pazifistischen Verhältnissen ermöglicht; die Symmetrie der vier Entwicklungskomponenten muss gewährleistet werden, damit sie nicht mehr, wie markt- und machtüblich, gegeneinander auszuspielen sind.

22 Sachverständigenrat für Umweltfragen, Umweltgutachten 1994, Stuttgart 1994, S. 9.

23 Nachdem Unternehmerverbände ihre Forderung nach Staatsentlastung und Deregulierung durchsetzten, revidierte der Umweltsachverständigenrat seine zwischen 1994 und 2000 vertretene aufklärerische Sustainabilitykonzeption. In dieser Zeit forderte er eine Zielstruktur, die „die gesamte Breite ökologischer, ökonomischer und sozialer Zielsetzungen umfasst“, acht Jahre später formulierte er abfällig, sie mag allenfalls noch „einer allgemeinen Zukunftsprogrammatik gerecht werden. Eine Strategie nachhaltiger Entwicklung wird durch eine solche heterogene Zielstruktur jedoch konturlos.“ Diese gegenaufklärerische Position formulierte er im Umweltgutachten 2002, Stuttgart 2002, S. 29.

24 Sachverständigenrat, a.a.O., (s.o. Anm. 22), S. 45

25 Sachverständigenrat, a.a.O., (s.o. Anm. 22), S. 47.

„davon abhängen, ob es ihr gelingt, sich zu einer Entwicklungsstrategie durchzuringen, die der wechselnden Abhängigkeit dieser drei Entwicklungskomponenten, der ökonomischen, der sozialen und der ökologischen, gerecht zu werden.“[26]

Dies Sustainabilityverständnis vertrat die Kommission der Europäischen Union (EU) damals auch, aber im Gegensatz zum bundesdeutschen Umweltrat vertritt sie es noch immer. „Viele politische Entscheidungen [in der EU] in den Bereichen Besteuerung, Subventionsvergabe, Wettbewerb, Infrastruktur, Arbeitsorganisation, Bodennutzung, Stadtplanung und so weiter“, urteilte sie 1993, seien jeweils „in bestimmten konkreten Zusammenhängen oder aber aufgrund von langfristigen Erwägungen zustande gekommen, die mit dem Ziel einer dauerhaften und umweltgerechten Entwicklung nicht mehr vereinbar sind.“

In noch stärkerem Maße gelte dies für die „sektorale Politik in den Bereichen Energie, Verkehr, Industrie und Landwirtschaft“ – und ergänzen wir: Rüstungsindustrie und Militär –, „bei denen bestimmte Entscheidungen, die in den fünfziger oder sechziger Jahren getroffen wurden, gründlich überprüft werden müssten.“[27] Die Regierungen der EU-Mitgliedstaaten verweigerten sich jedoch dieser gründlichen Prüfung, weil sie „größere strukturelle Veränderungen in der Funktionsweise unserer Gesellschaften und Volkswirtschaften“[28] zur Folgen haben würden. Dennoch forderte die EU-Kommission 2005 den Europäischen Rat und das Europäische Parlament auf, endlich eine „Nachhaltigkeitsstrategie“ zu verabschieden. Nur dadurch ließen sich „die notwendigen strukturellen Änderungen in der Wirtschaft“ betreiben, die entscheidende Voraussetzung, „um in Richtung nachhaltige Produktions- und Verbrauchsmuster und Bekämpfung nicht nachhaltiger Trends voranzukommen.“ Erst die Sustainabilisierung der europäischen Wirtschaft ermögliche dann auch die „strikte Anwendung des Grundsatzes der nachhalten Entwicklung zur Beseitigung der globalen Umweltgefahren“.[29]

Offenkundig hat unsere Frage nach den Bedingungen, die den Strukturwandel von der gewaltförmigen zur friedensfähigen Klimapolitik er-

---

26 Sachverständigenrat, a.a.O., (s.o. Anm. 22), S. 45.

27 Europäische Kommission, Weißbuch über Herausforderungen der Gegenwart und Wege ins 21. Jahrhundert, Luxemburg 1994, S. 181.

28 Kommission der Europäischen Gemeinschaften, Mitteilung der Kommission an den Rat und das Europäische Parlament, Überprüfung der EU-Strategie der nachhaltigen Entwicklung 2005: Erste Bestandsaufnahme und künftige Leitlinien, Brüssel 9. Februar 2005, SEK (2005) 225} /* KOM /2005/ 0037 endg., S. 22.

29 Kommission, a.a.O., (s.o. Anm. 27), S. 1.

möglichen sollen, mit der Wirtschaftsweise zu tun, die am wenigsten nachhaltig ist – mit der kapitalistischen.[30]

3. Macht- und gewaltförmige Energiepolitik

Während des Kalten Krieges (1945–1989) haben Vertreter aus Wirtschaft, Politik, Wissenschaft, Medien und Militär in führenden Mitgliedsländern der NATO, der EU und der OECD Machtkartelle gebildet, die ihrem *Globalziel Wirtschaftswachstum* alle sozial-, umwelt-, klima- und friedenspolitischen Zielplanungen unterordneten. Ein Ergebnis war ihre strukturkonservative Energiepolitik. Dieser Befund provoziert die Frage, warum ausgerechnet Großaktionäre energie-industrieller Komplexe eine Energiepolitik aufgeben sollen, von der *sie* nur profitieren können.

3.1 Ölpolitik – das Paradigma gewaltförmiger Energiepolitik

1991 veröffentlichte der US-Historiker Daniel Yergin seine überragende Geschichte des weltweiten Kampfes um Öl, Reichtum und Macht zwischen Gesellschaften, die ihr Wirtschaftswachstum von Öl abhängig machten. Yergin untersuchte und beschrieb diesen Kampf um Öl als Hauptkapitel einer Energiepolitik, die bis heute im Westen markt-, wachstums- oder unmittelbar gewaltförmig verteidigt wird. Die bellizistische Dynamik dieser Energiepolitik illustrieren drei Passagen aus seiner voluminösen Arbeit.

Über den Aufstieg der Ölindustrie zu einer der größten Industrien der Weltökonomie liest man: „Standard Oil, das die amerikanische Erdölindustrie gegen Ende des 19. Jahrhunderts vollkommen beherrschte, war eines der ersten und größten multinationalen Unternehmen der Welt. Der Aufschwung des Ölgeschäfts im zwanzigsten Jahrhundert [...] verkörpert die Entwicklung des ‚Big Business', der Unternehmensstrategien, der technologischen Veränderungen und Marktentwicklungen, ja *de facto* der nationalen und internationalen Wirtschaftssysteme."[31]

Vom Öl als überragendem Wirtschaftsfaktor war es nicht weit zum strategischen Machtfaktor, das Ergebnis seiner engen Verflechtung „mit nationalen Strategien, mit der Weltpolitik und mit Macht. Die Schlachtfelder des

30 OECD, Hrsg., Wirtschaft und Umwelt. Die Verflechtung von Ökonomie und Ökologie, Berlin 1983, S. 13; Grisshammer, Rainer / Hennike, Peter / Hey, Christian Klimakatastrophe und Dritte Welt, in: Becker, Thomas et. al., Eine Welt für alle: Lesebuch Dritte Welt, Reinbek 1990, S. 283 ff.; Europäische Kommission, a.a.O., (s.o. Anm. 27), S. 175 ff.

31 Yergin, Daniel, Der Preis. Die Jagd nach Öl, Geld und Macht, Frankfurt am Main 1991, S. 11.

Ersten Weltkrieges begründeten die Bedeutung des Erdöls als Element nationaler Macht [.] Das Erdöl war entscheidend für den Verlauf und das Ergebnis des Zweiten Weltkrieges im Fernen Osten und in Europa. [...]. In den Jahren des Kalten Krieges war der Kampf um die Macht über das Öl zwischen internationalen Unternehmen und Entwicklungsländern ein wesentlicher Teil des großen Dramas der Entkolonisierung und des aufkommenden Nationalismus. Die ‚Ölmacht' spielte eine große Rolle in den siebziger Jahren; sie katapultierte Staaten mit bislang peripherer Bedeutung für die internationale Politik in eine Position von großem Reichtum und Einfluss und führte zu einer schweren Versorgungskrise in den Industrienationen, die ihr Wirtschaftswachstum auf Öl gebaut hatten."[32]

Aus diesem Grund bleibt dieser strategische Rohstoff für die Gesellschaften, die ihr energiereiches Wachstumsmodell verfolgen – wozu neuerdings auch die Volksrepublik China gehört[33] –, auch dann, wenn der Höhepunkt seiner Förderung demnächst überschritten wird (Peak Oil),[34] ein „wesentliches Element nationaler Macht, ein wichtiger Faktor der Weltwirtschaft, ein Besitz, um den Konflikte und Kriege entstehen;[35] man denke an den kurzen Krieg gegen Irak 1990/91 und den langen Krieg im Irak seit 2003.

3.2 Klimafolgen gewaltförmiger Energiepolitik

Langjährige Beobachtungen, Messungen und Szenarien lassen keinen Zweifel am Klimawandel. Aus *naturwissenschaftlicher Sicht* wird das Klima wesentlich beeinflusst von wetterbestimmenden physikalischen Prozessen der Atmosphäre sowie durch biologische und chemische Kreisläufe, von denen die Verteilung der treibhauswirksamen Gase im globalen Klimasystem auch abhängt.[36] Klimawandel ist definiert als eine statistisch signifikante Abweichung entweder vom mittleren Klimastatus oder von seiner Schwankungsbreite, die über einen längeren Zeitraum hinweg (üblicherweise Jahrzehnte oder mehr) anhält. Die Emission der Klimagase – Treibhausgase – begannen, das Klimasystem zu verändern, als sie strah-

---

32 Yergin, a.a.O., (s.o. Anm. 30), S. 13.

33 Umbach, Frank, Chinas Energiepolitik-Globale Dimensionen und Auswirkungen, in: Internationale Politik, H. 1/2001, S. 43-48.

34 Altvater, Elmar, Vom Erdöl weg – aber wohin? Solare Energie und solidarische Gesellschaft, in: Zeitschrift Marxistische Erneuerung, Jg. 18, H. 71 (September) 2007, S. 25-39.

35 Yergin, a.a.O., (s.o. Anm. 30), S. 958.

36 Wissenschaftlicher Beirat der Bundesregierung (WBGU), Strategien zur Bewältigung globaler Umweltrisiken. Jahresgutachten 1998, Berlin 1999, S. 134.

lungsrelevant wurden; ihre erhöhte Konzentration führt seit 100 Jahren zu einem stetigen Anstieg der Lufttemperatur: weltweit im Mittel um 0,74°C,[37] in Europa um 0,95°C und in Österreich sogar um 1,8°C.[38] Damit hat Österreich das *tolerable Klimafenster* mit einer Temperaturerhöhung um maximal 2°C bereits fast erreicht. „Eine Temperaturerhöhung von mehr als 2°C ist sowohl unter den Aspekten der Nahrungsmittelversorgung, der Biodiversität und der nachhaltigen wirtschaftlichen Entwicklung als auch der Wasserverfügbarkeit und der menschlichen Gesundheit unbedingt zu vermeiden."[39]

Der jüngste Sachstandbericht des Weltklimarats (IPPC)[40] über Klimaänderungen[41] verbesserte die erweiterte Erkenntnis- und Datenlage. Hier genüge der Verweis auf seine Kernaussagen. Erstmals bewertet der 4. IPCC-Bericht die Klimafolgen bei der künftig erwarteten Temperaturerhöhung bis 2100. Im besten Fall ist bis 2100 mit einer Erwärmung von 1,1 bis 2,9 Grad Celsius zu rechnen, im schlimmsten Fall mit 2,4 bis 6,4 Grad. Am wahrscheinlichsten ist ein Anstieg um 1,7 bis 4 Grad. Der Meeresspiegel wird bis 2100 im günstigsten Fall um 19 bis 37 Zentimeter, im schlimmsten Fall um 26 bis 59 Zentimeter steigen.

In den nächsten 30 Jahren rechnet der Weltklimarat mit einem Anstieg der Temperaturen um rund 0,7 Grad Celsius.

Sollte die Durchschnittstemperatur in diesem Jahrhundert jedoch um mehr als zwei Grad oder sogar um mehr als drei Grad über vorindustrielles Niveau ansteigen, wäre die menschheitsgefährdende Veränderung der Biosphäre irreversibel. Um zu verhindern, dass die globale Temperatur um mehr als 3 Grad über das vorindustrielle Niveau ansteigt, müsste der CO_2-Gehalt der Atmosphäre bei 450 ppmv (parts per million volume/10^{-6}) stabilisiert werden. Tatsächlich aber nimmt die CO_2-Konzentration in der At-

---

37 Wissenschaftlicher Beirat der Bundesregierung (WBGU), *Globale Umweltveränderungen*, Welt im Wandel. Herausforderung für die deutsche Wissenschaft. Jahresgutachten 1996 (Kurzfassung), Bonn, 1996, S. 1-21.

38 Kromp-Kolb, Helga / Formmayer, Herbert, Schwarzbuch Klimawandel. Wie viel Zeit bleibt uns noch?, Salzburg 2005, S. 43.

39 Rat von Sachverständigen für Umweltfragen, Umweltgutachten 2004, Baden-Baden 2004, S. 87.

40 Der Weltklimarat (Intergovernmental Panel on Climate Change, IPCC) ist die zwischenstaatliche Sachverständigengruppe über Klimaänderungen der UNO; es betreibt selbst keine Wissenschaft, sondern trägt die Ergebnisse der Forschungen in den verschiedenen Disziplinen zusammen, vor allem die der Klimatologie.

41 Der Sachstandsbericht (AR4) des IPPC (2007) über Klimaänderungen: Wissenschaftliche Grundlagen, stellt den aktuellen Kenntnisstand zu den wissenschaftlichen Grundlagen der Klimaänderung dar und ist der erste von drei Teilbänden des 4. Sachstandberichts; in: www.bmbf.de/pub/IPCC_kurzfassung.pdf.

mosphäre exponentiell zu (mehr als 2 ppm jährlich); die kritischen 450 ppm werden mithin bereits in 35 Jahren überschritten.

Kehren die Verursacher diesen Trend nicht rasch um, baut sich ein weltökologisches und weltwirtschaftliches Krisenpotential auf, dessen verheerende soziale Folgen alle Krisenstäbe der Welt nicht mehr beherrschen.[42]

Von solchen umweltstatistischen Erhebungen und Bewertungen lässt sich indes nicht auf ihre vielschichtigen gesellschaftlichen Ursachen schließen; direktes Folgern vom klimatischen Ist- zum friedensfördernden Soll-Zustand wäre ein naturalistischer Fehlschluss. Klimatologie ist eine empirische Naturwissenschaft, keine normative Leitwissenschaft. Gleichwohl bleibt ihre Forschung über Wirkungszusammenhänge, Grundstrukturen und Belastungsgrenzen der die menschliche Existenz tragenden Biosphäre unverzichtbar. Sie wird daher benötigt für die Beurteilung jeder friedensfähigen Alternative zur gewaltförmigen Klimapolitik.

Die gängige Erklärungsformel lautet, den Klimawandel verursache „der“ Mensch („anthropogener Klimawandel“),[43] womit die Ursachendebatte rasch im Niemandsland zwischen Plausibilität und Folgenlosigkeit endet. Tatsächlich haben ihn die „OECD-Länder mit höherem Einkommen“ verursacht, denn sie produzierten zwischen 1980 und 1999 einen wesentlich höheren CO_2-Anteil (44 %), als es ihrem Anteil an der Weltbevölkerung (14 %) entsprach.[44] Es sind folglich diese Gesellschaften, die als erste ihren Treibhausgas-Output radikal reduzieren müssen.

4. Der Westen erklärt den Rio-Prozess zum Sicherheitsproblem und wird dadurch selber zu einem

Unmittelbar nach Ende des Kalten Krieges – und nach Abschluss der VN-Konferenz über *Umwelt und Entwicklung*, setzten systemführende Transnationale Unternehmen (Transnational Companies: TNCs) weltweit ihre „*planwirtschaftlichen*“[45] Leitlinien[46] durch. Sie standen zwar im Wider-

42 Minqi, Li, China – Energie, Nahrungsmittel, Klimawandel, in: Zeitschrift Marxistische Erneuerung, Jg. 18, H. 71 (September) 2007, S. 86-99.

43 WBGU, a.a.O., (s.o. Anm. 36), S. 136 f; so auch der IPPC 2007 mehrfach in der zitierten Kurzfassung seines Sachstandsberichts über Wissenschaftliche Grundlagen der Klimaänderungen, a.a.O., (s.o. Anm. 39).

44 UNEP, a.a.O., (s.o. Anm. 19), S. 33.

45 Fischermann, Thomas, Giganten ohne Heimat. Moderne Multis errichten eine weltweite Planwirtschaft, in: Die Zeit, Nr. 25, 15. Juni 2000, S. 25 f.

46 Bernhard Mark-Ungericht nennt in seinem Beitrag „Der Kampf um die (De-)Regulierung

spruch zu den Sustainabilityregeln,[47] aber das westliche Sicherheitsestablishment machte ihre Verteidigung nachgerade zur Herzensangelegenheit. Nicht zufällig, denn würde der Westen tatsächlich Sustainabilitypolitik betreiben, müsste er seine „Nachhaltigkeitsstrategie als umfassenden Programmentwurf allen anderen Strategien über[ordnen]", was „aber bisher nicht der Fall" ist.[48] Und zwar deshalb nicht, weil die Reichen in der reichen Ländern sehr viel zu verlieren haben, wenn sie sich der Handlungslogik eines international koordinierten Rio-Prozesses unterwerfen müssten. Darauf verweisen Schlüsseldaten zur Einkommensungleichheit innerhalb der Länder und zwischen ihnen, die längst ein groteskes Ausmaß angenommen hat.

Die OECD-Länder haben ihre Einkommen in den letzten zwei Jahrzehnten zwar gesteigert, aber dieser Anstieg ging in den meisten Ländern mit zunehmender Einkommensungleichheit einher, am drastischsten in den Vereinigten Staaten. Dort stieg das reale Pro-Kopf-Bruttoinlandsprodukt zwischen 1979 und 1997 um 38 Prozent, „aber das Einkommen einer Familie mit amerikanischem Medianeinkommen wuchs nur um neun Prozent. Den Großteil des Zuwachses sicherten sich also die Reichsten der Reichen: Das Familieneinkommen des reichsten Prozents wuchs um 140 Prozent." Und während „das Familieneinkommen des reichsten Prozents 1979 zehnmal so hoch wie das Einkommen der Medianfamilie war, war es 1997 23-mal so hoch."[49]

Seit Jahrzehnten korreliert wirtschaftliche Globalisierung nicht mit dem Abbau von internationaler Ungleichheit, sondern eher mit ihrer Vertiefung oder bestenfalls mit ihrer Stagnation. „Wenn sich überhaupt Veränderungen ergeben haben, dann fand eher eine Verschärfung statt. So nahm im

internationaler Wirtschaftstätigkeit – Über das schwierige Verhältnis zwischen Transnationalen Unternehmen und zivilgesellschaftlichen Organisationen", in: Österreichisches Studienzentrum für Frieden und Konfliktlösung, (Hrsg.), Die Weltunordnung von Ökonomie und Krieg, 2. Aufl., Münster 2006, S. 257, die Leitlinien: Märkte erhalten den Status „gesellschaftlicher Definitionszentren"; die Marktökonomie wird zur „Leitwissenschaft" erhoben; ihren „Denkformen" haben „sich alle Wissens- und Lebensbereiche unterzuordnen"; das „Soziale wird dem Ökonomischen untergeordnet und die ökonomische Sachzwanglogik in das Soziale integriert".

47 Zu den Sustainabilityregeln gehören die Integration von Nachhaltigkeitsbelangen in alle staatlichen Fachplanungen und privatwirtschaftlichen Entscheidungskalküle; die umfassende Beteiligung von Bürgern und Verbänden; die Einhaltung des Symmetriegebots in Planungs-, Entscheidungs- und Vollzugsprozessen.

48 Europäische Kommission, „Auf dem Weg zu einer globalen Partnerschaft für nachhaltige Entwicklung", in: COM [2002] 82 final, nicht im Amtsblatt veröffentlicht; Brüssel, 13. Febr. 2002, S. 1 ff.

49 UNEP, a.a.O., (s.o. Anm. 19), S. 24.

Zeitraum 1980 bis 2000 bei einer Grundgesamtheit von 73 Ländern die Ungleichheit in 48 Ländern zu und ging in 9 Ländern zurück."[50]

Das Einkommen des reichsten Prozents der Weltbevölkerung entspricht dem der ärmsten 57 Prozent."[51] Zusammen haben die reichsten zehn Prozent der Bevölkerung der Vereinigten Staaten ein Einkommen, „das dem der ärmsten 43 Prozent der Weltbevölkerung entspricht." In absoluten Zahlen: Die reichsten 25 Millionen Amerikaner beziehen ein Gesamteinkommen, das dem von fast zwei Milliarden Menschen entspricht. „Das Verhältnis zwischen dem Einkommen der reichsten und der ärmsten fünf Prozent der Weltbevölkerung beträgt 114:1."[52] „Die Hälfte der Weltbevölkerung lebt von weniger als 2 $ täglich. [...]. Die reichsten 20 Prozent beanspruchen nahezu 86 % des gesamten privaten Verbrauchs."[53]

Die Liste ließe sich verlängern: Nur „20 Prozent der Menschheit genießen inzwischen 90 Prozent der Güter; die reichsten 200 Weltbürger verfügen über ein Vermögen, das dem jährlichen Einkommen der Hälfte der Menschheit entspricht (über eine Billion US $), eine Milliarde Personen lebt im Wohlstand, eine Milliarde in grausamem Elend, vier Milliarden vegetieren am Existenzminimum."[54]

Wer im Westen über das inner- und weltgesellschaftliche Strukturproblem einer zunehmend ungleichen Einkommens- und Vermögensverteilung nicht reden will – aus welchen Gründen auch immer –, wird auch von einer friedensfähigen Klimapolitik nichts wissen wollen, weil sie ohne Veränderung der Funktionsbedingungen des globalisierten Kapitals[55] nicht zu haben ist. Deshalb interpretieren die „500 mächtigsten transkontinentalen kapitalistischen Privatgesellschaften der Welt" in Industrie, Handel, Dienstleistungen, Medien und Bankwesen, die „im Jahr 2004 52 % des Welt-

50 Wuppertaler Institut für Klima, Umwelt, Energie, Hrsg., Fair Future. Begrenzte Ressourcen und globale Gerechtigkeit, Wuppertal 2005, S. 26 f.

51 UNEP, a.a.O., (s.o. Anm. 19), S. 23.

52 UNEP, a.a.O., (s.o. Anm. 19), eba.

53 Europäische Kommission, a.a.O., (s.o. Anm. 45), S. 10.

54 Müller, Friedrich, Einschränkung der nationalen Gestaltungsmöglichkeiten und wachsende Globalisierung, in: Kritische Justiz, Jg. 37, H. 2 (April-Juni) 2004, S. 195 f.

55 Seine wesentlichen Funktionsbedingungen sind das Privateigentum an den Produktionsmitteln, die Orientierung der Unternehmensführungen an stetig wachsenden Gewinnen (Kapitalverwertungskalkül), der Zwang zur Akkumulation von Kapital, die Verwandlung menschlicher Arbeitskraft in Ware, die Ausübung ökonomischer Macht durch das Kapitalverhältnis, Ausübung sozialer Herrschaft und politischer Macht durch akkumulierten Reichtum (Profit, Zinsen, Renten), die Unterordnung außermenschlicher Natur unter das Kapitalverhältnis sowie der Markt als Lösungsinstanz aller sozialen und ökologischen Gegenwartsprobleme.

sozialprodukts" kontrollierten,[56] und ihre Interessenvertreter im westlichen Verteidigungs- und Sicherheitsestablishments den Rio-Prozess nicht als Chance, sondern als Systembedrohung.[57] In das europäische Sicherheitsestablishment delegieren ihre Vertreter (ohne Anspruch auf Vollständigkeit): Privatwirtschaft, Gewerkschaften, Parteien, Parlamente, Verwaltung, etablierte Friedens- und Sicherheitsforschung, universitären und außeruniversitären Wissenschaftsbetrieb, Militär, Geheimdienste sowie, nicht zuletzt, Massenmedien und konservative Publizistik.[58]

Die sicherheitspolitischen Implikationen der angenommen Systembedrohung benannte beispielhaft der frühere Bundeskanzler Helmut Kohl. „Außen- und innenpolitische Fragen – äußere und innere Sicherheit, Stabilität von Wirtschaft und Währung, Beschäftigungspolitik und Erhalt des Sozialstaates – sind immer weniger, genau betrachtet überhaupt nicht – voneinander zu trennen. Sicherheitspolitik für die Zukunft muss daher neben politischen und militärischen Faktoren mehr denn je auch ökonomische, soziale und ökologische Aspekte berücksichtigen."[59] Dies Sicherheitsmodell reflektiert zwar angemessen die vorherrschenden privaten und staatlichen Wachstums-, Verteilungs- und Sicherheitsinteressen, aber es ist leicht durchschaubar als Sicherheitskonzept „zum Schutz der Reichen und Mächtigen,"[60] hat folglich die fatale Konsequenz, internationale Konflikte zu generieren. Warum?

Mit dieser Sicherheitsdoktrin verteidigt der reiche Westen – auch militärisch – einen Wachstums-, Ressourcen- und Klimapfad, der ökologisch, sozial und ökonomisch nicht verallgemeinerbar ist. Als Grund nannte beispielsweise die EU-Kommission: Würden nur die in „Europa gegebenen

---

56 Ziegler, Jean, Das Imperium der Schande. Der Kampf gegen Armut und Unterdrückung, München 2005, S. 13; Samuel P. Huntington und Johan Galtung im Streitgespräch: „Davos oder Porto Alegre", in: Blätter für deutsche und internationale Politik, Jg. 51, H. 1 (Januar) 2006, S. 37-51.

57 Krusewitz, Knut, Sind weltweite Umweltgefahren ein Sicherheits- oder ein Friedensthema?, in: Österreichisches Studienzentrum für Frieden und Konfliktlösung, Hrsg., Europa und die Dynamik der globalen Krise, Münster 2006, S. 217 ff.

58 Nachzulesen in: Forschungsinstitut der Deutschen Gesellschaft für Auswärtige Politik, (Hrsg.), Bericht: Gemeinsamer Bericht europäischer Institute – Europas Zukunft im Weltraum, Bonn 1988, S. I-II; Forschungsinstitut der Deutschen Gesellschaft für Auswärtige Politik, Hrsg., Bericht einer Expertengruppe: Beobachtungssatelliten für Europa, Bonn 1990, S. 1; John Kenneth Galbraith, Die Herrschaft der Bankrotteure. Der wirtschaftliche Niedergang Amerikas, Hamburg 1992, S. 163 f.

59 Kohl, Helmut, Sicherheit für die Zukunft, in: Westeuropäische Sicherheit, Jg. 47, H. 3 [März] 1998, S. 9 f.

60 „Bericht der Hochrangigen Gruppe für Bedrohungen, Herausforderungen und Wandel an die Vereinten Nationen, 2. Dezember 2004", in: Blätter für deutsche und internationale Politik, Jg. 50, H. 1, Januar 2005, S. 114-122.

industriellen Produktions- und Verbrauchsmuster auf die ganze Welt ausgedehnt, benötigte die Erde ein Zehnfaches der derzeit verfügbaren Ressourcen." Die Extrapolation veranschauliche das Ausmaß der „weltweiten Verteilungskämpfe, die drohen, falls es nicht gelänge, die gegenwärtigen Trends umzukehren."[61]

Diese Prognose kann sich auf die historische Erfahrung stützen, wonach im Kapitalismus *physische Größen*, die seinen gesellschaftlichen Reproduktionsprozess ermöglichen – wie Produktion, Rohstoff- und Energieverbrauch, Konsum, Landnahme oder Verkehr –, exponentiell wachsen müssen.[62] Trotz solcher Einsichten verschärften sich in der EU „nicht nachhaltige Trends",[63] und es gab im Jahr 2005 „nur wenige Anzeichen, dass die meisten Bedrohungen der nachhaltigen Entwicklung abgewendet wurden."[64]

Der eklatante Widerspruch zwischen Einsicht und Handeln (nicht nur) innerhalb der EU ist systembedingt: Die kapitalistische Wirtschaftsweise ohne stetiges Wirtschaftswachstum ist ein Widerspruch in sich. Sie lässt sich deshalb nicht dauerhaft tragfähig, solidarisch und gerecht gestalten, oder, anders formuliert, sie ist nicht sustainabilisierbar; sustainabilisieren kann sich jedoch die Gesellschaft, die ihn (noch) ermöglicht. Solange dies nicht geschieht, stellt der Westen für den „Rest" der Menschheit ein nachhaltigkeits-, friedens- und klimapolitisches Sicherheitsrisiko neuen Typs dar.

Klimapolitisch auch deshalb, weil er seiner besonderen Verpflichtung nach Artikel 3 der Klimarahmenkonvention (UNFCCC) nicht nachkommt, die 450-ppmv-Grenze für die atmosphärische Treibhausgaskonzentration einzuhalten. Zudem verdrängt er kollektiv seine Verantwortung, die sich ergibt aufgrund seiner „beträchtlichen historischen Emissionen und aufgrund der höheren Vulnerabilität der Entwicklungsländer, die zur Entstehung des Klimawandels kaum beigetragen haben, aber die Hauptbetroffenen sein dürften."[65]

---

61 Europäische Kommission, Weißbuch über Herausforderungen der Gegenwart und Wege ins 21. Jahrhundert, Luxemburg 1994, S. 176.

62 Hampicke, Ulrich, Kapitalismus und Umwelt, in: Albracht, Gerd et al., Alternative Umweltpolitik. Natur- und Arbeitsorientierte Politik, Wissenschaft und Technologie, Argument-Sonderband AS 56, Berlin (West) 1981, S. 80.

63 Kommission der Europäischen Gemeinschaften, Hrsg., Überprüfung der EU-Strategie der nachhaltigen Entwicklung 2005: Erste Bestandsaufnahme und künftige Leitlinien, KOM (2005) 37 endgültig, S. 9.

64 Kommission, Überprüfung ... a.a.O., S. 10.

65 Sachverständigenrat, a.a.O., (s.o. Anm. 39), S. 88.

So endete in westlichen Ländern, was mit der Einsicht begann, strukturelle Veränderungen in der Funktionsweise ihrer Gesellschaften und Volkswirtschaften seien Voraussetzungen für ihre dauerhaft tragfähige Entwicklung und friedensfähige Klimapolitik, zwangsläufig mit ihrer absurden Praxis: „Sicherheit im militärischen Sinne" gilt inzwischen als eine „Hauptbedingung für den Erfolg jeder Strategie, die auf die Erreichung von Nachhaltigkeit zielt.[66] Eine „wundervolle" Bedingung, denn fortan bedrohen in den NATO-Mitgliedstaaten militärisch-industrielle Komplexe, konventionelle und nukleare Massenvernichtungswaffen, Streitkräfte und Rüstungsausgaben die nachhaltige Entwicklung nicht mehr; zurecht haben sie sich inzwischen ihre besonderen Verdienste um die Förderung des Sustainabilitygedankens regierungsamtlich bestätigen lassen.[67] Und obwohl der Westen seit dem Vietnamkrieg (1961–1975) bereits *umweltbewusste Streitkräfte* einsetzt, will er sie zukünftige Kriege sogar mit *Sustainability Forces* führen.

5. Konservative Klimapolitik als Alternative?

5.1 Das klimapolitische Glaubensbekenntnis der Konservativen: „Klimaschutz durch Wirtschaftswachstum"

Erinnern wir uns kurz. Kritische Umweltwissenschaftler begründen seit der Rio-Konferenz 1992, warum dauerhaft tragfähiger Klimaschutz erst durch Sustainabilisierung der Gesellschaft möglich wird. Systemführende Transnationale Konzerne dagegen ordnen betriebliches Klimaverhalten noch immer ihrem Wachstumsdogma unter, und die Sustainabilitygebote der Vereinten Nationen ließen sie von ihren sicherheitspolitischen Anwälten zur Systembedrohung erklären. Und dann passierte am 24. Januar 2005 dies: Das Europäische Parlament forderte vom Rat und der Kommission,

---

66 Das 1995 gegründete *Institut für Internationale und Europäische Umweltpolitik Ecologic*, zu dessen Auftraggebern NATO, Weltbank, Auswärtiges Amt und Daimler Benz gehören, legte 1996 für das Bundesministerium für Umwelt einen Zwischenbericht zu der NATO-Pilotstudie *Umwelt und Sicherheit im internationalen Kontext* vor. Darin stellen die Autoren auch den Zusammenhang zwischen *military environmental security mission* und *sustainable development agenda* her, weil beide Themen *eng verbunden* seien. Internet: www.ecologic-evants.de/ecobase/ecolade/sponsers/php.

67 Beispielhaft Margit Conrad, SPD-Staatsministerin für Umweltfragen des Landes Rheinland-Pfalz (BRD), in ihrem Vortrag zur Unterzeichnung des Kooperationsvertrages „Friedenssicherung und Nachhaltigkeit" mit der Bundeswehr am 23. September 2004 in Mainz, S. 8: Die Bundeswehr ist ein *kompetenter und glaubwürdiger Partner*, um *Nachhaltige Entwicklung zu kommunizieren und anzupacken.*

„im Interesse von Armutsbekämpfung, Konfliktverhütung und nachhaltiger Entwicklung" den „Einsatz erneuerbarer Energiequellen in den Entwicklungsländern [zu] fördern."[68] *Mit erneuerbaren Energieträgern* zur armutsbekämpfenden, konfliktverhütenden und nachhaltigen Entwicklung, wenn auch nur in *Entwicklungsländern*?

Da sind drei Einwände gestattet. Erstens will Europa sich nicht deshalb auf Entwicklungsländer beschränken, weil es dort ausgerechnet mit erneuerbaren Energiequellen Armut bekämpfen, Konflikte verhüten und nachhaltige Entwicklung fördern will. Der wahre Grund ist vielmehr die Absicht bestimmter EU-Unternehmen, ihre Klimaschutzkosten „mit Hilfe von Projekten in Entwicklungsländern" zu senken, „weil dort die CO_2-Vermeidungskosten geringer sind"[69] und sie mit solchen Projekten im EU-Nachbarschaftsraum frühzeitig ihren „Grünen Energiemarkt"[70] schaffen wollen. Zweitens provoziert das Beschränkungsargument die Frage, ob es in Europa keine Armut gibt, sein Klimaverhalten keine Konflikte auslöst und es aus Nachhaltigkeitsperspektive kein Entwicklungsland ist. Drittens reduziert sich die Alternative, die das Europa der Konservativen dem „Rest" der Welt anzubieten hat, auf ihr Glaubensbekenntnis, Klimaschutz sei am wirksamsten durch Wirtschaftswachstum zu betreiben. Dies Urteil stützt einmal das EU-Parlament mit seiner Forderung, Rat und Kommission sollen, für „2020 verbindliche Zielvorgaben" machen, „um den *Marktteilnehmern*, wie großen Energieversorgungsunternehmen und der *Finanzwelt*, sowie den *nationalen Entscheidungsträgern*" unmissverständlich zu signalisieren, „erneuerbare Energieträger [seien] die energiewirtschaftliche Zukunft der Europäischen Union und Bestandteil ihrer umwelt- und industriepolitischen Strategie." Ob deren Adressaten in den Vorstandsetagen der Energiemonopolisten und Finanzwelt noch informiert werden mussten über die „weltweit führende Rolle der Europäischen Union bei den Technologien für erneuerbare Energieträger" sowie die „Wachstumsrate von über 20 % jährlich im Bereich der Windenergie und photovoltaische Energie,"[71] sei dahingestellt.

Die „nationalen Entscheidungsträger" waren jedenfalls bereits informiert. Deshalb verkündete die seit 1. Januar 2007 amtierende deutsche EU-Ratspräsidentschaft, schon ganz der Wachstumszukunft zugewandt, ab sofort müssten „Klimaschutz und Wirtschaftswachstum in Europa" nicht länger „im Widerspruch zueinander stehen". Das knappe, weil unmittelbar

---

68 Siehe: www.europarl.europa.eu/meetdocs/2004_2009/documents/ad/564/5644334/564344de; aktual. 5. Okt. 2005.

69 FAZ, Nr. 215, 15. September 2007, S. 12.

70 FAZ, Nr. 214, 14. September 2007, S. 14.

71 Siehe: www.europarl.europa.eu, a.a.O., (s.o. Anm. 68).

einleuchtende Begründungsargument der Bundesregierung lautete, der „Kampf gegen den Klimawandel" verursache nicht zwangsläufig Wachstumsverluste, sondern ermögliche sogar „mehr Beschäftigung, Wachstum und Wohlstand". Und pflichtbewusst ermunterte sie „europäische Unternehmen", ihre Chance rasch zu nutzen, denn „eine führende Rolle bei der Nutzung *erneuerbarer Energieträger* und bei den Wegen zur *Energieeinsparung*" würde ihnen „langfristig einen Vorsprung am Markt sichern."[72]

Seither gelten erneuerbare Energiequellen, zu denen im Zweifelsfall auch Kernenergie gerechnet wird,[73] als offizielle Hoffnungsträger, die einen stetig steigenden Beitrag zum Klimaschutz leisten sollen.[74]

Die konservative Berliner Regierung hatte ihre wirtschaftsnobelpreisverdächtige Erkenntnis vom „Klimaschutz als Schlüssel zu mehr Wachstum"[75] kaum verkündet, da erhoben sich „wie auf ein geheimes Kommando [...] PR-Abteilungen, Agenturen und Wortkünstler von ihren Lagern"[76] und versicherten im propagandistischen Gleichschritt, die EU werde angesichts der Dringlichkeit dem hohen Risiko anthropogen ausgelöster Klimaveränderung aus Vorsorgegründen entgegenwirken. Dies Ziel wolle sie erreichen durch Verringerung des Endenergieverbrauchs, reduzierten Primärenergieverbrauch, hohe Effizienz im Umwandlungsbereich, Senkung der CO_2-Emission und vor allem Steigerung des Anteils regenerativer Energien am Energiemix.

Von Armutsbekämpfung, Konfliktlösung und nachhaltiger Entwicklung ist keine Rede mehr.

5.2 Nachruf

Was wurde eigentlich aus den Protagonisten einer alternativen Energiestruktur? Ihre Konzeption basierte immerhin auf drei seriösen Annahmen.

Die erste besagt: „Die Nutzung erneuerbarer Energiequellen anstelle der Verbrennung fossiler Energieträger ist unzweifelhaft die klimaverträglichste Stromerzeugungsform."[77] Die zweite: „Das größte Stromerzeugungspotential besitzen [gegenwärtig] die Windenergie und die photovolta-

72 FAZ, a.a.O., (s.o. Anm. 14), S. 11; Hervorhebung nicht im Original.

73 FAZ, a.a.O., (s.o. Anm. 11), S. 5.

74 Sachverständigenrat, a.a.O., (s.o. Anm. 39), S. 547-551.

75 FAZ, a.a.O., (s.o. Anm. 14), S. 11.

76 FAZ, Nr. 211, 11. September 2007, S. T 1.

77 Sachverständigenrat, a.a.O., (s.o. Anm. 39), S. 94.

ische Sonnenenergienutzung“[78]. Und die dritte: „Langfristig verspricht der Wechsel auf erneuerbare Energien die größte CO_2-Einsparungen.“[79] Und traf auf sie nicht zu, was vor Jahren galt: Wer in Unternehmen investierte, die mit Sonne oder Wind ihr Geld verdienten, konnte sich an seinem guten Gewissen erfreuen, aber kaum an einer hohen Rendite? Es traf zu, ihr Handlungsrahmen änderte sich jedoch gründlich. „Jetzt versprechen diese Firmen auch ordentliche Gewinne,“[80] Umsatzrenditen von 25 % (Stand: 2007) „sind keine Seltenheit mehr“.[81]

Den abschüssigen Weg vom guten Gewissen *zum ordentlichen Gewinn subventionierten* EU-Regierungen. Sie ebneten Unternehmen, die alternative Energien produzierten, mit Förderprogrammen den Weg – „und damit natürlich jenen Investoren, die Aktionäre dieser Unternehmen werden.[82] Unter diesen Bedingungen wuchs ein Konzern wie die Bonner *Solarworld AG* rasant. Ihre Titel notierten vor vier Jahren „umgerechnet etwa bei 50 Euro-Cent“; im Jahr 2007 „müssen Anleger rund das Sechzigfache dafür bezahlen. An der Börse ist das Unternehmen mittlerweile gut vier Milliarden Euro wert“.[83] Übrigens hatte ein Mitbegründer der bundesdeutschen GRÜNEN den Konzern 1988 ins Leben gerufen.

Die gesamte Solarbranche hat sich längst ihrem ökologisch motivierten und provinziellen Sozialmilieu entfremdet und ihren „Nischenmarkt zu einem modernen Wirtschaftszweig“[84] entwickelt.

Zeit für einen kurzen Nachruf auf die Protagonisten. „Die Sonnenanbeter von heute tragen keine Schafspullis mehr, sondern Anzug und Krawatte. Vielen geht es nicht darum, die Welt zu verbessern, sondern ihre Renditen. Das ist nicht ehrenrührig, im Gegenteil: Innovationen haben am hoch politisierten Energiemarkt nur dann eine Chance, wenn kommerzielle und ideologische Interessen an einem Strang ziehen. Tatsächlich sieht es so aus, als ob derzeit alle an der schönen neuen Sonnenwelt verdienten: die lange Wertschöpfungskette der Hersteller; die Darlehens-, Beteiligungs- und Ri-

---

78 Sachverständigenrat, a.a.O., (s.o. Anm. 39), S. 94.

79 Sachverständigenrat, a.a.O., (s.o. Anm. 39), S. 93; eine hier nicht zu leistende Würdigung ihrer ökologischen, technischen und ökonomischen Aspekte findet sich in: Sachverständigenrat, a.a.O., (s.o. Anm. 22) S. 547-554.

80 Hawranek, Dietmar / Jung, Alexander, Ritt auf der grünen Welle, in: Der Spiegel, Jg. 61, Nr. 29, 16. Juli 2007, S. 60.

81 Geinitz, Christian, Gemästete Sonnenanbeter, in: FAZ, Nr. 143, 23. Juni 2007, S. 9.

82 Neumann, Ruth, Das Parkettgespräch: Zur Sonne, in: FAZ, Nr. 202, 31.8.2007, S. 21.

83 Hennemann, Gerhard, Sonnen im Erfolg, in: Süddeutsche Zeitung, Nr. 162, 17.7.2007, S. 25.

84 Geinitz, Christian, a.a.O., (s.o. Anm. 81), S. 9.

sikokapitalgeber; die Anleger in den boomenden Solarfonds; die Anlagenbetreiber mit ihren zwanzigjährigen Einspeisegarantien.“[85]

Bliebe die Frage, ob das Projekt *Renewable Energy* tatsächlich dazu taugte, eine alternative, von Gewalt und Sustainabilisierung der Gesellschaft unabhängige Klimapolitik zu verwirklichen.

---

85 Geinitz, Christian, a.a.O., (s.o. Anm. 81), S. 9.

Zwentendorf, Hainburg und die Zukunft der Energiepolitik: Warum wir eine lebhafte Zivilgesellschaft brauchen[1]

Freda Meissner-Blau

Zu Beginn der siebziger Jahre des vorigen Jahrhunderts begannen immer mehr Menschen, die technisch-ökonomische Realität unseres Wirtschaftssystems angesichts der Eskalation täglicher Katastrophenmeldungen – wie kippende Meere, vergiftete Flüsse, verseuchtes Grundwasser, sterbende Robben, Algenpest und Plastikmüllrückstände – in Frage zu stellen. Bürgerinitiativen wuchsen wie die Schwammerln im Sommerregen. Mitte der siebziger Jahre gab es in der Bundesrepublik Deutschland schon mehr Menschen, die in Bürgerinitiativen engagiert waren, als in allen Parteien zusammengenommen.

Die Speerspitze des Widerstandes bildete die Anti-Atom-Bewegung, die sich einer Nuklearisierung unserer Welt, von Whyl nach Brokdorf, von Wackersdorf bis Zwentendorf entgegenstemmte.

Die Umweltbewegung war hervorgegangen aus der StudentInnen-, Friedens- und Frauenbewegung. Wir waren von zwei Prämissen ausgegangen, die sich beide als falsch bzw. utopisch herausstellen sollten.

Die *erste* war unsere Überzeugung, dass wir die Welt verändern würden, bzw. verändern müssen. *„Die Welt verändern, ohne die Macht zu übernehmen"* – war der Titel eines für uns Richtung gebenden Buches dieser Zeit von John Halloway. Was wurde aus der Weltveränderung?

Wir haben die Umwelt geschützt, uns für sie eingesetzt, die Welt aber nicht verändert. Sind wir also gescheitert? Ja und Nein. Natürlich konnten wir uns beachtliche Erfolge zuschreiben: Fluorkohlenwasserstoffe wurden ersetzt, Dioxine verschwanden aus der Abluft der Schlote, eine großräumige Entschwefelung fand in den damals westeuropäischen Ländern statt, unsere Seen haben wieder Trinkwasserqualität, Artenschutz wird heute groß geschrieben (das Artensterben geht weltweit allerdings dennoch un-

1 Abschrift des Outline der Referentin für ihren Vortrag am 9.7.2007; ihren zum Schluss angekündigten Bericht über Auseinandersetzungen und ihre politischen Folgen um das AKW Zwentendorf und die Hainburger Au hat die Referentin in freier Rede vorgetragen (Anm. des Herausgebers).

vermindert weiter), Bionahrung wird immer beliebter, und für Waldrodungen braucht man eine behördliche Genehmigung. Ein breiter Bewusstseinswandel schien Anfang der achtziger Jahre einzusetzen. Der Slogan „Wenn die Natur stirbt, stirbt auch der Mensch" schien irgendwie fast allen einzuleuchten – nur nicht den Global Players. Bei uns in Österreich wandte sich der Bewusstseinswandel vor allem gegen die Atomindustrie, wenn auch Energiehunger und Energieverschwendung nicht einmal ansatzweise gebremst wurden. Man prognostizierte fröhlich einen jährlichen Zuwachs von sieben Prozent, also eine Verdoppelung alle fünfzehn Jahre: doppelt so viel Verkehr, doppelter Plunder, doppelter Schnitzelverzehr. Und heute feiert die Atomindustrie ihr Comeback – vor allem in China und in den Entwicklungsländern – unter dem absurden Titel des Klimaschutzes.

Zurück zur Umweltbewegung: Ein kluger Jünger dieser Bewegung meinte, wir hätten mit unseren Teilerfolgen eine wichtige Schutzfunktion für die Gesellschaft geliefert, haben aber genau dadurch verhindert, dass sich die Gesellschaft und ihre Wirtschaftsweise tatsächlich verändert. Ein wenig haben wir am Krankenbett des Kapitalismus Arzt gespielt, wie der Sozialdemokratie stets vorgeworfen wurde. Wir hatten jedoch nie beabsichtigt, Umweltschutz für die Industriegesellschaften zu leisten. Wir hatten früh erkannt, dass der ökologische Verfall unseres Planeten die Folge eines ungebremsten Utilitarismus, einer anthropozentrischen Weltsicht und unserer hochtechnisierten Wachstums- und Vergeudungsgesellschaft ist. Die hat uns im Sog des wachsenden Wohlstandes gegenüber dem Wert des Unentbehrlichen blind gemacht, in einem mörderischen Wettlauf um alles, was in schnelles Geld umsetzbar ist: Atomkraft, Artensterben, Verkehrsstrangulierung, Gentechnik, Gift in unserer Nahrung. *Das* war doch das kapitalistische Scheitern! Wir, die wir geglaubt haben, die Welt zu verändern, hatten wohl dazu beigetragen, die Lebensbedingungen der Gesellschaft zu verbessern, haben zugleich aber damit auch den Kapitalismus ein Stück gerettet.

Inzwischen haben die Regierungen, die „blinden Eliten" und die um ihr Image besorgten Industrieunternehmen Ideen und Sprache der Umweltbewegung übernommen, fein reformatorisch, ohne grundsätzliche Maßnahmen.

Die *andere*, eng mit der Weltveränderungstheorie zusammenhängende Überzeugung war, dass die politische Ökologie notwendiger Weise zur Leitwissenschaft der Postmoderne werden müsse und damit die technisch-wissenschaftliche Leitwissenschaft der Moderne konsequenter Weise ablösen würde. Doch auch daraus wurde – bisher – nichts. Die wachsende Distanz und geografische Entfernung der politisch-ökonomischen Entscheidungen von der jeweils betroffenen Bevölkerung, vorerst durch die Europäisierung und die Vormachtstellung, welche die europäische Gesetzgebung über die jeweils nationalen Interessen hat, wie auch die wachsenden Zwänge, welche die Globalisierungsstrategien auferlegen, standen dem im Wege. Einfacher gesagt: Was schert die Welthandelsorganisation (WTO) oder die Weltbank, wen wir wählen? *Sie* werden jedenfalls nicht von der Bevölkerung gewählt. Als es um Ja oder Nein zur Atomenergie in Österreich ging, konnten wir den damaligen Bundeskanzler, der allerdings ein weiser Mann und ein seltener Staatsmann war, leicht davon überzeugen, dass wir einer Partei, die uns die Nuklearisierung Österreichs aufzwingt, bestimmt nicht unsere eigene Stimme geben würden – und uns auch bemühen würden, möglichst viele Menschen dahingehend zu beeinflussen. Die Chancen, dass demonstrierende Unzufriedene auf dem Alten Platz in Brüssel mit einem Aufmarsch von 50 000 oder 100 000 Menschen etwas bewirken würden, sind äußerst gering. Auch nicht seitens der Menschen an der Brenner-Autobahn und des Wipp-Tals, die nicht nur ihrer Lebenssphäre, ihrer Sozialkontakte und ihrer Atemluft beraubt werden, sondern auch ihrer Gesundheit verlustig gehen. Die EU-Verkehrspolitik baut auf den Handel, den freien Warenverkehr (im Sinne der Frachtunternehmen) von Narvik bis nach Sizilien, kreuz und quer, und seien die Transporte noch so sinnlos und schädlich. Da sind die Alpen im Weg, Bergtäler werden zum Auspuff Europas und die in den schmalen Tälern lebenden Menschen verzweifeln. Eine Form politischer Herrschaftsausübung ...

Ziviler Widerstand als BürgerInnenpflicht?

Ein Beispiel ist das Bonner Grundgesetz, in dem das Widerstandsrecht (Art. 20, Abs. 4) verankert. Die Väter des Grundgesetzes bezogen sich allerdings auf das Recht, Widerstand zu leisten, sollte die demokratisch freiheitliche Grundordnung gefährdet sein. Dass aber eben diese freiheitlich-demokratische Grundordnung durch den beispiellosen Triumphzug der techno-ökonomischen Rationalität gefährdet ist, ja sie sozial auszuhöhlen vermag, scheint offensichtlich. Dieselbe Verfassung gesteht den BürgerInnen das Grundrecht auf Leben und körperliche Unversehrtheit zu.

Unsere Lebenswelt ist erfüllt von schädlichen Chemikalien und Giften in Erde, Luft und Wasser – und steht dem Grundrecht auf Leben und körperliche Unversehrtheit diametral entgegen. Kommt hinzu, dass der Sozialstaat der Daseinsvorsorge verpflichtet ist. Welch ein Versagen angesichts des seit Jahrzehnten festgestellten Klimawandels und dessen Folgebedrohungen!

Es ist kaum anzunehmen, dass die ökologische Blindheit der Mächtigen einer plötzlich durchgreifenden Entschlossenheit weicht, so dass zu befürchten ist, dass sich die ökologische Situation weltweit eher noch verschlechtern als verbessern wird. Der Widerstand der Besorgten müsste daher parallel dazu wachsen. Das kann nur heißen, dass in Zukunft entweder ökologische Proteste noch stärker als bisher vom globalen Wirtschaftssystem unterdrückt werden, – was sich etwa im Gebot der Europäischen Union ausdrückt, welche die Priorität dem Freihandel erteilt und daher der Staat einzuschreiten habe, wenn letzterer behindert wird; dies unter grober Missachtung der Lebensinteressen der ansässigen Bevölkerung – oder aber, dass drastisch mehr als bisher gegen die Ursachen und Auslöser von Protesten unternommen wird. Beide Reaktionen sind möglich, und für beide gibt es Beispiele.

Widerstand ist kein Selbstzweck

Eine umfassende, konsequent umweltverträgliche Energiepolitik etwa würde viele Proteste und bürgerlichen Ungehorsam unnötig machen. Eine von EntscheidungsträgerInnen immer öfter gehandhabte Praxis ist, Proteste dadurch zu verhindern, dass für die Bevölkerung negative Entwicklungen an dieser vorbeigetrieben werden. Ein rezentes Beispiel dafür liefert der Teilverkauf der Klagenfurter Stadtwerke, nämlich die Dienstleistungen im Bereich Wasserversorgung an ein global agierendes Unternehmen, den französischen Konzern VIVENDI/VEOLIA zu verkaufen. 2002 kontrollierte VIVENDI mit der französisch-italienischen SUEZ bereits 70 Prozent des privatisierten Anteils des weltweiten Wassergeschäftes. VIVENDI musste sich auf Grund ständiger Globalisierungsskandale in VEOLIA umbenennen, als sich die indigene Bevölkerung, vor allem in Südamerika, das von der VIVENDI angebotene Wasser nicht mehr leisten konnte. Der Name wurde gewechselt, nicht aber die Methoden.

Nicht einmal der Klagenfurter Stadtsenat wurde von dem Deal informiert, die Kärntner Tageszeitungen wussten nichts bzw. berichteten nichts. Heimlich, still und leise wurden die Wasserdienstleistungen aus den Stadtwerken ausgegliedert und in eine private Aktiengesellschaft überführt. VEOLIA hat in ihr die Mehrheit und ist damit Haupteigentümer, und Klagenfurt ist abhängig von einem globalen Konzern. 1999 wurden übrigens die Berliner Wasserbetriebe für über 1,6 Milliarden DM an RWE und VEOLIA (damals noch VIVENDI) veräußert. Als die vertraglich vereinbarte Preisstabilität ausließ, mussten die Berliner eine fünfzehnprozentige Preiserhöhung hinnehmen.

Wenn dies alles ziemlich resignativ klingt, so stimmt das natürlich nur teilweise. In Österreich erlebten wir ein beachtenswertes Ausmaß von erfolgreichem Widerstand, ohne die es heute keine Wachau mehr geben würde, das Kamptal zerstört wäre, die letzten freien Gebirgsbäche in Röhren gepresst wären, der Schwerverkehr noch grausamer durch Tirol donnern würde (heute sind es schon erschreckende 7 000 bis 8 000 LKW pro Tag in jede Richtung) und vor allem die Donauauen, die letzte große, zusammenhängende Auenlandschaft Mitteleuropas geschlägert, der Fluss selbst aus seinem Bett gerissen und hinter hohen Wällen verdeckt wäre – und schließlich mindestens ein, aber womöglich sechs der geplanten Atomkraftwerke ihre Risikotechnik über das Land ausgebreitet hätten.

All das wurde verhindert, und das muss betont werden, nur, weil damals zwar auch getrickst und betrogen wurde, aber die Demokratie grundsätzlich funktioniert hat. Das ging so weit, dass sowohl der Tiroler Transitwiderstand wie auch die Anti-Atom-Haltung unmittelbaren Einfluss auf die darauf folgenden Wahlen nahmen, mit entsprechenden gesellschaftspolitischen Konsequenzen. Wurde bis dahin vor allem Politik für das Volk gemacht und nicht durch das Volk, so sollte sich das auf Jahre hinaus ändern. Der Konflikt zum Transit entstand zwischen dem aus den politischen Entscheidungen ausgeschlossenen Volk unten und seiner politischen Klasse oben. Die von der Belastung zermürbten BürgerInnen rebellierten. Dass diese Widerständigkeit im Alpenraum plötzlich von der gesamten österreichischen Politik ernst genommen wurde, ist nicht erstaunlich: Die bis dahin mit zwei Drittel Mehrheit in Tirol regierende ÖVP war bei den Landtagswahlen 1989 mit erdrutschartigen Verlusten konfrontiert. Nicht genug damit, gerade stand die Staatsaktion „Beitritt zu Europäischen Gemeinschaft (EG)“ auf der Tagesordnung, und die Bundesregierung musste unter dem Druck der Tiroler Bevölkerung die EG-Nachbarstaaten mit einem LKW-Nachtfahrverbot verärgern und empören. Die Bevölkerung begann darüber hinaus, sich auch in überregionale Belange einzumischen, wie eben den EG-Beitritt, und thematisierte Fragen der Agrarpolitik, der Neutralität, der ökologischen Auswirkungen des Transits etc. Der Anti-Transit-Kampf wurde von seinen Aktivisten nicht allein für eine erträglichere Begrenzung des Verkehrs geführt, sondern war auch ein Ringen um die regionale Identität und gegen das Übergewicht großwirtschaftlicher Interessen.

Die Staatsmacht wurde von der Zivilgesellschaft immer wieder mit der Frage ihrer Legitimation konfrontiert. Die Zivilgesellschaft ist dort legitimiert, ein Vakuum zu füllen, wo die politische Ebene ihre Rolle nicht oder nicht mehr erfüllt. Heute empfinden immer mehr Menschen in demokratischen Ländern, dass der Staat nicht mehr ihre Interessen vertritt, sondern die einer reichen Elite, der Global Players. Wenn Politiker keine zukunftsweisenden Alternativen für die selbst gemachten Probleme unserer Zeit entwickeln und den Finanzmärkten mehr und mehr das Regieren überlassen, dann wird die Zivilgesellschaft notwendiger Weise zur Kraft, die die nötigen Alternativen entstehen lässt. Es ist nicht an der Zivilgesellschaft, staatliche Macht zu übernehmen, sondern die Interessenvertretungen und Institutionen zu aktivieren, uns als BürgerInnen und nicht nur als

KonsumentInnen zu vertreten. In den vergangenen Jahrzehnten wurde der internationale Schutz der Eigentumsrechte und der Profite der Global Players gestärkt, während der ökologische, soziale und gesundheitliche Schutz der Bevölkerungen geschwächt wurde. So haben weder die Regierungen noch die Finanz- und Wirtschaftswelt stringente Pläne mit klaren Zeitvorgaben entwickelt, wie wir mit der kommenden Ölpreisexplosion und Ölknappheit umgehen können, obwohl gangbare Wege, Anleitungen und Alternativvorschläge aus der Zivilgesellschaft ganze Bibliotheken füllen – wie etwa das letzte Buch von Hermann Scheer: „Energieautonomie".

Hinter Zwentendorf, als Synonym für die österreichische Anti-Atom-Bewegung, stand vorerst die rationale Erkenntnis einer konkreten Gefahr, das Wissen um die „Todesstrahlung" und die planetare Verseuchung durch Radioaktivität, um die Infamie, tausende Jahre strahlenden Mülls den Armen unserer Erde aufzuzwingen (versucht hatte die Bundesregierung, ein „Endlager" in Persien, Ägypten und China zu finden). Doch es war ebenso die Auflehnung gegen den Versuch dreister Herrschaft von Atomtechnokraten und Elektrobaronen. Und dann war noch die Zwillingsnatur von so genannten „friedlichen" Atomkraftwerken mit der atomaren Rüstung – „Siamesische Zwillinge" nannte sie der Nobelpreisträger Hannes Alfven. Die Nachricht aus Hiroshima, wo der japanische Dichter Sankichi Toge auf dem Trümmerfeld der ersten Atombombe in schwarzen Granit die Worte meißelte „Gebt mir den Menschen zurück" lagt tief verankert im Geist der Gegnerschaft unserer widerständigen Kriegs- und Nachkriegsgeneration.

ANHANG

AUTORINNEN

Elmar Altvater, Professor im Ruhestand am Institut für Politikwissenschaft, Freie Universität Berlin.

Matin Baraki, Center for Conflict Studies, Philipps-Universität Marburg, lehrt internationale Politik an den Universitäten Marburg, Kassel und Gießen mit dem Schwerpunkt Naher und Mittlerer Osten, Mittel- und Südasien, Kaukasus.

Gunther Hauser, Wissenschaftler an der Landesverteidigungsakademie Wien, Vorstandsmitglied im Düsseldorfer Institut für Außen- und Sicherheitspolitik und im Wissenschaftlichen Forum für Internationale Sicherheitspolitik in Hamburg.

Lühr Henken, Bundesausschuss Friedensratschlag, Hamburger Forum für Frieden und Völkerverständigung und weltweite Abrüstung e.V.

Karin Kneissl, Journalistin, Nahostexpertin, Lehrbeauftragte u.a. an der Diplomatischen Akademie Wien und dem Centre International des Sciences de l'Homme Byblos/Libanon.

Wolfgang Kromp, Institut für Risikoforschung, Universität Wien.

Helga Kromp-Kolb, Institut für Meteorologie, Universität für Bodenkultur Wien, beschäftigt sich seit mehr als 40 Jahren mit Fragen des Umweltschutzes, nuklearen Bedrohungen, stratosphärischem Ozonabbau und Klimawandel, Wissenschaftlerin des Jahres 2005.

Knut Krusewitz, ehemaliger Hochschullehrer für Umweltplanung, Technische Universität Berlin, Friedens- und Umweltaktivist.

Hans Lukits, Vorstandsdirektor der Burgenländischen Elektrizitätswirtschafts Aktiengesellschaft (BEWAG).

Gerald Mader, Präsident des Friedenszentrums Schlaining.

Freda Meissner-Blau, Begründerin der Grünen Parlamentspartei und erste Vorsitzende des Grünen Parlamentsklubs, Kandidatin für die Bundespräsidentschaft 1986 gegen den ÖVP-Kandidaten Kurt Waldheim, seit Jahrzehnten in der internationalen Frauen-, Friedens- und Umweltbewegung engagiert.

Franz Josef Radermacher, Mathematiker und Wirtschaftswissenschafter, Professor für Datenbanken und Künstliche Intelligenz an der Universität Ulm, Leiter des Forschungsinstituts für anwendungsorientierte Wissensverarbeitung/n Ulm, Präsident des Wissenschaftlichen Beirats des Bundesverbandes für Wirtschaftsförderung und Außenwirtschaft (BWA), Mitbegründer der Global Marshall Plan Initiative, Mitglied des Club of Rome

Thomas Roithner, Wissenschaftlicher Mitarbeiter am Österreichischen Studienzentrum für Frieden und Konfliktlösung (ÖSFK), Außenstelle Wien und Programmkoordinator der Sommerakademie.

Werner Ruf, Professor für Internationale Politik, Universität Kassel.

Wolfgang Sachs, Autor und Wissenschaftler am Wuppertal Institut für Klima, Umwelt, Energie. Mitglied des Club of Rome, Dozent an der Universität Kassel und am Schumacher College, England.

Hermann Scheer, Präsident von Eurosolar, Vorsitzender Weltrat für erneuerbare Energien, Alternativer Nobelpreis 1999, Weltsolarpreis 1998, Weltpreis für Bio-Energie 2000, Weltpreis für Windenergie 2004, Bundestagsabgeordneter.

Peter Stania, Direktor des International Institute for Peace (IIP), Aufsichtsratsvorsitzender des Österreichischen Nord-Süd-Instituts für Entwicklungszusammenarbeit, Wien.

Jürg Staudenmann, Wasser- und Entwicklungsexperte, Mitarbeiter des UNO-Entwicklungsprogrammes (UNDP), Regionalzentrum Bratislava.

Udo Steinbach, Islamwissenschaftler, Direktor des GIGA (German Institute of Global Area Studies) Instituts für Nahost-Studien, früher Direktor des Deutschen Orient-Instituts, Hamburg.

Peter Strutynski, Politikwissenschaftler, Universität Kassel, Sprecher des Bundesausschuss Friedensratschlag.

Andreas Zumach, Journalist, UNO-Korrespondent für deutsche, schweizerische und österreichische Zeitungen, Rundfunk und Fernsehanstalten, Buchautor, Genf.

ÜBER DEN HERAUSGEBER

Friedenszentrum Burg Schlaining

In der südburgenländischen Stadtgemeinde Stadtschlaining sind zwei Friedensinstitutionen beheimatet: Das 1982 gegründete Österreichische Studienzentrum für Frieden und Konfliktlösung (ÖSFK) und das 1987 mit Hilfe von europäischen UNESCO-Organisationen gegründete Europäische Universitätszentrum für Friedensstudien (EPU). Beide Institutionen sind als private, gemeinnützige, überparteiliche und unabhängige Vereine organisiert und beide werden von ihrem Gründer und geschäftsführenden Präsidenten Gerald Mader geleitet. Beiden Institutionen wurde 1995 von der UNESCO der Preis für Friedenserziehung verliehen.

Das ÖSFK hat das Ziel, zur weltweiten Förderung des Friedens und zur Förderung einer friedlichen Konfliktlösung auf allen Ebenen beizutragen. Entsprechend engagiert sich das ÖSFK in Forschung, Ausbildung und friedenspolitischer Praxis. Den Ausbildungsschwerpunkt bilden Programme zur Qualifizierung von Fachkräften für Regierungs- und Nichtregierungsorganisationen, die sich mit Friedenseinsätzen in Konfliktregionen beschäftigen, wie das „International Civilian Peace-keeping and Peace-building Training Program“ (IPT), das „Mission Preparation Training Program for the OSCE“ (MPT) und die „Summer Academy on OSCE“. Die viel besuchte deutschsprachige Sommerakademie findet im Jahr 2008 zum 25. Mal statt. Für die EU ist das ÖSFK ein wichtiger Koordinator zur Entwicklung von EU-weiten Ausbildungsstandards und Trainingsprogrammen für Fachkräfte, die in den Bereichen Rechtstaatlichkeit und zivile Administration in Krisengebieten eingesetzt werden.

Im Bereich Mediation in internationalen Krisenregionen konnten in den letzten Jahren Dialogworkshops und Vermittlungsprojekte in Kooperation mit dem österreichischen Außenministerium durchgeführt werden. Seit 1996 werden spezifische Programme in Südosteuropa und dem Südkaukasus durchgeführt und seit 1997 auch in Afrika. Seit 2001 engagiert sich das ÖSFK in Zentralasien und unterstützt die Friedensbemühungen in Sri Lanka.

Die EPU führt englischsprachige Studienprogramme in „Peace and Conflict Studies“ auf postgraduiertem universitärem Niveau durch. Die EPU verbindet akademische Analyse mit Praxisorientierung und persönlichem Lernen, das durch die Dynamik einer internationalen und multikulturellen Studiengemeinschaft gefördert wird.

Seit dem Jahr 2000 betreibt das ÖSFK das Europäische Museum für Frieden. Das Museum wurde mit einem vom Ministerium für Bildung, Wissenschaft und Kultur verliehenen Anerkennungspreis im Rahmen des Museumspreises 2001 ausgezeichnet.

Das Friedenszentrum Burg Schlaining veröffentlicht u.a. die Reihe „dialog. Beiträge zur Friedensforschung", die Zeitschrift „Friedens-Forum" sowie die Publikationsreihen „workingpapers" und „SAFRAN" (Schlaininger Arbeitspapiere für Friedensforschung, Abrüstung und nachhaltige Entwicklung). Das Institut verfügt über eine Infrastruktur mit den in der Burg Schlaining befindlichen Büroräumlichkeiten, dem „Haus International", der Friedensbibliothek in der einstigen Synagoge, dem Hotel Burg Schlaining und dem Konferenz- und Seminarzentrum in der Burg.

Stichwortverzeichnis

Der nachstehende Index zeigt Stichwörter und ihre Fundstellen dann, wenn sich im Text der AutorInnenbeiträge eingehendere Ausführungen finden. Er zeigt nicht jedes Vorkommen eines Stichwortes über alle Texte und auch nicht jedes erste Vorkommen innerhalb eines Beitrages. Mithin sind im Umfeld der bezeichneten Fundstelle weitere Aussagen zum Stichwort zu erwarten. Von Fall zu Fall werden Fundstellen mit einem Stichwort angezeigt, das sich im Text nicht unmittelbar wiederfindet. Hier wird versucht, verwandte Gegenstände mit Bezeichnungen anzusprechen, die aus anderen Kontexten – auch solchen anderer AutorInnen – gewonnen wurden.

DIALOG – BEITRÄGE ZUR FRIEDENSFORSCHUNG

In der Reihe „Dialog – Beiträge zur Friedensforschung“, herausgegeben vom Österreichischen Studienzentrum für Frieden und Konfliktlösung erschienen jüngst:

Von kalten Energiestrategien zu heißen Rohstoffkriegen? Projektleitung Thomas Roithner, Dialog 54, 313 Seiten, Wien/Berlin 2007 (dieser Band).

Krisenherd Naher und Mittlerer Osten, Friedensbericht 2007; Projektleitung Ronald Tuschl, Dialog 53, 260 Seiten, Wien/Berlin 2007.

Gute Medien – Böser Krieg? Medien am schmalen Grat zwischen Cheerleadern des Militärs und Friedensjournalismus; Projektleitung: Thomas Roithner, Dialog 52, 256 Seiten, Münster 2007.

Konstruktiver Pazifismus im 21. Jahrhundert, Symposium zum 80. Geburtstag von Dr. Gerald Mader, Hrsg.: Dieter Senghaas, Dialog 51, 170 Seiten, Wien 2006.

Europa und die Dynamik der globalen Krise, Friedensbericht 2006; Projektleitung: Ronald H. Tuschl, Dialog 50, 268 Seiten, Münster 2006.

Die Weltunordnung von Ökonomie und Krieg, Projektleitung: Thomas Roithner, Dialog 49, 300 Seiten, Wien 2006, 2. Auflage.

Der Krieg der Armen? Der internationale Terrorismus in der Neuen Weltordnung, Friedensbericht 2005; Projektleitung: Ronald H. Tuschl, Dialog 48, 259 Seiten, Münster 2005.

„Die Wiedergeburt Europas“. Von den Geburtswehen eines emanzipierten Europas und seinen Beziehungen zur „einsamen Supermacht“, Projektleitung: Thomas Roithner, Dialog 47, 306 Seiten, 2005.

Pax Americana und Pax Europaea. Konsens oder Konflikt um eine neue Weltordnungskonzeption? Friedensbericht 2004; Projektleitung Ronald Tuschl, Dialog 46, 300 Seiten, 2004.

Neutralität im Neuen Europa. Österreichs Beitrag zur Finalität der Union, (gemeinsam hrsg. mit IIP Wien), Dialog 45, 150 Seiten, 2004.

Schurkenstaat und Staatsterrorismus. Die Konturen einer militärischen Globalisierung, Dialog 44, 240 Seiten, 2004.

Jihad vs. McWorld? Friedenspolitik im Spannungsfeld zwischen Globalisierung und fundamentalistischer Bedrohung, Dialog 43, 288 Seiten, 2003.

Europa Macht Frieden. Die Rolle Österreichs, Dialog 42, 348 Seiten, 2003.

Ground Zero. Friedenspolitik nach den Terroranschlägen auf die USA, Dialog 41, 271 Seiten, 2002.

Globe 2001. Friedenspolitik an der Schwelle eines neuen Jahrtausends, Dialog 40, 180 Seiten, 2002.

Nach der Jahrtausendwende. Zur Neuorientierung der Friedensforschung im 3. Jahrtausend, Dialog 39, 345 Seiten, 2001.

Wie sicher ist Europa? Perspektiven einer zukunftsfähigen Sicherheitspolitik nach der Jahrtausendwende, Dialog 38, 236 Seiten, 2001.

SAFRAN – SCHLAININGER ARBEITSPAPIERE FÜR FRIEDENSFORSCHUNG, ABRÜSTUNG UND NACHHALTIGE ENTWICKLUNG

In der Reihe *SAFRAN – Schlaininger Arbeitspapiere für Friedensforschung, Abrüstung und Nachhaltige Entwicklung,* herausgegeben vom Österreichischen Studienzentrum für Frieden und Konfliktlösung, erschienen jüngst:

Österreichisches Studienzentrum für Frieden und Konfliktlösung, Rita Glavitza, Georg Leitner, Thomas Roithner, Alexandra Elbling (Hrsg.), Rohstoff- und Energiesicherheit – Analysen und Perspektiven einer jungen ForscherInnengeneration, SAFRAN Paper 04, 1. Auflage, Quelle: http://www.aspr.ac.at/sak2007/safran04.pdf, Februar 2008.

Österreichisches Studienzentrum für Frieden und Konfliktlösung, Rita Glavitza, Georg Leitner, Thomas Roithner, Alexandra Elbling (Hrsg.), Medien und Krieg. Analysen und Perspektiven einer jungen ForscherInnengeneration, SAFRAN Paper 03, 1. Auflage, 52 Seiten, Quelle: http://www.aspr.ac.at/sak2006/safran03.pdf, Februar 2007.

Rita Glavitza: Failed Somalia? Prozesse und Strategien lokaler Akteure zum Nation- und State-Building, SAFRAN Paper 02, Österreichisches Studienzentrum für Frieden und Konfliktlösung, Thomas Roithner, Alexandra Elbling (Hrsg.), 2. Auflage, 36 Seiten, € 2,--, Oktober 2006.

Georg Leitner: Die Bedeutung von Nationalismus im Tschetschenien-Konflikt, SAFRAN Paper 01, Österreichisches Studienzentrum für Frieden und Konfliktlösung, Thomas Roithner, Alexandra Elbling (Hrsg.), 1. Auflage, 28 Seiten, € 2,--, Juni 2006.

Bezugsadresse:

ÖSFK Wien, Thomas Roithner, Wiedner Gürtel 10, A – 1040 Wien, Mail: roithner@aspr.ac.at